엄마의 꿈이 이루어지는 책방을 시작했습니다.

책을 읽고 살아내는 엄마들의 이야기를 시작합니다.

자기 사랑을 시작한 사람이

세상으로 발걸음을 옮길 때,

그 걸음의 보폭과 길은

반드시 돈이라는 숫자로 증명된다.

프롤로그

전 세계 최초 '엄마학'을 펼칠 시간

글을 시작하기 전, 나는 '엄마'에 대한 새로운 정의부터 하고 싶다. '엄마'란 어떤 존재일까? 본 책에서 말하는 '엄마'란 단순히 아이를 낳은 사람이 아니라, '생명을 귀하게' 대하는 사람이다. 생명을 귀하게 대하는 사람만이 자본과 회복을 이어 붙일 수 있다.

다음으로 '브랜딩'에 대한 깊이를 함께 나누고 싶다. 브랜딩의 본래 뜻은 '고유함'이다. 따라서 본 책 《엄마의 브랜딩 1%》가 가지고 있는 숨겨진 의미는 '자신만의 고유한 이야기를 시작하세요. 그것이 바로 최고의 자신이 되는 길입니다.'라고 할 수 있겠다.

이 책은 나만의 작품이 아니다. 내가 알고 있는 그간의 모든 것들을 총동원해 담았다. 나는 이 모든 것들을 합쳐서 먹기 좋게 세팅했을 뿐이다.

그러니 이 책은 곧 당신의 작품, 당신의 이야기이기도 하다. 6년이라는 긴 시간 동안 만났던 수많은 엄마들의 질문과 이야기를 바탕으로, 나아갈 방향을 함께 고민하고 연구한 결과물이다.

현재 나는 엄마들이 자신이 행복한 만큼 돈을 벌 수 있도록 가이드하고 있다. 그러니 이것은 책이 아니다. 당신이 자신만의 인생을 가장 맛있게 살 수 있도록 돕는 이로운 '친구'이자 '도구'다.

내가 20대에 했던 고민은 엄마가 되어서도 이어졌다.

'나는 무엇을 하기 위해 이 세상에 왔는가, 나는 어떤 일을 할 수 있는 사람인가.'

그리고 끊임없이 이 세상에 온 이유와 내가 어떤 일을 할 수 있는지를 찾기 위해 애썼다.

'삶의 의미와 연결되어 나만이 할 수 있는 일을 통한 경제력을 모두 가질 수는 없을까? 그 고민을 회피하거나, 타인에게 맡기지 않고, 자신의 인생을 통해 답을 만들어가면 어떨까?'

나는 이 답을 만들 수 있는 유일한 사람을 '엄마'라고 생각했다. 엄마는 내면의 고민인 '나는 누구인가'와 죽음 이후의 고민인 '우리 아이들은 어떤 인생을 살 것인가'를 연결해서 고민하고 답을 내릴 수 있는 유일한 사람이기 때문이다.

그래서 일과 삶, 육아와 관계, 상처와 돈으로 이어진 살아있는 모든 이야기를 꿰어 자신만의 이야기로 엮을 수 있도록 구성하고자 했다. 그런 점에서 본 책은 당신이 자기 계발을 잘 시작할 수 있도록 돕는 출발선이 될 것이다. 앞으로 어떠한 자기 계발서를 읽더라도 반드시 '나 자신'부터 읽기 바란다.

이 책은 자기 계발서 옆의 자기 계발서다. 매년 쏟아지는 자기 계발서를 읽는 것이 아니라 '자기 자신'을 계발할 수 있도록 '나'를 읽을 수 있게 안내하기 때문이다.

끝으로 이 책은 '당신의 이야기'다. 본 책을 참고해 살아있는 당신만의 이야기를 써라. 든든한 조력자, 《엄마의 브랜딩 1%》가 언제나 함께 할 터이니, 아무 걱정 말고 용기 내어 오늘도 뚜벅뚜벅 당신의 길을 걸어라.

《엄마의 브랜딩 1%》 읽는 법

이 책을 돈으로 바꾸는 5단계

이 책은 읽고 쓰는 법을 익히면서 자신의 1%를 찾을 수 있도록 구성했다. 아래 과정을 그대로 따라 하면서 숨겨진 나를 찾아보자.

1. 엄마의 의미에서는 영역마다 오해하고 있던 1가지를 풀고 나의 길을 탐색하기.

2. 엄마의 재미에서는 나의 캐릭터와 빌런을 파악하고, 1일 1컷 명장면으로 살고 기록하기.

3. 엄마의 경제력에서는 삶의 깊이와 브랜드 차별화의 동일성을 파악해서 문제를 프로젝트로 만들고 글 쓰면서 놀기.

4. 엄마의 커뮤니티에서는 하나의 감정과 하나의 명문장을 내 브랜드만의 챌린지로 구성하기.

5. 엄마의 유산에서는 책을 읽어서 깊은 성장을 남기고, 책을 써서 창조성을 남기기.

독자들이 본 책을 통해 의식의 성장과 치유, 사업과 커뮤니티 그리고 아이에게 줄 진정성까지 어느 것 하나 포기하지 말았으면 좋겠다. 그렇게 전 세계 최초로 '엄마학'을 자기 삶에 당당히 펼쳤으면 한다.

이 세상 유일한 한 사람인 자신을 읽고, 매일 명장면을 펼치고, 문제가 생길 때마다 프로젝트로 바꾸는 삶 자체가 돈으로 환전되기를 바란다.

만약, 이 책을 제대로 읽고 살아내고 싶다면 '독서 모임'을 시작하라. 함께 읽으면 속도는 모인 사람만큼 배가 된다. 꼭 '독서 모임'이라는 이름이 아니더라도 반드시 책을 중심으로 만나기를 지속하라. 이 책은 독자들이 어렵지 않게 '독서 모임'을 할 수 있도록 다양한 사례들과 꼭 읽어야 할 좋은 문장들을 수록하고, 워크북으로 구성했다.

읽는 문장이 달라지면 사용하는 말이 달라지고, 말이 달라지면 만나는 사람이 달라지고, 환경이 재설정되어 깊은 사유와 자기실현을 지속할 수 있게 된다. 그러니 모이기를 힘쓰자. 책을 함께 읽는 것에 그치지 않고, 1일 1컷의 명장면 만들기를 지속하라. 엄마가 살아낼 수 있는 커뮤니티 방법은 바로 '독서 모임'이니까 말이다.

또한, 이 책은 매년 달라질 것이다. 어떤 도구를 활용하고, 어떤 SNS에서 이야기를 펼쳐야 돈이 되는지 그때마다 전략을 짜서 다룰 것이다. 그때마다 우리의 이야기는 더 깊어지고, 수익은 늘어나고, 만나는 사람의 국가도 늘어날 것이다. 나는 매년 이 책에 그 시대에 맞는 1%를 담아 당신에게 전략보고서를 보낼 것이다. 당신이 보내주는 후기와 이야기를 토대로 매년 개정하면서 시대의 변화에 맞춰 전략을 짜서 당신에게 줘야 하기 때문이다.

우리의 목표는 같다. 한 사람의 이야기가 온전히 꺼내지고 세상에 들려지는 것, 자신이 반할 만한 인생으로 살아갈수록 그 길이 자본주의와 이어지고 수익으로 이어지는 것, 빛나는 이야기로 사는 것이 행복해서 아이에게도 이야기로 살라고 권하는 것이다. 그러니 당신은 펜을 들고 아낌없이 자기 자신을 사랑하는 이야기를 써라. 그리고 그간 참아왔던 눈물을 흘려라. 이 책이 다 받아줄 것이다. 희생한다는 이름으로, 엄마처럼 살고 싶어서, 엄마처럼 살기 싫어서 참았던 모든 이야기들을 풀어 헤쳐라. 그토록 하고 싶었던 것을 시작하고, 좋아하는 것이 없었다면 지금 발견하고, 상처받은 경험은 치유하는 재경험을 해서 유일한 자기 자신으로 살아라.

'온전한 나 자신'으로 사는 것이 수익으로 돌아올 것이니, 절대! 돈을 받기 위해 나 자신을 구겨 넣거나, 돈이 없어서 나로 살 수 없다 말하지 말자. 이 책을 살 돈이 없어서 못 보는 사람이 없도록 도서관에 등록해주기를 바란다.

본 책에는 내가 한 여자로 살면서, 엄마로 살면서, 직업에 대한 고민을 하면서 만난 책과 자료와 순서와 방향이 들어있으니 혼자 고민하는 것보다 100배는 나을 것이다. 그러니 이 땅의 엄마들이여, 모여서 이 책을 읽으라! 서로 읽고, 함께 나누자.

우리 인생에는 하나하나 의미가 있다. 의미 있는 인생에는 경제력도 당연히 따라온다. 그러한 길로 커뮤니티를 구성하자. 그렇게 우리의 아이들에게 행복한 유산으로 우리의 이야기를 남기자.

차례

Part 2. 엄마의 재미 내가 나에게 반하는 이야기

Part 3. 엄마의 경제력 나의 세계를 수익으로 증명하라

Part 4. 엄마의 커뮤니티 삶의 유산을 남기는 커뮤니티

Part 5. 엄마의 유산 내일의 사람들 시나리오

#누군가의엄마 #나로사는것

#둘다포기하지않는방법

Part 1

엄마의 의미

나를 둘러싼 세계

나의 원작(原作)을 찾아서

내 어린 시절의 기억은 타인의 질문을 받고, 움직이는 것으로 반복된다. 초등학교 6년을 마쳤더니 중학교는 어디로 가냐고 물었다. 중학교를 마치니 고등학교는 어디로 갈 건지 물었다. 고등학교를 마치면서 전공은 정했냐고 물었다. 질문에는 끝이 없었고, 그 질문은 다음과 같이 또 꼬리에 꼬리를 물며 이어질 것이라 예상되었다. 결혼은 언제 할 것이냐고 물을 것이고, 결혼하면 아이는 언제 낳을 것이냐고. 상상만 해도 어지러웠다. 그 질문에 답을 이어가다가 숨이 막힐 것 같았다.

타인의 질문에 답을 해주면서 '아기를 낳는다면, 엄마라는 역할은 있겠지만 나는 없을 것이다. 아이를 낳았으니 결과에 책임을 지듯이 아이를 키우게 될 것이고, 아이를 키우면서 생성될 또 다른 문제를 만나게 된다. 그러다 아이가 커서 초등학교 6년을 마치면 중학교에 보낼 것이고, 중학교를 졸업할 때가 다가오면, 고등학교를 정해야겠지'라는 생각이 들었다. 자녀의 인생이 마치 내 인생인 것처럼 살다가 그렇게 말하게 될까 봐 두려웠다.

“넌 언제 엄마 없이 살래? 엄마 없으면 아무것도 못 하고!”

‘모든 엄마가 그 길을 가야 할까? 그것이 인생일까?’라고 생각했다. 그런데 내가 잊은 것이 있었다. 그것은 자기 이해도 아니고, 자기실현도 아니고, 브랜딩이라든지 뭐 그런 거창한 것도 아니었다.

‘나는 나로 살고 싶다’는 당연한 이야기였다. ‘그렇다면 엄마가 되면 안 되는 것 아닌가? 결혼도 안 해야 하는 것 아닌가? 내가 공부하고 애쓰며 산 세월을 그대로 서랍장에 넣어둘 것이 아니라면 혼자 살아야겠다’하는 생각이 들었다.

살아오면서 “무엇을 원해요?” 이 짧은 질문을 받아본 적이 없었다. 그 대신 이런 질문을 받아왔다. “어떤 선택을 했니?” “앞으로 계획이 뭐니?” 언제 무엇을 어떻게 할 것인지를 육하원칙으로 말하라고 했다. 초중고와 대학교에 다니면서 똑똑해 보이는 친구들은 늘 똑 부러지게 대답했다. 자신은 꿈이 무엇이고, 어떻게 살 것이고, 몇 년 뒤엔 무엇을 할 것인지 정확하게.

나도 똑똑해 보이는 친구들처럼 나름의 이유를 찾아 말했다. 그런데 내가 말하고 있어도 무슨 소리를 하는지 정확하게 몰랐다. 그냥 엄마의 마음에 들게 말하거나 선생님이 좋아할 답을 골라서 예쁘게 포장해서 말했다. 그러면 다들 엄청난 환호를 보내주니 그 삶이 맞는 줄 알았다. 그렇게 살다 보면 언젠가 ‘행복’할 줄 알았다. 어쩌면 어느 한순간은 행복했기에, 웃는 날도 있었기에 그것으로 인생이 충분한 줄 알았다. 적당히 살면서 적당한 직업을 골라, 적당한 월급을 받고, 적당한 남자를 만나 평범한 가정을 이루는 것이 행복이라 배웠으니.

생각해 보니 정말 그랬다. 나는 '살아있다'는 느낌을 잊은 채 10대를 견뎠다. 절망의 시간들을 이겨내기 위해 글을 썼다. 20대는 경쟁 사회에서 일을 해내는 사람으로 살았다. 인정받고 싶었고, 인정받았으니 더 인정받을 자리를 찾아 나섰다. 그것을 사람들은 성공이라고 말했다. 30대는 다양한 역할을 맡았다. 선택하는 사람으로서 사회가 주는 숙제를 따박 따박 해내며 애써야 했다. 지쳤다. 앞으로 얼마나 더 나를 몰아넣어야 인생이 끝나는지 모를 만큼 버거웠다. 이 시나리오대로 사는 거라면 이번 생은 말 그대로 이생망, 답이 없었다.

10년 뒤를 그려봐도, 20년 뒤를 그려봐도 나는 나이에 맞는 삶을 살 것 같았다. 내 친정엄마의 나이가 되면… 아휴, 한숨부터 나왔다. 이제 역할이 하나 더 추가되고, 한층 레벨업된 '견디기' 실력으로 얼마나 많은 사람을 만족시켜 가면서 살까.

이러한 생각의 끝은 대학교를 한 번 더 가는 것으로, 결혼 말고 나를 선택하는 것으로 마무리되었다. (당시 남자 친구도 취업 준비생이었기에 내가 취업이 아닌 다른 선택을 해볼 마지막 기회였다)

당신은 다니고 싶었던 대학에 합격했을 때의 기분을 아는가? 나는 정말 서울예술대학에 가고 싶었다. "신이시여! 제발 내가 원하는 이 길을 인도하소서." 얼마나 간절히 기도했는지 모른다. 그냥 하던 대로 살다가 처음으로 내가 원하는 것을 선택하여 부모님의 반대를 이겨내고, 배를 곯으면서 모은 돈으로 등록금을 마련해서 찾아간 곳, 그곳은 사실 서울예술대학이라기보다 '내 인생' 그 자체였다. 너무 가고 싶어서 몇 해를 준비한 끝에 합격 통지서를 받았을 때는 정말이지 세상을 다 얻은 기분이었다.

나의 이야기가 시작된 그 시절엔 통장에 잔고가 없어도, 누가 반대해도, 캐리어 하나에 옷 몇 벌과 이불 하나로 충분했다. 버스를 갈아타고 그 첫 절정으로 가는 길은 지금 생각해도 가슴이 뜨거워진다. 서울예술대학의 교문을 통과하는 순간 뜨거운 눈물이 흘렀다. 서울예술대학에는 상징적인 빨간색 다리의 건물이 있다. 그 다리 전체가 도서관이다. 도서관에 들어서면 풍겨오는 책 냄새와 상상을 초월하는 도서 목록이 심장을 터지게 하지만, 들어서기도 전에 딱 한 문장이 내 가슴을 어찌나 쿵쾅거리게 하든지 그 진동이 머리끝까지 전해졌다. 빨간 다리 전체가 전 학과의 슬로건으로 뒤덮여 있었다. 그중에서 내가 합격한 극작과의 슬로건이 내 눈에 들어오는 순간, 그 문장이 힘 있게 강력한 소리를 지르며 나에게 달려오는 것 같았다. 나에게 힘을 준 그 문장을 당신이 지금 읽게 된다면 분명 당신의 심장도 뛰게 될 것이다.

"이곳에서 당신의 드라마가 시작된다."

이 문장 하나로 3년간 모았던 나의 첫 등록금이 아깝지 않게 느껴졌다.

'그래! 이곳에서 내 드라마가 시작되는 거야. 나는 다른 삶을 살 거야. 부모님보다 더 멋진 삶을 살 거야. 이 세상 누구도 나를 평가할 수 없게

내가 나를 최고로 대할 거야. 그래서 인생 작가가 될 거야. 가장 멋진 가정을 만들 거야!'

나는 이 책을 통해 당신의 이야기가 써지길 바란다. 이야기를 쓰기 시작한다는 건, 자신의 삶을 자신이 만든다는 의미다. 그 힘으로 브랜드를 만드는 데까지 이어진다면 당신은 자연히 1%가 된다. 제발 부탁하고 싶다. 브랜딩을 따로 공부하고 일을 잘하게 된 자신을 기뻐하다가 힘들어지면 치유를 따로 하고, 마케팅을 끝내주게 하기 위해 자신을 갈아 넣는 식으로 균형이 깨진 삶에서 빠져나오라. 타인은 만족시킬지 모르나 자기 자신으로 살 수 없기에, 그러한 인생은 결국 새드엔딩을 향해 가게 된다. 지금이 아니라도 반드시.

그러니 부디 늦지 않게 자신으로 살기를 간곡히 바란다. 나로 사는 것의 첫 번째는 지금, 나 자신을 있는 그대로 바라보는 것이다. 내가 어떤 캐릭터로 살아왔는지, 어떤 사람인지, 어떤 현실에 놓여있는지, 내 삶이 어떤 의미가 있는지를 말이다. 타인의 이야기가 아닌, 나의 이야기의 정확한 주제와 소재를 파악하면 그것으로 얼마나 벌 수 있는지, 어떤 재능과 경력과 재미를 추구할 것인지, 그것은 무엇을 이루면서 수익 구조를 만들 수 있는지로 이어져 정확한 '자기 이해'를 통한 '자기실현'을 설계할 수 있다.

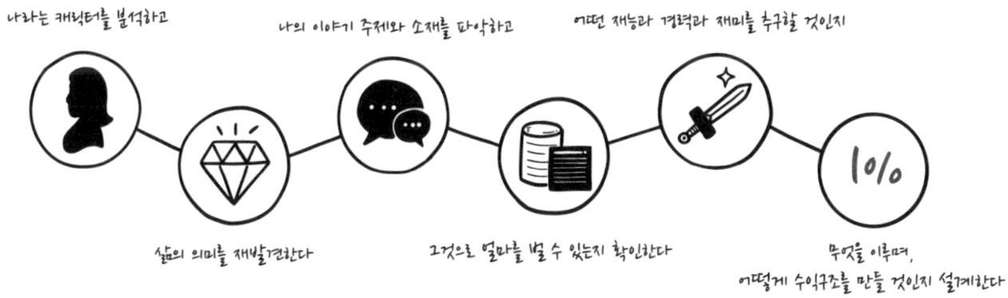

세상을 움직이는 유일무이한 힘이 있다

누구보다 자기 계발서를 많이 읽은 당신, 시크릿이나 끌어당김의 법칙, 세도나, 마음의 자석, 시각화, 100번 확언 쓰기 등에 대해 익히 들어보았을 것이다. 100번 쓰기를 하고, 확언을 매일하고, 맨발로 걷고, 목표한 바를 계속 이루어가며 자신의 한계를 뚫어가는 것은 성취감을 줄 것이다. 그런데 성취하면 더 성취하고 싶지 않은가? 그래서 어느 순간 이런 생각에 이르게 된다.

'나는 무엇을 위해 해내고 있지?, 나는 무엇을 원하는 거지?' 하는 생각이 들고, 이내 허무감이 몰려오기 시작한다.

당신은 어떤 이유로 운동을 시작하는가? 보디빌더가 되기 위해 운동을 할 수도 있고, 최상의 건강한 몸을 되찾기 위해 시작할 수도 있다. 그러나 보디빌더가 되는 것과 건강한 몸을 되찾는 것은 차이가 있다.

흔히, 자기 계발을 한다는 것을 보디빌더가 되는 것으로 생각할 수 있다. 근육을 만들어서 대회에 출전할 것처럼 성취하려고 하는 것이다. 하지만 이 책에서 말하는 자기 계발은 보디빌더(성취)를 목표로 두지 않는다. 진정한 '나다움'을 회복하기 위한 운동을 목표로 둔다. 내가 하고 싶을 때 운동하고, 산책을 즐기고, 줌바댄스를 하듯, 내가 원하는 모든 것을 경험하고 가장 나다움을 되찾기 위한 과정, 그 자체를 자기 계발로 진행해야 한다. 나 자신과 만나고, 연결되고, 최상의 자신이 되는 것은 자기 계발서를 무작정 읽는 것과 다르다.

당신은 해내는 사람이 아니다. 당신의 이야기 주제가 성취감에만 있지 않다. 해내기 위해 책이 존재하는 것이 아니다. '나 자신'을 성장하게 하도록 돕기 위해 책을 펼쳐라.

그러나 책이 하라는 것도 무작정 하지 마라. 당신이 원하는지 스스로에게 물어라. 책이 말하는 것이 그저 좋아 보여서 밑줄을 긋고, 그냥 따라가지 말라. 당신의 인생에서 가장 중요하다고 생각한 부분, 다시 말해 '여기에는 반드시 밑줄이 그어질 만하다'라고 할 만한 오늘을 살 때, 필요한 한 권의 책을 선택해라.

이처럼 당신의 원함이 먼저 정해지고 책을 정해야 한다. 당신에게 딱 맞는 책을 스승으로 만나고, 나의 오늘을 가장 나답게 살 수 있도록 돕는 도구로 사용하자. 바로, 나 자신이 사용해야 하는 것이다.

나는 이 책을 통해 당신이 삶의 변화를 만들도록 도와주고 싶다. 모든 자기 계발서는 '저자의 방법'을 말하고 있다. 자신이 경험한 부분에서 최선을 다해 책을 냈으니 믿어도 좋을 것이다. 그런데 그것은 당신의 방법이 아니다. 당신의 경험이 아니다. 책을 따라 하기에 급급하면 점점 힘이 빠질 수밖에 없다. 그래서 당신은 책과 멀어질 수도 있다.

학창 시절에 수학을 잘 가르치는 선생님을 만난 적이 있는가? 그때, 수학의 원리를 배우기보다 문제 풀기를 배워야 빠르게 시험을 칠 수 있었을 것이다. 영어를 잘 가르치는 선생님을 만나도 동일하지 않았는가. 영어의 원리와 소통의 즐거움으로 시작하기보다 기출문제 풀기에 집중해서 '성적 향상'이라는 목표만 좇아오는 방식으로 배워 왔다. 그러니 어른이 되어 자기 계발이라는 새로운 공부를 만나도, 암기식으로 답을 찾거나, 빠른 해결 방법에만 급급할지 모른다. 자기 이해부터 자기실현까지 이어지는 '나'를 위한 진짜 공부를 시작해야 한다.

지금 당신은 해결해야 할 눈앞에 문제를 좇고 있는가? 갈증 해소를 위해 책을 읽는가? 생각의 깊이를 만들어 문제를 풀어내는 힘을 기르기 위해 책을 만나는가? 돈 문제, 인스타그램 공부, 수익 자동화, 상사와의 관계, 직무 등 현재 드러난 문제를 해결하는 단편적인 방법으로 조각조각을 강구해 왔다면 멈추고 이 책을 통해 자신을 읽기 시작하자.

문학 영역

나는 스스로 소설 《82년생 김지영》의 대안이 되기로 했다

나는 1986년도에 태어났다. 태어나서 처음 본 영상이 '88서울올림픽'이다. 당시 세 살이었는데, 올림픽의 장면 장면이 지금도 생생하다. 다섯 살에 혼자 동화책을 읽은 기억도 고스란히 남아있다. 곧이어 국민학교에 갔다. 국민학교에 다니던 중 초등학교로 이름이 바뀌었다. 이후 중학교에 갔다. 중학교에는 교복과 머리 규정이 있었다. 나는 머리카락을 귀밑 3센티로 자르고 펑펑 울었다. 허리까지 내려왔던 머리카락이 한 번에 잘릴 때의 절망감이란 실로 말로 표현할 수가 없다. 피아노를 잘 쳤다면 예술중학교에 진학하여 머리를 자르지 않아도 되었지만, 음악을 전공할 정도로 (그리고 엄마를 설득할 수 있을 정도로) 자신이 있지는 않았다. 그래서 머리카락이 아니라 내 꿈이 잘린 느낌이었다. 고등학교에 진학한 후로는 내 마음대로 할 수 있는 유일한 도구인 '문학'에 집중하기 시작했다. 모두가 수능을 준비할 때, 나는 공모전에 다녔다. 수능과 수시가 공존하는 시기에 암기보다 잘하는 글쓰기로 대학교에 갔다. 태어나면서부터 어른이 될 때까지 계속해서 무언가 빠르게 바뀌었다. 대학을 졸업할 때가 되었으니 이제는 편할 줄 알았는데, 이번에는 취업 전선에 나아갈지 아니면 대학원에 갈지를 정해야 한다고 했다. 나는 둘 다 싫었다. 그래서 다시 한번 대학에 갔다. 이번에는 문학보다 자신 있는 극작(劇作)을 전공으로 택했다. 문학은 정적(靜寂)이라 나의 역동과 활동성을 담지 못했다. 나는 글이 살아 움직이길 바랐는데, 그런 의미에서 극작은 나와 잘 맞았다.

내가 경험한 교육은 한번 해내면, 더 높은 기준을 요구하는 것만 같았다. 유치원에서는 뭐든지 잘한다고 해줬다. 그러다가 초등학교에 진학하니 과목이 많아졌다. 중학교에서는 모든 과목이 학원 없이는 따라갈 수 없는 빠른 속도로 풀렸고, 계절마다 숫자로 나를 평가했다. 고등학교에서는 대학에 합격하기 위해 전 과목을 공부하라고 했고, 대학교에 갔더니 취업을 위한 준비만을 하라고 했다. 그 시절을 한번 떠올려보라. 당신은 참을 수 있었는가? 내 속에서는 비명이 흘러나왔다. 도대체 끝은 어딘가? 어디까지 공부만 하고, 하라는 걸 해야 하는가? 그래서 삭발하는 심정으로 예술대학에 갔다. (그때는 엄마를 설득할 수 있을 정도로) 악이 받쳐 있었다. 이 표현이 정확했다.

극작은 힘들었으나 길이 있다면 뚫고 싶었다. 그래서 대학교를 두 곳이나 졸업했는데 졸업할 시기가 오면 두 곳 다 같은 질문을 했다.

"취업할 거니? 대학원 갈 거니?"

더 잘한다고 길이 달라지는 게 아님을 알고 있었는데, 그래도 뭔가 억울하고 분하고 슬펐다. 그래서 내가 길을 만들기로 했다.

첫 시작은 '창업'이었다. 호랑이띠로 살아온 이 시대는 길을 만들지 않으면 줄을 서서 따라가야만 했다. 선택의 기로에서 둘 중 하나를 선택하는 즉시 지시대로 살게 되는 시대, 놀라운 것은 길을 제시하면 길이 되는 시대이다. 그래서 창업을 했다. 창업이 정답이 있었을까? 전혀 아니었다. 나는 초보 창업가였기에 누군가에게 물어봐야 했지만, 나의 이전 세대는 창업을 잘 몰랐고, 길을 어떻게 만드는지 알려줄 수 없었다. 나는 모든 것이 '맨땅에 헤딩' 그 자체였다.

창업은 그냥 어려운 것이다. 설정도, 선택도, 방향도, 작은 것 하나까지 다 내가 해야 하기 때문이다. 그러나 창업은 끝내주게 재밌는 일이다. 그 모든 선택의 과정과 결과 또한 '나'이기 때문이다. 재미를 선택한 대신 정기적인 돈의 편리와 안정성은 없었기에 참 힘겨웠다. 창업을 시작하면서 글쓰기로 할 수 있는 모든 일을 찾아서 했다.

중학교 때부터 선택했던 문학, 고등학교의 공모전, 대학교의 문예 특기자, 예술대학에서의 극작까지 이어졌다. 끝없이 하나를 파고들면 생존하는 것에는 문제가 없었다. 힘겨울 뿐이었다. 하고 싶은 것을 계속했는데 내가 힘든 이유는 돈이었다. 예술이 돈이 안 된다고 누가 말했던가. 정말 딱 맞았다. 단 한 번도 돈이 많다는 생각을 할 수가 없었다. 좋아하는 예술만 버리면 돈이 될 거 같았다. 예술, 문학, 글이 꼭 나인 거 같았다. 그래서 버리지 못했을 뿐이다.

그러다가 결혼하기 5년 전부터 비범해지기 시작했다. 마침내 예술인 박선아가 사업가 박선아로 통합되기 시작한 것이다. 자본주의에서는 예술가를 원하지 않지만, 예술이라는 도구를 가진 사업가는 절실히 원했다. 나는 시대를 멀리하는 예술가가 아니라 예술을 들고 자본주의에 뛰어들기 시작했다. 자본주의가 좋아하는 예술사업가의 이름은 자기소개서 전문가였다. 내 눈에는 자기소개서를 어떻게 쓰면 합격하는지 너무 잘 보이는데 다들 평범하고 똑같은 문장을 썼다. 그래서 내가 질문하면, 자신의 답을 찾아가며 글이 쓰여지고, 합격하기 시작했다. 소문이 났고 나는 유명해지기 시작했다. 고액의 과외도 들어오고 글쓰기 수업도 들어왔다. 돈이 되는 일과 나의 재능이 만나다니! 마치 두 손바닥이 만나 소리가 나는 것 같았다. 참으로 신기했고 엄청난 희열을 느꼈다. (그전에 얼마나 힘들었는지는 다른 페이지에서 충분히 들을 수 있으니 지금은 이 이야기에 집중하자) 그렇게 자기소개서 전문가를 하면서 뾰족구두를 좀 신었더니 이제 한 대학교에서 내 생애 전혀 해보지 않은 일을 하게 되었다.

이름하여 '취업 컨설턴트'.

내 이력을 본 사람들은 내가 취업에 엄청 능한 것으로 인식하는데, 사실 전혀 아니다. 나는 취업을 해본 적이 없다. 계속 말했지만 나는 대학교가 "취업할래? 대학원에 갈래?" 하면 매번 "둘 다 싫어"라고 답했다. 그것도 무려 7년간을 말이다. 그런 내가 취업 컨설턴트라니! 그것도 팀장이라는 이름으로 그 자리에 앉게 됐다. 결과는? 꼴찌 학과를 1등으로 만들었다. 취업시키는 건 사실 어려운 일이 아니었다. 문제는 내 가슴이 고장 났다는 것이다.

끈질기게 취업시키기

취업을 잘 시키는 방법은 생각보다 간단하다.

먼저 등급을 나눈다. A그룹 - 성적도 좋고 딱 봐도 취업을 할 사람, B그룹- 컨설팅 시 집중할 사람, 취업이 어려울 수 있으니 밀착 컨설팅 필요, C그룹 - 성적 관리 안 되어 있고, 준비도 안 되어 있는 친구들인데 취업하고 싶어 하는 사람, D그룹 - 연락이 두절 된 사람.

A, B그룹은 취업을 잘 시키면 되고, 도움이 필요하면 그에 맞는 도움을 주면 된다. C와 D그룹은 뭐랄까 대학교에서 가장 힘들어하는 대상인데, 놀랍게도 이런 친구들이 절반 이상이고, 대략 70% 이상을 차지한다. 학과별로 차이가 있지만 대부분이 그렇다.

대학교의 목표는 취업이다. 정확하게 말하면 4대 보험이 되는 곳으로의 취업 아니면 인증이 가능한 대학원 진학이다. 그 외에는 정부의 지원금을 받기 위한 통계 수치에 넣을 수 없기 때문에 (창업해서 사업자등록증이 있는 사람을 제외하고) 다 무직자인 셈이다. 그렇다면 학교 입장에서는 무리수를 택할 수밖에 없다. 대학교의 존립과 교수직이 걸려 있기 때문이다.

취업 컨설턴트를 하며 내 마음을 힘들게 했던 것은, C에게 안 해도 되는 일자리를 알선하거나 D의 의사와 상관없이 취업을 주선하는 일이었다. B그룹은 나에게 희열을 줬다. 고마움과 격려의 관계였다. 그러나 그들은 10%뿐이었다. 하루 중 대부분을 전화 돌리는 데 할애했다. '안 하겠다'는 취업을 독려하기 위해, 라포(Rapport) 형성보다 성적등급표라는 잣대를 먼저 들이대는 일이 구토가 나올 지경이 되었다. 그런데 나는 또 그걸 다 해냈다. 누군가 해야 할 일이었고, 한다면 제대로 해야겠다는 마음으로 하다 보니 교수진 전체의 박수를 받고, 스카우트 제의도 받았다. 하지만 다시는 그 일을 하고 싶지 않았다.

그런데 새로운 소식이 들리기 시작했다. D그룹의 친구가 취업을 하고 보니 하고 싶은 게 생겼다고 고맙다고 연락이 오거나, C그룹의 친구가 창업을 했는데 놀러 오라는 연락이 왔다. 취업이 끝이 아니라는 것을 청년들이 가장 빨리 알아차렸다. 그들은 이직과 창업을 쉽게 선택했고 그 흐름을 읽으면서 나도 새로운 창업을 준비했다. 나는 내가 준비하는 창업은 대박 날 것임을 직감할 수 있었다. 바로 A그룹에서 온 연락 때문이었다.

"선생님, 저 이직했는데 마음에 안 들어요. 내가 뭘 좋아하는지도 모르겠어요."

나는 창업 준비와 함께 결혼을 했다. 스스로 '경단녀(경력단절여성)'가 되었다. 속이 시원했다. 대대적인 반전을 준비했다. 이 반전의 일격에 힘을 실어준 것은 책 한 권이었다. 바로 《82년생 김지영》, 내가 결혼한 해에 출간되어 내 심장에 강렬한 인상으로 박힌 책이었다. 책을 끝까지 읽은 뒤에도, 나는 마지막 장을 여러 번 뜯어 보려 했다. '뒤에 더 있을 거야. 아니, 이게 끝이면 어떻게 해?' 소설의 내용은 무척이나 좋았다. 그러나 나와 내 친구들의 현실만 보여주고는 이어지는 길에 대한 답이 없어서 답답했다. 고구마를 상자째로 먹은 것 같았다. 눈물은 흐르고 차오르는 답답함은 주체할 수가 없었다.

"죽을 만큼 아프면서 아이를 낳았고, 내 생활도, 일도, 꿈도, 내 인생, 나 자신을 전부 포기하고 아이를 키웠어. 그랬더니 벌레가 됐어."

-《82년생 김지영》 中

소설 속 '82년생 김지영'은 작가가 되기로 한다. 그리고 소설을 쓰면서 책은 마무리되었다. 나는 생각했다. '작가가 되면 돈이 되나?' 내가 그 작가가 되겠다고 20년을 공부하고 들은 질문은 "취업은 어디로 할 거니? 그럼 대학원을 갈 거니? 작가가 되어도 일은 해야 해. 먹고는 살아야지."라는 말이었다. 나는 이어지는 장면이 해피엔딩이 아니라는 걸 너무 일찍부터 내 삶에서 처절하게 느끼고 깨지고 만나 봤기에, 그 답을 내가 만들어야 했다. 그래서 책방을 내기로 했다. 그게 무슨 답이 될까 싶겠지만 책이 너무 좋았고, 그래서 글을 써왔다. 이제는 피할 수 없었다. 방법은 하나였다. 그토록 좋아하는 책이 돈이 되게 하는 수 밖에. 소설《82년생 김지영》의 이어질 내용을 내 삶에서 찾고자 했다. 그리고 책을 돈으로 만든 사례를 찾아서 직접 만나러 갔다. 수강 신청을 하고 컨설팅을 받으면서 반드시 내 안의 김지영을 구하겠노라고 선언했다.

문학영역을 읽은 당신과 나누고 싶은 이야기는 여기까지이다. 나는 86년에 태어나 좋아하는 것을 잃어 봤고, 잘하는 것을 놓쳐 봤고, 못 하는 것으로 좌절했으며, 해야 할 일에 봉착했었다. 당신은 어떤가? 나와 마주 앉아 이런저런 이야기를 하듯 나눠보자. 그리고 우리 안에 있는 울분을 삼키지 말고 이제 뱉어내자. 그래도 된다.

'누군가 내 삶을 MRI로 찍어서 이건 이렇게 하고, 저건 저렇게 하라고 쫙 펼쳐줬으면 좋겠다. 문제는 없애주고 속 시원하게 나로 살게 해주면 좋겠다'라는 상상을 했다. 그 상상을 시작으로 마주한 책이 소설 《82년생 김지영》이다. 그래서 당신에게도 그런 책이 있는지 묻고 싶다. 혹은 너무 화가 나서 주체할 수 없는 문제가 있는지도 포함해서 말이다.

분노의 방향을 전환하라

《언스크립티드》에는 내가 비즈니스를 할 때 설정하는 방법이 그대로 나온다. 그것은 바로 대오각성(大悟覺醒)이다.

> **"대오각성은 뇌리에 영원히 새겨지고 망각 되는 법이 거의 없다. 자신이 대오각성했는지 확신할 수 없다면, 아마도 당신은 아직 그 사건을 겪지 않았을 것이다."**

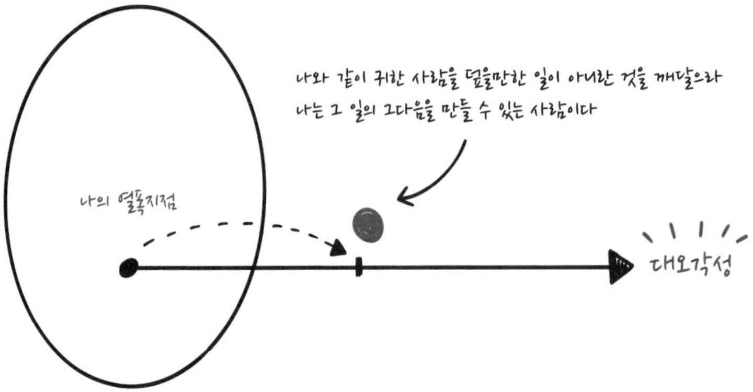

다시 말해, 자신이 지금 화나고 해결되지 않는 상황에 갇혀 있지 말라는 말이다. 대오각성이라는 멋진 말을 내 식으로 옮기면 "그 일은 너같이 귀한 사람을 덮을 만한 일이 아니라는 걸 깨달으라. 너는 그 일의 다음을 만들 수 있는 사람이다. 그걸 깨달으면 너는 무한한 이야기가 될 것이다." 정도로 표현할 수 있다. 그래서 나는 소설 《82년생 김지영》의 다음 이야기를 써보려 한다. '대오각성', 네 글자를 내 삶으로 옮기는 것이다.

"진짜 속상한 게 뭔지 알아? 의사 선생님이 밥은 밥통이 해주고
빨래는 세탁기가 해주는데, 왜 아픈 거냐고 되레 묻잖아.
내가 요즘 별게 다 속상해. 이상해."

- 《82년생 김지영》 中

엄마가 되어 보니 인종차별 같은 일도 자주 만난다. 그럴 때면 '내가 그 사람과 싸우면 나 역시 그 사람처럼 교양 없는 사람이 되지는 않을까?' 하는 걱정도 일고, 또 그 이야기로 맘카페에 글을 올리기에는 내 글

실력이 아깝다는 생각도 들었다. 나는 한가하게 엄마를 이해 못하는 세상을 탓하고 있을 시간이 없었다. '내 아이 잘 키우면 되겠지.'라고 생각하면서 참고 가만히 있었더니 어느 순간 '엄마'를 하겠다는 여성이 사라지기 시작했다.

따라서 우리는 '엄마의 의미'를 되찾아야 한다. 우리가 가슴이 뛰는 생생한 삶을 포기하고 생존만을 위해 달려온 진짜 이유는 엄마가 '엄마의 의미'를 잃어버려서 일어난 문제의 파편일 뿐이다. 엄마는 무엇인가. 생명을 낳은 사람이다. 엄마는 아이를 낳은, 이 세상에서 유일한, 온몸으로 자신을 창조자로 내어주는 'Creator'다. 살아있음의 신비를 온몸으로 느꼈고, 창조주에게 창조에 대한 개인레슨을 10개월 동안이나 받은 사람들이다. 그런데 신비가 끝나자마자, 세상이 말한다. "맘충이", "경단녀", "넌 안 돼", "집에서 애나 봐"라고. 그리고 엄마는 그 말속에 갇혀 살게 된다.

내 생각에 세상은 귀한 순서대로 오염되는 것 같다. 자연도 그렇고 생명에 대한 마음도 그렇다. 지금 이 시대에서 가장 귀한 것은 '엄마'이기에 오해받고, 오염되고 있다. 만약, 세상을 파괴하고 싶은 힘이 있다면, 지금 당장 엄마를 파괴하는 것이 영리한 판단이다. '생명이 끊어지는 시대'를 만들어 지구파괴를 꿈꾸는 거라면 생명의 핵심, 지구의 본진을 정확하게 꿰뚫은 것이다. 아빠도 귀하고, 아이도 귀하지만 이 세상에서 가장 귀한 생명을 자신의 몸에 허락하는 존재의 힘은, 지구를 유지하는 '사랑'이기 때문에 우리는 엄마를 지켜야만 한다. 그리고 아무도 엄마를 지키려고 하지 않는다면, 엄마들이 엄마를, 자기 자신을 지켜야 한다. 그래야 우리 아이들이 살 세상이 존재한다.

마냥 고개를 끄덕이고 있을 때가 아니다. 이것은 심각한 문제다. 아이들은 엄마에게 말을 배운다. 세상에 태어나 가장 위대한 사람을 '엄마'라고 인식하고 자란다. 아이들이 이렇게 소중하고 위대한 엄마가 낮은 취급을 받는다고 느끼기 때문에 가정, 나아가 사회 등 모든 국가 기반이 순서대로 무너지기 시작한다.

지구의 본진

그래서 정답은 자기 계발서 많이 읽기도 아니고, 잘 살아가는 사람을 따라가는 것도 아니다. 엄마의 역할을 잘 해내는 것도 아니다. 오로지 나 자신을 향해 걸어가는 것, 즉 자신에 대한 무한한 사랑이 정답이다. '자기 사랑'은 예쁜 언어가 아니다. 내가 원래 누구였는지 기억하라는 심오함을 담고 있다.

"나는 생명을 낳은 자야. 세상에서 누가 제일 귀하냐면 그건 바로 나야." 하고 알려주는 것이 바로 '자기 사랑'이다. 다시 말해 '진정한 나'를 다시 찾는 것이다. '생명을 사랑하는 자, 존귀하고 귀한 자' 그렇게 원하는 걸 찾으면, 눈빛이 달라진다.

나를 사랑하기 시작하면, 어느새 초점이 맞춰지기 시작한다. 나를 사랑하는 것, 생명을 귀하게 대하는 것, 그것은 아이를 낳았던 신비한 순간을 마주하는 것이다. 그때, 비로소 나의 남편을 바라보는 시선, 내 아이를 보는 시선이 회복된다. 이어서 세상을 바라보는 시선도 회복되고, 지구 본진의 힘을 되찾을 수 있다. 그러니 부디 속지 말기를. 사회의 메시지가 당신에게 성취를 향해 가야 한다고 말하거나, 가족보다 중요한 것은 돈 벌기라고 하더라도 그 말은 당신을 위한 것이 아니다. **엄마는 어벤져스가 되어 방향과 목적을 회복해야 한다. 혼자는 힘들지만 함께 물결을 만들면 가능하다. 이 책을 읽으며 삶의 의미가 나 자신이 되는 것임을 되찾고, 자신을 읽고 자신을 사랑하고, 이어서 부부가 서로를 읽어 가고 서로를 사랑하는 것이다. 그래서 너무나 당연하게 자녀의 자기 자신됨을 읽어 가고, 기대하고, 가족 전체가 '나 자신이 되는 것'을 기뻐하는 에너지로 사회의 변화를 만드는 것. 그것이 엄마가 어벤져스가 되는 순서다.**

소설 ≪82년생 김지영≫의 대안은 나뿐만 아니라 이 시대를 살아가는 엄마들의 삶으로 써질 것이다. 생명을 낳은 사람들, 창조자의 정신을 가진 사람들이 세상을 바꾸러 가는 것이다. 우리 함께 제대로 분노를 폭발시키자. 참았던 모든 에너지를 모아 이 시대를 바꾸는 방향으로 사용하자.

나는 '엄마=경력단절여성'이라는 공식에 대한 분노가 폭발했다. 당신은 무엇에 대해 분노가 올라오는가. 지금 어떤 인생을 살아왔는지 살펴보고, 당신을 대오각성하게 한 '분노의 이야기'를 작성해 보라.

사회 영역

280조 원을 투자받을 것인가?

극작과에 다니면서 수많은 영화, 연극, 드라마를 봤지만, 그 중 딱 하나만 고르라고 한다면 나는 〈미스터 선샤인〉을 꼽을 것이다. 이 드라마로 연령별, 용도별 강의를 할 수 있을 만큼 담고 있는 내용과 깊이를 사랑한다. 아! 모든 대사까지도. 그런 날 있지 않은가? 너무 머리가 터질 것 같을 때, 머리로 연결된 코드를 뽑듯이 쉬어야 할 것 같을 때 말이다.

나는 그러면 반드시 〈미스터 선샤인〉을 클릭한다. 그리고 그 시대로 들어가 여주인공 고애신으로도 한번 살아보고, 애달픈 인생 쿠도히나로도 한번 살아보고, 김은숙 작가가 되어 보기도 하면서 '나라면 이 장면에 무엇을 더 넣었을까?'라고 혼자 상상하며 스트레스를 푼다.

만약 〈미스터 선샤인〉의 딱 한 장면에서 정지해야 한다면, 나는 이 장면에서 멈출 것이다. 사랑하는 여인(애신)이 총을 들고 남장하고 의병이 된 것을 알았을 때, 주인공 유진초이가 말하는 장면 말이다.

유진초이: 꽃으로 살지 그랬소.

애신: 나도 그렇소. 나도 꽃으로 살고 있소. 다만, 나는 불꽃이오.

독립운동이 필요했던 그때에도, 지금 이 시대에도 불꽃이 필요하다. 어느 나라가 우리나라의 주권을 빼앗으려고 하지는 않지만, 분명 지금 우리나라는 사람이 줄고 있다. 사람이 줄어든다는 건, 나라의 사라짐의 복선이다.

저출산 시대를 해결할 유일한 도구

정부는 280조 원을 들여 저출산 문제를 해결하려고 노력했지만 실패했다. 280조 원을 상상해 본 적이 있다. 1만 원짜리로 280조 원을 거리에 펼친다면, 어디서부터 어디까지 채워질까. 어마어마하게 큰 숫자인 억 단위를 넘고 조 단위를 넘어 280조 원을 넘게 써도 해결할 수 없는 일이 저출산이다.

내가 저출산 시대에 대해 인스타그램에 언급했을 때, 누군가가 댓글로 1억 원씩 나눠주면 아이를 낳을 텐데 왜 다른 곳에 돈을 쓰냐고 말했다.

글쎄, 1억 원으로는 집 한 채도 살 수 없는 시대에 1억 원이라는 단위와 생명을 낳는 일의 가치를 동일하게 볼 수 있을까?

다시 말하지만, 엄마는 '해내는' 역할을 하는 사람이 아니다. 아빠도 책임져야 하는 역할이 아니다. 사회 전체가 오해하고 있다. 부모는 하고 싶다고 다 할 수 있는 자리가 아니다. 신이 생명을 허락한 사람이기에 귀하게 대우받아야 할 자리다. 자신이 부모라면 스스로 자랑스럽게 생각해야 할 자리다. "나는 신이 허락한 사람이다. 생명을 나에게 맡겼다는 건, 돈으로 살 수 없는 성장과 행복의 기회다."라고 외쳐야 할 일이다.

돈을 줘서 해결될 일이 아니라 돈을 내고라도 하고 싶은 자리가 되어야 한다. 그 정도로 값진 자리다. 사회 전체가 오해를 풀지 않는 한, 더 이상 대한민국에 아이는 없다.

책방을 운영하면서 가장 많이 만난 사람들은 아기띠를 한 엄마들이었다. 그런데 코로나19이후, 책방이라는 공간에 아이를 가진 엄마가 오는 일이 줄어들었다. 처음에는 '코로나19 때문에 그렇겠지'라고 생각했다. '이제 아이가 성장한 엄마들이 열심히 자기 계발을 하는구나'라고 생각하면서 책방에 있던 기저귀 갈이대도 치우고, 유모차와 장난감도 정리했다. 그리고 그 자리에 일할 수 있는 공간을 더 늘렸다. 그렇게 시간이 지날수록 달라진 문화는 우리를 사무적으로 만들어갔다. 책방을 개업하고 한 해 동안 아기들이 웃는 소리와 우는 소리 속에 독서 모임을 운영했다. 이게 독서 모임인지 무슨 수유 모임인지 알 수 없을 정도였다. 그래도 그 모임이 즐거웠던 이유는 나도 고객들도 아이를 키우면서 가장 원했던 '친구'가 생겼기 때문이었다. 아이들은 계속 커갔고 모유를 먹던 아이들이 이유식을 먹기에 이르렀다. 기어 다니던 아이들이 걸을 수 있게 되고, 유치원으로, 학교로 가게 되었다.

그런데 2022년 3월, 충격적인 소식을 접하게 되었다. 책방에서 큰 아이들의 입학 및 개학과 동시에, 대한민국 합계출산율* 0.78명이라는 통계청의 발표를 접했다. 이 수치로 인해 대한민국은 충격에 빠졌다. 그만 낳으라는 표어가 벽보에 붙을 만큼 자녀를 많이 낳던 대한민국에서 어쩌다가 이제는 부부가 되어도 아이를 낳지 않게 되었을까? 저출산 시대라는 단어는 곧 무출산 시대가 될 지경이다. 아이를 낳지 않겠다는 것은 엄마가 되지 않겠다는 선언이다. 엄마가 되지 않겠다는 것은 가정을 이루는 것이 어려워진다는 의미이고, 나 홀로 시대가 된다는 말이다. 이 흐름이 계속 이어져 우리 아이들이 어른이 되었을 때, 어떤 그림으로 이어질지를 생각하면 두렵다.

우리 아이들의 세계는 어떻게 되는 걸까? 지금도 이미 많은 것이 달라졌다. 다니던 어린이집이 폐업하는 일도 생기고, 마스크를 쓰고 다녀서 서로의 얼굴도 잘 모르며, 언어 발달이 느린 아이가 상당수이다. 학교에서는 학급 수와 인원이 줄었다. 한 명밖에 낳지 않는 사람이 많으니 귀한 아이에게 들어가는 사교육비는 더 늘어나고, 동시에 집값은 폭등하고 있다.

* 여성 한 명이 가임 기간에 낳을 것으로 예상되는 평균 자녀 수. 출산이 가능한 연령대인 15세부터 49세까지를 기준으로 한다. (출처: 국립국어원 우리말샘)

이른바 '저출산 시대'로 불리는 시대를 사는 엄마들의 현실이다. 출산 이후의 무대에서 벌어지는 일들은 '문제'의 연속이니 결혼하겠다는 지인이 찾아오면 이러한 서글픈 조언부터 절로 나온다.

"아이는 최대한 늦게 낳아, 너희 둘만 행복하게 살아, 그래도 꼭 낳을 거면 한 명만 낳아."

우리의 출산 통계에 관해 영국 BBC 등 여러 외신들은 이런 헤드라인으로 뉴스를 전했다. "대한민국 여성들은 출산 파업 중이다" 그래, 맞다. 어쩜 이리도 우리를 잘 알까? 파업 맞다. 허나, 경력도 단절되는 판국인데 출산 파업이 대수일까. 인간에게 있어 일이란 생존 그 자체다. 일과 엄마를 병행할 수 없으니 자연스럽게 하나를 포기하는 것이다. 엄마가 되면 경력단절여성으로 자리가 이동되는데 누가 그 문을 열까. 대한민국 여성들은 엄마가 되는 것을 격렬하게 거부하고 있다. 엄마 뒤에 붙는 모든 꼬리표를 거부하고 있다.

방탄소년단(BTS)이 빌보드차트를 휩쓸고 비행기 예매가 어려울 만큼 세계의 팬들이 한국으로 입국하며, 손흥민의 경기력에 전 세계인이 기립박수를 보내면서 "대한민국은 다르다! 아이를 키워내는 힘이 차원이 다르다."라며 칭송했다. 오늘날 세계인들이 한국 문화에 대한 관심이 끊임없는 이유는 우리만이 가진 특유의 문화가 있기 때문이다. 그런데 그 문화의 힘을 덮을 만한 무엇이 우리를 생명을 낳지 않는 세계로 움직이고 있는 것일까.

정부가 2006년부터 쏟아부은 저출산 시대 대응 예산은 '엄마'의 브랜드화에 쓰여야 했다. 저출산 시대에 대응하기 위한 280조 원이 쓰여야 하는 통로는 오로지 '일자리'이다. 몇 시간 일하는 일자리가 아니라 엄마라서 가능한 일자리 말이다. 엄마가 되고 싶어지는 문화를 조성하는 것이 저출산 문제의 답이다.

그래서 생각했다. '280조 원을 들일 만한 중대한 일이 엄마가 되는 일이고, 그 위대한 자리에 선 사람들이 우리라면, 엄마의 가치를 280조 원이라고 매기자. 사회적 문제인 저출산 문제의 유일한 해답을 알고 있는 엄마들이 일을 벌이자.' 그것이 바로 엄마만이 가능한 일자리 창출이다.

당신이 보고 있는 이 책《엄마의 브랜딩 1%》는 감히 단언컨대, 저출산 시대를 해결할 유일한 도구다. 사람의 두뇌는 몸무게의 1~2%도 되지 않는데 한 사람의 움직임에 관여한다. 이 책도 그렇다. 당신의 책장 한 편에 꽂힐 수도 있고, 핸드백 안에 넣어질 수도 있고, 책상에 놓일 수 있는 작은 물건이다. 그러나 이 책이 지금 당신의 인생에 얽혀 있는 모든 부분을 푸는 전반적인 해결책이 되길 바란다. 그래서 책의 구성을 '엄마의 수능'이라는 주제를 중심으로 했다. 우리는 스스로 결정한 수능이 아니라 사회가 설정한 수능을 치르기 위해 학교에 다녔고, 수능 이후에는 모든 면을 성적에 맞춰서 걸어왔다. 이제는 새로운 수능(秀能: 빼어날 수, 능력 능), 엄마만이 가진 모든 잠재력을 꺼낼 수능을 스스로 준비하고 치르면서 엄마이자 나로 사는 제2의 인생을 멋지게 살아가기를 바란다.

당신은 저출산 시대에 아이를 낳은 위대한 사람이다. (엄마란 아이를 낳은 사람뿐만 아니라, 생명을 귀하게 대하는 모든 사람이다) 당신은 자신만 생존하는 세상을 꿈꾸지 않고, 다음 세대를 향한 고민도 동시에 하는 사람이다. 당신은 저출산 시대를 해결하는 유일한 힘, '사랑'을 가진 사람이다. 우리는 아이를 낳고 기르면서, 심장이 뛰는 것부터 움직이는 것 하나하나를 귀하게 대하는 마음을 아이의 인생을 함께 살아가면서 배운 사람이다. 그렇기에 이 책을 통해 순서대로 자신을 점검하고, 자신이 가진 모든 무기를 총동원해 세상의 문제를 해결하면서 경제 활동을 하는 브랜드가 되기를 추천한다.

나는 이렇게 말해주고 싶다. 문제를 바라보는 관점에 따라 돈이 흐르는 방향도 달라진다. 단지 내 문제를 해결하고 싶어 하면 소비자가 되고, 문제를 꺼내어 공유할 수 있는 사람만이 사회의 문제를 해결하면서 사업가가 된다. 그러니 마음에 담아두지 말고 문제를 공유하고 사회의 변화로 만들자.

우리가 해결해야 할 사회문제가 여기에 또 하나 있다. 출생 통계에 이어 사망 통계도 함께 보면 현재 대한민국 사회문제의 핵심을 알 수 있다. (앞서 언급했으나, 문제를 해결하는 사람은 수익으로 증명받게 되니 피하지 말고, 자세히 들여다보라.) 2022년 출생아는 25만 명으로 역대 최저치였는데 같은 해 사망자 수는 37만 명으로 가장 많았다. 십여 년째 계속되는 급격한 인구 감소 현상을 두고 사회학적 용어로는 '인구절벽'이라고 부른다. 대한민국은 저출산과 고령화라는 진퇴양난에 빠져 절벽 끝에 서 있는 위기를 맞고 있다.

또 하나의 문제가 있다. OECD 국가 중 대한민국은 자살률도 1위이다. 청소년 자살률은 이미 1위였는데, 그 기록을 뛰어넘어 부끄럽게도 전체 자살률에서도 한계치를 넘어섰다. 통계청 자료에 따르면, 한 해 1만 3천여 명이 스스로 목숨을 끊는 것으로 집계되었다. 10~30대 등 젊은 층의 사망 원인 1위가 자살이라는 사실에 비춰 볼 때 출산율이 꼴찌라는 것은 그리 충격적이지 않다. 세계적으로 자살자가 많은 나라로 꼽히는 국가 가운데 경제적으로 선진국으로 인정받는 나라, 세계 10위권의 경제 대국이면서도 자살률과 저출산 시대를 겪는 유일한 나라, OECD 국가 중 유일하게 평균 출산율이 1명이 되지 않는 나라, 바로 대한민국은 0.78이라는 숫자로 저출산 시대를 증명하면서 2023년을 문을 열었다.

엄마가 되지 않겠다는 선언이 곳곳에서 들려 오고, 청년들의 비명은 자살로 표현되는 나라. 어느새 대한민국은 아이를 낳는 것이 사치가 된 국가가 되고 만 것이다.

자본주의를 치유하라

자신의 일을 오래 하고 싶어 하는 사람들에게 추천하는 책이 있다. 《빅프라핏-사회를 변화시키며 수익을 내는 비즈니스 모델》, 이 책은 삼성경제연구소 사회공헌연구실장으로 재직했던 분이 쓴 책이다. 이 책은, 이윤을 추구하면서도 '목적의식'과 '사명'이라는 더 큰 가치를 실현해 가는 기업을 찾아서 보물상자처럼 잘 포장해 놓았다.

마이클 포터와 마크 크레이머, 이 두 사람은 2011년 초《하버드비즈니스리뷰》에 「자본주의를 치유해 성장의 새로운 물꼬를 트는 방법(How to fix capitalism and unleash a new wave of growth)」이라는 논문을 발표했다. 이 논문에 기반하여 한국에서는《빅프라핏》이라는 책이 나올 수 있었다. 이 책에서는 '자본주의를 치유하고 성장을 만드는 기업'을 소개하고 있다. 이 책을 처음 만났을 때, 책을 안고 얼마나 울었는지 모른다. 돈을 선택하면 나를 희생해야 하고, 나를 선택하면 돈을 포기해야 하는 삶을 살면서 답답했던 마음을 속 시원하게 풀어주었기 때문이다.

이 책에 따르면 어떤 상황에서도 기업이 추구해야 할 기본 목적은 이윤 창출이다. '기업=수익'은 단순한 진리이다. 그러나 거기서 그치지 않는다는 것이 핵심이다. 이윤 창출과 기업의 탐욕은 분명히 다르다는 것이다. 그렇게 선을 그어주니 얼마나 좋은가! 기업은 이윤 창출을 뛰어넘어 보다 큰 가치를 추구함으로써 사회에 기여한다고 말하고 있다. 그런데 나는 그것을 '사회 기여'가 아니라 '사회 변혁'이라 읽고 싶었다.

만약 이 책의 이론이 맞고, 마이클 포터와 마크 크레이머가《하버드비즈니스리뷰》에 발표한 것이 맞다면 엄마를 사업가로 볼 수 있지 않을까? '엄마는 자본주의를 치유할 수 있는 유일한 존재'라는 새로운 정의로 말이다. 엄마는 '미래의 성장'을 원하고, 모든 엄마는 자녀에게 좋은 세상을 물려주고 싶어하기 때문이다. 그래서 엄마가 가진 경력과 재능을 모으면 자본주의를 치유할 수 있다. '수익을 내면서 사회문제를 해결하는 성장 전략'을 만들 수 있다면, 그것은 엄마가 해야 할 1%의 일자리이다.

이것은 기업 경영의 핵심이 아니라 엄마 경력의 핵심이다.

당신은 혹시 책을 읽다가 오케스트라 한 가운데 놓여있는 듯 온몸이 전율하는 느낌을 받은 적이 있는가? 나는 한 분야의 1%에 속하는 대가를 만나면 그렇다. 책을 읽으며 나 또한 1%의 대가에 속하여 세상의 변화를 만드는 연주를 함께하면 그건 진짜 황홀한 상상으로 이어진다. 사업에 있어서 《빅프라핏》 이 한 권의 책은 나를 연주하기에 충분했다.

"그래! 수익을 목표로 하는 사업이 아니라 돈 벌기 그 이상을 창출하는 위대한 엄마들이 여기 있다!"

이렇게 소리치면서, 한 손에는 이미 증명된 저서를 들고 독립운동을 하는 마음으로 책방을 운영하기 시작했다.

2018년 3월 5일 자, 아침 신문 기사에 "다시 일하고 싶은 엄마를 위한 북카페 김해 달빛책방 오픈"이라는 제목으로 달빛책방이 소개됐다. 너무 기쁘고 감사한 일이다. 나는 이 시대를 살아가는 이들이 살아있기를 원하며 신문을 읽어 내려갔다.

30대 여성, 읽고픈 책 모아 컨설턴트 경험 살려 공유

2018.3.5

"세상의 모든 엄마들이 자신만의 일을 찾고 더욱 '빛나는 나'를 만드는 공간은 없을까?"

지난 1일 김해시 불암동에 새로 문을 연 카페 겸 서점 '달빛책방'은 이런

질문에서 시작됐다.

“제가 서점 공간을 생각하면서 제일 크게 생각한 것은 엄마예요. 키즈 카페는 있는데 엄마 카페는 없잖아요. 아기 엄마들의 쉼터가 되는 공간이었으면 좋겠다 싶었어요.”

달빛책방에서 서점 운영을 맡은 박선아(33) 씨는 오래전부터 아이 엄마를 위한 공간을 만들고 싶었다고 한다. 이는 자신이 결혼 후 맞닥뜨린 문제와 관련이 있다. 직장 생활을 하던 박 씨는 결혼 후 경력단절여성이 되느냐, 워킹맘이 되느냐의 갈림길에 섰다. 하지만 그녀는 과감하게 '또 다른 길'인 책방을 선택했다. 경력단절여성으로 살아가는 아기 엄마들에게 글쓰기와 책 읽기로 자신만의 길을 찾아주려는 뜻에서다.

달빛책방은 단순한 서점이 아니라 책을 매개로 진로 처방을 하는 곳이다. 박 씨는 책방을 열기 전 김해 인제대에서 취업 진로 팀장으로 일하며 학생들에게 진로 컨설팅과 브랜딩 컨설팅을 했었다.

“지금까지 4,000명이 넘는 학생을 일대일로 면담했어요. 그들 중에 엄마가 된 친구가 많아요. 그런데 다 ‘82년 김지영’이 돼 있더라고요. (≪82년생 김지영≫은 조남주 작가가 쓴 워킹맘, 경력단절여성에 대한 소설이다) 너무 속상했죠. 그래서 이 공간을 만들었어요.”

재밌는 건 달빛책방을 준비하면서 박 씨가 가족들을 대상으로 진로 컨설팅을 했다는 사실이다. 그래서 지난해 말 직장을 정년퇴직한 아버지 박노선(60) 씨는 현재 제과제빵 일을 배우고 있다. 목사인 어머니 이복화(58) 씨는 꽃차 소믈리에가 됐다. 또 태권도 사범이던 남동생 선규(30)

씨는 바리스타가 됐다. 실질적으로 '달빛책방'은 박 씨네 가족이 운영하는 복합공간인 셈이다.

- 경남도민일보 기사 中 (이서후 기자)

각자의 이야기로, 우리의 이야기로! 또는 인생의 이야기가 막히거나 장애물에 부딪혔을 때는 동네 책방에 들리길 바라며 오전 9시부터 밤 9시까지 12시간 문을 열어두었다. 책방의 존재 이유는 책을 필요로 하는 사람이 들어오는 것이다. 그 사람이 읽고 싶은 책을 넘어 자신을 읽어 가는 것이다. 그래서 나는 엄마에게 필요한 것을 제공해왔다. 쉼이 필요하다면 쉼의 공간이 되고, 이야기할 대상이 필요하다면 '사람이라는 책'을 마주 보고 서로를 읽을 수 있도록 나를 내어주었다. 24시간이 모자란다고 생각해서 나는 손님을 기다렸다. 수유를 하면서 말이다. 그것이 문제였다. 나로 살기 위해 시작했던 책방에서 다른 일은 안 하고 손님을 기다린 것이다. 나는 많은 것을 경험으로 배운다. 손님을 기다리면서 시간을 쓰면 안 된다는 것을 3개월 내내 배웠다. 책 처방 상담을 하루종일 했고, 수유를 하면서 시간을 보냈다. 24시간 동안 기다리고, 나를 내어주는 방법으로 몇 사람을 위로해 줄 수 있었는지는 몰라도 모든 엄마들에게 일자리를 줄 수는 없었다.

뜻은 세웠는데 방법은 모르겠을 때

나는 초등학교 내내 1등을 놓쳐 본 적이 없다. 초등학교에서 생각나는 마지막 장면은 교장 선생님과 학교 신문에 등장하는 홍보 사진을 찍는 순간이니 얼마나 행복한 학창 시절이었겠는가. 그런데 교복을 입는 순간, 나는 달라졌다. 말도 없어지고 공부 의욕도 사라졌다. 앞에서도 말했지만 나는 귀밑 3센티, 교복, 시간과 규율에 모든 것이 좌절되는 것을 느꼈다. 활발하게 나아갈 것 같던 나의 모든 에너지가 사라진 느낌이었다. 마치 구약에 나오는 삼손이 머리카락이 잘릴 때의 기분이라고나 할까.

그러다가 중학교 3학년 때 김은주 선생님을 만났다. 당당하고 조성모를 사랑하는 분이었다. 쉬는 시간마다 조성모 노래를 틀어줬다. 한편으로는 왜 우리가 서구 문화인 밸런타인데이를 챙기냐며, 7월 7일에 떡을 챙기자고 말씀한 분이셨다. 당시 선생님이 보여준 모든 면면은 나를 교복에서 탈출시켜 주는 이미지였다. 그런 분이 어느 날 교무실로 부르셨다. 그리고는 이렇게 말씀하셨다.

"너는 표현하는 글을 잘 쓰니까 문예부가 있는 고등학교로 진학하는 게 어때?"

그 한마디는 나를 거인으로 만들고도 남았다. 내 글쓰기 실력이 장원급제할 정도는 아니었는데, 선생님의 말씀과 눈빛에는 분명 나를 믿어주는 힘이 있었다. 특히나 글을 쓰는 세상에서는 하나만 하지 않아도 괜찮았다. 감성이 폭발하는 시를 쓰다가도 이성이 넘쳐흐르는 논리적인 글을 써도 되고, 또 여행을 다니며 기행문을 써도 되며, 무한한 상상력을 담아 소설을 써도 되고, 살아낸 이야기를 생생하게 터치해 에세이를 써도 되니 그야말로 '자유'로웠다. 이후 나는 지금까지 글 쓰는 일을 놓은 적이 없다. 고등학교 3년 내내 전국의 문학 공모전에 다니며 여행하는 청소년으로 살았다. 국립대학교에 문학 특기자로 합격해서 수능을 쳐 본 적도 없다. 두 번째 대학인 서울예술대학에도 너무 가고 싶어서 실기로 입학했다. 책을 읽고 글을 쓰며 꿈꾸는 세상은 행복 그 자체였다.

그런데 대학 졸업과 동시에 모든 것이 스톱되었다. 글을 잘 써도 노래를 잘해도 결국은 '취업을 해야 한다'로 귀결되는 것이 억울하고 이해가 안 되었다. 글은 취미로 미뤄두고 책도 시간 날 때 읽고 일하러 가야 하는가. 그래서 나는 취업 시장에서 탈출해 길을 개척했다. 20대는 '글 쓰는 일로 밥 먹기'라는 타이틀을 달았다. 나라에서 진행하는 사회적기업육성과정을 통해 어린이들과 그림책 만들기 사업을 시작했고, 자기소개서 강의, 청소년 꿈책 프로젝트, 진로를 위한 글쓰기 강의를 하면서 글을 이어가는 일을 계속해서 해왔다. 그리고 2018년 3월 1일, 아기를 낳은 지 6개월 만에 책방을 오픈했다. 오픈 당일에 찾아온 기자님 덕분에 우리 책방은 오픈 다음 날 신문에 대문짝만하게 나오는 기적을 맛보았다. "다시 일하고 싶은 엄마들의 공간, 달빛책방"이라는 헤드라인과 함께 말이다.

또 KBS 〈아침마당〉 프로그램에 출연한 적도 있다. 그때 책방에 대한 소개와 함께 '인생 시나리오를 쓰면서 자신을 읽도록 돕는 일을 한다'라고 소개했다. 내 인생에서 가장 잘한 일을 꼽으라고 한다면, 책방을 연

것과 인생 시나리오를 개발한 것이다. 전공으로 시나리오를 배운 것과 인생에 대해 고민했던 것을 접목하여 콘텐츠를 만들어서 사람을 살리는 일을 하게 된 것이 참 기쁘고 행복한 일이다. 나도 누군가에게 '김은주 선생님'이 되어주고 싶다고 생각했다.

뜻을 모르고 방법도 모를 때, 우리는 멘토가 필요하다. 김은주 선생님이 "너는 글로 표현을 잘하는데"라고 하시며 나 자신을 거울로 보듯이 말씀해 주신 것처럼, 상대에게 힘이 되어주고, 인생의 방향에 대해 조언을 해줄 수 있다는 것은 실로 얼마나 값지고 귀한 일인가. 나는 그 일을 꼭 하고 싶었다. 책 처방을 하는 내내 한 사람의 이야기가 얼마나 빛나는지, 소중한 것인지 알기를 원했다. 그래서 내가 말을 쏟아내 보기도 하고, 다양한 질문도 해봤지만, 소용이 없었다.

'당신은 그렇게 생각하겠지만 나는 나를 아직 모르겠어요.' 하는 표정과 '글쎄요. 당신은 나를 아직 몰라요.'라는 한숨 등을 만나며 나는 더욱 스스로 개발할 수밖에 없었다. 내가 개발했던 방법은 나의 전공에서 시작했다. 시나리오를 전공하면서 배운 것을 총동원해서 인생을 극으로 바라보고 반드시 질문해야 하는 한 가지를 중심으로 자신만의 극, 자신만의 인생을 써가도록 도왔다. 그 첫 질문은 이것이다.

"지금, 당신이 진정 원하는 것은 무엇입니까?"

이 질문은 모든 문제를 푸는 방향으로 바꾼다. 저출산 문제에 대해서도, 살고 싶지 않다고 말하는 이에게도, 마음이 소용돌이치듯 격앙된 이에게도 이 질문으로 시작한다. 이 질문은 당장 원하는 것이 무엇인지를 찾게 한다기보다 '본질'을 향해 가게 하는 힘을 발휘한다.

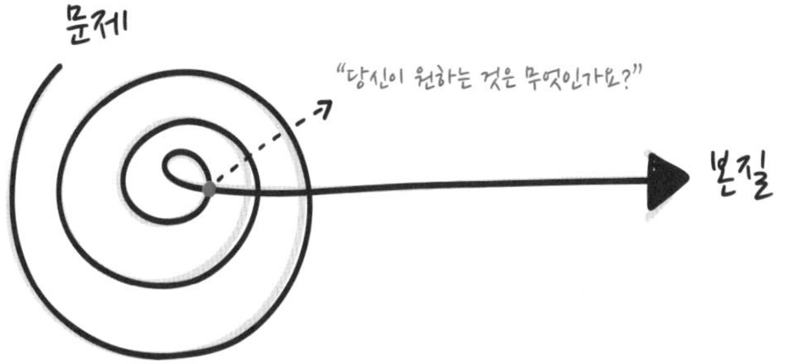

극작을 할 때, 모든 작가의 출발선은 같다. 소재를 찾고, 주인공을 세운다. 그 주인공이 '원하는 것'으로부터 이야기를 시작한다. 그러니 당신의 이야기도 '원하는 것'이 세워져야 시작할 수 있다. 그래야 사회문제도 해결의 방향을 찾을 수 있다. 내가 중학교 3학년 때 들은 김은주 선생님의 문장이 내 가슴을 뛰게 했던 이유도 아마 이것 때문인 것 같다.

"너는 표현을 참 잘해. 글쓰기를 원하니?"

"너는 글을 쓰면서 먹고 사는 게 어떠니? 원하니?"

본질을 붙잡고 돈을 만드는 방법

지금도 수많은 사람이 타인에게 맞춰서, 애쓰면서, 참으면서 살아간다. 나도 그랬다. 우리가 참으면 나아질 줄 알았던 사회는 점점 더 일그러진 이야기가 되었다.

어디서부터 문제이고 어디서부터 회복해야 할지 모를 정도가 되었다. 어디서부터 시작해야 하는지 알고 싶었다면, 실마리를 풀고 싶다면 그 시작은 바로! 나 스스로에게 "내가 진정 원하는 것이 무엇이지?"라고 질문하는 것으로 시작된다. 그리고 원하는 것을 가로막는 핵심 문제를 마주 보는 것이다. 그 문제를 더 이상 개인의 문제로 두지 않고, 사회의 문제로 확장하여 해결하는 사람이 되는 것이다. 이처럼 자신의 문제를 비즈니스로 만드는 사람을 '브랜드'라고 부른다.

책방이 여러 번 방송에 소개되었다. 나는 방송에서 이렇게 말했다. "엄마는 경력단절여성이 아니라 자신의 일을 할 수 있는 사람이에요." 그리고 책 처방 상담을 소개했다. 부산 KBS <아침마당>에서 책 처방 상담지를 보여주면서 원하는 것을 되찾는 것에 대해 나눴을 때, 정신과 전문의 박사님은 "책 처방 상담지에 나온 글을 써보는 것만으로도 뇌를 깨우고 하고자 하는 열망을 세우게 될 거예요."라고 말했다. 박사님과 나의 눈이 반짝였다. 헤르만 헤세의 성장소설인 《데미안》에서 말하는 알을 깨고 나와 새가 되는 삶이 실현된 것을 바라보듯 풍요로웠다. 사람을 살리고 싶은 열망이 같기 때문이었다.

그 방송을 보고 많은 분들이 찾아왔다.

"여기 가면 살 수 있을 것 같아서 왔어요."

"그냥 동네 책방인 줄 알았는데, 이곳은 치유의 서재네요."

그렇게 나는 '내 소리가 들렸구나. 진심이 통했구나.'하는 마음으로 살아나는 대화를 시작했다. 자신이 살아온 이야기와 앞으로 살아가고 싶은 이야기, 곧 원하는 방향으로 빛을 비추는 이야기 말이다.

지금도 수많은 사람들이 시간에 맞춰서, 적응하기 위해 애쓰면서, 돈을 위해 참으면서 삶을 살아간다. 나도 그랬다. 그런데 사람들이 맞추고, 애쓰고, 참은 이야기가 모여 '사회문제'가 된다. '희생'이라는 이름으로 타인에게 맞췄을 것이고, '열심히'라는 이름으로 애쓰면서 살고, '양보'라는 이름으로 나 한 사람이 참으면 그만이라 여기는, 어디서부터 풀어야 할지 알 수 없는 얽힌 사회가 되었다. '착하고 바르게'라는 강압적인 이름 아래 '원함'이라는 잠재력이 숨겨져 자신이 원하는 것을 한 번도 물어보지 않는 사회가 되고 만 것이다. 이제는 나의 문제로 시작되어 숲이 되어버린 사회문제의 방향을 바꿔서 '내가 행복할수록 수익이 되는 놀라운 문화'로 나아갈 시간이다.

《빅프라핏》에서는 수익 창출과 사회문제의 해결을 동시에 이뤄낸 기업들의 전략을 마이클 포터 교수의 가치사슬(value chain) 개념으로 설명하고 있다. '사회공헌, 기업가치, 이익증대'의 선순환 구조로 연결시켜 지속 가능한 성장을 구현할 수 있는 비즈니스 모델을 만들어냈다. 이것은 책에만 나오는 이야기가 아니다. 드라마에서도 문제를 해결해서 사회공헌과 가치와 이익증대를 만드는 선순환 구조의 장면을 찾을 수 있다.

드라마 <미스터 선샤인>에서 두 번째로 좋아하는 장면을 찾으라고 한다면 나는 이 장면을 꼽는다.

애신: 나는 글의 힘을 믿지 않소. 허나, 그대는 믿소.

희성: 글도 힘이 있소. 누군가는 기록해야 하오.

애국도 매국도 모두 기록해야 하오. 그대는 총포로 하시오.

내가 기록해 주겠오.

글은 힘이 있다. 펜을 들고, 사회문제와 자신의 문제를 써야 한다. 그리고 마주해야 한다. 그러면 내 안에 있던 문제가, 절대 나는 극복할 수 없다고 느꼈던 그 문제가 내 밖에 있게 된다. 그것으로부터 이야기를 쓸 힘은 나에게 주어진다. 그때 이렇게 묻는 것이다.

"나는 진정 무엇을 원하는가?"

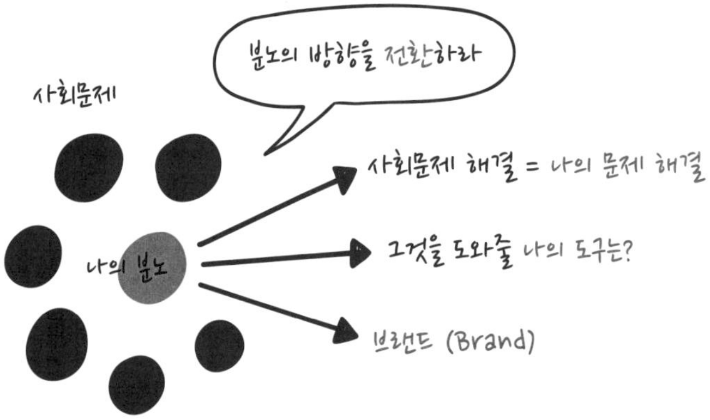

빛보다 빠르게 어두움을 대하는 방법

내 인생 드라마 〈미스터 선샤인〉의 마지막 장면은 이런 명대사로 마무리된다.

"눈부신 날이었다.

우리 모두는 불꽃이었고 모두가 뜨겁게 피고 졌다.

그리고 또다시 타오르려 한다.

동지들이 남긴 불씨로."

김은숙 작가님의 모든 작품에는 저 표현이 끊임없이 나온다. 최근에 나온 드라마 〈더글로리〉에는 제목부터 눈부시다는 표현이 나온다. 드라마 〈도깨비〉에서도 "너와 함께한 모든 시간이 눈부셨다."라는 표현이 나온다. 나는 이 표현을 상기할 때마다 이런 생각을 했다. 이 시대가 생각하는 여성이 가진 이름이 꽃이라면 엄마는 불꽃이다. 이 시대는 관습적으로 여성은 아름답다고 말하고 남성에게는 멋지다고 말한다. 그것과 상관없이 존재 자체를 향해, 남성과 여성에게 공통적인 상위개념으로 쓸 수 있는 최상의 표현은 '눈부시다'라는 말이 아닐까 싶다.

김은숙 작가님의 작품에 열광하는 이유도 그 때문인 듯하다. 시대와 대상과 장르는 달라도 같은 말을 당신에게 계속 들려주고 있다. "당신은 빛난다. 빛은 상처를 통해서만 통과한다는 말처럼, 당신의 이야기 속 상처를 통과하려고 나아가고 있기에, 자신의 인생을 포기하지 않고 마주하고 있기에 당신은 빛난다. 존재하고 있기에 빛난다."라고 말이다.

'달빛책방'이라는 이름으로 책방을 시작했다. 사람들은 이름이 참 동화 같다고 말했다. 그러나 내 속에서는 그렇다고 말할 수 없었다. 내 인생은 동화 같지 않았으니 이름도 그렇지 않았다. 나는 어두운 세상을 너무나 많이 보고 자랐다. 나는 성장기에 약자였고 피해자였다. 그래서 억울했고 속상했고 힘겨웠다. 큰 어른이 나타나 나의 문제와 상처를 해결해 주기를 갈망했다. 그렇게 어떤 에피소드는 참아내고 어떤 이야기는 이겨내며 엄마가 되었다. 나는 딸을 낳았고 엄마로서 아이에게 물려줄 세상이 참혹하고 어둡다고 느꼈다. 그래서 책방에서 내가 하고 싶었던 단 하나는 수익이 목적이 아니라 새로운 세상이 가능하다는 것을 수익으로 증명받는 것이었다. 눈부신 존재로 살면, 세상의 빛으로 나아가면, 그 빛의 조도를 확인해 주듯 돈이 만들어지는 것이다. 그러니 우리 빅 프라핏을 하자!

나는 분노로 책방을 시작했다. 엄마가 일할 곳이 없다니!
당신이 화가 나는 사회문제는 무엇인가. 그것을 해결하는 사람으로 사업을 시작하자. 당신만이 할 수 있는 브랜드를 넘어 당신을 위해 해결해야 하는 것이다.

기술 영역

'셰익스피어 앤 컴퍼니'와 인스타그램

태초의 콘텐츠

돈을 버는 게 어렵다고 생각한다면 이런 상상을 한번 해보자. 당신은 지금 어떤 세상에서 살고 있는가. 당신의 무한한 창조성과 첨단기술이 만나면 어떤 세상이 될까? 앞서 '2. 사회영역' 카테고리에서 찾은 대로 '사회문제를 해결해 보겠다'는 방향으로 전환하면, 당신은 더 이상 문제 속에서 살 필요가 없다. 그리고 회복되는 이야기를 창조하면서 살게 된다. 여기서 끝이 아니다. 회복이 되어가는 과정은 수익까지 되니 일석삼조다.

과거에는 상상도 할 수 없었던 마음가짐으로 살게 되니 이제 선택해야 할 것은 창발적인 생각이었다. 회사에서 상사가 항상 하는 말이 "자! 아이디어 좀 내보시오!"였다. 그것은 바꿔 말하면 상황을 바꿀 만한 이야기를 가져오라는 뜻이다. 이때 필요한 것은 창조성이고, 창조성은 예술을 기반으로 한다. 여기서 한 가지 놀라운 사실은 이 세상에서 가장 창조적인 존재가 엄마라는 사실이다. 엄마는 아이를 가지는 순간부터 예술가가 된다. 잉태란 곧 새로움이요, 창조다. 엄마는 뱃속에서 아이를 창조하고 있는 것이다.

자, 아직도 취업할 곳을 알아볼 것인가? 당신의 시간을 주고 일한 대가를 받는 곳으로 가서 다시 '나의 문제'를 만들고 싶은가? 아니면 당신이 이미 충분히 느끼고 분노하고 있는 문제의 핵심부로 들어가 '사회문제'를 해결하면서 수익을 창출하겠는가?

이 선택이 어려운 이유는 '돈이 되는 기술'이 없기 때문이다. 당신도 여유가 있다면 사회문제도 해결하고 싶고, 창조성도 다 발휘하고 싶지만, 그 일이 돈이 된다는 증거가 필요하지 않은가? 엄마의 의미를 돈으로 바꿔줄 기술에 관해 이야기해보자.

나는 '좋아하는 책이 돈이 되게 하기로 했으니 장인을 만나 보리라'고 생각했다. 책방 오픈 2년 반 만에 프랑스의 파리에 있는 '셰익스피어 앤 컴퍼니'라는 곳에 갔다. '셰익스피어 앤 컴퍼니'에서 '컴퍼니'는 회사가 아닌 '친구'라는 뜻을 가지고 있다. 서점 이름을 '극작의 신이자, 문학의 아버지'로 불리는 셰익스피어와 '문학을 사랑하는 모든 친구들'이라는 뜻으로 지었다. '셰익스피어와 친구들'이라니! 낭만적이지 않은가? 작은 서점이지만 센느강 바로 앞에 위치하고, 노트르담 성당을 바라보고 있어서 마치 내가 영화 〈화니 페이스〉 주인공인 오드리 헵번이 된 듯한 기분이 든다 (화니 페이스의 배경이 바로 프랑스 파리다. 게다가 헵번은 책방 직원으로 등장한다).

이 서점에는 책을 좋아하는 사람이라면 빠져나올 수 없을 만큼 도서가 많고, 특이하게 영문으로 돼 있는 서적만 관리하고 있다. 내가 찾아갔을 때, 모든 면이 좋았는데 특히 세 가지에 가장 놀랐다. 첫째는 20세기 초에 프랜시스 스콧 피츠제럴드, 어니스트 밀러 헤밍웨이, 토머스 스턴스 엘리엇, 제임스 조이스 등 영미권 문인이 드나들던 아지트였다는 것과 그에 비해 크기가 생각보다 작다는 점이다. 둘째는 아버지 조지 휘트먼을 이어 딸이 서점을 물려받았다는 점이다. 마지막 셋째는 숙박이 가능하다는 것이다. 숙박의 조건이 깊은 통찰에서 나온 것이라 한참 동안 서점 내부를 살펴보면서 10년 전에 머문 사람과 50년 전에 머문 사람 그리고 전쟁 중에 머문 사람들을 만났다. 물론 상상 속에서 말이다.

셰익스피어 앤 컴퍼니는 1919년에 생겼다. 우리가 잘 아는 헤밍웨이나 엄청 유명한 작가들이 여기서 탄생하게 된다. 그 이유가 무엇일까? 나는 그것에 집중해야 된다고 생각한다. 어떻게 한 장소에서 시대를 바꾸는 훌륭한 작가들이 탄생 되었을까? 그 이유는 새로운 문화를 만들었기 때문이다. 이야기로 모이게 하고, 다음 이야기를 쓰게 하는 문화 말이다.

그 프로그램의 이름이 '텀블위드*'다.

이곳에 숙박할 때는 다음 3가지를 꼭 해야 한다.

① 책 한 권을 읽어야 한다. (책 안으로 들어가는 것)

② 책을 닦거나 정리하는 등의 노동을 몇 시간 같이 해야 한다. (책과 함께하는 것)

③ 퇴소 전까지 자기소개서를 꼭 써서 제출해야 한다. (책이 되는 것)

여러 언어로 작성되고 타자기로 친 그 글들은 한데 묶여서 책으로 발간된다.

그곳에 가면 '저 책 냄새를 맡으면서 어서 잠자리에 들었으면 좋겠다.'라는 생각이 든다. 한 시대를 풍미한 소설가와 극작가 대부분이 이 서점에 머문 경험이 많은 사람들이었다. 거기서 같이 노래하고, 거리에 나와 책을 판매하고, 밖에 앉아 같이 밥을 먹는 등 공동체를 통해 수없이 많은 작가가 탄생했다.

어떻게 이렇게 멋진 서점을 생각할 수 있는지에 대해 서점의 대표는 이렇게 말한다.

"세상에 서점이 진짜 하는 역할은, 사람이 책이 될 때까지 기다려주는 곳"이라고. 진짜 멋있지 않은가? 그곳에 직접 가보고 나니, 꿈의 연대가 이루어지는 것 같았다. 서점이 거기 있어 줘서 너무 고맙고, 내가 계

* 셰익스피어 앤 컴퍼니는 누구에게든 '무료 숙박'을 제공하는 것으로 유명하다. 이것을 '텀블위드(Tumbleweeds)'라고 부른다. 텀블위드가 되기 위해서는 '몇 시간의 노동, 매일 책을 읽겠다는 약속, 그리고 한 페이지의 자서전'을 쓰는 것만 하면 된다. 이것만 지킨다면 무명 작가든 유명 인사든 나이, 인종, 성별, 학력 수준 무엇도 상관없이 머무를 수 있다.

속 이 일을 해야만 한다는 생각에 가슴이 뜨거워지고, 승인 받은 느낌이었다. 100년 전부터 이어온 일을 내가 한국으로 옮겨오고 싶었다.

나는 당신이 '어떤 기술을 익혀서 돈을 벌지?'라고 고민할 때 그 기술의 원천과 방향을 살펴보면 좋겠다. **책의 원천은 이야기이다. 이야기는 사람이라는 생명을 담는다. 그래서 책이 만들어지는 과정은 아이가 태어나는 순간과 같고, 책이 읽히는 과정은 생명이 성장하는 것과 같다.** 책이라는 영역은 책을 판매하는 책방과 책을 만드는 출판사와의 분리가 불가능하다. 또한 책은 콘텐츠로 이어지고, 콘텐츠는 현시대에서 돈과 물물교환이 가능하다. 그렇기에 책이 만들어지고 판매되는 모든 과정은 돈으로 이어진다.

책의 원천은 이야기이다.
이야기는 사람이라는 생명을 담는다

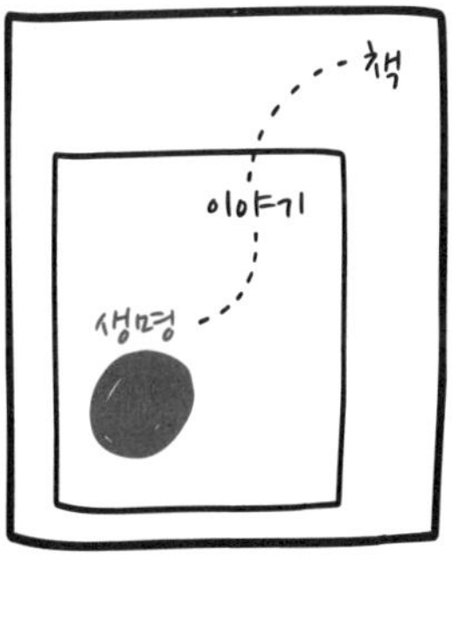

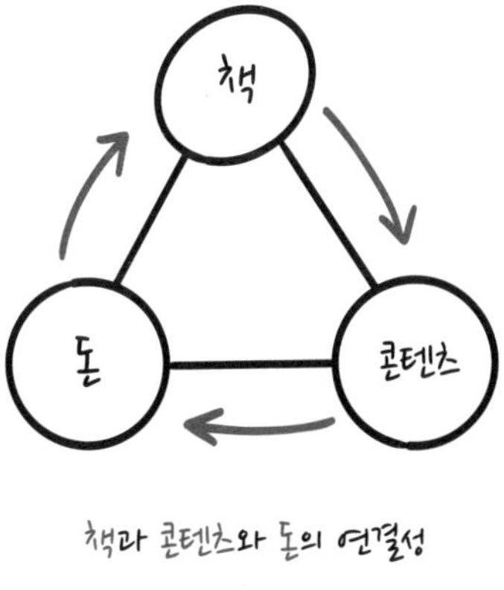

책과 콘텐츠와 돈의 연결성

셰익스피어 앤 컴퍼니에는 이런 글귀가 쓰여있다.

“I wish i could show you when you are lonely or in darkness the astonishing light of you own being (당신이 외롭거나 어둠 속에 있다고 느낄 때 당신이라는 존재가 발하는 그 환한 빛을 보여주고 싶네).”

- 쉬라즈의 하피즈(Hafiz of Shiraz)

어떻게 이 서점을 사랑하지 않을 수 있겠는가. 사라지지 않기를 바라고 또 바랄 것이다. 그리고 또 찾아가겠지. 사람인 줄 모르고 바쁘게 지내다가 자신을 망각하면 안 된다는 것을 알아차릴 때, 파리행 비행기표를 끊게 될 것이다. 나는 셰익스피어 앤 컴퍼니와 같은 서점이 한국에도 있기를 바라면서 책방 운영이 힘든 순간에도 책방을 놓을 수 없었다. 책 한 권이 주는 힘이 단순히 책을 읽고 독후감을 쓰게 하는 것이 아니라, 연대하게 하고, 같은 그림을 꿈꾸게 하고, 함께 살아갈 내일을 만든다는 것을 경험하면 어떻게 놓을 수 있을까? 책방이 버겁게 느껴질 때 나는 셰익스피어 앤 컴퍼니의 그 글귀를 떠올린다.

책방의 준비는 10년 전에 시작됐다. 취업 상담과 강의를 하면서 알게 된 2가지 덕분이다. 경력단절 여성의 처절함과 내가 엄마가 된 이후의 삶에 대한 고민을 통해 차근차근 준비했다. 나는 아기 엄마가 되자마자 책방 운영자, 상담사, 사업가, 영성가들을 차례로 직접 찾아가 묻고 로드맵을 만들며 2018년 3월 1일에 문을 열었다. 지금까지 ‘프로젝트 크리에이터맘’이라는 이름으로 엄마의 인생 대반전을 만들어왔다. 그대로 클라이맥스(climax)로 가야 정상이었다. 그즈음 엔 책도 나오고 모든 것이 준비된 대로 되어야 했다. 내가 전 세계를 다니며 책이 얼마나 귀한 일을 하는지 알아내고 연구하며 그걸 책방에 쏟았음에도 불구하고 잠시 문을 닫아야 했다. 코로나19의 유행과 함께 오프라인 매장은 모두 문을 닫았기 때문이다. 소설 《82년생 김지영》을 읽고 엉엉 울며 시작한 엄마를 위한 책방이니 마음도 아름답지 않은가. 하지만 코로나19를 어떻게 해야 한단 말인가. 전 세계가 힘들었겠지만 엄마는 말로 다 할 수 없을 만큼 힘들었다. 아이들과 하루 종일 있어야 하는데 밥은 해야 하고, 나갈 수 없으며, 이야기도 나눌 수 없으니 엄마가 우울해지는 건 당연했다. 부부싸움은 최대치를 찍고 이혼율도 급증했다. 갈수록 책방은 조용해졌다. 조금만 참으면 끝나겠지라고 생각했으나 규제는 점점 심해졌다. 몇 명 이상 모이면 안 된다고 하다가 옆 가게에 코로나19 감염자가 생기자 하얀 옷을 입은 구조 대원들이 119를 타고 나타나 데리고 갔다. 그리고 그 가게의 이름이 온 국민의 휴대폰에 등장했다. 동네는 조용해졌고 개미도 마스크를 하고 다닐 판이었다. 사람들의 발길이 끊어지면서 기다렸듯이 책방의 자동문이 고장 났다. 참 좋은 핑계가 생긴 것이다. 책방을 폐업해도 나 자신에게도 설득이 가능할 만한 상황이 이어졌다.

내 인생에서 비극이 펼쳐질 때 나는 상상여행을 떠난다. 내가 좋아하던 공간, 기억해야 하는 순간으로 나 자신을 돌이키는 것이다. 눈을 감고 현실을 넘어 프랑스 파리로 발길을 옮겼다. 그리고 이렇게 파리의 작은 책방, 100년도 넘게 이어온 책의 생명을 느끼면서 공간 곳곳을 돌아다냈다. 가슴이 뜨거워지며 나에게 속삭였다.

'그래 책은 사라지지 않아.'

현실은 비극으로 결말이 날 것이라 말하지만, 다시 책이 할 수 있는 틈새를 찾아내기 시작했다. 셰익스피어 앤 컴퍼니에서 하는 프로그램처럼, 새로운 문화가 통할 방법을 모색했다. 그렇게 온라인 수업과 소규모 예약제를 시작했다.

코로나19가 온 뒤 유치원을 못 가는 아이들과 24시간 있어야 하는 엄마들이 모일 수 있는 유일한 시간, 밤 10시 아빠의 회사가 끝나 아이가 잠든 시간에 '심야 책방'이라는 이름으로 모였다. 온종일 하고 싶었던 말을 쏟아내는 시간, 밤새도록 이야기를 나누는 프로그램을 진행했다. 눈물을 흘려도 마스크를 쓰고 울어야 했던 시간에 우리는 '치유의 서재'라는 이름으로 누군가를 온전히 안아주고 함께 눈물을 흘려주기도 했다. 책을 함께 읽고 싶은 마음과 사람과 사람의 연결은 여러 번의 코로나 검사를 해야 한다 해도 막을 수 없었다.

비극이 희극으로 바뀌게 도와준 것은 엄마들의 메시지 덕분이었다. "숨도 못 쉬겠어요. 너무 살고 싶어요."라고 말하면 소규모 모임을 열었고, "책방에 가면 안 되나요? 아니면 전화 통화라도 부탁드려요."라는 소리에 응답하며 온라인 상담을 오픈했고, "미국인데 저도 책 읽고 나누며 살고 싶어요."라고 말하면 책을 들고 만났다.

우리는 책만 있으면 되니 온라인 책방으로, 소규모 예약제 모임으로 전 세계 한인 엄마들의 만남의 현장을 만들어 갔다. 코로나19 이전에는 김해에 있는 작은 책방이었는데 코로나19 이후 책방은 전 세계에 있는 한인 엄마가 모이는 책방이 되었다.

코로나19, 그 이후

코로나19가 유행가처럼 자주 등장할 때쯤, 온라인 수업을 듣기 시작했다. 여느 때처럼 나는 다시 배우고 공부해서 시작할 수 있었다. 내가 포기하면 엄마들이 전부 포기할 것 같은 책임감도 있었고, 책방은 공간이 아니라는 것을 증명하는 시기이기도 했다. 문이 열리지 않는 모든 시기에 온라인으로 공부하고 또 공부하면서 소셜네트워크서비스(SNS)와 온라인 마케팅을 파헤쳤다. 배우면 바로 책방의 엄마들에게 공유하고 줌(ZOOM)에서 모여 독서 모임을 지속했다.

처음에는 아수라장이었다. 엄마가 컴퓨터 앞에 앉아 있으면 아이들은 우아하게 그림을 그리는 장면은 외국영화에서나 나오는 것이다. 집에만 있는 아이들의 활기는 끝이 없었다. 코로나19에 걸려도 아이들의 열기는 잠재울 수 없었다.

온라인 독서 모임이 시작되어 컴퓨터 화면이 켜지면, 기본적으로 엄마 한 명에 아이 두 명이 같이 등장하기도 했다. 소리는 여기저기서 들려왔다.

"엄마, 이게 뭐야? 뭐 하는 거야? 이모다! 이모!"

안부를 묻다가 아이들이 장난감으로 이동할 때쯤 시작하기도 하고,

온라인 사용이 서툰 엄마가 오면, 한 시간가량 설명만 해야 하기도 했다. 코로나19에 대한 두려움이 가득해서 집 밖뿐만 아니라 온라인으로도 접촉을 안 하려는 엄마도 있었다. 그렇게 온라인 책방 운영 1년이 지나 독서 모임을 지속한 엄마 20명 전원은 '온라인 수업 전문가'가 되었다.

이후 코로나19가 더 기승을 부릴 때가 되어서야 온라인 수업을 시작하는 분들이 생겨났고, 우리는 온라인 수업을 진행하는 매뉴얼이 있는 상태에서 수업하는 방법을 가르칠 수 있게 되었다. 일찍 힘들어 봐서 얼마나 대화가 절실한지 알았기에 〈온라인 독서 모임 매뉴얼〉을 전달하며 기뻐했다.

끊임없이 온라인과 관련된 공부를 하다가 상담사 공부까지 병행하게 되었다. 온오프라인 하이브리드로 미국 최고의 상담대학원이 열려 있었고, 독서 모임을 운영하는 20명 전원이 부부가족상담대학원의 석사 과정에 입학했다. 코로나19 이전에는 경남 김해시에 있는 '일하고 싶은 엄마'를 위한 책방이었는데, 코로나19 이후에는 온라인 수업 교육 전문가이자 부부가족 상담 전문가가 된 것이다. 우리를 찾는 엄마들은 대한민국을 넘어섰다. 대만, 일본, 미국, 캐나다에 있는 한인 엄마들이 온라인을 타고 독서 모임으로 들어오기 시작했다.

그렇게 세계 곳곳의 엄마들을 만나며 우리의 연대는 더욱 강해졌고, 우리가 하는 일을 세계가 원한다는 것을 깨달았다. 책을 통해 나를 읽게 하는 것, 그것이 온라인이라면 그 도구를 최대한 사용하는 것, 나를 읽는 과정에 전문적 지식이 필요하면 배우는 것 그리고 다시 매뉴얼을 만들어 대중도 쉽게 공부할 수 있도록 하고 삶을 다르게 살도록 돕는 길말이다. 엄마의 연대로 코로나19라는 위기를 기적으로 만들었다. 전 세계 어디에서도 들어올 수 있는 줌(ZOOM)으로 수업과 상담이 가능해졌고, 오프라인으로 방문을 원하면 예약한 후에 만나 시간을 절약하게 되었다.

헤밍웨이의 《파리는 날마다 축제》

모두가 코로나19로 힘들어하는 시기에 셰익스피어 서점도 힘들어졌다. 프랑스 전역에 코로나19 2차 봉쇄가 이뤄지면서 경영난이 가중되고 폐업 이야기가 흘러나왔다. 가슴이 쿵 하고 떨어지는 것 같았다. 기도하는 마음으로 외쳤다.

"책방이 사라지지 않게 해주세요!"

그 이후 뉴스를 통해 접한 소식은 놀라웠다. 서점은 고객에게 서점의 사이트에서 책을 구매해 달라는 이메일로 이렇게 요청했다. "우리가 가진 희귀본을 당신이 얻을 수 있다면 놀랄 것이다." 서점은 구매 요청으로 생존하는 것뿐만 아니라 서점이 지닌 힘을 알려줬다. 그 이후 온라인 판매로 서점은 책을 사랑하는 사람들과 연결되고 동시에 매출 상승이 이뤄졌다.

앞으로의 첨단시대에는 더더욱 본질(책)과 연결해 주는 사람이 필요하다. 사람이 할 수 있는 최대의 기술이 책과 만나면 그때 우리는 사람다움을 되찾을 수 있다. AI는 빠르다. 그렇다면 그 빠름은 도구가 되어야 한다. 사람이 사람다워지도록 책과 연결하여 우리가 본질과 '빠르게' 연결되도록 돕는 역할을 해야 한다.

셰익스피어 서점을 사랑했던 사람은 나뿐만이 아니었다. 헤밍웨이도 젊은 시절에 책 살 돈이 없어서 오데옹로 12번지에 있는 실비아 비치의 책방, 셰익스피어 앤 컴퍼니에서 책을 빌려보곤 했다고 자신의 책에 썼다. 그 내용은 이렇게 이어진다.

"찬 바람이 부는 날 대형 겨울 난로를 피어놓은 이곳은 따뜻하고 쾌적했다."

온라인이라는 세계로 이어져도, 책이 하는 일, 책방이 하려는 연결은 끊어지지 않는다. 헤밍웨이가 사는 그때에도 따뜻했고, 우리가 사는 지금도 따뜻하다.

당신의 기술은 편리를 만들 것인가?
진리를 이어가게 할 것인가?

당신은 픽사(Pixar)의 에니메이션 영화 〈월-E〉를 본 적이 있는가? 텅 빈 지구에 혼자 남아서 수백 년이라는 시간을 외롭게 일만 하면서 보내던

월-E라는 캐릭터를 통해 첨단기술의 발전이 가야 할 끝에서 우리 인간은 어떠한 모습을 하고 있어야 할지에 대해 잔잔히 그리고 있는 영화다. 〈월-E〉에 등장하는 사람들은 기술 발전의 끝에서 지구를 버리고 우주선 생활을 하고 있다. '편리'의 최대치를 활용하기 위해 기술을 쓴 결과, 사람들은 나태해졌다. 화면만 바라보며 생활하게 되었고 지구에 대한 기억도 지워졌다. '편리'를 선택한 사람들보다 오히려 지구 폐기물 수거 처리용 로봇인 월-E만 지구를 오가며 지구를 경험하고, 작은 생명에 대한 감정을 표현한다. 기술을 일자리로 사용하려는, 기술로 편리를 만들려는 우리에게 감독이 들려주고 싶어 하는 단 하나의 명대사가 있다.

"I don't want to survive, I want to live (난 살아남고 싶지 않아. 난 살고 싶어)."

우주선을 조종하며 편리한 공간을 만들어온 캡틴의 마지막 발언이다. 편리로 생존은 가능하다. 그러나 진리를 챙기지 못한다면 편리는 우리의 일상 모두를 편의점으로 만들 것이다. 편의점은 편리하기는 하나 몸에 좋은 음식을 담을 수는 없다. 필요를 지금 당장 빠르게 해소할 수 있는 물품만 있다. 우리 인생의 진리, 본질을 잘 챙겨서 미래로 전달하려면 우리는 잊어서는 안 된다. **첨단기술을 익히기 위해 책이 필요한 것이 아니라 책이 하려는 일, 곧 '사람과 사람을 연결하는데' 첨단기술의 빠름이 필요하다는 것을 말이다.**

우리가 잊었던 책의 본질

책이 만들어지는 과정을 생각하면 신기하지 않은가? 어떻게 책이라는 구조를 생각해 냈을까? 기원을 따라가 보면 책은 새기는 행위로 시작되었다. 그림책 《나는 이야기입니다》는 책의 발전 과정을 보여준다. 책이 만들어지기 전에 이야기는 벽에 새겨지고, 점토판에 새겨지고, 그림으로 남겨지고, 파피루스에 새겨졌다. 책은 누군가의 이야기를 새기는 것이고, 그전에는 사람의 말과 생각으로 진행되었다. 그리고 인쇄술의 발달로 '책'으로 구성되었다. 놀랍지 않은가. 사람이 있는 모든 역사에는 이야기가 있다. 형태만 다를 뿐 그 어디에나 어느 때나 책이 있었다. 기술의 발전은 책(이야기)이 보존되게 했다.

책의 원재료인 나무의 힘은 지구와 연결되어 있다. 책은 사람의 이야기를 담고, 나무로 만들어졌으며, 나무는 지구의 숨을 지키고 있으니 이 연결이 얼마나 깊은가. (이러면 또 나무를 살려야 하니 책은 전자책으로 읽자고 할 수 있다. 하지만 책과 사람과 지구의 생명력에 집중해 보자) 인쇄되어 나오는 종이책은 원재료가 나무이다. 책의 내부에는 사람의 이야기를 담고 있고, 책의 외부에는 나무의 생명력이 담겨 있다. 그래서 책은 여전히 살아 있다. (책벌레가 살기도 한다.) 살아 숨 쉬는 책이 당신에게 다가가 '사람다움'을 회복시켜주고 있다.

나는 종종 제주도를 찾는다. 제주는 생명력, 존재의 다양성을 내 안에 불어넣는 곳이다. 제주에 도착하면 가장 먼저 곶자왈을 방문한다. (비가

오면 더욱 좋은 그곳에 당신도 꼭 가보면 좋겠다) 곶자왈은 제주 방언으로 숲을 뜻하는 '곶'과 가시덤불을 뜻하는 '자왈'을 합친 말이다. 그 뜻처럼 곶자왈에는 다양한 나무와 덤불이 가득하다. 살면서 한 번도 보지 못했을 나무와 바위와 광경이 계절마다 다르게 펼쳐진다. 겨울에는 눈이 굉장히 많이 오는데 그때에도 곶자왈은 봄처럼 따스하다. 밖에는 눈이 오고 곶자왈 안에는 꽃이 가득한 그 경이로운 장면을 보고 있으면 내가 지구에 살고 있음에 감사하게 한다. 날씨에 따라, 계절의 변화에 따라 또 나의 감정과 생각에 따라 자연은 다른 모습으로 다가온다. 마치 책과 같다. 똑같은 책도 다시 읽으면 다르고, 계절마다 다르고, 나의 감정마다 다르지 않던가. 예전에 봤던 문장이 내 삶의 변화가 생기면 또 다른 질문으로 다가오듯이 말이다. 마음이 곶자왈과 같아지면 얼마나 좋을까. 나는 책을 통해 곶자왈 같은 풍요로움을 느꼈다. 곶자왈에서 흔히 볼 수 있는 소나무는 마치 그곳의 엄마처럼 자리 잡고 있다. 자신의 온몸을 바쳐서 곶자왈을 지켜주다가 자신의 생명이 끝나기 전에는 솔방울을 온 힘으로 쏟아낸다. 소나무의 마지막 방향은 **'다음 세대를 향한 유산'이기에 껍질은 더욱 진해지고 뿌리는 깊어진다. 엄마도 그렇다. 책과 나무와 엄마는 닮았다. 다음 세대를 향해 남기고 싶은 것은 생존이 아니라 생명이다. 다음 세대에게 전달되길 바라는 것은 정보의 빠름이 아니라 지식을 전달하는 손길, 사랑, 눈빛이다. 그것은 책과 나무와 엄마의 영역이다.**

그래서 나는 이 책을 통해 '기술은 진리를 이어갈 때 사용하는 것'이라는 새로운 사용설명서를 제시하는 중이다. 엄마의 내면에는 기술 사용설명서가 이미 내재해 있다. 가슴이 울리는 방향으로 첨단기술을 활용해야 한다. 그래야 자녀들의 방향이 책의 본질과 닿게 된다.

책이 해야 할 일을 잘하게 돕자. 그때 가장 빠르게 그 일이 진행되도록 우리가 첨단기술을 꺼내자. 100여 년 전부터 지금까지 에펠탑보다 지성인의 상징이 되어주는 서점처럼 말이다. 서점의 이야기가 사람들에게 닿을 수 있도록 SNS가 사용되어야 한다.

> "나는 이곳에서 먼지와 책등이 갈라진 오래된 고전들과 함께 자랐어요. 앞으로도 그렇게 셰익스피어 앤 컴퍼니는 내게 천 개의 즐거운 추억을 주겠죠. 이 서점이 멋진 건 매일매일, 끊임없이 추억할 거리를 준다는 거예요. 여기선 뭐든 추억이 될 수 있어요. 여기에 상주하다시피 하는 '텀블위드' 두 명이 추운 날 서점 밖에서 낡은 기타를 튕기며 밥 딜런의 노래를 불러 호객하던 광경도, 또 작가 네이선 잉글랜더가 여기서 결혼식을 올린 것도요."
>
> - 실비아 휘트먼(셰익스피어 앤 컴퍼니의 주인)

SNS는 또 다른 세계가 아니라 이 시대의 또 하나의 책이다. 그래서 지금 해야 할 일은 책의 본질이 잘 전달되도록 내가 첨단기술의 옷을 입는 것뿐이다.

먼 옛날의 나와 먼 훗날의 나에게

《컨택자본》의 저자, 밥 프록터는 이렇게 말한다.

> "사람의 손길을 대체할 수 있는 것은 없다. 포옹이나 악수를 디지털화할 수는 없다. 아이 콘택트를 이메일로 보낼 수 없다. 사람의 손길을 문자메시지로 보내는 것도 불가능하다."

그렇다면 사람다움을 온전히 전할 수 있는 것을 중심으로 기술이 펼쳐져야 한다! 그것을 연결할 사람이 필요하다. 먼 옛날의 책이 먼 훗날의 기술로 이어질 수 있도록 엄마가 존재해야 한다. 세상은 기술을 디자인하는 사람의 생각으로 움직인다. 앞으로 첨단기술자들은 자본의 힘을 얻기 위해 기술을 발전시킬 것이고, 예술가는 끊임없이 작품을 남길 것이다. 이제 예술과 자본을 이을 사람만 있으면 된다. 바로 엄마의 기술, 연결이 필요하다.

이전의 나는 책방이라는 공간을 선택해서 사람들을 만났다. 이제는 인스타그램이라는 온라인공간을 통해 사람을 만나는 시대가 되었다. 자신의 콘텐츠를 어떻게 쪼개서 소개하고, 큐레이션 하는지에 대한 감각을 SNS 자체로 익히기 시작하면 끝없이 기계화된다. 알고리즘이라는 단어 안에서, 그때그때에 맞는 것을 선택하다 보니 떠도는 매체들 속에 있는 것을 큐레이션 해주는 것밖에 되지 않는다. 얕다는 생각이 든다. 그래서 '이 얕은 바다를 계속 만들기 위해서, 우리가 여기에 생사를 걸고 시간을 할애해야 하는가?'에 초점을 맞춰야 한다. 앞으로 우리의 지식을 잘 전달하는 지식 콘텐츠 사업가가 되려면, 콘텐츠의 끝판왕인 책을 잘 알아서 사업의 끝판왕을 깨야 1%가 될 수 있다.

당신의 서점, 인스타그램

이번에는 이 시대에서 가장 흔히 사용되는 SNS에 대해 이야기해보자. 인스타그램을 예로 들면, 사용법의 초반 운영은 이렇게 되어야 한다. 첫째, '내가 역사를 만들겠다'라고 생각하고, 책방이 된다고 생각하며 그 자리에 머물러야 한다. 어떤 책방이 될까? '셰익스피어 앤 컴퍼니' 책방은 영미 전문 서적이라고 내세웠고, 이 자리가 하는 역할은 '작가들을 양성하겠다'는 것이다. 누가 와도 작가가 될 수 있다고 말한다. 자신의 이야기를 남길 수 있다고 말이다. 인스타그램을 하는 이유가 자랑이나 일기라면 이 글은 당신에게 도움이 되지 않을 것이다. 하지만 내가 하는 브랜딩의 방법이 마음을 깨우기 시작했다면, 이번 페이지를 집중해서 읽어보기를 추천한다. **인스타그램을 하는 진짜 이유는 당신의 이야기가 시각적으로 보이고 대중의 표현을 숫자로 바꿔주는 통로이기 때문이다.**

왜 하필 인스타그램인가?

인스타그램은 현존하는 SNS 중에서 사용자와 소비자의 일치성이 가장 좋다. 책 중에서 가장 좋은 책이 오랫동안 대중에게 읽히는 책(스테디셀러)이라면, 가장 좋은 SNS는 사용자가 곧 소비자로 이어지는 것이다. 인스타그램은 케빈 시스트롬(Kevin Systrom)이 2010년에 시작한 사진 및 동영상 공유 소셜 미디어 애플리케이션이다. 2010년 10월 6일에 출시한 후, 하루 만에 2만 5천 명이 사용하게 되었다. 처음부터 앱의 주요 초점은 사진, 특히 모바일 장치에서 찍은 사진을 중심으로 발전했다. 2012년 인스타그램의 기업공개(IPO) 직전에 페이스북이 현금과 주식으로 10억 달러(약 1조 2,600억 원)에 인스타그램을 인수했다. 이 사실만 보더라도 지금 인스타그램이라는 옷을 입는 것은 매우 중요하다.

현재 인스타그램의 사용자 통계도 하루에 앱을 사용하는 데 평균 53분(하루의 1시간)을 소비한다. 사용자의 58%는 브랜드를 본다. 그중 44%가 인스타그램을 사용하여 매주 쇼핑한다. 인스타그램은 사진과 이야기가 소비로 이어지는 마켓이다. 이 글을 읽고 있는 당신, 운영하고 있는 계정을 다시 살펴보라. 누가 타깃이고, 누가 무엇을 보는 공간인지, 이것부터 정하자.

셰익스피어 서점을 보기 전에 내가 이렇게 물었다고 생각해 보라. "타깃이 누구세요? 뭘 알릴 건데요?" 그건 나의 이야기와 연결된 기술이 아니라 단순한 정보의 이야기이다. 생명 대 생명으로, 존재 대 존재로, 심장 대 심장으로 대화하는 게 아니기 때문에 가슴이 뜨거워지지 않는다. 셰익스피어 서점 이야기를 들은 뒤에는 어떠한가. 프랑스로 가고 싶고, 서점의 프로그램을 신청하고 싶고, 서점이 하고 있는 일을 이어받고 싶다는 생각이 들지 않는가? 그럼 이제 당신도 정보가 아니라 이야기가 되라. '나는 이런 일을 할 사람이구나.' 하고 저 사람의 이야기를 통해서 내 이야기를 구축해 가는 것, 그것이 책이 하는 역할이다.

이제 책이 되기로 결정했다면 첫째, 타깃(고객)을 선정하라. 나는 누구와 이야기를 나눌 것인지, 어떤 책과 어떤 내용을 담을 것인지를 정하는 것이다.

둘째, 셰익스피어 서점의 '텀블위드'처럼 무브먼트를 시작하라. 이때 고객도 뭔가를 해야 되고, 나도 뭔가를 주는 게 있어야 한다. 이걸 보고 우리는 무브먼트라고 말한다. 사람들이 뭔가를 경험할 수 있게 해준다. 예컨대 인증샷을 찍는다든지 자신의 이야기를 꺼낸다든지 뭔가를 하게 하고, 나도 내가 가지고 있는 지적 재산을 셰익스피어 앤 컴퍼니가 공간을 내어주듯이 내어주는 것이다. 당신의 무브먼트는 무엇이 될 것 같은가? 조건을 세 가지 건다면 무엇을 함께하자고 할 것인가? 그것이 변화로 이어지고, 사례가 모이면 책이 될 수 있는가?

세 번째는 만난 사람들이 기록을 하도록 돕는 것이다. 모인 사람들은 같은 책을 읽지만, 각자 다른 분야와 환경에 있기에 다른 이야기로 펼쳐진다. 책을 통해 자신을 읽어 가기 시작하고, 다른 사람과 같이 한 번 머물렀는데 이야기로 엮어가며, 나아가 책이 되는 것이다. 그 자리에서 자신의 책을 써 가게 된다. 이것을 전하는 게 우리가 할 일이다.

수많은 책 중에서 읽어야 할 한 권의 책을 고르고, 책 안에 있는 중요한 문장을 통해 이야기를 풀어보자. 그리고 책과 사람이 만나는 자리를 만들자. 한 단어든 한 문장이든 상관없이 나는 이어주는 사람이 되는 것이다. 이렇게 전달하는 사람을 '지식 콘텐츠 큐레이터'라고 한다. 우리가 가지고 있는 콘텐츠를 잘게 쪼개서 큐레이션 해서 보여주는 것이다. 책과 당신의 이야기를 이어 사업으로 만들겠다고 결정했다면 이제 당신의 계정에서 당신의 셰익스피어 앤 컴퍼니를 시작할 수 있다.

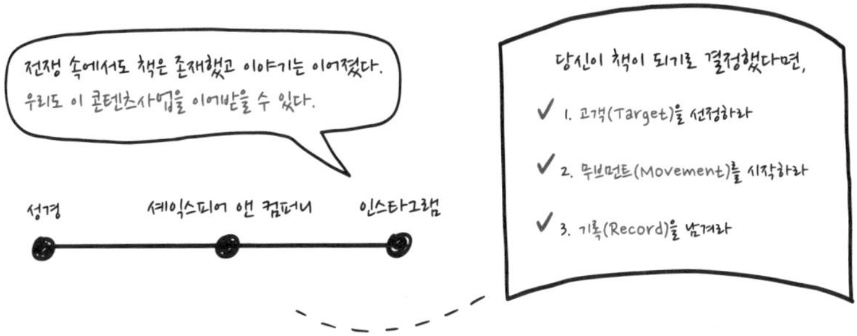

콘텐츠사업은 100년 전에도, 2,000년 전에도 있었다. 전 세계 스테디셀러인 성경이 쓰인 건 언제일까. 구약은 셀 수도 없고, 예수님과 제자들의 사역부터라고 한다면 무려 2,000년이 넘었다. 그 역사와 이야기도 '책'으로 남겼다. 이렇게 보았을 때, 책은 이미 콘텐츠사업의 뿌리이다. 신이 선택한 도구인 책을 당신도 이어가면 좋겠다. 셰익스피어 앤 컴퍼니는 100여 전에부터 대대로 이어져왔다. 그리고 찾아오는 모든 사람이 책이 되게끔 해주었다. 전쟁이 일어나도, 인종도, 나이도 상관없이 책방의 문을 두드리며 배고프다고 하면 들여보내 줬다. 영화 같지 않은가. 그래서 '텀블위드'가 시작된 것이다. 같이 책을 읽고, 나누고, 자신의 이야기를 써 내려갔다. 전쟁 속에서도 책은 존재했고 이야기는 이어졌다. 우리도 이 콘텐츠사업을 이어받을 수 있다.

수리 영역

보도 섀퍼의 〈돈〉, 나도 벌 수 있는가?

자, 여기까지 읽은 당신, 이런 생각이 들지는 않는가? '그래 참 좋은 이야기이다. 엄마의 자리를 되찾는 것도 좋고, 사회문제를 해결하면 더 좋고, 기술의 시작이 책이어야 한다는 것도 가슴을 벅차게 하지만 한 가지 해결되지 않는 부분이 있는데'하는 궁금증 말이다. 이제 가장 중요하고 빠지면 안 되는 이야기를 다룰 시간이다. 기다렸던 이야기 '돈'에 대해서 주의해야 할 사항이 있다. 이 책을 펼쳐서 이 부분부터 읽을 생각이었다면, 다시 1, 2, 3장의 각 영역을 충분히 읽고 오기를 바란다. 돈에 대한 이야기가 앞 이야기와 이어지고 잘 이해된 만큼 당신은 돈과 친해질 수 있기 때문이다.

자, 준비되었다면 우리 이제 솔직히 말해 보자. 돈에 대해 얼마나 아는가? 잘 아는가? 어디서 배웠는가? 나부터 솔직해진다면 밥 먹고 잠자는 것처럼 그냥 돈도 자연스럽게 받아들인 것이지 잘 아냐고 물으면 자신 있게 말할 수가 없었다. 잘 알지 못했다. 그렇다면 이렇게 질문을 바꿔보자. 당신은 돈이 얼마나 있었으면 좋겠는가? 돈이 원하는 만큼 생긴다면 어떤 걸 하고 싶은가? 솔직하게 말하면 나 역시 끊임없이 많았으면 좋겠다. 과연 우리는 돈이 많으면 무엇을 하고 싶을까? 만약 당신의 통장에 1조가 있다면, 돈이 넘치게 많으면, 지금 무엇을 할 것인가. 신기한 것은 어떤 거창한 것을 해야만 하는 절박함과 어떤 것을 가져야겠다는 욕망이 생기지 않는다는 것이다. 이유는 간단하다. 이미 많기 때문이다. 우리가 그토록 돈을 바라는 이유는 무엇일까. 없기 때문이다. 우리는 이 질문을 반드시 해야한다. 지금 시점에서 부자가 되길 바라는 것이 아니라, 돈이 넘치게 많고 풍요롭다면, 무엇을 원할까. 수리영역에서는 '돈에 대한 치유'와 '돈에 대한 브랜딩'으로 나눠서 이야기한다.

돈에 대한 치유: 오해 풀기

당신은 돈에 대해 말해주는 선생님을 만난 적 있는가? 내가 다닌 고등학교에는 안경을 착용하고 파마로 스타일에 힘을 주고, 긴 스커트 정장을 컬러별로 입고 오는 선생님이 계셨다. 우리에게 시도 때도 없이 돈에 대해 강의해 주셨다. 수능 공부를 해야 할 아이들을 붙잡아두고 시급하게 말씀하셨다.

"얘들아! 1억 원을 모아라. 1억 원까지 모으는 것이 힘들지 1억 원을 모으고 나면 그다음은 정말 쉽다. 돈, 그거! 돈이 돈을 만드니까 걱정하지 마. 수능 말고 돈을 공부해야 해."라고 목에 핏대를 세우면서 말씀하셨다. 그 선생님은 현재도 부산에서 알아주는 부동산 운영 체계를 가지고 계신다. 지금도 아마 고등학생들에게 외치고 있을 것이다. (지금은 10억 원을 모으라고 말할지도 모른다)

이전에는 "돈을 공부해야 해."라는 이야기를 한 번도 들어본 적이 없었다. 그냥 경험으로 배운 것을 정리해 보면 세 가지였다. 부모님이 돈에 대해 했던 말과 교회에서 돈에 대해 들려준 설교 그리고 내가 직업을 가져야 할 이유로 나뉘었다.

먼저 부모님이 돈에 대해 했던 말씀은 '돈은 아껴야 한다.'가 가장 중심에 있었다. 그렇다고 내가 돈을 아끼지는 않았다. 엄마가 돈을 아꼈다.

엄마가 말씀하신 대로 해야 할 것만 같다는 생각을 하면서 돈과 엄마의 사이에서 눈치를 보았다. 당신은 어떠한가? 누구의 말대로 돈을 대하면서 살았는가? 아니면 반대로 누구의 말대로 돈을 대하지 않으려고 애썼는가?

돈에 대한 오해를 만든 환경 세 가지

나의 어머니는 강한 분이시고, 아버지는 유한 분이셨다. 이렇게 말하면 엄마는 나쁜 사람, 아빠는 착한 사람이라고 오해할 수 있겠으나 말투가 그럴 뿐 두 분 다 사람다운 면모를 고루 갖추고 계신다. 어머니는 서울 말투를 사용했고, 그 말투처럼 똑 부러지게 돈을 잘 관리했다. 아버지는 충청도 분이시고 말투도 느릿하신데 돈에 대해서도 여유 있게 대응하셨다. 내가 태어났을 때 사업을 하다가 망했는데 그 일로 우리는 부산으로 쫓겨나듯이 내려왔다. 똑 부러지는 어머니는 당연히 어려운 상황을 악착같이 헤쳐 나가셨고, 유하셨던 아버지는 속상해도 표현하지 못하며 이겨내셨다.

돈은 우리 가족에게 상처를 주는 통로였다. 아버지는 사업이 실패한 후 담배를 연달아 피우셨다. 지금 생각해 보면 속상한 마음을 한숨으로 표현하는 분이니, 한숨이 눈에 보이게 된 것일지 모른다. 어머니는 그전까지 해보지 않은 많은 일을 하셨다. 국수 장사와 부업을 병행했다. 어린 시절 내 일상은 풍선 도장 찍기, 부품 끼우기 등 어머니의 부업을 돕는 일로 채워졌다. 아버지는 주야간에 모두 가동하는 공장으로 출근하기 시작했고, 잠을 자는 시간을 돈으로 바꿔오셨다. 어머니는 "이 돈이 어떤 돈인데!"라는 말씀을 자주 하셨다. 우리는 외식 없이, 새 옷 없이, 악착같이 돈을 모았다. 내가 일곱살 되던 해, 우리 가족은 아파트로 이사했다. 어린 시절, 어머니는 아파트를 산다는 목적을 이루기 위해 돈을 '악착같이' 모았다. 나에게 돈은 곧 '악착같다'는 말과 동의어였다. 그리고 초등학교에 입학하면서부터는 용돈이라는 이름으로 돈을 만나기 시작했다. 그때 나와 똑같이 용돈을 받는 사람이 집에 한 명 더 있었는데 그 사람이 아버지였다. 나에게 아버지는 어머니가 주는 용돈을 받는 사람, 밤에 잠을 포기하고 돈을 벌어 오는 사람, 돈을 벌지만 돈을 쓸 수 없는 사람이었다. 어린 내 눈에 돈은 어머니의 것으로 보였다. 그래서 아버지가 약해 보였다. 어머니가 아버지를 용돈을 받아 쓰는 사람으로 정한 것은 아마도 아버지의 젊은 시절 사업의 실패로 '당신은 돈에 대해 너무 버거워하니 내가 관리하겠소'라는 메시지였던 것 같다. 그런데 자녀인 내가 보기에 '돈은 무서운 것이고 강한 사람이 관리해야 하는 것'으로 느껴졌다. 가정에서 만난 돈은 악착같이, 무서운 것, 강한 사람의 소유라는 것으로 정리되었다.

두 번째는 실제로 돈이 오가는 장면이었다. 장소는 할머니의 고스톱판이었다. 할머니와 친구들은 너무나 재밌게 돈을 펼쳐 두고 노셨다. 평소에는 지갑 속에 있어서 잘 보이지 않았던 동전과 지폐가 색깔별로, 크기별로 놓인 것을 보면서 눈동자가 커졌었다. 나는 신기해서 이 색깔, 저 색깔의 돈을 만져 보았는데 부엌에 계시던 어머니가 뛰어와 다급하게 내 손을 잡아끌고 나가셨다.

"안 돼. 이런 건 나쁜 거야. 이래서 내가 여길 안 와야 해!"

"어른들이 하는 거야. 어린이는 안 돼."

그림이 그려진 종이돈과 동전들이 이불에 펼쳐진 모습이 신기했다.

보고, 만지고, 살펴보고 싶었는데 이건 나쁜 거라고 말하니까 돈은 나쁜 것으로 이해되었다. 이어서 할머니는 나쁜 걸 하는 사람 같았다. 지금은 물론 다 이해된다. 아빠의 사업 실패가 엄마에게 어떤 의미였을지, 아빠는 또 얼마나 힘든 젊은 시기를 딸과 아내를 위해 보냈을지 말이다. 엄마가 나를 사랑해서 한 행동이라는 것을 나는 하나도 빠짐없이 알게 되었다. 나도 한 아이의 엄마가 되고 나니 다 이해가 되었다. 그러나 어린 박선아는 돈에 대한 오해가 깊어지기에 충분한 가정환경에서 자랐다.

세 번째는 교회라는 공간에서 이어졌다. 엄마가 돈을 꺼내서 보여주는 장면은 오로지 주일 아침이었다. 정성스럽게 돈을 다리미질했다. 그리고 일주일 동안 우리 가족이 먹기 전에 우리가 먹는 것만큼 성미*를 챙기고, 다리미질한 돈은 헌금 봉투에 넣어 봉투에 우리의 이름을 하나하나 새기셨다. 잘되기를 바라는 마음을 가득 넣어 돈을 준비했다. 내가 "이게 뭐야?"라고 물으면 엄마는 "하나님께 드리는 거야."라고 답하셨다.

자, 지금까지 어린 시절의 내가 경험한 돈에 관한 이야기를 했다. 아이의 입장에서 돈이란 과연 무엇이었을지 한번 상상해 보라. 나에게 돈은 강한 사람이 가지고 나눠주는 것, 사람이 가지고 놀면 나쁜 것, 하나님께 드려야 좋은 것으로 인식되었다. 돈에 대해 이렇게 생각하면서 자랐으니 돈을 들고 있는 게 무서웠다. 나를 믿지 못했다. 아르바이트를 하면 바로 헌금으로 드리고, 내가 살 수 있는 것을 급하게 샀다. 내가 들고 있으면 나쁜 것이 될 것 같았다. 무서워서 덜덜 떨 정도는 아니더라도 할머니의

* 誠米, 종교 단체의 신도들이 신에게 기도하거나 은총에 보답하기 위하여 정성껏 모아 바치는 쌀.

돈놀이와 일치되어 보였던 건 확실했다. 나는 사업을 하면 안 될 것 같았고, 돈을 가지고 내기를 하는 사람을 싫어했다. 그러다가 간혹 내가 내기를 할 때면 마음이 불편했고, 돈을 쉽게 말하는 사람을 멀리했다. 그렇게 돈에 대한 경험이 환경 설정으로 이어지면서 내 안의 돈에 대한 인식 사전을 들고 어른이 되었다.

돈과 관련된 몇 가지 경험만으로 돈에 대해 전부 알지 못한다. 사랑을 경험한 몇 사람이 사랑에 대해 전부 알 수 없듯이 말이다. 내가 경험한 것처럼 당신에게도 어린 시절의 돈에 대한 경험이 있고, 부모님의 돈에 대한 태도에 영향을 받았을 것이다. 어른인 나는 부모님을 이해하고 넘어갈 수 있다. 하지만 어린 시절의 내가 경험한 돈에 대한 오해는 여전히 풀리지 않고 내 안에서 살고 있다. 그래서 글을 써야 한다. 돈에 대한 글, 내가 경험한 돈에 대한 글을 쓰고 오해를 이해로 바꿀 시간을 보내야 한다. 당신은 어떤 경험으로 돈을 만나왔는가. 그것은 지금 당신과 돈에 대한 관계에 어떤 영향을 주고 있는가.

고통과 진통

나에게는 돈에 대한 또 다른 이야기가 있다. 아파트로 이사한 뒤 나는 나를 펼치기 시작했다. 밤낮없이 일한 아빠와 악착같이 돈을 모은 엄마 덕분이었다. 나는 돈을 좋아했다. 색깔도 예쁘고 재밌었다. 그래서 중학교 때부터 돈을 본격적으로 벌었다. 아르바이트(돈벌기)를 처음 한 건 5살이었다. 5살부터 나는 엄마의 부업을 도왔다. 그것이 엄마와 함께하는 시간이었고, 어떤 면에서는 소꿉놀이였다. 커뮤니티를 처음 만든 건 8살이었다. "누구야 놀자"처럼 친구들을 모아서 교회로, 놀이터로 놀러 다니는 것을 좋아했다. 돈 벌기도, 커뮤니티도 나에게는 놀이였다. 초등학교 3학년 때부터는 본격적으로 친구들을 모아 작당을 했다. 이름도 지었다. '해피특공대' 로고도 만들었다. 고양이 그림을 넣어서 아주 형형색색으로 만들었다. 엘리베이터를 타고 15층으로 올라가서 1층까지 내려오며 집집마다 초인종을 눌러 친구들을 모두 모았다. 그리고 춤추며 거리를 활보하고 쓰레기도 주웠다. 길 잃은 고양이를 발견하면 데리고 와서 6층과 7층 사이에서 키웠다. 얼마나 신났겠는가. 신기한 일이 일어나기 시작했다. 내가 친구들을 모으고 쓰레기를 줍고 고양이를 키우면서 놀기 시작한 것뿐인데 그때부터 돈이 생기기 시작했다. 경비원아저씨는 쓰레기를 줍는 우리에게 칭찬과 함께 과자를 주시고, 동네 아주머니들은 고양이 키우려면 밥값이 필요하다고 용돈을 주셨다.

'아! 우리가 착한 일로 모이면 돈이 생기는구나.'

그러다가 더 대단하게 착해 보기로 마음먹고 다음 할 일에 대해 회의를 했다. 동네의 오빠 언니 동생들과 크레파스를 들고 모였다. 그리고 이렇게 적었다. “우리 동네 청소 우리에게 맡겨주세요. 회비 500원.” 우리는 과감해졌다. 참 좋은 동네이자 착한 어른들이셔서 우리의 전략은 통했다. 우리는 동전을 받아서 고양이 밥을 샀다. 길고양이에게 ‘해피’라는 이름을 붙여주기도 하고, 박스 집도 만들어주며, 우리가 노동으로 얻은 돈으로 고양이 간식과 밥도 챙겨주면서 하나가 되었다. 잘 먹은 고양이는 새끼도 만들어왔다.

엄마는 주일학교 전체를 담당하는 교사였다. 자발적으로 차량을 운행했고, 온 동네 아이들을 교회로 데리고 다니며 매일 밥과 간식을 해주는 사람이었다. 엄마는 그때만큼은 돈을 아낌없이 풀었다. 나는 엄마의 악착같음 뒤에 이어진 ‘사람을 사랑하는 자리에서 돈을 아낌없이 푸는 행함’이 사람을 변화시킨다는 것을 경험했다.

아빠는 밤낮없이 일하시면서도 늘 자신의 용돈으로 우리에게 요리를 해주셨다. 라면땅을 기가 막히게 온도를 잘 맞춰서 노릇하게 해주시거나 치킨을 배부르게 먹을 수 있도록 내어주셨다. 그래서 난 친구들이 집에 오는 것을 즐겼고, 아빠가 요리해 준 것만큼 요리를 할 줄 아는 아이로 자랐다. 나에게는 부모님의 돈을 대하는 태도로 인한 좋은 추억과 상처가 동시에 존재한다. 그것은 내가 인정하고 알아주고 바꿔가야 할 나의 또 다른 자산이다. 부모님이 고통스러운 순간을 이겨내신 노력을 ‘진통’으로 읽을 때, 우리는 돈과 새로운 관계를 맺을 수 있다.

내가 '해피특공대'를 조직한 일도, 길고양이를 돌보는 연대를 운영한 경험도, 요리로 사람을 초대했던 추억도 훗날 내가 책방을 만드는 일에 쓰였다. 나는 여전히 돈을 두려워하는 면이 있고, 돈을 악착같이 대해야 하는 순간이 올 수 있음을 알며, 밤낮없이 일하던 아빠를 향한 눈물이 있다. 그것 또한 내가 책방을 운영하면서 돈과 시간을 이어 붙이지 않는 힘이 되었고, 할머니의 고스톱을 이어서 칠 수 있는 용기가 되었다.

나와 돈과 감정을 이어서 읽고 새로운 장면을 만드는 것이 중요하다. 내가 과거에 만난 돈을 제대로 다시 만나는 일이 돈 공부의 첫걸음이고 돈과 화해하기 시작한 것이다.

"지혜의 존재들은 고통에 대한 두려움의 노예가 되지 않는다."

- 《상처 받지 않는 영혼》 中

경제적 자유를 갈망하는 이유

처음 책방을 열고 나서 나를 찾아온 고객들은 돈을 벌고 싶어 했다. 그리고 이렇게 말했다.

"저는 돈이 무서워요. 이제 좀 돈을 제대로 알고 싶어요."

돈이 무섭지만, 돈에 대해서 알고 싶다는 그녀에게 물었다.

"그럼 돈을 벌게 되면 어떻게 할 거예요?"

"돈을 벌게 되면요? 그건... 돈이 있어봐야 알 것 같아요."

그리고 이렇게 말했다.

"돈을 벌어 경제적 자유를 얻고 싶어요."

"그렇군요. 경제적 자유가 생기면 뭐하고 싶어요?"

그 뒤에 이어진 말 때문에 나는 지난 6년간 이 책을 낼 수가 없었다.

"이혼하고 싶어요."

돈은 당신에게 상처를 줄 수 있다. 그런데 돈이 생기면 그 상처를 드러낸 배우자와의 관계를 끊겠다고 답하는 소리가 지속적으로 들려 왔다. 나는 엄마의 돈이 가정을 파괴하기를 원치 않는다. 누군가는 돈을 벌면 그때 가서 생각하자는데 그것도 말이 안 된다. 돈만 보는 세계관은 돈도 싫어한다.

나는 엄마의 돈이 '세상의 회복'으로 이어지는 것을 꿈꾼다. 꿈은 이루어진다. 마땅히 그렇게 될 것이다. 사람들이 사업과 인간관계, 이 두 가지를 분리해서 생각한다. 인간관계가 좋으면 돈을 포기하고, 돈이 잘 풀리면 인간관계를 끊는다. 이렇게 생각하는 것은 단순하고 쉽지만, 세상은 이어져 있다. 그러니 모든 것이 선순환이 되도록 길을 만드는 것이 중요하다. 돈 따로, 관계 따로가 아니다. 나는 이렇게 말을 이어갔다.

"당신이 돈이라면, 돈을 다 줬더니 관계를 끊겠다고 하면 뭐라고 할 것 같아요?"

그렇다면 돈은 참 슬픈 존재가 아닌가. 그토록 갖고 싶다고 해서 찾아왔더니 관계를 끊게하는 존재가 된다면 말이다. 우리는 돈이 생기면 왜 헤어지고 싶어 하는지, 돈을 가지고 진정 원하는 것이 무엇인지, 그 진짜 이야기를 깨달아야 한다. “돈 때문이다.”라고 말하면 편해서 그렇다고 쳐 버렸지만, 실제로는 돈 때문이 아니다. 두려움이라는 이름 뒤에 있는 ‘이야기’를 들여다봐야 한다.

돈 뒤에 숨겨진 이야기를 꺼내야 한다. 돈을 만나는 과정은 나를 만나는 것과 같다. 돈에 대해 경험하고 느꼈던 것을 자세히 꺼내놓으면 ‘돈’과 ‘감정’이 분리되고, ‘상처’와 ‘나’를 구분할 수 있게 된다.

하루는 책방에 만삭의 엄마가 찾아왔다. 그 엄마는 아이를 낳고 다시 찾아왔고, 자신만의 일로 돈을 벌고 싶다고 했다. 그래서 돈에 대한 치유 작업을 시작했다.

“돈에 대한 경험은 누구를 통해 가장 많이 하셨어요?”

“할머니를 통해 했어요. 저를 키워주신 할머니는 저를 업고 일을 다니기가 힘드셔서 일을 그만뒀거든요.”

“할머니가 돈에 대해 이야기해 준 것을 나눠주실 수 있나요?”

“저를 데리고 다니며 일을 할 수가 없어서 일을 그만뒀더니 사람들이 평생 자신을 무시한다고 늘 말씀하셨어요. 어른들이 돈을 빌려주고 돌려받는 과정에서 싸우고 헤어지는 모습을 많이 봤어요. 그래서 저는 이렇게 생각했어요. ‘돈 때문에 사람들이 싸운다. 돈이 없으면 무시당한다. 돈이 많으면 뺏긴다. 사람들은 돈 때문에 헤어진다. 그러니 돈이 문제다’라고 말이에요.”

“그랬을 거 같아요. 돈과 연결된 이야기가 무시와 빼앗김으로 정리된 것이 이해가 돼요. 그럼 앞으로 돈을 벌게 되면 어떻게 쓰고 싶어요?"

"돈을 많이 벌어 저를 키워준 할머니에게 빚을 갚아야 한다고 생각해 왔어요. 저를 무시한 사람들 앞에서 떵떵거리며 잘살고 싶었고요."

이 이야기를 정리하면 돈은 무시와 빚이고, 앞으로 나는 돈을 벌어 무시 받지 않고, 빚을 갚는다는 구조가 형성된다. 이런 것을 드라마에서는 '클리셰(Cliché)*'라고 한다. 극에서 A 또는 B를 선택하는 것을 말한다. 예를 들어 내가 사과를 먹다가 체했다면 다시는 사과를 먹지 않거나 사과를 먹기 위해 애쓰는 과정으로 이어지는 것이다. 어떤 상황이 정해져 있고, 주인공은 그 상황에 걸맞게 행동하거나 그와 정반대의 행동을 하는 것이다. 그리고 그것을 '반전'이라고 착각한다. 이것이 반전의 행동이라고 착각하게끔 흐름이 받쳐준다. '엄마가 돈을 안 모았으니까 나는 모으겠다'라거나 '아빠는 자신만을 위해 돈을 썼으니까 나는 가족을 위해 사용한다'라고 생각하는 것이다. 지금의 사례도 할머니가 나를 위해 희생했고 무시당했으니, 나는 할머니를 위한 행동으로 돈을 벌고 할머니의 전철을 밟지 않기 위해, 나는 무시당하지 않도록 돈을 벌겠다고 정한 것이다.

당신은 어떠한가? 돈에 대한 이야기를 정리해 보자. 그것이 어떤 A든 B든 상관없이 비교급이 되는 순간 이야기는 진부해진다. 관객이 다 알아차릴 정도의 반복되는 이야기이기 때문이다.

신기하게도, 진부한 이야기에는 돈이 흐르지 않는다. 돈은 흥미로운

* 진부한 표현이나 고정관념을 뜻하는 프랑스어로, 영화나 드라마 등에서 진부한 장면이나 판에 박힌 대화나 문구를 일컫는 말.

이야기를 좋아한다. 그러나 사람들이 돈을 만드는 구조가 바뀌지 않고, 더 열심히 해서 벌려고만 하니 돈이 이렇게 말한다.

"너무 진부해! 더 흥미로운 이야기를 가져와!"

여기서 말하는 돈은 공장에서 일해서 벌거나, 자신의 재능으로 회사의 구조 안에서 벌어들이는 돈에 대해 말하는 것이 아니다. 지금 얘기하는 돈은 내가 내 지식과 창의력을 다 쏟아 나만의 일을 벌여서 만드는 걸 의미한다. 다시 말하지만 막장 드라마에는 돈이 흐르지 않는다. 조금 더 설명하자면, 우리는 돈을 배워본 적이 없다. 이야기의 구조도 배운 적이 없다. 그래서 배운 틀 안에서 최선을 다해서 살아온 것이다. 돈과의 이야기를 구축하면서 말이다. 그래서 잘못 살아온 것이 아니라 클리셰를 만들어 온 것이다. 이제 구조를 확인하고, 재설정의 단계로 넘어가면 된다.

내 원가족 안에서의 흐름만 보기 때문에, '원가족 이야기 속에서의 나'를 읽고, 다시 재구성해야 하는 것이다. 원가족을 피해서 새롭게 사는 일은 불가능하다. 왜냐하면 원작의 모든 소재를 가지고 있기 때문이다. 따라서 원가족 안으로 다시 들어가라는 것이 아니라 먼저 그 이야기를 모두 읽기 시작하라는 것이다.

원작을 각색하라

이야기를 잘 만드는 방법이 하나 있다. 이것도 예대에서 비싼 강의료를 내고 배운 방법이니 잘 익혀두면 좋겠다.

사람들은 각자 자신의 이야기가 '고유하다'라고 믿고, '하나뿐이다'라고 생각해서 이런 착각을 한다. '너는 나를 이해 못 한다. 내가 나를 모르는데 네가 나를 알겠느냐. 나의 힘든 상황은 아무도 모를 것이다. 나는 진짜 최악이다'라고 말이다.

하지만 이 착각을 빠르게 깨야 한다. 착각에서 깨어나는 것은 빠르면 빠를수록 좋다. 나 자신은 고유하지만 내가 원가족 안에서 가지고 있는 이야기는 이미 수 세기 동안 반복된 원작을 가지고 있다.

당신은 신데렐라 이야기를 알 것이다. 12시가 되면 변하고, 가족에게 미움받는 역할 말이다. 그 이야기를 가진 사람의 유형이 있다. 왕자를 기다리는 이야기는 수많은 드라마에서 반복된 틀이다. (시대마다 직업과 캐릭터 성격만 바뀔 뿐 우리는 무한 반복된 신데렐라 이야기를 즐긴다)

이처럼 이미 있는 원작에서 '각색'을 하며 이야기의 흐름이 달라지는 것이다. 그래서 내 이야기가 진부하기 때문에 달라지고 싶다고 다른 사람인 척 살거나, 남편을 바꾸거나, 아이를 다르게 키우려고 노력하는 방향은 이미 틀린 것이다. 소재(x)가 바뀐다고 해서 장르(공식)가 달라지지 않기 때문이다.

그러니 당신의 이야기로 들어가라. 이야기에서 자유로워지면, 경제적 자유는 따라오게 되어 있다.

이야기를 바꾸려고 하지 않으면 돈을 벌기만 하려고 한다. 남편의 수익으로만 살다가 부부 싸움을 하면, '내가 돈이 없어서 이렇게 힘든 거야. 그러면 내가 돈을 벌어서 너와 헤어져 주겠어.'라는 그림으로 이어졌을 것이다. 대한민국 엄마들에게 당연히 받아들여진(진부한) 현실이다. 나는 이혼하지 말라거나 남편에게 문제가 없다는 뜻으로 말하는 것이 아니다. 나 자신과 돈이 원하는 바를 더 정확하게 말하면 이것이다.

"세상을 좀 크레이티브 하게 살 수 없냐? 날 좀 다른 진동수로 옮겨줘."

이게 핵심이다. 당신을 중심으로 이루어진 원작을 읽고, 남편의 캐릭터를 파악하고, 지금 주기적으로 반복되는 흐름을 다른 진동수로 변경하는 것이다.

《리얼리티 트랜서핑》에서는 모든 흐름이 달라지는 지점이 온다고 말한다. 펜듈럼(pendulum)*이라는 흐름 안에서는 모르지만, 펜듈럼을 내가 파악하면, 진동수를 바꾸는 대반전의 지점이 된다. 나는 문제가 반복되는 지점을 바꾸는 것을 '언클리셰(Uncliché)'라고 말한다. '내가 이것과 상관없어지네.' '문제를 넘어 볼 수 있구나.' 하는 지점으로 와야지만 진동수에서 벗어나는 힘이 생긴다는 의미이다.

돈이란 빚과 무시라고 읽었던 엄마의 이야기를 더 깊이 나눠보자. 사실은 '돈'이 아니라 '할머니가 경험한 돈'이 빚과 무시로 연결된 것이다. 그것을 이해하는 것이 중요하다. '나의 돈이 아니라 할머니와 돈의 이야기가 빚과 무시라는 장르구나! 그런데 그걸 내가 이어서 연재할 뻔했구나.'라고 말이다. 나는 그녀에게 계속해서 물었다.

"만약, 돈을 웃긴다면, 돈이 당신의 친구라면 어떻게 놀자고 하고 싶

* 시계 따위의 진자나 흔들리는 추.

어요?"

눈이 동그랗게 커진 그녀는 한참 동안 생각이 많은 표정을 지었다. 그러더니 눈에서 눈물이 흘러내렸다.

'돈은 무서운 것'이라는 생각이 양파 껍질처럼 벗겨지기 시작했고, '돈은 내가 원하는 삶을 살도록 돕는 도구가 될 수 있다'라고 말했다.

"많이 벌어 나를 무시한 사람들에게 보란 듯이 잘살고 싶어요."라고 말했던 그녀였는데 말이다. 나는 그녀에게 돈에 대한 책을 여러 권 추천해 주면서 이렇게 말했다.

"우리 모두 돈에 대해 몰랐던 거예요. 이제 부모님의 이야기 속 돈에 빠져 있지 말고 나도 돈도 행복해지는 그 일을 해요."

그녀는 현재 강사를 돕는 매니지먼트를 만들었다. 베스트셀러 작가가 되었고, 엄마의 뱃속에서 책방을 방문한 아이는 6세가 되어 한글을 쓰기 시작했다. 어느 날 이런 글을 써왔다.

"엄마, 돈 주세요."

그녀가 빚과 무시로 치장한 돈의 이미지를 그대로 안고 있었다면 이 글이 얼마나 힘들게 읽혔을까. 그녀는 아이에게 이렇게 답장했다.

"우리 같이 돈을 만들자."

나는 당신이 이 책을 통해 돈이라는 소재 뒤에 숨겨진 이야기를 꺼내고, 돈과 화해함으로써 돈의 길을 만드는 사업가가 되길 바란다.

이야기가 진부해졌을 때

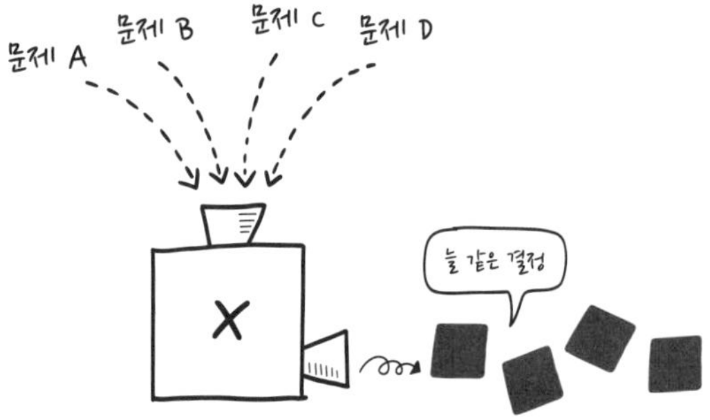

매번 똑같은 문제로 고민한 적이 있는가? 아니면 다른 문제라도 고민의 범위가 같을 때가 있는가? '여기까지가 끝인가.'라는 생각에 한숨을 쉬게 된다면 그것은 클리셰를 확인해야 할 때이다. 진부한 선택을 반복하게 되는 이유는 이야기의 중심이 내가 아니라 문제 (외부 장애물, 내부 장애물, 어떤 대상)이기 때문이다. 예를 들어 부부 싸움을 했을 때, '남편이 돈 버니까 내가 이렇게 하는 거야.'라는 생각도 중심이 내가 아니라 남편이다. 그러니까 화의 방향은 외부 장애물인 남편에게 쏟아진다. 돈을 벌어야 할 당위성을 가지게 되고 남편에 대한 복수심으로 돈을 벌고 싶다는 필요성을 가지게 된다. 방향이 외부 장애물에 있기 때문에 문제가 달라져도 같은 결정을 한다. '아이가 아파서 내가 이런 생각을 하는 거야.' 이것도 상황과 대상은 달라졌지만 같은 결정을 하게 되는 클리셰이다. 아이가 아프지 않다고 문제가 오지 않는 것이 아니라 무한 반복되어서 문제인 x가 바뀌어도 나는 그대로 자동응답기처럼 반복된 대답만 하게

되는 것이다. 그리고 어느 날 이런 생각에 머물게 된다. '내 인생은 왜 이렇지?'

클리셰를 자산으로 전환하는 방법

외부 장애물의 이야기를 전개하면, 내가 사는 게 아니라 남편을 향한 이야기로 살게 되는데, 그 흐름이 나로 살 수 없게 막게 된다. 일그러진 시나리오 속에서 '나'라는 배우로 출연하면서 속 타는 역할을 맡게 된다. 그게 싫으니 탈출하고자 하고 참다가 표출하는 방식으로 삶에서 중요한 것들을 통째로 버리는 선택을 한다. 그런데 상대를 안 본다고 내가 되는 게 아니다. 클리셰가 주는 메시지를 정확하게 이해하고, 그 모든 것의 중심을 '나'에 대한 질문으로 전환해야 한다. 그때, 클리셰의 문이 열리고 인생에서 단 한 번도 만나지 않은 장면으로 바뀐다.

자책의 방향이 아닌 자신이 책이 되는 방향으로

외부 장애물로 이야기 전개를 하지 말라고 하면, 바로 자책을 시작한다. 그것은 내부 장애물의 이야기로 전개하는 방법이다.

'나만 잘하면 되는데'

'나만 빠지면 될 거 같아서.'

'내가 못해서 그런 거라 할 말이 없고' 등의 이야기로 전개하면서 마치 자신이 착한 사람인 것처럼 느껴지게 된다. (자신을 속이기 가장 좋은 방법이다)

자책을 잘한다는 건, 이야기를 잘 쓴다는 것이다. 그렇기에 이번 클리셰를 자산으로 전환하는 유일한 방법은 자책의 모든 대본을 자신의 책에 담고, 그다음 페이지에 이렇게 쓰는 것이다.

"나는 내가 가장 반할 나의 이야기를 쓰기 시작했다."

혹시 당신 주변에는 부자가 있는가? 많은 사람들이 '내 주변에 부자가 있다'고 대답하지만, 그 사람을 존경하냐는 말에는 동의하지 않는다. 부유한 사람 중 어떤 사람은 성공을 이루기 위해 가족관계를 포기한다. 반대로 가족관계가 좋으면 그만큼 부유함을 내려놓는다.

그렇다면 일과 삶의 균형이 안 맞는 클리셰를 보면서 지쳐올 때, 당신이 이런 반전을 만든다면 어떨까?

당신의 문제와 반복되는 상황의 방향을 전환할 때마다 돈을 벌게 된다면, 당신의 상처를 극복하고 자신이 반할 이야기가 될 때마다 수익이 커진다면, 당신을 바라보는 이들은 이렇게 말할 것이다.

"나도 당신처럼, 변해가는 만큼 수익을 만들고 싶어요. 어떻게 일과 삶이 일치할 수 있죠?"

돈에 대한 브랜딩: '돈다움' 찾기

앞서 돈의 시나리오 제1막은 치유에 대한 부분이었다. 이제 제2막인 치유브랜딩으로 이어진다. 지금 우리가 해야 할 일은 내가 만들 수 있는 돈의 최대치를 계산하는 것이다. 나는 돈에 대한 공부를 이야기할 때 가장 먼저 《보도 섀퍼의 돈》을 소개한다. 돈과 관련된 책 중에서 내적 동기부여를 가장 잘해 주는 책이기 때문이다. 나는 롤모델을 찾는 나만의 방식이 있다. 내가 고민하는 분야의 책을 왕창 꺼내서 읽고 그 사람들이 고민했던 것을 나도 고민했었는지를 살핀다. 그리고 책이 아니라 저자를 조사한다. 그렇게 하다 보면 누가 누구의 영향을 받았는지도 알게 된다. 그러면 연결할 책이 한눈에 보여서 참 좋다.

예를 들어 한 분야의 최고가 되는 법에 대해 고민하다가 만난 책 《최고가 되라》의 저자 에릭 라르센은 《네 안에 잠든 거인을 깨워라》의 저자 토니 로빈스의 영향을 받았다. 그리고 토니 로빈스는 《내 영혼을 담은 인생의 사계절》의 저자 짐론을 통해 폭식을 멈추고 인생의 터닝포인트를 만든 인물이다. 이렇게 사람들의 연결점을 찾다 보면 여러 분야를 넘나들게 된다. 역사가 재밌어지고 나아가 이 모든 것을 읽고 있는 '현실의 나의' 역사를 기대하게 된다. 돈에 대해서도 마찬가지였다. 다양한 사람과 책을 통해 경제 분야에서 좋아하는 인물이 세 명 생겼는데 그중 한 명이 보도 섀퍼다. 그는 내가 그림책을 낸 뒤에 이 책을 쓰는 것처럼, 어린이 도서 《열두 살에 부자가 된 키라》를 먼저 쓰고 나서 자기 계발서를 썼다.

그는 돈에 대해 이야기 하고 있지만, 결국 '관점'을 다루고 있다.

책에서 그는 "돈이 되지 않는 일을 다 하고 나중에 돈을 벌려고 하니까 그렇다"라고 자주 말하는데 돈이라는 글자를 나로 바꿔서 읽어보면 이렇게 된다.

"내가 아닌 다른 일은 다 하고 그 뒤에 내가 되려고 하니 뭐가 되겠니?"

돈을 공부하지 않는 것은 자본주의에서 살아가는 '나'를 공부하지 않는 것과 같다는 것이다. 《보도 섀퍼의 돈》이라는 책에서는 또 이런 말을 한다. 부자와 가난한 사람의 차이가 있는데, 부자는 자기 자신만 있고, 가난한 사람은 오만함, 무지함, 허영심, 불안과 자기 회의, 죄책감을 가지고 다닌다고 말이다. 어떻게 들리는가? 그래서 부를 만드는 인생 시나리오를 만들었다. 우리는 이 책의 '3부 엄마의 경제력'에서 경제력을 갖추게 될 텐데 제대로 된 경제력을 갖추고 싶다면, 자신이 아닌 것을 돈과 결부시켰다는 사실을 꼭 알아야 한다.

자기 자신을 충분히 알고 자신에 대한 이야기가 풍부하면 부자이고, 그 외의 핵심 감정(두려움, 불안, 죄책감과 자기 회의 등)을 가지고 돈을 만난다면 가난한 사람이다. 나는 이제껏 두려움으로 돈을 만나 왔다. 아빠의 사업 실패로 쫓겨나듯 부산에 왔다는 이야기로 돈을 배웠고, 아끼지 않으면 안 된다는 엄마의 말씀을 들으며 용돈을 받았다. 또 카드를 사용하면 안 된다는 소리를 경고처럼 들었고, 돈에 대해 알게 된 정보는 하나같이 '돈=무서운 것'으로 정리되었다. 나에게 돈에 대해 말해준 사람들은 부자가 아니었다. 그런데도 나는 주변에서 하는 말을 기준으로 감정적으로 돈을 써왔다. 그러다가 내가 돈을 다르게 봐야겠다고 생각하게 된 것은 아르바이트를 하면서였다. 돈이 있어야 할 거 같아서 피아노학원에서 아르바이트를 하고, 돈이 없으면 대학교에 다닐 수 없으니까 조교생활을 하면서 학교에 다녔다. 돈은 늘 나를 부족한 존재로 만들 때 등장한다고 생각했다.

당신은 어떤 감정으로 돈과 만났는가? 당신의 가족은 돈에 대해 무엇이라 말했는가? 당신은 돈에 대해 공부하기 위해 부자를 찾아간 적이 있는가? 부자에게 돈을 배워본 적이 있는가? 나는 이 모든 것을 '부자라서 하는 말이겠지. 나와는 상관없는 소리야'하고 부정적으로 생각했다. 또 한편으로는 돈을 무서워했다. 마치 "어부니까 생선을 먹겠지. 생선을 먹는 건 나와 상관없는 거야"라고 말하는 것처럼. 그렇게 배워보지도 않았으면서, 단정하고 결론을 지었던 것이 바로 '돈'이었다.

돈에 대한 공부를 하면서 나는 나에게 물었다.

"그래서 얼마나 돈을 벌 수 있다고 생각해? 너의 목표 금액이 얼마야?"

《보도 섀퍼의 돈》에는 아래처럼 내가 하는 일의 최대치 금액을 계산할 수 있게 되어 있다.

당신의 일처리 업무 능력은 몇 점인가? 10점 만점으로 계산해 보자. 자질, 에너지, 인지도, 가치, 아이디어. 이것이 현재 나의 능력으로 벌 수 있는 것이다. (인지도 부분만 곱하기 10을 하면 된다)

돈에 대한 2막이 열렸으니 이제 우리가 해야 할 일은 부족한 부분은 채우고, 점수가 높은 부분을 활용하면서 최대치의 돈을 만들기만 하면 된다. 그 방법과 시스템은 '3부 엄마의 경제력'에서 나누도록 한다.

보도 섀퍼는 12세부터 돈을 만든 사람이다. 그의 책에는 이렇게 적혀 있다.

> **"아래의 다섯 가지를 제대로 자신의 것으로 만들면 당연하게 돈을 만들 수 있다. 계산기를 들고 한번 계산해 보라. 자질, 에너지, 인지도, 가치, 아이디어"**

이 각각의 항목에 대해서 1~10점 중 나는 몇 점인지를 계산하는 것이다. 단, 인지도만 100점 만점으로 계산한다. 우리가 SNS를 하는 진짜 이유가 여기에 있다. 그럼 한번 계산해 보자.

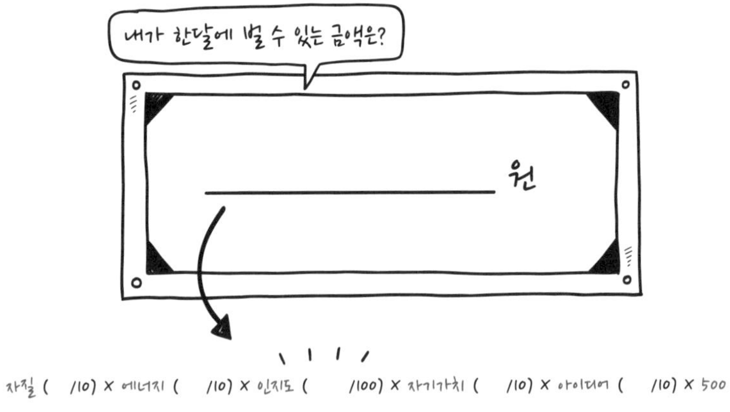

예를 들어 '저는 자질은 5점이에요. 에너지는 10점 될까요?' 하고 묻는 것이다. 에너지에는 화(Anger)도 포함된다. 화가 난다는 것은 에너지가 있다는 증거이기 때문이다. 화가 나는 진짜 이유는 에너지를 다른 곳에 안 써서 그렇다. 그 화를 여기에 쓰자는 것이다.

인지도는 '나는 지금 사람들 속에서 어느 정도의 인지도를 가지고 있는가'를 측정하는 것이다. 오프라인뿐만 아니라 온라인까지 포함하면 당연히 점수가 더 높아질 것이다. 여기서 놓치면 안 될 인지도가 있다. 그것은 나와 가장 가까운 사람과의 관계이다.

다음으로 가치에 대한 이야기다. '가치가 어느 정도 있는가?, 내 일에 있어서 내 가치와 동일한가?'를 측정하는 것이다. 내가 잘하는 것과 좋아하는 것'이 '내가 잘 못 하고 해야 하는 것'과 일치되는 것을 알고 이것을 세상 가운데 펴지게 할 수 있으면 이 가치는 더 높아진다.

마지막으로 아이디어는 '이것을 계속 이야기로 만들고, 서비스로 만들 아이디어가 있는가?'를 묻는 것이다. 상상했던 것이 있다면 점수를 매기라. (혹시 평소 당신이 '뜬구름 잡는다'는 말을 많이 들었다면 당신의 상상력은 높은 것이니 그것도 아이디어 점수에 포함시켜도 좋다. 나도 그랬다)

자! 이제 자질, 에너지, 가치, 아이디어의 각 점수를 모두 곱하고, 인지도의 점수는 100점 만점의 점수를 곱하라. 그리고 거기에 '곱하기 500'을 하면 당신이 매월 벌 수 있는 최대 금액이 나온다. 다섯 항목 모두 만점을 받는다면 최대 금액은 5억 원이다.

치유와 브랜딩이 연결된다는 것을 기억하자. 치유는 착한 마음이고, 브랜딩은 수익을 위한 것이 아니다. **치유브랜딩은 당신의 선한 마음을 꺼내기 위해서가 아니다. 세상을 선한 곳으로 바꾸자는 거창한 것도 아니다. 그것은 그토록 꿈꾸는 당신 자신이 되는 것, 당신만이 할 수 있는 지속가능한 수익 시스템을 여는 것이다.**

점수를 계산할 때 만일 인지도 점수(다른 점수보다 10배 높은 비율)가 없다면 자신이 벌 수 있는 최대 금액도 나올 수가 없다. 인지도를 확보하지 않으면 수익은 오르락내리락하게 되고 자질은 당연히 감정과 함께 소모될 것이다.

그렇다면 가치와 아이디어는 어떨까. 우리는 트라우마를 만나거나 인간관계가 틀어지면 능률이 떨어지는 사람을 많이 보게 된다. 에너지는 어떨까? 애쓰면서 만들어낸 성과는 건강을 상하게 할 것이고, 결국 잠재력을 폭발시킬 수 없으니 효율성이 떨어진다.

결국, 돈은 《상처받은 내면아이 치유》에서 말하는 자신과의 관계와 이어져 있는 것이다. 인지도의 첫 시작은 스스로 자신을 인지하는 것으로부터 지속가능성을 확보하게 된다. 수익은 결국 나 자신을 마주하는 힘이다. 나는 당신이 행복한 이기주의자가 되기를 바란다. 자신이 벌 수 있는 최대치의 금액과 치유는 같은 선상에 있다는 것을 인지하면, 브랜딩은 자연스럽게 이어진다.

브랜딩의 최적화는 내 안의 놀라운 아이(Wonder child)를 만나 함께 놀면서, 《보도 섀퍼의 돈》에서 말하는 일처리 업무 능력을 만점으로 올릴 때 가능한 것이다.

우리는 이 책을 통해 돈의 최대치를 만들 것이다. 그 방법은 이렇다. 첫째, 내가 좋아하는 것, 잘하는 것, 못하는 것, 해야 하는 것을 묶어서 이것들이 나를 방해하거나 이것밖에 없다고 얘기하는 삶에서 벗어나는 것이다.

둘째, 나의 문제를 해결하는 놀이 방법을 구성할 것이다. 이 책을 다 읽고 나서 다시 돈 계산을 해보자.

보도 섀퍼의 돈 최적화 계산법

"나는 자질이 없어", "나는 에너지가 왜 이렇게 부족하지?"라는 말보다 "지금 내 인지도를 높이기 위해 가장 필요한 게 뭐지?", "나의 가치는 어디에서 찾을 수 있지?", "난 아이디어를 어떻게 개발하지?"라는 말을 하라.

"나는 왜 이 모양이지? 나는 안 될 거야."라는 말을 내려 놓자. 계속 무엇 또는 누구 때문에 못 한다고 이야기하면서 정작 왜 안 되는지는 모른 채 안 되는 걸 증명하고 있는 삶에서 벗어나라.

지금부터 하는 말이 이 장의 핵심이다. 다음처럼 말하면서 최대 금액을 만들어보자. "왜 저는 1천만 원을 못 버나요?"가 아니라 "나는 내가 할 수 있는 방법을 찾는다. 나는 나를 채워간다. 나는 내가 최고가 되는 것에 모든 에너지를 쓴다"라고 말하는 것이다. 그러면 그때 당신은 알게 된다. '아, 내가 진짜 나한테 투자하고 내가 능력을 높이는 데 에너지를 써야겠구나. 나는 가치가 높은 사람이니까 돈도 나를 선택할 수밖에 없게 만들어야겠구나'라고 말이다.

"우리가 정말로 좋아하고 자신의 열정을 충족해 주는 일을 할 때 비로소 말은 일을 제대로 해낼 수 있고 제 능력을 발휘할 수 있다. 일은 곧 우리가 좋아하는 놀이나 취미처럼 큰 재미를 느낄 수 있어야 한다.

절대로 돈을 벌기 위한 목적만으로 일하지 말라. 돈이 일의 목적이 되면 당신은 자신이 벌 수 있는 만큼도 벌지 못할 것이다. 내면의 열정을 일으키는 일을 발견하는 순간 누구도 빼앗지 못할 금메달을 목에 건 것이다. 자신의 정점을 정확하게 파악하라. 심장을 타오르게 하는 불꽃, 열정은 궁극의 장점이 될 것이다. 나는 당신이 평생 일과 사랑에 빠질 수 있기를 기원한다."

— 《보도 섀퍼 부의 레버리지》 中

세상은 우리를 '전업맘'과 '워킹맘'으로 나눈다. 그러나 이제는 '크리에이터맘', 곧 돈을 만드는 엄마가 되기를 선택하자.

가정 영역

엄마가 만드는 〈아티스트 웨이〉

자! 드디어 길고 긴 'Part 1'의 끝이 보인다. 지금까지 당신이 얼마나 할 수 있는 존재인지 문학과 사회, 기술과 돈에 대해 다루면서 진행했다. 이제 시야를 넓히고, 깊이를 쌓을 준비 되었으니 엄마의 브랜딩에 필요한 재구성 마지막 단계로 가보자. 가장 중요하기에 많은 사람이 놓치는 영역, 바로 '가정 영역'은 사업을 한다는 이들이 쉽게 길을 잃어버리는 영역이다.

나는 고등학생 시절 내내 문예부로 살면서 안 가본 도시가 없었다. 문예부의 가장 좋은 점은 학교에 가지 않고 땡땡이를 부릴 권리가 있다는 것이다. 학교에 안 가고 백일장에 나가면 하루종일 밖에서 시간을 보낼 수 있어서, 나는 밖으로 돌아다니는 매력 하나만으로도 문예부를 선택하길 잘했다고 생각했다. 그래서 백일장이 어디에서 열리는지를 검색해서 찾아냈다. 어머니들만 참석하는 시골 백일장까지도 다 찾아다녔다. 그즈음 접한 책 중에 가장 놀라웠던 책이 바로 《시크릿》이다. 이유는 간단하다. 너무 당연한 말을 써놨는데 잘 팔린다는 것이 놀라웠다. 어린 시절에 당연히 그렇게 사는 거 아닌가.

"총천연색 세상을 보고 싶다면, 잿빛 안경을 벗어야 한다."

— 《시크릿》 中

"안경을 왜 쓰고 있나? 이렇게 세상이 아름다운데? 그저 두 눈으로 총천연색 세상을 보기만 하면 되는데?" 나는 후배들에게 이 책을 읽어주면서 놀리듯 웃었던 기억이 있다. 낙엽만 굴러가도 하루종일 웃을 수 있는 열일곱 살이 보기에는 어른들의 굳은 표정, 할 수 없다는 듯이 처진 어깨가 이해되지 않았다. 그런데 내가 놓치고 있는 것이 있었다. 어른이 되면 그렇게 되는 세상이라는 걸 몰랐다. 어른들이 이상한 줄 알았다. 문예부로, 가벼운 걸음으로, 여고생으로, 야간자율학습을 하기 전에 노을을 보며 감격하던 그 시절에는 어른들의 세계를 볼 수 없었으니 말이다. 한 마디로 세상을 몰랐던 것이다.

순수한 나는 곧잘 "어른이 되면 세상을 바꿀 거야. 세상의 모든 굳은 표정이 내 글을 읽으면서 펴질 거야. 나는 한국의 빨간 머리 앤이야" 이렇게 말하곤 했다.

그런데 스무 살이 되는 순간부터 내 표정은 굳었고, 몸은 빠르게 한국의 전형적인 어른의 모습에 적응해 갔다. 걸음은 무거워졌다. 한 번의 선택이 모든 것을 다르게 만들 수 있다는 생각에 모든 일이 조심스러웠다. 누군가가 나를 선택해 주기를 바라며 쉼 없이 달렸다.

《시크릿》이 말하는 시각화를 책으로만 공부할 때는 책을 잘못 읽었던 것이다. 어른의 세계에 와서 다시 읽으니 총천연색 세상을 보고 싶어 해야 거기서부터 시작된다는 말임을 알게 되었다.

보통의 사람들은 총천연색의 세상까지는 볼 생각을 못하니 잿빛 안경을 벗을 생각이 없다. 무거운 발걸음으로 하루를 견디려면 잿빛 안경이라도 있어야 하니까. 결국 이 문장은 이렇게 읽혀야 현실에서 수용이 가능하다.

"야! 잿빛 안경에 질렸어? 진짜 잿빛 안경을 벗고 싶어? 너의 세계 전체를 바꿔야 해. 마음만 먹는 게 아니라, 너의 체질과 환경 전체를 총천연색으로 만들지 않으면, 잿빛 안경을 쓴 채로 잠들게 될 거야."

이렇게 말하면, 내게 찾아온 사람들 중에서는 "믿어지지 않는다. 너는 할 수 있지만 나는 바꿀 생각이 없다. 우선 이런저런 일이 해결되면 나중에 그때 하겠다"라고 말하는 사람이 있다. 이처럼 단순히 시간 채우듯이 모임에 오는 사람에게 나는 화내지 않는다. 나도 시간을 채우듯 살아봤기 때문이다. 결국, 어느 날 잿빛 안경을 벗고 싶을 때, 진짜 달라지고 싶을 때까지 기다리게 되었다.

기다리다 보면, 잿빛 안경을 벗고 싶은 사람이 찾아온다. 그러면 나는 이렇게 말한다.

"당신을 위해 울어 주세요. 눈물을 허용하면 그 안경이 벗겨집니다."

나는 내가 실제 경험해 본 일을 나누면서 여기까지 왔다. 그래서 당신에게도 권한다. 이제 마지막 준비 단계까지 왔으니 당신만은 부디 이 책을 글자로만 보지 않기를. 이 책을 글자로 읽고 밑줄을 그으면서 끄덕거리지 말기를 바란다.

지금, 당장 박차고 나가 진정한 당신 자신과 마주하면 좋겠다. 눈물을 허용하라. 이 책은 당신이 책장 위에 눈물을 뚝뚝 흘리라고 쓴 책이다. 아끼지 말고, 닦지도 말고, 온전히 자신을 위해 울어라. '이 책을 읽고 있어서 참 고맙다'라고 말하며, 뜨거운 눈물이 잿빛 안경을 녹이는 것을 경험하라. 이 책은 함께 읽고 서로를 써 내려갈 때 총천연색 세상을 만들 수 있는 선물이 될 것이다. 그러니 당신 자신과 함께하는 커뮤니티의 이야기를 써라. 이 책을 읽고만 있지 말라. 당신에게 당신의 이야기를 써 주겠노라고 입으로 선언하고, 펜을 들고 자신의 이야기를 쓰기 시작하면 총천연색의 오늘이 펼쳐질 것이다. 당신 자신의 이야기를 쓰는 작가의 자리를 선택하는 것이다.

지금, "내가 지금 당장 원하는 인생은 총천연색 세상이야!"하고 말하라. 그렇게 말하기 시작하면 매일매일 총천연색의 세상으로 향하게 될 것이다. 당신의 이야기를 읽고 총천연색으로 살아갈 방법이 바로 '가정 영역'에서 다룰 부분이다.

이 글이 당신의 가슴을 뛰게 한다면 당신의 눈빛은 달라졌을 것이다.

(포카리스웨트 광고에 나오는 사람처럼, 빛나는 눈빛으로) 그럼 나는 당신을 향해 그 타이밍에 이렇게 외친다.

"원해? 원한다면 시작해!"

총천연색 인생을 원하는 당신에게

자, 이제 책 세 권을 준비하라. 우리에게 얽힌 것은 세 가지이다. 돈, 관계, 직업. 이 세 가지에 관한 책을 읽어라. 그러나 혼자 읽지 말고 꼭 남편과 함께 읽으라. ('내가 해보고 나중에 하지?'라고 하면 몇 가지 기적을 놓치게 된다) 나 자신의 체질을 바꾸는 것과 동시에 해야하는 것은 환경재설정이다. 그래야 기적의 장르를 펼칠 수 있게 된다.

① 《백만장자 시크릿》

② 《상처받은 내면아이 치유》

③ 《아티스트 웨이》

이 책들은 목차 형성은 같은데 분야는 다르다. 돈, 관계, 직업에 대한 어린 시절의 기억을 떠올리게 하고 그것을 기록하게 하여 각 영역의 기적을 만들게 한다. 그러니 펼치라. 그리고 자신의 도구를 꺼내서 그 장을 읽고 SNS에 기록하면 기적이 시작될 것이다.

1일 1컷, 명장면 만들기

당신이 책방을 내고 싶다면 가장 먼저 무엇을 할 것인가. 책을 선정하거나 책방의 위치를 알아볼 것인가. 나는 컵을 샀다. 책방이 카페도 겸하기 때문에 컵이 필요하기도 했지만, 내가 산 컵은 용도가 달랐다. 나의 엄마, 아빠, 동생까지 가족과 '짠'하면서 서로를 격려하기 위해 컵을 마련했다. 그리고 책을 함께 펼쳤다. 그때는 《보물지도》라는 책을 펼쳤다. 작은 글씨가 잘 안보이는 아빠를 위해 중요한 문장을 뽑아서 피피티(PPT)를 만들었다. 매일 그 책을 읽고 나누며 컵에는 엄마와 함께 만든 꽃차를 담아 마셨다. 아주 작은 변화로 보이지만, 살고 싶었던 오늘을 만들 때 책이 그 일을 돕게 하는 방식을 쓴 것이다. 이것은 '명장면 속 책 한 구절'이라는 콘셉트이다. 우리 가족은 가족 치료를 받으러 갈 수도 없고, 그렇다고 온 가족이 매일 선생님을 모셔 와서 배울 수도 없으며, 서로의 시간도 귀하니 짧고 굵게 만나야 했다. 우리 가족은 서로 다른 생각을 가진 것처럼 항상 다른 컵을 사용했다. 그래서 가족의 얼굴이 그려진 컵으로 다이소에서 2천 원짜리 네 개를 구매했다. 책은 중고 서점에서 5천 원에 한 권만 사서 페이지 큐레이션을 했다. 매일 '5분 책 읽기 파티'를 했다. 그것이 책방의 시작이었다.

여기서 잠시 《네 안에 잠든 거인을 깨워라》의 저자 토니 로빈스를 생각해 보자. 잠재력의 변화를 만드는 그도 멋있지만, 저자 옆에는 항상 웃고 있는 아내와 행복을 경험한 자녀 그리고 같은 길을 가는 친구가 함께 있다. 책만 보고 저자의 말을 따라 하는 책 읽기는 멈춰야 한다. 책을 쓴 저자의 삶을 읽어야 한다. 토니 로빈스는 가족 전체의 변화를 꿈꾸면서 자신의 길을 만들었다. 자신이 원하는 세상을 조금씩 실행한 것이다. 지금 소개한 책 중에서 당신의 가족이 가장 먼저 마주해야 하는 문제를 함께 펼치라. 서로 싸운다고 문제가 당신을 무서워하지는 않는다. 말없이 회피한다고 문제가 당신을 피하지도 않는다. "나, 여기 있어! 문제 여기 있잖아! 나 좀 봐." 이렇게 더 크게 소리치며 당신 앞에 올 것이다. 그러니 책이 당신 가정 안으로 들어가서 문제가 아닌 축제를 만들 수 있도록 펼칠 자리를 마련하라.

다음과 같이는 하지 마라. 이 책을 펼쳐서 "봐봐! 엄마가 변하고 싶은데 다들 도와줘야지. 저자도 이렇게 한다잖아." 이러지 말고, 아주 자연스럽게 당신의 가족에게 햇빛처럼, 봄바람처럼 따듯하게 다가갈 소재를 고르라. 명장면을 가장 쉽게 만드는 방법은 소재를 활용하는 것이다. 내가 사용한 것은 '컵'이었다. 당신의 명장면에 사용될 소재는 무엇인가.

집 전체가 바뀌는 에너지와 당신이 혼자 바뀌는 에너지 중에서 무엇이 더 강하고 빠를까. 여전히 나부터 변하고 가족은 그다음이라고 생각한다면 이 이야기를 생각해 보길 바란다. 가족이 함께 차를 타고 가다가 바퀴가 돌에 걸렸다. 그때 정말 내가 혼자 밀면 밀릴까. 밀린다고 해도 '우리가 해낸 것'과 '내가 해낸 것' 중에서 무엇이 '명장면'일까. 세 살 아이까지 동원해서 함께 밀어야 한다. 한 명이 밀어서 단번에 해결하는 것이 효율적일지는 몰라도, 돈으로 살 수 없는 당신의 마음과 가족 전체의 추억까지 5분이란 시간에 만들 수 있다면 그것이 훨씬 효과적이지 않은가? 그러니 언제나 '함께 영차!'의 힘이 더 강한 것이다.

아이: "엄마, 내가 어릴 때, 자동차를 밀면서 엄마가 방귀 뀐 거 기억나?"

엄마: "너도 같이 뀌었잖아! 같이 엄청 웃었잖아."

아빠: "여보, 무슨 소리예요. 당신이 가장 크게 뀌었잖아요."

이 멋진 추억을 놓치고 가지 말라. 1일 1컷 명장면은 함께 만드는 것이다. 지금 시작하자. 잿빛 안경을 벗어 던지고, 총천연색 인생을 시작하는 것은 책과 이어진 당신의 명장면을 하나씩 늘려가는 것이다.

《부의 추월차선》에서 《가족》 새롭게 만나기

지금까지 세 권의 책 중에서 한 권을 골라 1일 1컷 명장면을 만들어보았다. 이제는 수익구조설계와 가족의 방향 전환을 위해 책 두 권을 섞어서 읽어보자. 돈에 대한 스테디셀러 《부의 추월차선》과 가족 치료의 대가 존 브래드쇼의 《가족》, 이 두 권도 분야가 다르다. 그런데 마지막에는 같은 이야기를 하고 있다. 《가족》에서는 인생을 1, 2, 3기로 다루고 있다. 제1기 회복(358쪽), 제2기 자기노출(389쪽), 제3기 자기발견(423쪽)을 지나 세 가지를 충족한 사람에게 주어지는 것이 충분한 돈이라고 말한다. 나와 돈의 관계를 새롭게 구축하기 위해서는 반드시 부모님과 돈의 관계를 읽어야 한다. 나의 어린 시절 돈에 대한 오해를 풀면 자기실현을 통해 수익 구조를 형성할 수 있다.

제3기 자기발견은 《엄마의 브랜딩 1%》가 이야기하고 싶은 핵심 중 하나이다. 엄마의 경제력 1%를 되찾는다는 말은 결국, 다시 '자기발견'을 하자는 이야기다.

《부의 추월차선》에서는 돈을 버는 데 있어서 두 가지 갈래가 있는데, 하나는 생존을 위해 버는 돈이고, 다른 하나는 진짜 내 인생의 반전을 만들어가면서 버는 돈이다. 생존을 위해서 돈을 벌려고 할 때는 아무리 애쓰고 강점을 발휘하려고 해도, 제1기 회복의 단계로 100% 다시 가게 되어 있다. 다시 회복하려고 애쓰게 되고 다시 상처받고, 계속 이걸 반복하는 것이다. 생존을 위한 돈을 아무리 벌어도 통장을 그냥 스쳐 간다면?

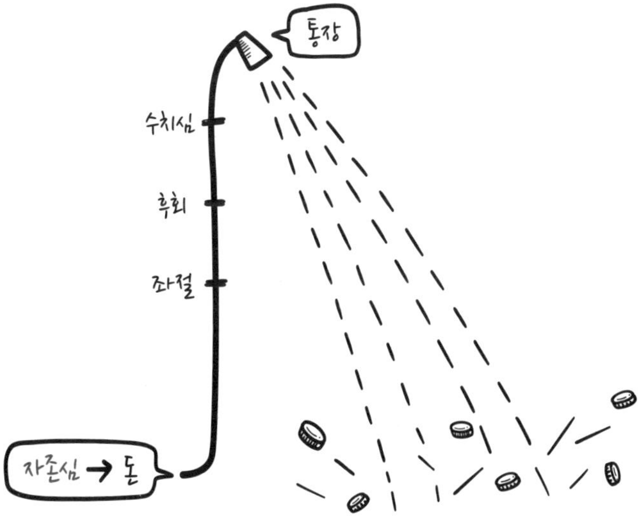

그렇게 되는 이유는 나의 자기실현과 돈이 만난 것이 아니라 나의 자존심과 돈을 바꿨기 때문이다. 그러니 들어온 돈을 전부 내보내야 자존심이 돌아온다고 생각하게 된다. 만약 자존심을 버려서 받은 돈을 계속해서 통장에 보관하면, 돈이 아니라 자존심을 상하게 한 사건을 들고 있게 된다. 그러니 계속 들고 있게 되면 통장을 볼 때마다 좌절과 후회와 수치심을 만나야 하기 때문에 차라리 내 자존심에 대한 샤워처럼, 통장을 털어내는 것이다. 돈이라는 거울을 마주하면서 자신의 감정을 보는 것보다 다시 돈을 벌기 위해 노력하는 자신의 열심을 보는 것이 편하다고 느낄 수 있다.

내가 《가족》 책을 추천하는 진짜 이유가 여기에 있다. 446쪽에서 저자는, 자기발견이 되면 "인내와 함께 열심히 살게 될 것"이라고 말한다. 자기발견에는 다음과 같은 세 가지 특징이 있다.

① 일이 자기 자신의 잠재력이 나타나도록 도와준다.

② 일이 자기 중심을 극복하고 자기 자신을 영적으로 극복하게 해준다.

영적이라는 단어에 사로잡혀 이 부분을 제대로 읽지 못하는 사람이 많다. '자기발견'이라는 것은 결국 '자기 초월'의 단계를 말한다. 나의 바닥에서부터 끌어와 자기실현을 넘어서 자기 초월까지, 너와 내가 같고, 우리가 모두 이루어야 하는 세상을 꿈꾸는 눈까지 확장되게끔 해주는 것이 이 단계에 이르면 가능하게 된다.

③ 일이 적절한 삶을 살 수 있을 정도의 충분한 돈을 벌 수 있게 해준다.

나는 이때까지 심리상담 관련 책을 많이 읽었지만, 직접적인 돈 얘기는 처음 보았다. 충분히 돈을 가져다주는 것은 자기발견에서부터 자신의 이야기를 나눌 때 이루어진다는 것이다. 이 책을 읽고 나서 《부의 추월차선》을 이어서 읽자, 그제서야 《부의 추월차선》에서 설명한 세 개의 길이 이해가 됐다.

《부의 추월차선》에서는 돈과 시간으로 인생을 만드는 여행자 세 부류를 소개하고 있다. 첫째는 '인도로 걷는 사람', 곧 현재 자신의 행복을 중시하고 소비하는 사람이다. 둘째는 '서행차선 여행자'로서 자유로운 내일을 위해 오늘을 희생하는 사람이다. 셋째는 '추월차선 여행자'인데 시간과 돈으로부터 해방되어 인생을 창조하는 사람이다.

제1기에 있는 사람은 인도, 제2기에 있는 사람은 서행차선, 제3기에 있는 사람은 추월차선을 걷고 있다는 말이다.

자기 계발서가 내 삶과 동떨어져 있던 것이 아니다. 자기발견까지 된 사람들만이 할 수 있는 단계인 것이다. 그러니 이 부분을 읽는 여러분은 1%이다. 이것이 나라는 책과 탄생 이야기를 먼저 읽어야 하는 진짜 이유이다.

이제 당신만이 할 수 있는 일을 시작하자. 책 《아티스트 웨이》의 저자 줄리아 카메론은 이혼의 아픔과 알코올중독을 극복한 과정을 담아 책을 썼다. 그녀는 시대를 대표하는 영화감독 마틴 스코세이지와 결혼했다. 함께 작품도 만들었다. 그래서 이혼은 단순한 관계의 단절이 아니었을 것이다. 예술가라는 정체성의 끊어짐도 동시에 겪으면서 그녀는 알코올중독에 빠지게 된다. 누군가 마음이 아프다고 하면 그 사람의 이야기를 들어봐야 한다. 쉽게 판단할 수 없다. 그녀의 이야기가 일반적인 전개라면 당연하게 이렇게 이어져야 했다. 방어기제로 자신을 다그치면서 자신을 힘들게 하거나, 타인에게 상처를 주면서 살 수도 있었다. 그녀는 평범하지 않았다. 창조성의 분출을 체험한 이들이 하나둘 늘어나며 입소문을 타다가 베스트셀러에 오른 이 책은 《뉴욕타임스》, 스미스소니언 박물관, 줄리아드 음악학교의 권장 도서로 선정되었다. 그뿐만 아니라 40개 언어로 번역되어 전 세계 수백만 독자의 삶을 변화시키고 있다. 그녀는 지금도 예술가를 직접 만나 12주 프로그램을 진행하고 있다. 그녀는 단 한 가지의 소원을 가지고 책을 쓴 것이다.

"과거의 나처럼 어려움에 빠진 아티스트들이 자신의 예술성을 잃지 않기를"

자신의 상처를 이해했다면, 자신과 같은 상처의 이야기를 가진 이들을 위한 길을 만들자. 그 일을 가정에서부터 시작하자. 나의 '컵'처럼 당신의 작은 소품을 마련하라. 그리고 5분 동안 책을 읽자. 한 문장을 나누자. 내 인생의 다음 페이지를 써 가자. 주변의 모든 사람이 여전히 1기에서 있고 인도를 걸어도, 우리는 아이들에게 인생에는 다음이 있음을 삶으로 가르치자.

창조성을 회복하기 시작하면 지금까지의 삶의 군더더기로부터 진정한 자신을 끄집어내는 '분리' 과정으로 들어간다. 이것은 우리를 매몰된 일상에서 높이, 멀리 들어 올려 전체를 조망할 수 있도록 하는 것이며, 영화 용어로 말하면 '초점을 끌어당기는' 것이다. 이 전체 조망은 창조적인 선택을 하는 데 아주 효과적이다. 그것은 험난하기는 하지만 볼 것이 많고 멋진 곳을 여행하는 것과 같다. 당신은 좀 더 높은 곳으로 올라가고 있는 것이다.

> "우리는 지금까지 다른 사람들의 삶과 희망, 꿈, 계획에 자신의 창조적인 에너지를 낭비해 왔다. 우리 자신의 삶은 그들의 삶 때문에 모호해지고 멀리 돌아가게 되었다. 분리 과정을 통해서 핵심을 단단히 다지면 자신의 한계와 꿈과 진정한 목표를 더 명확하게 표현할 수 있게 된다.
>
> 이제 다른 사람들의 변덕에 대한 순응성은 약해지는 반면, 자신에 대한 적응성은 강해진다. 자율성과 가능성이 더 커졌음을 경험하게 될 것이다."
>
> — 《아티스트 웨이》 中

비밀노트 1 '나'라는 필독서를 읽기 (엄마의 수능 영역)

1~5교시는 '나'라는 필독서를 읽는 시간이다.
당신을 둘러싼 세계를 이해하라.

1교시 문학 영역 (나만의 고유한 이야기)

Q1. 엄마에 대한 경험을 적어보라. (자신의 어린 시절, 문화, 드라마, 뉴스 등)

Q2. 이 책에서는 엄마란 무엇이라고 말하고 있는가, 당신은 엄마이기를 원하는가?

2교시 사회 영역 (해결하고 싶은 사회 문제)

Q1. 당신의 분노(감정)와 연결된 사회 문제는 무엇인가?

Q2. 당신이 진정으로 원하는 사회의 변화에 대해 자세히 적어보라.

책과 당신의 이야기를 이어 사업으로 만들겠다고 결정했다면,
이제 당신의 SNS 계정과 집에서 당신만의
'셰익스피어 앤 컴퍼니'를 시작할 수 있다.

3교시 기술 영역 (과거와 미래의 연결)

Q1. 타깃 선정하기 (누구와 이야기를 나눌 것인지, 어떤 책과 어떤 내용을 담을 것인지 정해보라)

Q2. 무브먼트 시작하기 (사람들에게 무엇을 경험하게 할 것인가?)

1.

2.

3.

Q3. 기록 남기기 (어떤 기록을 남기고 싶은가?)

돈에 대해 오해하고 있었던 부분은 무엇이며,
당신이 창조할 수 있는 최대 금액은 얼마인가?
(그리고 그 금액을 만들기 위해 어떤 항목을 보완해야 하는지 점검해 보자)

4교시 수리 영역 (돈에 대한 브랜딩)

Q1. 돈에 대한 감정과 그에 따른 에피소드를 적어보라.

Q2. 돈과 어떤 관계를 맺기 원하는가.

Q3. 당신이 만들 수 있는 최대 금액은 얼마인가?

자질(/10) x 에너지(/10) x 인지도(/100) x 자기가치 (/10) x 아이디어(/10) x 500

잿빛 안경을 벗기 위한 행동과 어떤 예술을 시작할 것인지, 가슴 뛰는 삶을 살기 위해 지금 나에게 필요한 것은 무엇인지 작성해보자.

5교시 가정 영역 (총천연색 인생)

Q5. 1일 1명장면, 1일 1명대사를 실행해보자. 당신의 명장면 명대사를 만들 때 도움이 될 소재와 예술 활동은 무엇이 있을까?

#잘놀고 #잘벌기 #내가재밌을수록

#돈이되는구조 #인생작가

Part 2

엄마의 재미

내가 나에게 반하는 이야기

극(劇) - 목숨을 걸고 싸우는 것, 그것이 인생이다!

“전체 차렷, 교수님께 경례!”

서울예술대학에 입학하고 들은 첫 번째 수업은 오태석 교수님의 과목이었다. 오 교수님은 국내에서 손꼽히는 극단 중 한 곳인 ‘목화’의 대표 극작가이자 연출가다. ‘극단 목화’는 지금도 배우들이 들어가고 싶어 하는 1순위 극단으로서, 우리나라를 대표하는 명배우 박영규, 손병호, 박희순, 유해진, 성지루 등을 배출했다. (방송가에서 “저 배우는 오태석 사단이잖아”라는 말은 곧 연기력이 담보되어있다는 말과 같다)

오태석 교수님의 수업은 모두 일어나서 인사하는 것으로 시작해야 했다. 극작과의 가장 큰 어른이자, 국내 최고의 극작가이기에 그분의 수업을 직접 듣는 것만으로도 영광이었다.

그러나 이게 웬일? 무거운 분위기를 깨듯 교수님은 다섯 살짜리 아이 같이 천진한 표정으로 등장하셨다.

“얼른 앉아요. 다리 아프겠어”라며 허허허 웃으면서 분필을 잡으셨다. 그리고 칠판에 아주 커다랗게 글자 하나를 쓰셨다.

‘劇’ (사실 이 글자는 당시 입고 있던 과 점퍼의 등 부분에 새겨져 있었으나, 마치 다른 글자처럼 느껴졌다)

“이게 무슨 글자인 줄 알아요?”

교수님이 하신 첫 질문에 그 누구도 대답하지 못했다. 한자라서 그랬을 수도 있고, 그분을 실제로 뵙는 영광스러운 자리라서 넋을 놓고 바라보느라 그랬을지도 모른다. 순간 교수님의 표정은 단호하고 진지하게 바뀌면서 이렇게 말씀하셨다.

“어흥! 호랑이다. 호랑이와 돼지가 칼을 들고 싸우는 형국이다. 그것이 극이다. 극은 아주 치열하게 싸우는 것이지! 칼을 들고 목숨을 걸고 싸우는 것이다. 극은 그것이야. 다른 걸 생각하지 마. 무엇을 향해 싸울 것인가. 인생은 그런 거야.”

그렇게 몇 마디를 더 하시고 수업을 마치셨다. 나는 충격을 받았다. ‘극은 싸우는 것’이라는 말씀 때문이 아니었다. ‘극이란 칼을 들고 목숨을 걸고 싸우는 것'이라는 말씀 때문이었다. 이제껏 나는 인생을 '극'적으로 살지 않았다. 그렇게 목숨 걸고 싸우기보다는 피할 방법을 찾으며 살았다. 그러다가 드디어 극작과에 오게 되었으니, 이만하면 괜찮은 '결말'이라고 생각했다. 무언가 이룬 줄 알았는데, 이제 곧 '시작'이라고 말해 주는 듯했다. 잠시 후 이런 생각이 들었다.

'인생이란 정말 목숨 걸고 싸워야 하는 거구나. 그게 바로 극이구나. 목숨 걸만한 이야기를 쓰는 거.' 인생을 쓴다는 것, 너무도 멋진 일이었다. 나는 극작의 매력에 빠지기 시작했다.

우리의 인생도 그렇다. 늘 싸우고 갈등하면서 살아간다. 누군가 써준 이야기로 살면 칼을 들고 싸우는 인생을 살게 되지만, 자신이 직접 자기만의 '라이프 시나리오'를 쓰기 시작하면 펜을 들고 인생을 창작하게 된다. '극'에는 항상 싸우는 대상이 있는데, 이전에 싸우던 대상에서 진짜 싸워야 할 대상으로 바꿔주는 일을 하는 게 바로 '극'이기도 하다. 예를 들어 '홍길동'은 처음에 아버지를 아버지라고 부르지 못하면서 아버지와 대치한다. 그런데 나중에는 세상으로 나가 서민을 힘들게 하는 악인과 싸운다. 이렇게 싸우는 대상을 바꿔주는 것이 바로 '극'이다. 그런데 우리는 인생에서 싸우는 대상을 스스로 바꾸려 들지 않는다. 누구나 삶에는 홍길동의 경우처럼 맞서 싸우는 대상이 있다. 흔히들 그 대상을 아버지나 남편, 혹은 직장 상사로 생각하는데, 무엇보다 우리가 싸워야 할 대상을 정확히 아는 것이 급선무다.

시간과 싸우거나 돈과 싸우다가, 결혼해 가정을 이루고 아이를 낳고 엄마가 되면 총체적 난국에 돌입하게 된다. 장편극이 시작되는 것이다. 아이를 키우는 시간과 나의 시간이 대치하게 되고, 아이에게 들어가는 돈과 부부가 버는 돈이 서로 싸우게 된다. 아이를 기르면서 그 관계에서 충돌이 발생할 수 있고, 이 충돌은 부부의 관계, 나아가 시댁 및 친정과의 관계로 확장되기도 한다. 다시 말해, 대상과의 끊임없는 싸움의 연속인 것이다.

이런 가운데 아이가 우리에게 인생을 다시 가르친다. 격한 태동으로 살아 있음을 느끼게 해주고, 세상에 나와 처음 하는 옹알이가 '엄마'라는 단어로 바뀌는 신비의 과정을 고스란히 선사해준다. 그리고 혼자서 일어나 걷기까지 백만 번의 실패와 좌절을 이겨냄으로써 인생에서 진짜 싸워야 할 대상은 바로 '나 자신'이라는 진리를 똑똑히 알려준다. 그렇게 정작 나의 성장을 위해 싸워야 했던 시간에, 외부의 가짜 호랑이들을 상대하고 있었다는 사실을 깨닫게 해준다. 이처럼 엄마가 된다는 것은 실로 어마어마한 일이다.

당신은 '세상이 말하는 경력 단절 여성이 될 것인가, 아니면 경력을 유지하는 워킹맘이 될 것인가?' 실제 이와 동일한 제목의 연극 작품이 있기도 하다. 극에는 늘 정해진 이야기가 있다. 전업주부가 되면, 아이와 싸우는 극이 시작되고, 워킹맘이 되면 회사와 싸우는 극이 시작된다. 그것은 배우의 인생이다. 인생이라는 스크린 안에 있는 우리는 외부와 싸운다. 우리는 극 안에 살고 있는 배우일 때 무한 반복되는 싸움을 진행한다. 당신은 어떠한가? 어떤 싸움을 지속하고 있는가?

당신이 이런 말을 자주 한다면 분명 진부한 이야기 속에서 싸움이 계속 커지고 있는 것이다.

"또 시작이네.", "이번엔 또 어쩌라는 거야?"

이런 말을 반복하지 않기 위해 이제 인생의 펜을 쥐고 그 펜으로 스크린을 찢으라. 그리고 스크린 밖으로 나와서 당신의 이야기를 쓰라. 이제 새로운 게임을 본격적으로 진행해 보자.

'인생 작가 프로젝트'는 인생을 무대로 생각하고, 내 인생 전체의 이야기를 구성해 가는 것이다. 먼저, 세 개의 캐릭터를 설정해야 한다. 관객, 배우, 작가라는 캐릭터 말이다. 우리 안에는 다양한 페르소나(persona, 가면)가 있다. 그중에서 어떤 역할로 극을 만들면, 내 인생에서 가장 필요한 장면을 만들 수 있는지를 설정하는 것이다. 관객은 이 극을 지켜보는 역할로써, 응원하고 박수를 보낸다. 배우는 이 극에 출연해서 치열하게 싸우고 이겨내야 한다. 단, 외부에 있는 대상과 싸우는 것이 아니라, 내 안에 있는 '내면 아이'를 구하기 위해 싸우는 것이다. 마지막은 작가이다. 작가는 내 안의 관객(내면 아이)이 좋아할 만한 작품을 만들어야 한다. 이 극에서 가장 중요한 역할이다. 이제 당신은 인생의 '관객(내면 아이), 배우(主 캐릭터), 작가(주체적인 나)'를 넘나들면서 입체적인 인생을 만들 수 있다.

어느 대중가요 가사를 보면 "오늘 밤 주인공은 나야 나!"라는 문장이 있다. 주인공은 오늘 밤에만 주목받는 존재다. 내일 밤에도 주인공이 되려면 스크린 안에서 살아야 한다. 해내야만 한다, 그래야만 한다! (음악의 신이라 불리는 베토벤도 고뇌하며 외쳤다. Es muss sein? Muss es sein. 그래야만 하는

가? 그래야만 한다)

배우는 작가가 만들어 놓은 캐릭터에 맞춰서 그 극에 맞는 행동의 최대치와 최악의 모습을 번갈아 가면서 보여줘야만 한다. 당신도 작가가 되어 당신의 인생 자체를 대반전으로 만들 수 있다. 당신의 세계관은 당신을 작품 속 주인공으로 인지한다. 또 국가와 시대와 부모님이 물려준 이야기 속에서 캐릭터가 정해지고, 그 캐릭터에 맞는 명장면과 명대사가 진행된다.

당신의 인생과 세상이 '이야기'*라고 전제한다면, 거시적으로는 이 시대, 정치, 경제, 문화 그리고 당신의 관계, 직업, 미래까지 이어질 것이다. 인생이 풀리지 않는 것 같을 때 인생을 이야기로 바라보면, 얽혀있던 문제의 실마리가 풀리는 지점을 보게 된다. 그런데 만약 이야기라는 전제 없이 어떤 현상과 하나의 문제를 해결하려고 한다면 우리는 어떻게 될까?

시간과 공간을 느끼고 있는 지금의 나를 작품으로 바라보고 이야기

* 어떤 사물이나 사실, 현상에 대하여 일정한 줄거리를 가지고 하는 말이나 글.

를 다시 시작해 보자. 이 작품은 째깍째깍 소리를 내며 돌아가는 시계의 톱니바퀴와 함께 진행되고, 다음에는 어떠한 에피소드가 기다리고 있으며, 에피소드가 연결되어 딱 맞는 갈등과 절정을 맞이하게 되어 있다. 사람은 누구나 '이야기'로 살고, 죽으면서 '이야기'를 남긴다. 이 책을 읽고 있는 동안, 이 책과 당신의 이야기는 연결된다. 그리고 이 책의 문장이나 저자인 나의 삶에 '영감'을 받으면, 당신 이야기 속으로 이 책이 초대되어 다른 장면을 만드는 도구가 된다.

당신이 알고 있는 세상의 첫 시작은 무엇인가? 만일 당신이 빅뱅 이론과 진화를 믿는다면, 어느 날 무슨 이유에서인지는 모르지만 우주에서 거대한 폭발이 일어났고, 그 결과 태양과 지구가 생겨났으며 생명은 진화의 과정을 통해 오늘에 이르렀다고 말할 수 있다. 한편, 기독교 세계관을 지녔다면 태초에 하나님이 천지를 창조하고 흙으로 사람을 빚으심으로써 인류 역사가 시작된다고 믿을 수도 있다. 또 고조선을 세운 단군을 떠올릴 수도 있고, 그 밖에 다른 종교나 신화에 나오는 다양한 신을 생각해 낼 수 있다.

이처럼 세상의 기원에 대한 생각은 참으로 다양하지만, 공통점이 하나 있다. 그것은 바로 '이야기'라는 것이다. 자신이 사는 인생 이야기를 이해하는 방식, 그것이 곧 '세계관'이다. 당신이 태어나면서부터 들은 이야기로 자신의 환경이 설정되고, '태초는 이럴 것이다'라는 가정하에 부모님의 경험과 당신의 경험으로 개연성 있게 이어져, 현재 이 책을 읽고 있는 현장으로 온 것이다. 태어나면서부터 이야기로 시작해서 사는 내내 이야기를 진행하다가 죽음이라는 세계의 이야기 속으로 들어간다. 그것이 인생이다.

자, 이제 당신의 이야기를 만들기 위해 해야 할 세 가지 질문을 스스로에게 던져 보자.

"나를 움직이는 힘은 무엇입니까?"

"내가 진정 원하는 것은 무엇입니까?"

"나를 방해하는 장애물은 무엇입니까?"

나를 움직이는 힘은 무엇인가?

내가 원하는 것은 무엇인가?

나를 방해하는 장애물은 무엇인가?

인생 시나리오에서 목숨을 걸고 싸워야 할 대상인 '호랑이'는 바로 '핵심 감정'을 말한다. 핵심 감정은 나를 마비시키는 말을 무기처럼 들고 있다. 어떤 상황에서 늘 '나를 지배하는 말'이 나의 극을 잠식시키고 있다. 그것을 우리는 '다잉메시지-장애물'이라고 한다. 우리는 인생이라는 스크린 안에서 핵심 감정을 중심으로 계속해서 돌고 있다. "너는 힘이 없잖아. 넌 할 줄 모르잖아. 그래도 소용없어." 이런 부정적인 언어에 계속 속고 있는 것이다.

그러면 호랑이와 싸우는 '돼지'는 무엇일까? 돼지는 '내가 들어야 했던 말'이다. 우리는 이때까지 어떻게 내 안에 있는 것과 싸울지 생각하지 못하고, 밖에 있는 대상과 싸우고 있었다. 배우자와 싸우든 돈과 싸우든 계속 외부에 있는 것을 상대하며 '싸우고 싶은 에너지'를 쓴 것이다. 어떤 사건에서 감정을 읽어 보자. 드러난 감정을 통해 자신을 만나는 것이다. 출연하는 인물과 상황은 달라도 반복적으로 나타나는 클리셰와 펜듈럼을 파악할 수 있는 것이다. 그러면 새로운 이야기를 써갈 수 있다. 얼마나 재밌는가? 내가 주도하는 극, 나의 뇌와 시선과 마음이 달라지는 이야기가 드디어 시작된다.

내가 그동안 들었던 말을 확인했다면, 이제 돼지가 등장할 시간이다. 지금까지 들었던 말에 내가 해주고 싶은 말이 생기면 우리는 새로운 싸움을 할 수 있다. 그 순간 들리는 말, 곧 나를 가두는 말에 뭐라고 대답하고 싶은가? 물론, 나를 가두는 말은 기억나지 않는다고 말하는 사람들도 있다. 이런 경우에는 어떤 느낌을 받았는지 생각해 보라. 만일 그 대상이 나의 아이라면 당신은 어떤 말을 해주고 싶은가? 이것을 이야기하다 보면 진짜 들었어야 할 말이 나오게 된다.

자신의 삶을 읽는다는 것은 곧 '극작'을 하는 것이다. 누구나 배우(플레이어)로는 잘 살아갈 수 있다. 멋진 경력을 만들고, 노후 계획을 세우면서 얼마든지 잘 살아가는 것처럼 보여 질 수 있다. 그런데 자기 삶의 제일 밑바닥으로 돌아와서 자신과 대화해 보면, 누구나 해결되지 않은 지점이 있다. 이것은 이상한 게 아니다. 그것을 직면하여 장애물이 무엇인지 알아차려야 한다. 매번 반복되는 장애물을 뛰어넘는 방법이 있다. 이 단계에서 드디어 돼지가 등장한다. 돼지는 내가 들어야 했던 말이자, 대반전을 위한 단초*가 된다.

극(劇)이란 시나리오로 만든 작품을 말한다. 호랑이와 돼지가 칼을 들고 '싸우는 이야기'를 의미한다. 지금, 당신은 어떤 이야기를 만들고 있는가? 목숨 걸고 해야만 하는 진정한 나만의 이야기를 쓰고 있는가?

life-writer [laɪfraɪtə(r)]: 인생 작가

1) 자신의 원함을 되찾는 사람

2) 자신과 세상을 위해 더 나은 삶을 써가는 사람

3) 자신의 한계를 뛰어넘어 고유한 일과 삶과 관계를 무한하게 펼치는 사람

4) 인생을 후회와 좌절로 소비하지 않고, 다음 페이지를 쓰는 사람

5) 자신이 행복한 만큼 수익을 창조하는 사람

인생 작가를 위한 용어정리

다잉메시지 - 문제가 생기면 마음에서 들리는 나를 힘들게 하는 말

미라클메시지 - 인생의 변화를 만들, 나에게 들려주고 싶은 말

클리셰 - 어떤 상황에서 반복되는 진부한 이야기

언클리셰 - 인생의 대반전을 만드는 힘

* 일이나 사건을 풀어나갈 수 있는 첫머리.

인생 2회차 제작기

"말에는 신비한 힘이 있다. 왜냐하면 당신은 말을 통해
무한한 행복을 줄 수도 있고, 깊은 절망을 줄 수 있기 때문이다."

- 지크문트 프로이트

엄마가 되면 새로운 장르를 만난다. 로맨틱 코미디일 줄 알았던 결혼은 결혼식이 끝나면 싸움이 가득한 누아르로 전환된다. 남편은 '남의 편'이 되며, 내 아이는 내 말만 안 듣는 것 같은 신비한 전개가 시작된다. 친정엄마에게는 서운함이 생기고, 시어머니에게는 화가 나는 전쟁이 지속된다. 그러다가 또 다른 장르를 만난다. 바로 '사극(史劇)'이다.

내 남편은 장남이고, 나는 장녀다. 우리 두 사람은 각각 양가에서 참 귀하디귀한 자식이다. 모든 자녀가 귀하겠지만 장남과 장녀로서 유독

더 귀한 대접을 받으며 자랐다. 나는 우리 집안에서 대대손손 처음 태어난 딸이었다. 남편은 장남인데 입맛이 고급이라 소고기만 먹여서 키웠다고 한다. 이런 두 사람의 결혼을 위한 상견례 자리가 마련되었다. 어땠겠는가? 바로 호랑이와 돼지가 칼을 들고 싸우는 상황이 연출되었다. 절대 포기하고 싶지 않은 모든 것이 젓가락 사이로 튀어나왔다. 음식은 줄지 않았다. 일주일 내내 검색하고 찾아낸 맛집이었는데 말이다. 그 장면은 일부러 만들지 않아도 극적이었다. 시어머니부터 말씀을 시작하셨다.

"예식을 꼭 그렇게 요란하게 해야 해?"

이 말씀을 통역해 보자면 '예식을 평범하게 하면 너희가 편하잖니'라고 배려하는 뜻이 담겨 있다. 그런데 시어머니는 대구분이셔서 억양으로 봤을 때는 '뭐 그렇게까지 하니?'라고 오해할 만했다. 그때 '탁'하고 젓가락을 놓는 소리가 들렸다. 친정엄마는 숨을 한 번 들이마시고 서울 말투로 말씀하셨다.

"애들이 하고 싶은 대로 하는 게 좋죠. 저는 저희 딸이 하고 싶은 걸 하게 해주고 싶은데요. 뭐가 문제죠?"

친정엄마는 혹여나 시어머니가 나를 힘들게 할까 봐 그렇게 말씀하셨다. 그런데 정적이 흘렀다. 우리의 결혼식은 1월로 예정돼 있었다. 내가 원하는 건 '야외 결혼식'이었다. 엄동설한이라도, 가을에 미리 준비한 낙엽을 뿌려두고 아주 짧은 드레스를 입고 싶었다. 난 특별하게 하고 싶었다.

어색한 정적을 깬 분은 아버지 두 분이셨다. 먼저 충청도 대표인 친정아버지께서 등장하셨다. "어! 이거 문어 아니여? 이야 이거 맛나네유" 이 말씀을 통역하자면 "좋은 날이니 편히 밥을 드세요, 여러분!"이라는 뜻이다. 평화주의자인 친정아버지의 말씀에 같은 평화주의자이지만 수줍음이 많아서 소주가 들어가야 말이 잘 나오는 시아버지께서 이렇게 말씀을 이어가셨다. "문어랑은 소주가 좋습니다. 한잔하시죠." 이 말씀을 통역하자면 "그쵸? 우리 좋은 날이니 제가 얼른 술을 먹고 분위기 좀 풀어볼게요."라는 뜻이다. 그런데 이 통역이 시어머니와 친정어머니에게는 전달되지 않았다. 그때부터 무언의 전쟁이 시작되었다.

당신의 상견례는 어떠했는가. 나는 그날 두 가지를 깨달았다. '결혼은 두 번 하면 안 된다'라는 말과 아침 드라마는 사실 기반이라는 것이다. 아침 드라마를 보면 밥상에서 일어나는 모든 대화가 갈등의 연속이다. 사실 그렇게 싸울 일이 아닌데 계속해서 싸운다. 사소하게는 아버지에게 사랑과 상속을 받으려는 장면부터 크게는 그 아이가 내 아이인가 아닌가까지 다양한 소재로 이어진다. 구조 부분만 보면 우리는 매일 외부 장애물을 만나고, 그 이야기를 반복하고 있다. 부부는 친정과 시댁을 대표해서 싸움을 지속하고, 그것을 아이들이 보고 자라며, 아이들도 커서 그렇게 싸워야 한다면 이 인생은 아침 드라마 현실판이 아닐까? 장애물이 반복적으로 등장하고, 감정싸움을 해야 한다면 결혼이라는 것이 얼마나 감정소비를 해야 하는 것일까? **과연 갈등이란 당연한 것으로 받아들이고, 맞서 싸워야만 하는 존재일까? 결혼이라는 로맨틱코미디는 세상에 존재할 수는 없는 걸까? 장르 전환을 하려면 어떤 장치가 필요할까? 이런 문제들을 하나하나 해결해 가면서 재밌게 돈까지 벌수 있다면 얼마**

나 좋을까?

드라마 〈괜찮아 사랑이야〉에는 낙타 그림이 나오는 장면이 있다.

주인공 장재열(배우 조인성)과 지해수(배우 공효진)가 낙타 그림을 마주 보며 대화를 나눈다. 그때 재열은 자신이 어린 시절에 아버지의 폭력을 피하기 위해 화장실로 도망치곤 했는데, 어른이 되어서도 화장실이 가장 안전하다고 느껴서 화장실에서 잠을 잔다고 말한다.

> **재열: "이 낙타 그림이 뭔 줄 알아? 사막의 유목민들은 밤에 낙타를 이렇게 나무에 묶어 두지. 아침에 끈을 풀어. 보다시피 그래도 낙타는 도망가지 않아. 나무에 끈이 묶인 밤을 기억하거든. 우리가 지난 상처를 기억하듯. 과거의 상처가, 트라우마가 현재 우리의 발목을 잡는단 얘기지. 난 화장실, 넌 불안증."**

결혼은 부모님과의 시간을 뒤로하고, 두 사람이 만나 새로운 삶을 전개하는 것이다. 하지만 우리는 낙타 그림처럼 각 가정에 있었던 장애물을 그대로 들고 온다. 그래서 싸움을 지속하고 지속되는 싸움에 지쳐서 이혼에 이르기도 한다. 그런 의미에서 이혼은 남편과 아내가 서로 싫어한다기보다 각자의 반복된 이야기를 끊고 싶어 하는 것이다.

'이번에는 내가 참아야지. 이번에는 달라져야지. 이번에는 이렇게 해봐야지'라는 다짐이 아무 쓸모 없어질 때가 얼마나 많은가. 그것은 우리가 이야기 구조를 파악하지 않고 낙타 그림을 그대로 들고 대응하기 때문이다.

엄마의 재미를 되찾기 위해서 우리가 맡아야 할 첫 번째 임무는 내가 행복해지는 것이다. 그것도 아주 기가 막히게, 기깔나게. 그래서 낙타 그림을 들고 있었다는 것을 깨닫고, 싸움의 대상을 남편이나 시댁에서 자신 내부에 있는 핵심 감정으로 바꿔야 한다.

이야기 제작의 룰 1. 내부 장애물 발견하기

앞서 이야기한 상견례 장면을 다시 떠올려보라. 그때 시어머니가 하신 말씀 중에서 친정엄마의 화를 돋운 단어가 하나 있다. 그것은 '요란'이다. 친정엄마의 인생은 전체가 특별했다. 그랬기에 '요란하다'라는 말을 듣고 살았다. 그런데 이제 그 말을 또다시 우리 시어머니의 입에서 듣게 되자, 그동안 자신이 들어온 말을 자신의 딸도 듣는 것에 화가 난 것이다. 사실 젓가락을 놓는 정도가 아니라 "이 결혼 반대!"라고 외치고 싶었을 것이다. 신기하지 않은가? 어떻게 딱 그 단어가 상견례 첫 장면, 첫 대사에 등장할 수 있을까. 평생 당신을 따라다니는 '다잉메시지'는 당신의 중요한 순간에 반드시 찾아온다.

우리 부부의 싸움도 동일한 선상에서 지속되었다. 시어머니는 내가 평범하기를, 안전하기를, 순탄하기를 바라셨다. 머리로는 그야말로 '아름다운 사랑'을 바랬다. 그런데 표현이 이렇게 들리기 시작하면 시댁에서 집으로 돌아오자마자 부부 싸움 누아르가 시작된다. 나를 자극하는 시어머니의 사랑 어린 명대사는 이랬다.

"별나다. 뭐 미국까지 간다 그라노. 그냥 좀 평범하게 살면 안 되나. 남들처럼."

다시 말하지만, 시어머니는 사랑을 듬뿍 담아 하신 말씀이다. 그런데 나는 남편에게 이렇게 말하기 시작한다.

"어머니 왜 그래? 내가 잘되는 게 싫으셔? 왜 그렇게 말씀하시는 거야?"

그러면 남편은 오해를 풀어주려 하고, 나는 이런 말을 장전한다.

"내 편이야? 어머니 편이야? 어머니랑 살지 왜 나랑 결혼했어?"

나의 낙타의 끈은 '남들처럼'이다. 나는 '남들처럼'이라는 말을 들으면 "평범해져라. 가만있어라. 견뎌라"라고 들린다. 나는 어린 시절에 아픈 일을 겪었다. 그때 경찰에 신고도 하고, 목사님께 말씀도 드렸는데 돌아온 것은 "남들처럼 살려면 말하지 마. 남들이 알면 너만 힘들어진다. 평범하게 조용히 살아"라는 말이었다. 나는 그 말 때문에 견뎠다. 그래야 산다고 해서 참았다. 그랬더니 내 속이 곪아갔다. 더는 그러고 싶지 않았다. 내가 하고 싶은 것을 마음껏 하며 살고 싶었다. 그래서 해내는 방법도 그간 한 번도 해보지 않았던 방법으로 실행하고 싶었다.

"장애물 발견. 화낼 타이밍! 화낼 타이밍!"

나의 어린 시절 이야기와 연결된 이야기가 아니었다. 좋은 마음으로 말하는 시어머니와 나의 어린 시절을 알지 못하는 남편에게서 나는 내가 듣고 싶은 말을 들을 수 없었을 뿐이다. 화나는 타이밍으로 인지하고 나면 "당신이 건드렸어!"라고 말하면서 외부 장애물과 싸우는 것을 그만두고, 내가 듣고 싶은 말을 내가 해주는 새로운 '독백'의 장을 열 수 있다.

드라마 〈괜찮아 사랑이야〉에서 장재열의 직업은 소설가이다. 스토리텔링에 능한 사람이고, 베스트셀러를 여러 권 냈다. 그런데 자신의 이야기에서만큼은 낙타 그림을 치울 생각을 하지 않는다. 최상의 집과 서재와 침대를 가졌지만, 화장실에서 잠을 자야 잠이 오는 자신을 그대로 둔다. 자신의 상처를 정확하게 알고 있는데도 낙타의 끈을 풀어보려고 움직이지 않는 것이다. 그만큼 어렵고 쉽지 않은 일이다. 그런데 이렇게 생각해 보자.

'내 아이도 동일하게 나처럼 상처의 굴레 속에서 뱅글뱅글 돌면서 산다면 어떻겠는가?' 나는 그 질문에서 소름 끼쳤다. 나는 참을 만한데 내 아이에게는 참으라고 하고 싶지 않았다. 그래서 '인생 작가 프로젝트'는 엄마가 가장 먼저 해야 한다고 생각했다.

모두가 잘 살려면 엄마는 남편과 아이에게 맞춰 사는 편을 택해야 한다고 생각하는가?

엄마가 되면 희생해야 한다고 배웠는가. 솔직하게 말해보자. 희생이라는 단어 뒤에 친정엄마처럼 살려고 하는지, 혹은 친정엄마보다는 엄마 역할을 잘하려고 하는 것인지, 나의 아이가 엄마가 되면 나처럼 살라고 하고 싶은지 말이다.

엄마로 사는 것이 재밌다면, 엄마이자 나로 사는 중인 것이다. 하지만 엄마로 사는 것이 재미없어졌다면, 나의 어린 시절 이야기까지 꺼내면서 바꿀 만큼 나 자신을 사랑하는지 들여다봐야 한다. 들여다보지 않는 이유를 '엄마가 되어서'라고 핑계 대면서 내 인생의 재미, 엄마로 사는 행복을 포기한 것이다.

엄마가 재미없는 이유는 희생의 자리라서가 아니라 나를 포기했기 때문이다. 엄마의 재미를 되찾기 위해 반드시 해야 하는 것은 나의 이야기를, 나로 살기를 사수해야 한다. 엄마라는 위대한 힘으로 말이다.

우리는 외부 장애물인 돈, 남편, 시댁, 친정, 직업에 싸움을 걸기 쉽다. 하지만 그것은 우리가 배우로서 막장 드라마를 펼칠 때 필요하다. 지금은 내부 장애물을 정확하게 바라봐야 한다. 나의 이야기는 아이에게 물려줄 명작이기 때문이다.

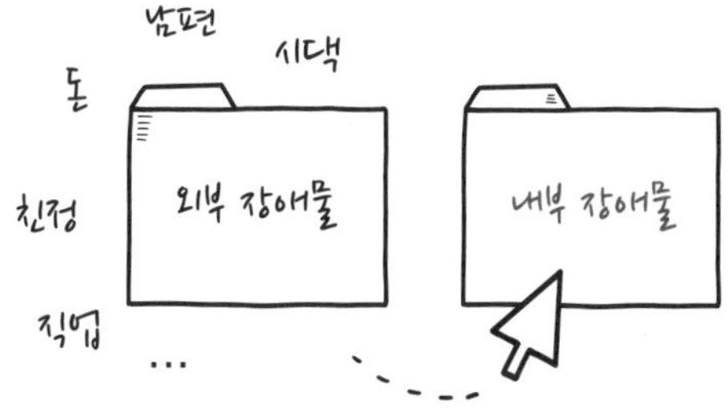

이야기 제작의 룰 2. 내부 장애물을 통해 다잉메시지(클리셰) 읽기

어느 순간, 당신은 갑자기 답답한 기분과 혼란스러운 감정을 느껴본 적이 있는가. 그러다가 혼란스러움이라는 감정을 넘어 나 자체가 혼란스러운 사람이라는 생각에 잠기기도 한다. 우리는 지금 장애물과 자신을 분리하는 작업을 해야 한다.

많은 사람들이 스스로를 '장애물 그 자체'라고 생각한다. '내가 걱정과 회피, 그 자체라고 생각했구나!' 이걸 알아야 한다. 이제 우리는 왜 그렇게 생각했는지를 찾을 것이다. 우리가 최초에 그 장애물을 만났던 장면이 있다. 그것을 일컬어 '다잉메시지'라고 한다. 장애물을 만났을 때 우리가 그 말을 들은 것이다. 무한반복으로 나에게 들려지는 말이 나 자신의 대사가 되어버렸다. 자주 들었더니 이제는 내 입으로 나오게 되고, 내가 말하기 시작했더니 내 아이도 자동적으로 다잉메시지로 대화를 시작한다.

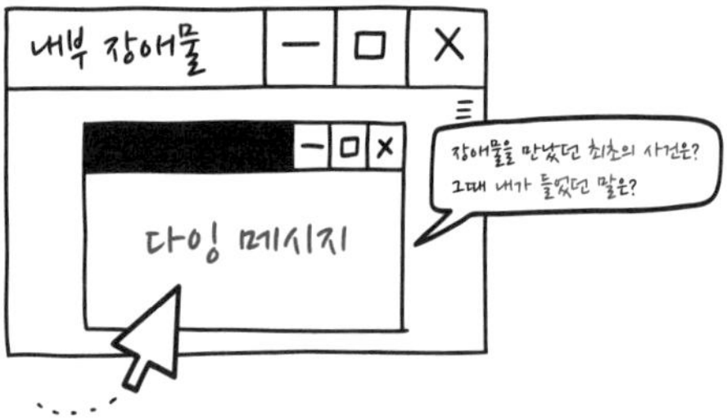

"엄마가 미안해."라는 말을 듣고 자란 아이가 커서 엄마가 되면, 아이에게 "미안해! 엄마가 잘못했어."라고 말한다. 또다시 '미안해'라는 말을 들으면서 자란 아이는 엄마에게 이렇게 말한다. "엄마 미안해. 잘못했어. 나는 잘못하는 아이야."라고 엄마에게 그동안 받았던 대사를 돌려준다. 이 굴레를 이해하면 다잉메시지를 꺼내어 클리셰를 확인하고, 미라클메시지를 찾아야 한다는 것을 알게 된 것이다. 미안이라는 말을 하고 싶었을까? 잘못된 아이라고 심어주고 싶었을까? 아니었을 것이다. 아마도 아이에게 사랑한다는 말을 한다는 것을 미안하다는 사과로 대신 해왔을 것이다.

우리는 아이가 들으면서 자라야 할 말을 줄 수 있다. 어린 시절의 나에게 찾아가서 뭐라고 해주면 좋을까? 무슨 말이 가장 듣고 싶을까? 장애물을 알아차리고 그때 들었던 말을 떠올리며, 해줘야 할 말은 반드시 있다.

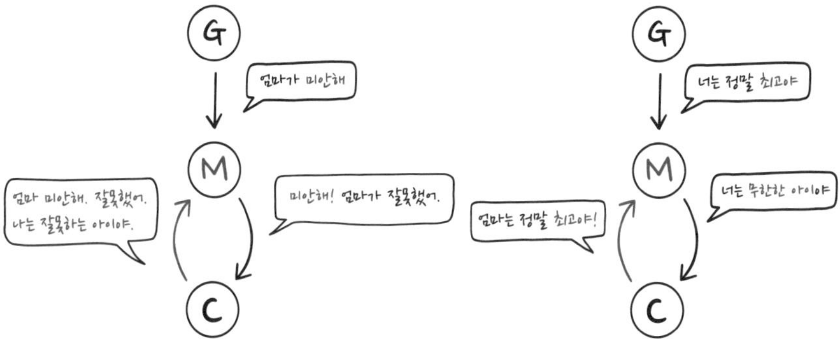

이야기 제작의 룰 3. 내부 장애물을 통해 명대사 쓰기

현존하는 책 중에서 가장 오래된 것으로 보는 '성경'의 첫 시작은 이렇다. "태초에 하나님이 천지를 창조하셨다" 이때 창조의 방법으로는 말(create with word)이 사용됐다. 신이 창조의 첫 번째 도구로 선택한 것이 바로 언어, 즉 '말'이다. 시나리오에서도 관객에게 메시지를 전달하는 도구는 '대사'다. 환타지 소설에서 마법사도 주문이라는 '언어'로 마법을 부린다. 형사가 사건을 해결할 때도 '증언'을 모은다. 사람과 사람 사이의 관계도 '대화'로 이루어진다. 그만큼 '말'은 이야기의 변화를 만들 때 가장 중요한 역할을 한다.

시나리오에서도 언어, 대사의 힘은 대중의 가슴에 극을 전달한다. 그래서 명대사 하나를 남겨야 영화는 흥행할 수 있다.

이야기의 전개에서 클리셰가 진행될 때는 다잉메시지가 반복적으로 전달되고, 클라이맥스를 넘어갈 때는 명대사가 상황을 풀어가는 것을 알 수 있다. 영화뿐만 아니라, 우리의 인생에도 명대사는 중요하다. 당신의 인생을 바꾼 명대사는 무엇인가? 심장을 울리는 명언, 명대사, 명장면, 책의 구절들로 인생을 채우자. 다잉메시지를 들은 만큼, 그보다 더 진하고 깊이 있게 나를 울리는 문장을 나에게 선물하자.

언어는 신비하고 놀라운 창조의 능력을 품고 있다. 엄마가 사랑을 담아 아이에게 하는 말, 자신이 스스로에게 하는 말은 사랑의 에너지를 전달한다.

심장을 울리는 명대사를 찾는 방법

"웃어라! 그러면 세상도 그대와 함께 웃을 것이다."

-엘라 윌콕스

아이가 옹알이하면서 '엄마'라는 말을 했을 때의 감격처럼 차근차근 나에게 말을 걸어보는 것이 중요하다. 처음에는 한 단어, 그다음은 한 문장, 한 문단, 한 챕터, 한 권의 책을 자신 안에 심어줘야 한다. 그러면 나의 심장을 울리는 문장을 찾게 되고, 명대사에 대한 감각은 세워져서 나 자신과 소중한 사람에게 들려주게 되고, 명대사의 데이터가 풍부해져서 상황마다 사용하게 된다. 더 놀라운 건, 내가 사용하는 명대사로 인해 달라진 에너지가 내 주변에 흘러넘쳐서 들려오는 대사도 달라진다는 것이다. 심장과 심장이 연결된 재경험이 시작될 것이다.

그래도 내가 되겠어?

당신을 가장 방해하는 핵심 감정은 무엇인가? '나를 매번 건드린다'고 생각하는 친구가 하나씩은 있기 마련이다. 그것은 장애물이다. 나중에는 장애물의 순서를 알게 될 만큼 자신의 감정을 읽을 수 있다. '회피에서 무기력으로 가는구나. 무기력해지고 후회로 가는구나.' 이렇게 말이다. 지금 장애물 하나를 적어 보자. 돈, 직업, 사람, 겉으로 드러나는 장애물을 적어도 된다. 아니면 요즘 제일 많이 맞닥뜨린 장애물도 괜찮다.

이렇게 장애물을 찾는 이유는 우리가 만난 장애물이 왔던 통로를 확인하기 위해서이다. '그때 내가 들었던 말이 뭐지?' 하고 장애물이 왔던 통로를 확인하지 않고, 외부 장애물을 탓하는 경우가 많다. 왠지 내 남편이, 오늘 나에게 일어난 일이, 오늘 날씨가, 나의 감정이 인생의 장애물과 연결되게 했다고 착각하는 것이다. 누구에게나 반복되는 스토리가 있기 마련이다. 그간 반복되어 온 스토리를 이 과정에서 깨닫는다. 장애물이 왔던 통로를 확인하고 나아갈 통로를 열어줘야 한다. 나가는 통로의 이름은 명대사, 즉 '미라클메시지'이다.

이야기 제작 시 주의 사항 – 방어기제 확인하기

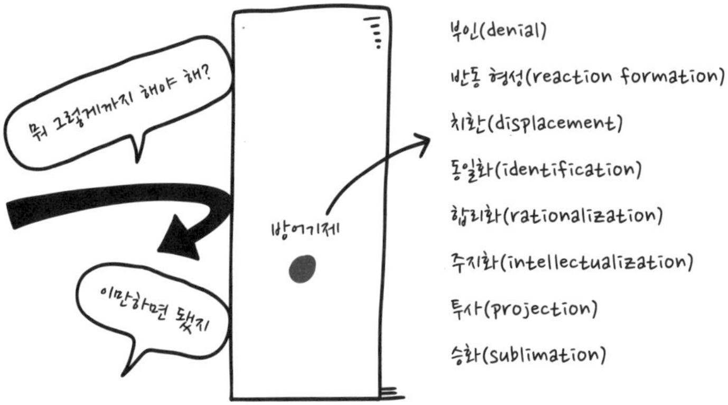

여기까지 재밌게 읽다가 읽고 싶지 않은 마음이 올라올 수 있다. '이만하면 됐지. 뭐 그렇게까지 해야 해?'라고 생각할지 모른다. 무언가 해보려고 할 때, 배운 것이 바로 실행이 되지 않거나, 답답한 마음이 올라온다면 방어기제를 확인해볼 필요가 있다.

프로이트는 억압과 유사한 현상을 모아 긴 목록을 만들고, 거기에 '방어기제(defense mechanism)'라는 이름을 붙였다. 다음과 같은 것이다.

- 부인(denial): "지금도 그렇게 나쁜 상황은 아니야. 이정도도 뭐!"
- 반동 형성(reaction formation): "나는 진짜 너무 아이를 사랑해."
- 치환(displacement): "남편은 나에게 화를 내고, 나는 아이에게 화를

내고, 아이는 고양이를 괴롭힌다."

- 동일화(identification): "나는 엄마에게 괴롭힘을 당하면서 컸어. 그래서 나도 아이를 괴롭히면서 사는거야."
- 합리화(rationalization): 어떤 행동에 대해 나만의 이유를 끊임없이 늘어놓는 것. 변명으로 자기 자신까지도 설득하는 것.
- 주지화(intellectualization): 자신과 감정을 분리한다. 문제로만 다루려고 분석하고 이성적으로 행동한다.
- 투사(projection): "내가 그런 게 아니야. 너가 지금 너무 예민해서 그래"
- 승화(sublimation): "난 나를 읽는 건 너무 괴로워. 그러나 읽은 문장 하나를 '나의 음악'으로 만들 수 있어" (문제를 표현하는 방법을 사회적으로 인정되는 형태와 방법을 통해 표현한다.)

나를 이렇게까지 분석해야 할까 싶어서 이 책을 덮을 수도 있고, 부모님은 나를 사랑해서 한 것이니 이해하고 넘어가자고 할 수도 있다. 하지만 어린 시절의 당신 자신에게 찾아가 정말 해줘야 할 말을 하게 되면, 당신의 인생은 장르가 바뀌고, 절망 속에서 견디는 피해자가 아니라 희망을 만드는 창조자가 될 수 있다.

나도 이 책을 쓰면서 이 부분이 가장 쓰기 힘들다. 나에게도 동일한 방어기제가 작동한다. '이 정도까지 써야 할까? 그냥 설명만 하고, 알아서 해보고 싶은 사람만 하게 하면 되지.' 했다가 '잘게 쪼개서 알기 쉽게 하려고 괜한 힘을 쓰나?' 싶기도 하고, 다른 한 편으로는 '내 이야기까지 들려주며 찬찬히 설명해 주면 한 사람이라도 더 인생의 반전을 만들 수 있지 않을까?' 싶어서 몸살 나게 고민하면서 이 부분을 쓰고 있다. 부인하고 싶기도 하고, 반동 형성이 올라오기도 한다. '이렇게 어려운 이야기는 원래 잘 못 알아듣는 게 맞아. 오프라인에서 대면 상담으로나 가능한 거지.'라고 생각하며 합리화를 꺼내기도 하고, '다른 책에서는 이렇게 자세히 말 안 해주잖아.'라고 동일화하고 싶기도 하다.

그런데 나에게는 소원이 하나 있다. 이 세상에 태어나 책을 읽을 수 있는 사람이라면 누구나 자신을 읽을 수 있으면 좋겠다. 그래서 그 어떤 대상에게 휘둘리거나 타인의 소리에 쓰러지지 않고 자신으로 사는 사람이 많아져서 다음 세대에는 '책 읽기'가 당연히 '나 읽기'가 되고, '책 쓰기'가 '삶 쓰기'가 되었으면 한다. 내가 이렇게 서론을 길게 말하면서 용기 내어 하고 싶은 말은 나에게도 '다잉메시지'와 '미라클메시지'가 있다는 것이다.

숨쉬기조차 힘든 날들이 있었다. 어린 시절 겪은 일이 용납되지 않고, 겨울이 되면 다시 생각나고, 온몸이 기억하고 있어서 반복되는 계절을 그만 탈출하고 싶었다. 한 번 겪은 일이 다시 기억나서 아팠다. 비슷한 일이 반복되어 '이번 생은 이렇게 당하면서 사는 인생인가 보다'라고 생각하며, 내가 나를 그만 놓고 싶을 때가 있었다.

내 속에서 끊임없이 들리는 소리가 있었다. "포기해. 너는 어차피 안 될 애야." "사람들이 알면 뭐라고 하겠어. 부끄럽게 왜 살아." 열심히 달리다가 어느 순간 모든 필름이 뚝 하고 그 자리에 멈췄다. 분명 방향도 바꿔본 것 같고, 생각도 달리해 보고, 책도 읽어 보며, 관계도 바꿔보고,

머리카락도 잘라 보고, 이사도 가보고, 명상도, 교회 생활도, 교육도 참 많이 해보고 노력했는데 다시 제자리로 돌아오기 일쑤였다.

"왔니? 다시 들려줄게. 잘 들어. 포기해. 너는 어차피 안 될 애야. 사람들이 알면 뭐라고 하겠어. 부끄럽게 왜 살아."

비명이 절로 나오는 순간, 귀가 뜯긴 듯이 아팠다.

그 일의 장면들은 다음과 같이 흘렀다. 교복을 입은 순간 다가온 교회 오빠의 폭행. 말하지 말라는 협박, 그의 목사 안수식, 나의 항변, 목사들의 입막음, 같은 일을 겪은 언니들의 연대, 뭔가 될 것 같았던 몇몇 장면, 그러나 다시 입막음, 그 오빠의 결혼식, 어이없는 순간들, 나에게 돌아온 말. "포기해. 너는 어차피 안 될 애야. 사람들이 알면 뭐라고 하겠어. 부끄럽게 왜 그렇게 살아."

내 인생 드라마의 장르는 공포였다. 나는 늘 항변과 포기뿐인 캐릭터였고, 나에게 일어나는 일은 억울함과 참음의 반복된 클리셰가 존재했다. 숨 쉬면서 사는 방법을 몰랐다. 그래서 참고 그러다가 또 억울하면 항변했다. 믿을 만한 사람을 찾아다녔다. 내 얘길 털어놓으면 다시 들려오는 소리는 "포기해. 그냥 넘어가. 큰일도 아니잖아."라는 것이었다.

사람들이 다 이렇게 사는 건가. 아니면 내가 바보라서 겪는 일인가. 온갖 방법과 책을 뒤졌다. 책을 뒤지는 일을 멈추면 나의 인생이 멈출 것 같았다. 그때 《오제은 교수의 자기 사랑 노트》라는 제목의 책을 만났다. 그 책에 이렇게 적혀 있었다.

"머리가 아닌 가슴으로 살아라."

무슨 말인지 몰랐지만 "살아라."라는 말에 누군가 내가 살기 바라는 것 같아서 계속 읽어 나갔다. 방법이 있을 것 같아서 읽다가 몇 번의 한숨이 나왔고, 수백 번의 화가 치밀었다. '나처럼 힘든 사람이 있다니, 나보다 더 힘들었다니….' 믿을 수 없었다.

> "어린 시절의 상처는 그것이 치유되지 않는 한 모두 그대로 남는다. 그 상처를 치유하기 위해서 내 안에서 울고 있는 나, 바로 상처받은 '내면아이'인 나를 만나야 한다. 치유는 바로 내 안의 아직 치유되지 않은 상처를 발견하고 알아주는 것에서 시작한다. 아픔의 자리, 고통의 자리, 나를 가장 힘들게 한 바로 그 자리가 사실은 잃어버린 나를 발견할 수 있고 또한 나를 치유할 수 있는 성장의 자리이다."
>
> – 《오제은 교수의 자기 사랑 노트》 中

책에서 이끄는 대로 질문에 답을 쓰면서 수없이 통곡했다. 그리고 뭔가 해결할 수 있다면 저자를 직접 만나야겠다고 생각했다. 아르바이트해서 모은 돈으로 저자가 진행하는 〈영성과 내면아이 치유〉라는 캠프에 등록했다. 직접 만나 확인하고 싶었다. 내가 숨 쉬며 살길이 있는지, 나 같은 사람도, 저자의 말처럼 이 세상에서 가장 소중한 사람답게 살 수 있는지 말이다.

도착한 곳은 나무가 우거지고 호수가 있는 연수원이었다. 그곳에는 각자의 사연을 들고 찾아온 60명이 있었다. 처음 만나 어디에 사는 누구인지, 어느 학교를 나왔는지, 이름이 무엇인지 묻지도, 알려고도 하지 않았다. 각자 별칭을 정해서 서로를 별칭으로 불렀다. 나는 나의 별칭을 정하는 것이 어려웠다. 이름이 아니라 역할이 아니라 내가 불리고 싶은 것을 쓰라고 했다. 마침 눈앞에 호수가 보여서 '맑은 호수'라고 적었다.

그렇게 캠프가 시작되었는데 모든 것이 불편했다. 나를 가장 불편하게 한 것은 "나 자신을 용서하라"라는 글귀였다. 입 모양은 따라 하고 있었지만 내 눈은 어디 뾰족한 것이 있으면 좋겠다고 찾고 있었다. 그냥 계속 찌르는 상상을 했다. 용서라는 단어는 나를 분노하게 했다. 답답함이 하늘을 찔러서 소리를 지르거나 나가고 싶었다. 이런 마음이 컸다.

'나를 위로하란 말이야. 불쌍하다고 해야지. 뭘 용서까지 하라고 설교질이야! 그만하란 말이야.' 내 속 마음과 달리 내 입은 웃고 있었다. 내가 너무 역겨웠다. 앞에서는 잘 듣고 있는 척하면서 내 속에서 일어나는 이 역동을 감출 수가 없었다. 그때 스태프 한 분이 나에게 다가왔다. 아주 해맑은 표정으로 나에게 자신의 별칭이 적힌 명찰을 내밀었다.

"나는 춤추는 자유예요. 맑은 호수, 반가워요."

'아니 저렇게 밝게 웃는 건 뭐지?' 나도 참 잘 웃는 사람인데 저렇게 밝게 웃는 건 아니었다. 아이처럼 웃는 것 같았다. 나의 입은 타인을 위해 짓는 친절한 미소를 시전하고 있었지만, 그녀는 자기 자신을 향해 웃고 있는 것 같았다.

"네, 반가워요."

그 뒤, 나에게 지금 마음이 어떤지 물었는데 (약간 은혜받은 느낌으로) "내용이 좋아요."라고 답했던 것 같다. 다음 날 아침에 눈을 뜨면 짐을 챙겨서 집으로 돌아갈 생각이었다. 오제은 교수님의 이야기는 눈물과 가슴을 여는 노래로 계속 진행되었다. 따라 하라는 걸 따라 하고, 작성하라는 걸 작성했다. 눈물이 멈춘 것 같았다. 답답했다. "머리가 아닌 가슴으로 살아라"라는 문장 덕분에 여기까지 왔는데, 지금 머리는 여기에 살아 있고 가슴은 먼저 도망간 것 같았다. 그런데 그날 저녁, 춤추는 자유가 나를 불렀다.

"맑은 호수, 조금 뒤 아까 작성한 내용으로 오 교수님과 한 분이 내면아이 치유 작업을 전체 앞에서 실습할 건데 맑은 호수가 해보면 어때요? 그러면 좋을 거 같아요."

나는 그러겠다고 고개를 끄덕거렸다. 종이에 뭐를 적으라고 해서 적긴 했다. 제대로 적은 건 없었다. 그럼에도 1명만 할 수 있는 기회라면 내가 찾던 그 뾰족한 무언가가 지금이 되어 주기를 바라는 마음이 컸다. 내 안에 뿌리 깊게 자리 잡은 무언가를, 반복되는 굴레를 송두리째 없애고 싶었다. 강당 중간에 도톰한 방석 두 개가 놓여 있었다. 오제은 교수님과 나는 마주 보고 앉았다. 나와 오 교수님의 등 뒤로 60명이 동그랗게 나를 안아주면서 방주*를 만들었다. 아빠 엄마 같은 분도 계시고, 목사님 같은 분도 있고, 나를 힘들게 했던 사람과 닮은 사람도 있고, 정말 안 친해지고 싶게 생긴 사람도 있고, 호감 어린 눈빛을 가진 사람도 있고, 힘들어 보이는 사람도 있었다. 서로의 등 뒤로 또 한 겹을 둘러 앞 사람의 등에 손을 얹고 둥글게 나를 감싸 안았다. 눈물이 펑펑 쏟아졌다. 흔들흔들 아주 평안한 목소리가 들려왔다.

* 네모진 모양의 배.

"선아야 하고 불러보세요."

"선아야!" 하고 내 입으로 부르는 순간 나의 시간이 거꾸로 가기 시작했다. 20대에서 10대로, 7세로 더 어린 시절로 그리고 막 태어난 나를 만났다.

어둡고 답답했던 나의 세계에 빛이 들어왔다. 그때부터 기억을 넘어 무의식 끝에서 하고 싶었던 말과 듣고 싶은 모든 말들을 쏟아냈다. 막 태어난 아이처럼 울었다. 아주 펑펑 울었다. 소리도 질렀고 하고 싶은 말을 다 뱉었다. 엄마에게, 아빠에게, 나에게 하고 싶은 모든 말, 내 속에 갇혀 있던 모든 순간이 튀어나왔다. 그리고 어느 순간 교수님의 목소리가 들렸다.

"이제 어린 선아에게 해주고 싶은 말을 해주세요. 꼭 들어야 할 말을 해주세요."

내 이야기는 계속 상처투성이고, 앞으로도 최악의 대사들이 기다릴 줄 알았는데 내가 나에게 이렇게 말하기 시작했다.

"기다려 줘서 고마워. 내가 되어 줘서 고마워. 살아 있어 줘서, 포기하지 않아 줘서 고마워. 이제 내가 나(어린 선아=내면아이)를 지켜줄게. 온 우주를 팔아서라도 네가 원하는 걸 다 해줄게. 내가 강해질게."

내면아이 치유 과정에서 들은 '내가 나를 살리는 말' 덕분에 숨 쉴 수 있었다. 그 눈물 뒤로 나는 맑은 호수가 되었다. 더 깊어지고 빛이 났다.

엄마의 재미는 단순히 일자리를 되찾거나 취미를 가진다고 주어지는 것이 아니다. 엄마는 생명을 낳았기에 두렵다. 다음 세대에도 내가 겪은 일이 이어질까 봐, 혹여 내가 이 세상에 없을 때 우리 아이들이 견뎌야 할 일들만 있을까 봐 말이다. 그래서 재미를 되찾지 않는다. 생존 외에는 다 묻어두고, 조금이라도 자녀에게 좋은 것을 주려고 노력한다.

그러나 재미를 모르는 엄마는 아이에게 최상을 줄 수 없다. 그래서 나는 엄마가 재미있기를 바란다. 그 시작은 '치유'와 '자기 사랑'에서 가능하다. 그리고 그것을 가장 쉽게 할 수 있는 방법은 나 자신에게 말을 걸고, 나 자신의 목소리를 듣고, 나 자신을 이야기로 보는 것이다. 자기 사랑은 무거운 것이 아니다. 빛이 되는 일이다. 어둠은 늘 우리를 속인다. 이 세상에는 어둡고, 두렵고, 외롭고, 슬프고, 아픈 것들 뿐이라고. 하지만 어두움을 자세히 바라보면 그 속에는 빛이 있다.

자신의 가장 어두운 부분, 상처를 들여다보는 방법이 바로 '극'이다. 인생의 극은 크게 두 가지로 나뉜다. 1차 대본(원작)과 2차 대본(각색)이 그것이다.

1차 대본에는 호랑이와 돼지가 내 안의 상처와 나를 힘겹게 하는 다잉메시지로 이루어져 왔다. 내 안의 상처인 '호랑이'와 나를 죽이는 말 '돼지'를 향해 칼을 들고 치열하게 싸우는 것이다. 반복된 이야기 속을 쳇바퀴 돌 듯 진행된다. 내 상처가 나를 괴롭히고, 다시 나를 힘들게 하는 말을 반복하면서 말이다. 그러나 2차 대본을 내 손으로 만들 때에는 새로운 이야기 구조를 가진다. 나를 둘러싼 세계관과 변화 없이 그대로 살려는 방식이 '호랑이'가 되고, 내가 그토록 듣고 싶은 말과 나 자신이 되려는 마음이 '돼지'가 되어 새로운 칼(내 인생을 유산으로 남기겠다는 마음으로 든 펜)을 드는 것이다.

나는 이야기를 만드는 재미를 당신에게도 선물하고 싶다. 엄마의 위대함으로 반드시 새로운 역사를 만들어 아이에게 주자고 말이다. 나는 그때부터 단 한 번도 포기한 적이 없다. 다잉메시지는 늘 존재하고, 오늘도 만나고 있다. 그러나 나의 명대사가 더 강하고 매력적이기에 오늘도 반전을 만들었다. 보라, **나는 지금 당신에게 포기하지 않고 나의 이야기와 당신의 이야기가 반전을 만들 수 있다고 전하는 책을 쓰고 있지 않은가. 우리는 반드시 인생 2회차를 만들 것이다.**

60명이 만든 방주에서 빠져나왔을 때 아주 신기한 일이 일어났다. 분명히 내가 싫어하는 사람들이 나와 함께 있다고 생각했는데 한 명씩 나를 안아주었다. 살아있어 고맙다고, 잘하고 있다고 말해 줬다. 내가 하는 말을 모두가 함께 들어 줬고, 내가 듣고 싶은 말을 들려줬다. 그리고 아주 덩치가 큰 남성 한 분이 다가왔다. 눈물을 흘리면서 나에게 말했다.

"나도 목사예요, 맑은 호수. 내가 미안해요. 내가 사과해도 되는지 모르겠지만 그냥 다 미안해요. 살아 있어 줘서 고마워."

덩치는 큰 산만 했는데, 아이러니하게도 별칭은 꼬마였던 그분은 정말 어린 소년처럼 엉엉 울었다. 우리는 서로 나이도, 역할도, 어떤 인생을 살아왔는지도 모르지만, 서로를 위해 진심으로 눈물을 흘려 주었다. 그 날 나는 다시 태어났다. 내가 나로 살아도 된다고 허락해 준 나와 함께. 그리고 나를 태중에서 다시 태어나게 해준 60명의 친구들과 함께.

> "과거의 상처를 치유하는 것이 삶에 존재하는 가장 거대하고 가치 있는 도전 중의 하나라는 것을 확실히 안다."
>
> – 《내가 확실히 아는 것들》 中

"그날 이후 당신은 완전히 새사람이 되었는가?" 하고 묻는다면 그건 아니다. 여전히 어느 계절에는, 어느 장면에는, 어떤 사람과의 관계에서 "포기해. 너는 안 돼."라는 다잉메시지가 찾아왔다. 그런데 한 가지 달라진 것은 볼륨 조절을 내가 할 수 있다는 것이다. 나의 낙타의 끈인 핵심 감정은 '수치심'이라는 것을 확인했다. 끈이 풀렸다고 내가 말하고, 나의 어린 시절로 찾아가 반드시 들려주고 싶은 명대사를 해줄 수 있게 되었다. "나는 너를 포기하지 않아. 내가 반드시 너를 행복하게 해줄게. 그 무

엇보다 빛나게 해줄게.”

쉬운 일은 아니지만, 나는 당신이 자기 자신으로 살기를 스스로 허락해 주었으면 한다. 나보다 더 힘들 수도 있고, 나보다 힘들지 않을 수도 있지만 비교 대상이 내가 아니길 바란다. **자신의 이야기에서 끊임없이 핵심 감정이 주인인 척하는 것을 용납하지 말고, 다잉메시지의 자리에 무한한 행복을 줄 ‘나만의 명대사’를 선물하라.** 펜을 들고 명대사를 적어 보라. 그 문장이 가장 잘 어울리는 장면을 만들어 자신의 영화를 시작하라. 기나긴 굴레를 나오게 해줄 단 한 문장을 꺼내어 당신에게 허락하는 순간, 당신의 드라마가 시작된다.

캐릭터와 빌런 찾기

지금까지 과거를 읽고, 핵심 감정과 다잉메시지를 확인하고, 첫 명대사를 작성했다. 그리고 그전에는 필자가 서울예술대학 재학 중 첫 번째 수업 시간에 들은 내용을 나눴다. 바로 극(劇)! 목숨을 걸고 싸워야 할 것에 대해 나눴다. 외부 장애물과 싸우는 삶이 아니라 내면에서 들리는 소리, 다잉메시지가 가득한 '굴레의 극'이 아니라 미라클메시지가 가득한 '나의 극'을 완성해야 한다. '나의 극'을 쓰고 싶어졌다면, 다음 문장을 소리 내어 읽어 보기를 추천한다.

"모든 극은 주인공의 원함으로부터 시작된다."

이 문장을 서울예술대학 영화 수업 첫 시간에 들었다. 캐릭터의 원함을 시작으로 극이 열린다는 것이다. 당신의 이야기가 시작된다는 것은 당신의 원함이 시작되었다는 뜻이다. 책방을 운영한 6년 동안 원함이 있어야 한다고 말해 왔다. 원함을 되찾을 수 있도록, '원트카드(Want-card)'를 개발해서 자신을 읽게 해보고, 상담을 통해 자신을 마주하게 해보았다. 하지만 솔직히 몇 명이나 될까? 사실 나는 이 장은 쓰지 않아도 된다고 생각했다. 사람들은 자신이 진정 무엇을 원하는지 관심이 없다. 대부분 불편하지 않을 정도의 이야기를 꿈꾼다. 자신을 깊이 들여다보기를 두려워한다. 자신에 대해서보다 세상에 대해 이야기하기를 좋아하고, 남의 이야기로 자신이 얼마나 억울하고 힘들었는지를 늘어놓고 싶어 한다.

그럼에도 불구하고 당신은 자신으로 살기를 원할 수 있으니 다시 한 번 설명해 본다. 살아있는 동안 누구나 자신이 이야기의 주인공이라고 생각한다. 그런데 아니다. 다른 사람의 이야기의 조연일 뿐이다. **당신이 힘든 진짜 이유는 나의 이야기가 아닌 타인의 이야기로 살기 때문이다. 나의 이야기를 완전히 포기하고 타인에게 맞추면 힘든 줄도 모른다. 반대로 타인의 이야기에 관심이 없고 자신의 이야기로만 살면 타인이 힘든 줄도 모른다. 우리의 극은 서로 '자신이 주인공인 이야기'를 써 가면서 옴니버스영화*처럼 만나야 풍요로워진다.**

자신의 이야기가 흘러가려면, 분명하게 자신의 원함을 알아야 한다. 이야기는 주인공이 원함을 가지는 순간 펼쳐진다. 지금 자신을 '배우'라

* 영화나 연극의 한 형식. 하나의 주제를 중심으로 몇 개의 독립된 짧은 이야기를 늘어놓아 한 편의 작품으로 만든다.

고 생각해 보면 그 캐릭터가 벗어나고 싶어 하는 상황이 있지 않은가? 직장 상사와의 관계, 반복되는 일상의 지루함, 하고 싶은 것은 있는데 돈은 없는 처지 등 이러한 상황에서 벗어나려고 할 때는 '원함'을 찾으면 된다.

내가 그토록 억울했던 이유는 누군가의 이야기 속에서 조연이었기 때문이었다. 자기 계발서의 결론은 같다.

당신은 혹시 수 세기 동안 1%만 알았다는 부(富)와 성공의 비밀이 적힌 책 《시크릿》을 읽은 적이 있는가. 《시크릿》의 저자, 론다 번에게도 스승이 있었다. 그녀의 스승인 제리 힉스는 《유쾌한 창조자》라는 책을 썼다. 그리고 이미 100여 년 전 월리스 디 와틀스는 《부는 어디서 오는가》라는 책을 썼다. 계속해서 같은 맥락으로 이야기가 이어졌다. 그전에는 이미 수 세기 전부터 성경 등의 책을 통해 같은 이야기가 다른 방식으로 전해졌다. 자기 계발서는 대부분 맥락이 같다. 그것은 '자신의 삶'을 운영하라는 것이다. '제3의 눈', '메타인지', '끌어당김의 법칙', '리얼리티 트랜서핑', '마음의 자석' 등 용어는 제각각이지만, 공통점이 있다. 그것은 바로 '나 자신을 읽는 것'이다. 그러니 자기 계발서 한 권에 빠지지 말고 그 핵심을 정확하게 알고 실행하자. 자신의 잠재력을 꺼내고, 새로운 내일을 만드는 것이다. 책을 읽거나, 명상을 하거나, 기도를 하든 가장 중요한 것은 내가 내 인생을 창조하겠다는 '결정'이다. 스스로 '인생 작가'가 되어야 한다. 그러니 누군가의 캐릭터로 살지 말고 스스로 당신만의 작가가 되라. 작가가 되어 자기 자신을 읽고, 깊어지자. 인생의 태도는 드라마로,

인생을 살아가는 방법은 코미디로, 빌런을 대할 때는 누아르를 찍으면서 이제껏 단 한 번도 하지 않았던 방법으로 내 인생을 구하고, 나와 같은 인생을 사는 이들의 영웅이 되자.

나의 캐릭터 읽기

계획하고 맞추는 삶이 아니라 인생을 '극'으로 바라보고 창조할 수 있다는 것을 알게 되었다면, 이제부터는 종이에 쓰는 글에 4D 같은 입체성을 더해보려고 한다. 나라는 사람을 캐릭터로 만든다면 어떤 사람인가. 그리고 캐릭터를 방해하는 빌런도 확인해서 새로운 장르를 시도해보도록 하자.

아주 작은 예로, 카페에서 주문할 때부터 당신은 원하는 것을 말할 수 있다. 카페에서 주문하듯이 인생을 고를 수 있다면 당신은 어떤 선택을 할 것인가. 친한 사람이 하는 대로 똑같이 사는 것을 주문하겠는가? 아니면 원하는 것을 조금 생각해 보고 친구의 언저리에서 행복을 조금 추가한 정도로 살겠는가? 아주 명확하게 원하는 것을 알고 살아가겠는가?

원하는 것을 명확하게 알고 그것을 말할 때 비로소 캐릭터에는 힘이 생긴다. 캐릭터를 구축해 보자. 주캐릭터와 부캐릭터가 있다. 당신의 주캐는 어떤 원함을 가지고 있는가? 당신의 부캐는 어떤 상황에서 나오는가? 캐릭터를 구축하고 운영하는 것은 자기 자신이다. 내가 나에 대해 알고 어떤 상황에서 어떤 모습으로 등장할 수 있는지를 바라보는 것이 재밌지 않은가.

캐릭터가 뚜렷해지면 빌런이 등장한다

명확성은 어느 날 길을 걷다가 갑자기 머릿속에 떠오르는 것이 아니라 주의 깊은 사고와 세심한 실험을 통해 만들어진다. 스스로에게 끊임없이 질문하고 자신의 삶을 다양한 관점에서 바라봐야만 얻을 수 있는 결과이다. 원함을 이루는 것이다.

자신의 원함을 알기 위해서는 스스로에게 끊임없이 질문하고 다양한 관점에서 삶을 바라봐야 한다. 그럴 때 진짜 자신이 원하는 것을 알 수 있고 그것을 이룰 수 있다. 주인공의 원함으로부터 이야기는 시작된다. 즉, 나의 원함이 명확하지 않으면 타인이나 세상의 시나리오 안에 있게 된다. 그러므로 자신의 원함을 찾는 것은 매우 중요하다. 스스로에게 끊임없이 원함을 질문하고 시나리오를 설계하며 깊이 만나 보라.

작가들이 빌런을 대하는 방법 다섯 가지

원하는 것이 생기면 당연히 장애물이 생긴다. 극적일수록 더더욱 그렇다.

1. 하고 싶은 말이 쏟아질 때

[글쓰기] 《뼛속까지 내려가서 써라》의 저자, 나탈리 골드버그의 방법

나탈리 골드버그는 1986년에 《뼛속까지 내려가서 써라》라는 책을 썼다. 내가 태어난 해에 이 책이 나왔다. 내가 고민하고 힘들어하는 동안에는 이 책을 몰랐다. 이 책은 나에게 이렇게 말을 걸었다.

> **"당신은 왜 글쓰기를 당신을 단련시키는 방법으로 만들지 않죠? 만약 당신이 글쓰기 안으로 깊이 몰입할 수 있다면, 글쓰기가 당신을 인생에 필요한 모든 곳으로 데려다줄 것입니다."**

서울예술대학에서 내가 가장 좋아하는 수업은 황선미 교수님(《마당을 나온 암탉》의 저자)의 동화 창작 수업이었다. 어릴 때부터 동화를 좋아했고, 첫 작품이 그림책인 것을 봐서 알겠지만 나는 내 세계가 동화라고 생각할 만큼 동화를 좋아한다. 동화 창작 수업에서는 자신의 작품을 써서 발표하는데 내가 내놓은 작품은 나의 어린 시절 상처에 대해 적은 내용이었다. 그날 내가 썼던 내용은 동화가 아니라 실화였다. 내가 서울예술대학에 그토록 가고 싶었던 진짜 이유도 어쩌면, 나에게 있는 상처를 내 안에서 다 꺼내고 싶어서일지 모른다. 그날의 날씨, 그날에 입은 옷, 그날의 느낌, 그날의 색깔까지 형사에게 말하듯 다 쏟아냈다. 나는 당신 안에 여전히 빌런이 살아 있다면 칼춤을 추듯이 하고 싶은 말을 다 뿜어내 보기를 바란다. 여전히 내 안에 살고 있는 빌런에게 이렇게 말하는 것이다.

"너는 더 이상 내 안에 있지 않다. 내 손끝으로 나와서 글이 되었다. 이제 너는 나와 마주했고, 더는 나를 괴롭힐 수 없다."

슬픔 속에 터져 나온 통곡과 세상을 비난하는 모든 내용은 당연히 동화로 나오지 않았다. 하지만 내 인생이 동화가 되도록 길이 되어주었다. 그러니 꼭 당신도 글을 써보기를 바란다. 뼛속까지 내려가서 쓰면 그 이야기는 더 이상 당신을 괴롭힐 수 없다. 하나도 빼지 말고 전부 꺼내라.

2. 인생에 변화를 만들고 싶을 때

[히어로 일지] 《되는 사람》의 저자, 도널드 밀러의 방법

살면서 마음이 체할 때가 있다. 그 이유는 지난날에 만난 빌런과의 이야기로 인해 내 이야기가 풀리지 않아서다. 무기력해지기도 하고 답답하거나 혼란스러울 때도 있다. 그럴 때 나의 이야기를 구성하는 또 하나의 방법이 있다. 내 인생을 작품으로 생각해서 구성하는 것이다. 나를 주인공으로 생각해 보자. 그때에는 나를 둘러싼 빌런으로 두 부류가 보일 것이다.

- 데일리 빌런 : 어제와 똑같이 오늘을 살게 하는 역할 → 레벨업 (유머)
- 메인 빌런 : 각성하게 해주는 역할, 봉인되어 있던 내 능력치를 최대치로 올려주는 존재

데일리 빌런은 매일 등장한다. (어쩌면 아직 빌런은 출연도 안 했는데 내가 예전에 만난 빌런이 떠올라서 미리 두려워하는 것일 수도 있다.) 데일리 빌런을 마주하는 제일 좋은 방법은 '유머'다. 웃는 일을 만들어서 하루를 명장면으로 만들 수 있다. 메인 빌런은 다르게 대해야 한다. 나의 하루를 망칠 정도가 아니라 온몸이 굳어버리게 만들 수 있는 상대이기 때문이다. 그것이 돈일 수도 있고, 사람일 수도 있고, 상황일 수도 있다. 내 안의 힘을 발휘하면 빌런은 내 인생의 트레이너 같은 역할을 하게 된다.

데일리 빌런을 마주하는 제일 좋은 방법 = 유머

한국에서는 도널드 밀러가 스토리 브랜드를 만드는 사람으로 알려져 있다. 그러나 《무기가 되는 스토리》로 유명해진 그의 첫 책은 기독교 서적이다. 《천년 동안 백만 마일》이라는 책을 통해 스토리의 중요성을 일상에 펼쳤고, 그리스도인의 여정을 재밌게 다뤘다. 그는 성경이라는 토대에서 이야기를 발견하고, 그 세계관을 비즈니스로 연동시켜서 성공한 사람이다. 그가 최근에 펴낸 《되는 사람》이라는 책에는 빌런이라는 표현이 나온다. 그는 우리가 타인의 삶에서 빌런의 행동을 한다고 말한다.

> "다른 사람을 이용하고 싶은 빌런의 태도에서 벗어나라. 주변 사람들을 이용하는 것이 아니라 함께할 때 더 행복한 삶을 살 수 있고 삶은 발전한다. 다른 사람들의 행복을 생각할 때 스토리가 발전한다. 이런 점에서 빌런은 히어로와 대조적이다.
>
> 빌런에게는 하수인만 있을 뿐 친구가 없다. 그의 주변엔 그가 무서워 명령을 따르는 사람들뿐이다. 빌런에게 그들은 소모품이다. 그는 사람을 이용할 뿐 사랑하지 않는다. 흔히 힘 있는 사람이 되면 빌런과 히어로 사이에 흔들리기 마련이다. 책임질 것이 많아지고 따르는 사람이 많아지면 점점 그들을 이용하고 싶은 마음이 커진다. 그래서 많은 유명인이 갑자기 옛 친구들을 하인 부리듯 하다 비난받고 무너지는 것이다.
>
> 삶의 스토리를 좌우하는 핵심 요소는 다른 사람과 어떤 관계를 맺느냐다. 어쩌면 관계에 노력을 쏟는 것보다 그저 이용하고 싶은 유혹이 들지도 모른다.
>
> 하지만 그런 행동은 대가를 부른다. 삶은 대부분 위계 구조로 이루어져 있지만, 히어로와 조력자는 동료를 진심으로 아끼고 사랑한다."

도널드 밀러가 사용하는 방법은 자신의 삶을 '이야기'로 바라보고, 스스로 자신을 구하는 히어로가 되는 것이다. 내 삶에 타인이 빌런의 태도를 보일 때에도, 타인의 삶에 있어 내가 빌런의 태도를 보일 때에도 기억하자. 이야기가 흘러갈 수 있도록 내 삶의 히어로가 되고, 타인의 삶에 조력자가 되자.

3. 가슴의 연결을 원할 때

[내면아이 치유] 《상처받은 내면아이 치유》의 저자, 존 브래드쇼의 방법

"고통을 극복하기 위해서는 먼저 고통으로부터 도망치는 일부터 중단해야 한다. 용기를 가지고 가장 부드럽고 따뜻하게 고통을 대면하여 제대로 알아주고, 그리고 그것을 드러내는 일이야말로 고통으로부터 벗어날 수 있는 길이다."

– 《오제은 교수의 자기 사랑 노트》 中

존 브래드쇼는 가족치료사이며, 내면아이 치유의 대가이다. 우리나라에서는 《상처받은 내면아이 치유》라는 책으로 유명하다. 이 책을 번역한 오제은 교수는 《상처받은 내면아이 치유》를 대중에게 쉽게 전할 수 있도록 책을 썼다. 자신의 삶을 변하게 해준 책을 번역해서 한국에 전하고, 이어서 자신의 책을 통해 빌런과 만났던 이야기와 해결한 방법을 썼다. 상처받은 나로 살지 않아도 된다고, 나를 치유할 수 있다고 천천히 가는 방법을 알려준 그 책 덕분에 나도 메인 빌런의 기지국으로 들어가서 치유를 시작할 수 있었다.

《상처받은 내면아이 치유》를 통해 내가 만난 고통 중 가장 큰 것은 두 가지였다. 그 상처들은 '남자 대 여자'와 '기독교 대 성경'으로 나뉘어서 다가왔다. 그래서 남자를 대하는 나의 모든 면은 모나 있었다. 혹시라도 다가오면 가장 크게 상처를 주고, 나를 떠나려고 하면 매몰차게 헤어지면서 더욱 나를 고통스럽게 만들어왔다. 또 기독교를 향한 나의 분노는 모두 엄마에게 쏟아냈다. 엄마가 목사가 되기로 결정한 날, 나는 스스로 머리카락을 잘랐다. 다시는 엄마를 보고 싶지 않았다. 엄마가 목사가 되어 처음 시작한 개척 교회의 맨 뒷자리에 앉아서 나는 엄마를 째려보며 마음껏 비웃었다. 그것이 내가 할 수 있는 빌런을 대하는 태도의 전부였다. 그것이 나를 괴롭혔던 데일리 빌런인 줄 몰랐다. 외부에서 등장하는 빌런을 공격하면서 메인 빌런을 만나지 않으려고 애썼던 것이다. 《상처받은 내면아이 치유》를 통해 내 이야기를 써 갈수록 직면해야 하는 메인 빌런은 '수치심'이라는 것을 알게 되었다. '자기 사랑 노트'에 나의 이야기를 써 가면서 내면아이를 만날 때마다 나는 말했다.

"네 잘못이 아니야. 너를 미워하지 않아도 괜찮아. 많이 외로웠지. 내가 여기 있어."

내면아이 일지를 쓰면서 빌런을 만나 울어주기 시작했다. 가장 부드럽고 따뜻하게.

공격하거나 파헤치려 하지 않고 나를, 내가, 나로 살기 위해 필요했던 수많은 빌런을 차례대로 만난 것이다.

그 후 다시 외부에서 등장하는 데일리 빌런들을 마주하게 되니 달라 보였다. 나를 힘들게 했던 사람을 남자이자 목사 전체로 보았던 시선에서 그 개인으로 보게 되고, 그 개인을 법적, 종교적 처벌로 대응하게 되었다. 엄마의 꿈(목사가 되는 것)을 응원하게 되었고, 엄마와의 화해 과정을 《안녕 나의 엄마》라는 책으로 남기게 되었다. 독자들은 내가 쓴 그림책을 펼쳐 읽기 시작하면 눈물을 흘리게 된다고 했다. 그 이유는 어린 시절의 상처와 이어진 심정을 여전히 느끼기 때문이다. 내면아이 치유는 내면 아이를 만나고, 깊이 숨어 있는 감정을 만나 재구성하는 인생을 영화처럼 원하는 장르로 만드는 방법이다. 여전히 내 안에 남아 있어 지워지지 않을 것 같았던 상처는 내 인생에서 가장 큰 사람, '유일한 어른'인 나 자신이 나를 만나주면서 치유되기 시작했다.

내면아이 치유에 따르면 치유는 여기서 끝나는 것이 아니라 이제 시작이다. 상처받은 내면아이를 치유하면 '놀라운 아이(본연의 자아)'를 만나게 된다. 그 속성을 회복하는 일과 자기실현이 만나면 나 자신이 되고, 자신이 가장 하고 싶은 일을 극대화할 수 있으므로 1%가 된다.

4. 나의 시작과 끝이 궁금할 때

[성경을 이어 쓰기] 나를 이야기로 대하기 - 하나님의 방법

여기, 가장 오래된 책이 있다. 그것은 전 세계에서 가장 많이 팔렸으며, 집집마다 있지만 잘 읽히지는 않는 책, 바로 '성경'이다.

내가 성경을 제대로 마주한 것은 20대 시절 어느 공동체에서였다. 나는 한국기독학생회(Inter-Varsity Evangelical Student Fellowship, IVF)라는 공동체에서 "캠퍼스와 세상 속의 하나님 나라 운동"이라는 슬로건 아래 성경을 펼쳐 밤새도록 토론하고 분석했다. 그러면서 어느 날 이런 생각을 하게 되었다. '지금 얼마나 많은 사람이 이 책을 볼까? 신이 선택한 콘텐츠, 신의 이야기를 담은 도구가 책이라는 것이 놀랍지 않은가? 왜 책을 통해 하고 싶은 말을 남겼을까? 책이 말하고 싶은 정점은 무엇일까?'

그 결론은 책이 먼 옛날에 있던 나(사람)와 먼 훗날에 살게 될 나(사람)

를 이어주는 역할을 한다는 것이다. 신은 책에 이 세상을 만든 이유, 방법, 소통하고 싶은 내용을 적었다. 책 한 권을 만들었으나 저자는 수십 명이 나왔다. 66권이라는 책을 합쳤고, 구약과 신약이라는 시대를 합쳤다. 그리고 마지막에는 우리가 계속 이어서 이 책을 써주기를 바란다. 성경은 신앙인이라서 읽는 책이 아니라 콘텐츠사업의 본질이 담긴 책이다. 이 책의 정점은 오늘이다. 오늘도 이어서 쓰고 있고, 전해지고 있기 때문이다.

하나님을 작가로 생각해 보자. 하나님이 처음 이 세상을 만들었을 때 가장 먼저 만난 빌런은 아마 사람일 것이다. 그런데 그 빌런은 다름 아닌 하나님이 만들었다. (뱀이나 사단으로 생각할 수 있지만 마주한 상대는 사람이다) 사람과 마주하면서 이야기가 시작되고 전개도 사람과 함께한다. 빌런을 처단하는 것이 아니라 함께 산다는 점에서, 그의 변화를 기다리고, 기대하고 꿈꾼다는 점에서 하나님은 지구상에서 가장 사랑이 충만한 작가이다. 우리에게 성경을 이어서 쓰라는 건, 내 안에 여전히 숨 쉬고 내가 살아 있는 동안 계속해서 이어질 빌런의 등장에 대해 놀라지 말고 함께 살아갈 길을 만들라는 것이 아닐까.

5. 대반전을 꿈꿀 때

예술로 승화하기

《행복의 조건》이란 책은 하버드대학의 성인 발달 연구소에서, 724명을 60년간 추적 관찰하며 연구한 결과를 담은 보고서다. 이 책에서는 행복의 첫 번째 조건을 "성숙한 방어기제를 가졌는가?"로 묻고 있다. 이타적으로 행동하고(이타주의), 예술적 창조로 갈등을 해소하거나 쇳조각을 황금으로 변화시키며(승화), 또 밝은 면을 보려고 인내하거나(억제), 지나치게 심각한 태도를 취하지 않는(유머) 행동이 모두 미덕에 포함된다.

여러 가지 방어기제 중에서 유일하게 사용하면 좋을 만한 방어기제가 있었는데, 그것은 바로 '승화'이다. 앞으로 어떤 문제가 당신 앞을 막아도 '승화'를 통해 이야기를 창조하기를 바란다.

비밀노트 2 인생 2회차 시놉시스

1. 인생 장르 설정하기

Q1. 당신은 어떤 장르에서 살아왔는가? 앞으로 어떤 장르로 살기를 선택할 것인가.

예) 로맨틱/ 코미디/ 스릴러/ 액션/ 히어로/ 모험/ 공포/ 기타

2. 관객, 배우, 작가

Q2. 당신은 어떤 캐릭터로 살아왔는가? 당신이 작가라면, 당신의 인생을 어떤 이야기로 만들기를 원하는가.

3. 심장을 울리는 명대사 찾기

Q3. 당신의 인생을 바꾼 명대사는 무엇인가? 심장을 울리는 명언, 명대사, 명장면, 책의 구절들로 오늘을 채워보라.

4. 나의 캐릭터 설정하기

Q4. 자신의 이야기가 흘러가려면, 분명하게 자신의 원함을 알아야 한다. 나라는 사람을 캐릭터로 만든다면 어떤 사람인가? 그 캐릭터가 원하는 것은 무엇인가? 구체적으로 설정하라.

5. 빌런 확인하기

Q5. 원하는 것이 확실한 캐릭터가 설정되면 우리의 인생에는 어김없이 빌런이 등장한다. 당신의 인생에서 등장한 빌런은 어떤 캐릭터를 가지고 있는가? 빌런을 대하는 당신의 방법은 무엇인가.

예) 글쓰기, 히어로 일지, 내면 아이 치유, 성경을 이어 쓰기, 예술로 승화하기

책 처방 상담지(인생 시나리오)

외부(관계, 상황, 물질)의 장애물과
내부(감정, 생각)의 장애물이 있습니다.
담아두면 커보였던 장애물도 글로 쓰면
아주 작아집니다.

원함(want)

장애물(obstacle)

이대로 산다면?(Present)

아주 작은 원함부터 시작해보세요.
WANT가 없는 삶은 잠자는 삶입니다.
깨어나 원하고 이루는 생생한 삶이 되길 바랍니다.
(원함 예시 : 나 / 관계 / 돈 / 직업 등)

장애물을 넘지 못하면
나의 삶은 어떤 삶이라고 할 수 있는가?
이 질문은 최악을 상상하라는 뜻이 아니라
현실을 보게 해주는 '알람'과 같은 질문입니다.

*더 깊은 질문이 가능하다면
이대로의 삶을 넘었을 때의
삶에 대해 적어보세요.

드라마는 항상 '갈등'이 존재합니다.
갈등을 넘어 주인공의 원함을 이루기 위해 자신만의 방법으로
싸워가는 과정을 관객들은 지켜보고 이겼을 때 환호를 보냅니다.
우리의 인생이 어떤 대안, 재미, 창의적인 방법으로 과정을 만들어 가면 좋을까요?

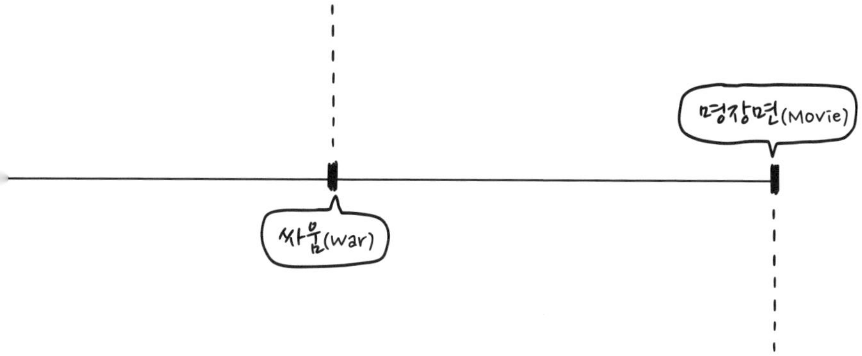

원하는 대로 산다면, 어떤 명대사가 나올까요?
"생각대로 해봐, 별거 없어."
"잘했어 너 정말 멋져"
듣고 싶은 말을 적으면 나의 원함을 이룰 수 있도록 돕습니다.
당신의 명대사를 꺼내보세요.

탄생 신화

잃어버린 첫 페이지

나는 글을 잘 쓰고, 또 책을 좋아한다고 말했지만, 실제로 내가 쓴 첫 작품은 장편소설이나 에세이가 아니다. 단 23개의 문장으로 만든 그림책이다. 그림책 《안녕 나의 엄마》는 나의 수많은 시간을 압축해서 담았다. 다른 설명이 필요 없을 정도로, 평생 남겨야 할 말과 반드시 해야 할 말만을 담은 책이다. 내가 나에게, 나의 엄마와 나에게, 나와 나의 딸에게 들려줘야 할 말을 새긴 책이다. 그 책의 첫 구절은 이렇게 시작한다.

"엄마, 엄마는 언제 태어났어?"

이 질문에 엄마는 "엄마는 태어난 날이 언제인지 모른단다."라고 답한다. 실제 나의 엄마는 탄생에 대한 이야기를 힘들어한다. 그래서 나는 늘 궁금했다. 왜 엄마는 생일만 되면 속상한지, 엄마는 왜 그리도 악착같았는지. 그 해답은 질문에 숨어있었다. 언젠지 모를 때, 누군가의 딸로 태어났으나 생년월일을 몰랐던 엄마는 살아남기 위해 많은 노력을 해왔다. 부모로부터 받지 못한 힘을 오로지 자신의 열심으로 찾아야 했을 것이다.

엄마의 60년을 내가 다 알 수 없지만, 첫 시작의 힘을 받았으면 얼마나 좋았을까 하는 생각을 해본다. 또 한편으로는 '만약 엄마가 사랑받는 가정에서 태어났다면 얼마나 더 빛났을까'라는 생각도 지울 수 없었다. 부모의 사랑이 부족했을 텐데, 엄마는 얼마나 열심히 살았으면 나같이 예쁜 딸을 낳아서 엄마라는 이름을 꿈꾸게 할 수 있었을까. 나의 엄마뿐 아니라, 사람에게 가장 필요한 장면은 '잃어버린 탄생'에 관한 이야기다. 그 최초의 페이지에 대한 오해는 자신의 인생을 오해하게 만든다. 탄생에 대한 이야기를 타인의 시선으로 읽으면, 내 인생 전체를 타인의 시선으로 쓰게 된다. 그러나 탄생의 순간으로 다시 찾아가 온전히 나의 시선만으로 읽고, 오롯이 자신에게 힘이 될 순간으로 재해석하고, 오늘을 재구성하면 1%가 되는 길이 열린다.

인생의 첫 페이지(탄생신화)를 잘 정리하면 다잉메시지를 미라클메시지로 바꿀 수 있다. 당신의 이야기가 1%가 되는 길은 자기 이해와 자기 사랑을 중심으로 자기실현을 향해 가는 것이다. 탄생신화를 통해 첫 페이지를 다시 작성하면 자기만의 빛을 내는 이야기가 되고, 그때부터 나 자신을 향한 이야기, 넘치는 사랑을 통해 자신의 잠재력을 펼칠 수 있다.

“내 안에서 반짝이는 빛은 누구도 어둡게 만들 수 없다.”

—《자기만의 빛》中

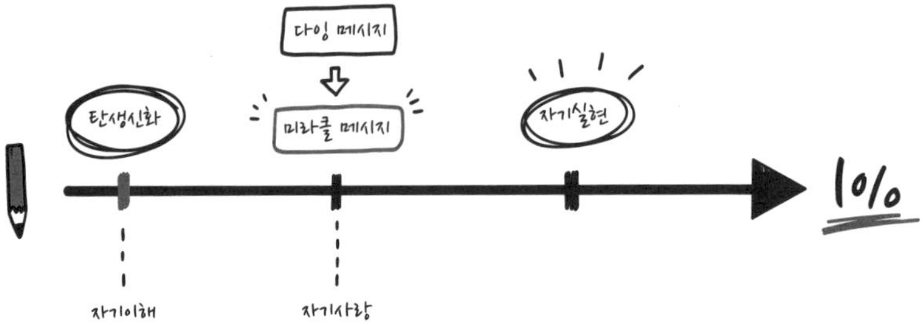

나는 이런 생각을 했다. ‘내가 기억하는 이야기가 내 이야기의 끝이 아닐까?’ 그런데 내가 생각해 내지 못하는 모든 범위에도 내가 존재했으니, 내 이야기의 처음이 궁금해졌다. 시나리오를 쓰는 작가들도 한 인물을 설정할 때 탄생 이야기부터 세밀하게 작성한다. 심지어 가장 신경 쓰는 부분이기도 하다. 왜냐하면 우리가 기억하는 시점부터 지금까지의 이야기는 ‘0’세의 연장선이기 때문이다. 우리가 태어나기 전인 태중에서부터 이미 이야기는 시작되었기 때문에, 그 시점에서 ‘관점’이라는 게 생기고, 관점을 넘어 ‘세계관’이 형성된다. 다시 말해, 세상을 보는 눈이 생기는 것이다.

캐릭터를 설정할 때 어떤 부모님 밑에서 자라고, 어떤 환경에서 이야기를 듣고 성장하는지를 세밀하게 설계한다. 특히, 엄마의 배 속에 생겨난 순간이 어느 계절이었고, 어떤 연유에서인지, 어떤 부모님의 어떤 선택이었는지도 캐릭터 설정의 기반이 된다.

이미 ‘세상이 나를 그렇게 생각해’라는 것과 ‘앞으로 이런 인생이 펼쳐지겠구나'를 알 수 있는 그 나이가 태중에 있는 0세 때인 것이다. 사실 우리는 알 수 없다. 태어나기 전의 환경과 출산 과정과 태어난 후의 환경은 부모님에게 들은 것이 전부다. 그것은 내가 생각하고 경험한 것이 아니다.

그러니 당신의 인생이라는 작품을 '들은 이야기'로 구성하지 말라. 나를 구성할 때 '생년월일과 성별'은 사실이지만, 그 사실에 더해지는 군더더기들이 생긴다. "엄마가 네가 여자라서 진짜 창피했어"라든지, "낳을 때 너무 힘들었어"라든지 하는 것은 탄생에 대한 부모님의 해석일 뿐이다. 탄생 장면에 대한 이야기를 재구성하는 것이 중요한 이유는, 탄생 이야기를 제대로 바라보면 1%로 가는 길로 연결되기 때문이다.

영화 〈시간의 주름〉을 보면 시간과 상관없이 연결된 다른 차원의 세계가 등장한다. 아버지를 구하러 가는 길에 만나는 장면에서 사실과 타인의 시선을 구분해야 하는 상황으로 이야기가 전개된다. 그때 이런 대사가 등장한다.

"정확한 주파수를 찾고 자신을 믿기만 하면 돼."

우리의 인생은 영화와 동일하다. 주파수를 찾고 탄생부터 나의 브랜드까지 주파수를 맞추면 되는데 이것을 방해하는 것은 오로지 '감정'이다. 앞서 이야기했던 핵심 감정, 다잉메시지가 나에게 치명적이기 때문에 주파수를 맞출 수가 없고, 같은 자리를 반복해서 살거나 벽에 부딪힌 듯 답답하게 살게 된다. 아니면 여러 개가 섞인 듯 혼란스럽고 복잡하게 살아가게 된다.

"온 우주에서 빛보다 빨리 이동할 수 있는 건 어둠뿐이지.

'그것'은 우리 마음의 희망과 기쁨을 파괴한단다.

그 자리엔 시기심과 편견이 자리 잡지.

고통과 절망도…. 그게 다 '그것'이 하는 짓이야.

그렇게 한 사람씩 공격을 하지 두려움에 굴복할 때까지….

두려움은 분노가 되고 분노는 폭력을 낳고 그러다 결국 다 무너져버려."

- 영화 〈시간의 주름〉 中

브랜드로 살면서 재밌을 것을 상상하다가도 시기심과 편견이 자리 잡거나 두려움이 생기면 곧바로 무너져버려서 원래 내가 살던 곳으로 지름길을 찾아가게 된다. 그래서 절대 잃어버리지 않는 나만의 나침반이 필요하다. 그것이 바로 탄생 신화이다.

이때 주의할 사항이 있다. 부모님에게 내가 태어났을 때의 이야기를 물어보다가 더 힘겨워질 수 있다. 지금까지 형성된 당신의 인생이면 충분하다. 현재의 부모님에게 과거의 일을 묻지 말라. 지금 알고 있는 정도면 충분하다. 더 알려고 하는 게 아니라 지금까지 들어 온 얘기를 하나라도 더 꺼내는 게 중요하다. 내 인생이 그걸로 형성됐다는 게 중요한 것이다.

관찰자의 시점으로 바라보기

나의 탄생 이야기는 이렇게 진행되었다. 들어 온 이야기를 중심으로 보면,

"아버지는 5형제인데 네가 딸이라서 다 좋아했어."

"네가 너무 예뻐서 엄마는 너를 너무 좋아했어."

"할아버지는 네가 보고 싶어서 매일 출퇴근할 때 너에게 인사하고 가셨지."

"그리고 네가 태어났다는 것은 아주 신비한 일이야. 아이가 안 생겨서 힘들었는데 네가 생긴 거야."

좋은 이야기를 남겨주고 싶었던 엄마의 이야기 뒤에 아버지의 형제인 삼촌들은 이렇게 말씀했다.

"딸이라 서운해서 이름을 '서우나'라고 지으려고 했지."

"박 씨니까 '테리아'라고 하려고 했어. 박테리아."

"너는 남자애 같아서, 다들 여자애인데도 크다고 했지."

"네 아빠는 자고 있었어. 네가 태어나는 순간에도 말이지. 아들이라도 그랬을까?" 등등이다.

나를 정말 귀하게 바라봐 주려고 해준 각색된 이야기와 함께 재미라는 소재로 삼은 이야기가 공존했다. 이야기 속에서 나는 남자여야 했거나 여자여서 좋았거나 하는 식으로 '성별'에 대한 조건이 붙어 있었다. 탄생을 지켜본 사람들의 시선과 말로 우리의 인생을 결정짓는다면 그 얼마나 슬픈 일인가. 내가 자신을 벌레(박테리아)처럼 여기고, 남자가 아니라서 슬퍼하면서, 어른들을 서운하게 했던 존재로 읽는다면 말이다. 또 한편으로 엄마 말대로 무척 사랑받았을 것이라고 생각해도 나는 누군가에게 예쁨받아야 하는 존재로 살아야 하니 힘들 것이다.

인생을 다시 설계할 때, 반드시 해야 할 첫 번째 일은 시선의 전환이다. 탄생이라는 시작부터 사실(fact)과 타인의 시선(fake)을 구분할 수 있다. 소설을 쓸 때 '관찰자 시점'이라는 것이 있다. 내가 나로 있지만 관찰자의 시선으로 지금 현상의 주인공을 바라보기보다는, 관찰자의 시선에서 구분하는 것이다. 내가 여자인 것은 사실이지만 내가 여자여서 좋았고 싫었고에 대한 판단은 사실이 아니다. 나에 대한 진실과 타인의 시선을 구분할 때 비로소 잃어버린 나의 이야기의 첫 장면을 잘 찾을 수 있다. 모래를 털어 내고 진주를 찾는 여정을 시작해 보자.

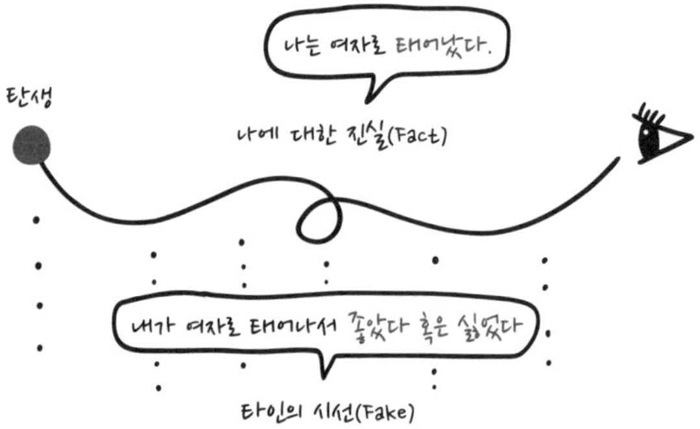

'1인칭 주인공 시점'으로 전환하기

반복되는 삶에서 내가 읽은 나 자신의 결론은 평생 그저 그렇게 사는 사람이었다. 그러나 '엄마의 배 속에 있던 나' 중심으로 현재의 나를 바라보면 이야기가 달라진다. 나는 이번 생을 내가 선택했다. 내 부모님이 이전에는 여러 번의 유산으로 얻지 못했던 생명이다. 나는 이 세상에 올 힘이 있는 사람이다. 나는 태어날 힘을 가진 나 자신의 영웅이다.

누군가는 나의 탄생이 서운하고, 벌레(박테리아)라 하고, 남자 같다고 하더라도 혹은 다른 것을 기대했다고 해도 그것은 그들의 이야기이다. 이것이 진실과 타인의 시선을 분리하는 작업이다. 그 분리 이후부터 나는 나의 이야기 속에서 '살아 있다'라는 것을 알게 된다. 그리고 나 스스로 얼마나 힘이 있는지를 새롭게 인식하게 된다. 나 스스로를 기적으로 부르기 시작한 것이다. 이런 작업을 시나리오에서는 '재해석'이라고 한다. 똑같은 각본이 있지만 어떤 감독을 만나느냐에 따라 연출이 다 달라진다. 당신은 누구의 손에 인생의 연출을 맡겨왔는가. 앞으로 누구의 연출로 인생을 만들어갈 것인가. '사람들이 말해 주는 대로 내가 그렇게 살게'라는 태도에서, 메가폰을 자신이 쥐고 다시 구성하는 그 첫 자리가 바로 0세, 탄생 이야기이다.

나는 나의 힘으로 이 세상에 왔다

나는 제왕절개로 세상에 나온 아이이다. 세상은 이를 '산도로도 못 나온 아이', '엄마의 배를 찢고 나온 아이'로 해석할 수 있다. 그런데 그 시대에는 그렇게 태어나는 아이가 드물었으므로, 어떻게 보면 나는 당시의 신기술을 통해 태어난 아이라 할 수 있다. 그렇게 세상에 나온 아이는 거기서 멈추지 않고 여자라는 이유로 내팽개쳐진다. 그런데 신기하게도 그 이유와 우리 엄마의 말은 너무도 잘 들어 맞는다. 엄마는 고아가 됐고, 여자라서 식모살이를 했고, 공부하고 싶어도 못 했다. 얼마나 슬펐으면 아기가 태어나고 여자인 것을 확인하자마자 자신의 지난날과 오버랩되어 모든 걸 다 버리고 싶었겠는가? 이해된다. 그런데 그것은 어른인 내가 이해하는 것이지, 어린 내가 이해할 것은 아니다. 완전히 어렸던 나는 그 시대에 그렇게 살면 안 되었다. 내가 화내야 할 부분은 화내야 하고, 아니라고 말할 부분은 아니라고 말해야 하는데, 그게 안 되고 뒤섞여 버린다. 따라서 중요한 것은 잠재력이 폭발할 수 있도록 탄생의 자리로 돌아가서 새로운 자신을 발견하는 것이다. 당신은 이미 태어나지 않았는가. 당신의 힘으로 이 세상에 왔고 심장이 있지 않은가. 신이 당신을 얼마나 사랑하면 그 누구도 아닌 바로 당신을 선택했겠는가! 당신의 힘을 믿으라. 그 힘에 용기를 주거나, 그 각본에 모든 의미를 부여해도 모자랄 판에, 다른 사람들의 말에 99%를 내주며 내 것을 의심하고 있기엔 시간이 아깝다.

진짜 돈은 내가 태어난 그 자리에 있다. 도대체 왜 다른 것으로 돈을 벌려고 하는가. 그건 쓸모없는 일이다. 그래봤자 또다시 내가 나를 의심하면서 같은 행동을 반복할 뿐이다. 우린 1%다. 탄생했을 때 이미 귀한 자로서, 당신은 스스로 그것이 맞다고 믿을 만한 모든 증거를 찾아내기만 하면 된다. 만약 당신의 인생에서 탯줄을 끊는 장면이 있다면, 이 세상에 오는 커팅식을 했다고 재해석하는 것이다.

지금, 이 글을 읽는 순간에도 왜 당신은 계속 스스로를 의심하며 "모든 이야기가 그렇던데요. 저는 정황상 피해자가 맞습니다."라고 말하고 있는가. 지금 당신이 해야 할 일은 하나다. **"나는 이 세상에 올 때부터 생명이었고, 탄생하는 순간부터 이야기를 만드는 창조자였고, 이제부터 나만의 그 빛나는 이야기를 시작한다. 그 순간은 바로 0세 때이다. 그 외에는 나는 관심 없다."**라고 말하는 것이다. 자, 이제 당신이 들었던 이야기를 쓰고, 정황상 객관화할 수 있는 것(사진으로도 가지고 있는 것)과 그 외에 내가 찾을 수 있는 나의 진짜 이야기를 구성해 보자.

당신의 브랜드는 무엇인가?

좋은 이야기와 나쁜 이야기를 가르는 것이 아니다. 사실과 사실이 아닌 것을 가르는 것이다. 여기서 한번 안데르센의 동화, 《미운 오리 새끼》 이야기를 생각해 보자.

"오리 둥지에서 태어났는데 엄마랑 다르게 생겼다. 너는 오리가 아닌 것 같아. 너는 진짜 별로야. 너 왜 이렇게 생겼어. 왜 그 모양이니?"

이것은 다른 오리들의 시선이다. 그런데 미운 오리 새끼는 오리가 아니었다. 백조였다. 우리는 타인의 시선으로 스스로를 미운 오리 새끼로 만든다. 스스로 미운 오리라는 증거를 모으기도 한다.

그러므로 언제나 사실(팩트)과 타인의 시선은 분리해야 한다. 이제 "나의 탄생 이야기=사실/ 타인의 시선"이라고 쓰고 내용을 다시 깊이 들여다보라. 빼는 것이 아니라 분리하는 것이다.

"용기는 순응적인 삶, 남을 모방하는 삶, 인습에 얽매이는 삶을 뛰어넘어 참 소명에 충실할 수 있는 능력을 부여한다. 소명을 추구하는 데는 용기, 즉 존재를 위한 용기가 필요하다.

떠밀려 온갖 위험 속에서 덜 안전하고, 덜 부유하고, 덜 유명한 삶을 살더라도 자신의 참모습에 충실한 사람이 되겠다는 용기를 말한다. 소명을 이루는 삶이란 정체성과 소명에 충실한 삶을 선택한다는 의미다."

- 《소명과 용기》 中

이 내용으로 진행한 강의를 들은 분이 질문했다.

"나의 인생을 긍정적으로 바라보라는 건가요? 그래서 내가 탄생한 이야기 중에서 긍정적인 걸 찾으라는 거예요? 부정적인 거 말고요?"

그게 아니다. 단순히 긍정적이다, 또는 부정적이라 말하는 것이 아니라 '나에게 있는 힘'을 찾으라는 의미이다. 긍정적인 것을 찾으려고 애써서 찾아내고 만들어내는 것은 기분만 좋아지지 이내 사라지고 만다. 사라지지 않는 나의 힘, 내가 태어난 이야기가 김수로 왕의 신화보다 더 큰 신화라는 것, 그리고 태어났다는 자체가 위대하다는 것을 깨달아야 한다.

그러나 이게 말처럼 쉽지 않다. 그렇게 잘 안 받아들여진다. 안 받아들여지는 데는 이유가 있다. "네가 어쩌다가 나왔지.", "실수로 나왔지.", "너는 지극히 평범하고 평범한 애야"라는 뉘앙스를 담은 모든 대사가 나를 덮치듯이 다가오고, 나의 탄생 자체의 위대성이 드러나기에는 아직

무대가 마련되어 있지 않다고 느끼기 때문이다. 내가 태어났다는 것 자체의 위대함은 누가 회복시켜주는 것이 아니다. 바로 '나 자신'이 되찾아야 하는 것이다.

그러니까 우리가 지금 하는 작업은, 과거에 태어난 자리를 찾아가는 것이다. 그리고 "너에게 말해 줄게. 넌 이런 아이야. 그 어떤 순간에도 굴하지 않고 태어난 아이야. 너 진짜 귀한 애야. 네가 얼마나 귀한 아이인지 내가 타당한 이유를 들려줄 테니까 지금부터 잘 들어!"라고 이야기해 주라.

이렇게 한번 생각해보자. 만일 예정일보다 일찍 태어났다면, "네가 이 세상에 나오겠다고 결정한 날에 나온 거 맞아? 아니야? 남들이 결정한 날이 있었는데, 너는 그 날짜 기다리지 않고 나온 거야."라고 말해 줄 수 있다. 객관적으로 잘 생각해 봐야 한다. 스스로 생각할 때 '아, 이 날이어야지.' 하고 '자기 마음대로 나온 이 주도적이고 학습되지 않으며 자율적인 아이를 어떻게 막을 것인가?' 하고 내가 결정하는 것이다.

"내가 날짜에 딱딱 맞춰서 해야 하는 것에는 관심 없어. 처음부터."라고 자신에게 말해 주면, 그 자리에 찾아가 깨닫게 되는 것이다. '와! 이 자유한 아이 어쩔꼬!' 이런 아이는 성장해서도 "오늘 머리 잘라? 탈색해? 뭐 하고 싶어?"하고 물어볼 수 있는 힘이 생긴다. 그 자리에 있었기 때문에.

그런데 "제 날짜에 태어나지도 않고 뭐 하는 거야?"라는 식의 소리에 눌린 경우에는 죄책감과 자책에 휩싸여 실패한 아이 등으로 해석될 수 있다.

태어나는 아이의 입장에서 생각해 보라. "아, 이제 난 준비 된 것 같아"라고 하는데, 누군가가 "아닙니다, 안 됩니다"라고 한다. 그래도 "안되기는 뭐가 안돼? 내가 됐다고. 내 인생은 내가 정하는 거야. 나는 나간다고. 내가 나가기로 정했고, 나는 나갈 거야" 하며 나온 아이라면 어디서 자책감 같은 얘기가 나오겠는가. 이것이 진짜 객관적인 것이다.

이 아이의 입장에서 시간을 맞추지 않고 나가는 건, 주도적인 행동임과 동시에 타인의 생각에 굴하지 않는 호기심 많은 아이를 상징한다. '내가 궁금하면 내가 직접 나가야 해. 2주 전에.'

이런 아이를 당신은 어떻게 생각하는가? 탄생 이야기에서만도 이렇게 할 얘기가 많은데, 왜 주목해 주지 않았는가? 왜 이 아이한테 주목해 주지 않고, 세상 이야기에만 귀 기울이면서 세월을 다 보내냐는 것이다. 그 세상 얘기에는 당신 얘기가 하나도 없다. 정말 단 하나도 없다. 사람들은 '너를 걱정해서'라고 하면서 어떻게든 내 인생에 끼어들고 싶어 한다. 이는 자기 인생을 잘 못 사는 이들의 일반적인 특징이다. 자기 인생을 못 살면 100% 이렇게 말한다. "내가 살아봤는데, 네 인생 좀 어떻게 해줄까?" 여기엔 '당신 인생이나 잘 사세요'라고 답하면 그만이다.

우리 아이들에게도 얘기해 줘야 한다. "○○아, 너는 어떤 이야기를 가졌는지 엄마가 말해줄게, 네가 얼마나 귀하냐면, 어떻게 태어났냐면" 이게 엄마가 아이에게 심어줘야 할 이야기다. 아이들이 자기 전에 동화책을 읽기보다 아이의 일상을 나누면 좋겠다. 꿈에서 다시 자신의 책이 완성되도록 계속해서 아이의 오늘, 어제, 그리고 태어난 순간 등의 이야기를 끊임없이 나누면 좋겠다.

딸이 잠들기 전에 이런 이야기를 나눈다.

“자 오늘은 언제로 가볼까?”

“119 얘기부터 시작해요.”

“그래! 우리 딸은 태어나기 전에 119를 탔지!”

“맞아요! 나를 이 세상에 태어나게 하기 위해서 구급차가 왔어요.”

탄생하는 순간이 얼마나 귀하고 값진 이야기였는지, 이 세상에 오는 일이 얼마나 굉장한 이야기인지 아이가 아는 것이 중요하다.

“엄마, 내가 구급차 탔을 때 삐뽀 삐뽀 몇 번 울렸는데?” 이렇게 말한다.

만약 내가 이야기를 이렇게 꺼내지 않았으면, 우리 아이는 언젠가 내가 아이를 낳다가 구급차에 실려갔다는 소리를 듣고 좌절하거나 슬퍼할 수 있다. 119만 지나가도 위축된 채 살아야 할 수도 있다. 탄생의 순간에 힘을 실어주자.

탄생의 순간부터 이야기의 힘을 깨닫고 살아가는 아이와 탄생의 좌절의 이야기로 사는 아이는 완전히 다르다. 자존감 수업을 따로 하거나 자신감과 리더십을 키워주기 위해 훈련을 보낼 필요가 없다. 탄생의 순간과 지금 살아가는 모든 이야기의 흐름이 같은 아이는 이런 세상을 살게 된다.

“그래, 내가 받아주지. 어떤 일이 있어도 나는 이 세상에 올 힘이 있었어. 온 세상이 나를 구하려고 하는 존재야. 나는 이 세상을 멋지게 살 거야.”

세상을 살면서 이 세상에 온 힘이 나에게 있다는 것을 아는 것 그 이상 더 중요한 일이 있을까. 내가 나에게 반하는 것 외에 할 일은 아무것도

없다. 지금 당신이 해야 하는 것은 나 자신의 이야기를 되살리는 것이다.

나는 이 세상에 올 만큼 힘이 있는 사람이다

탄생 이야기는 마법을 부리거나 사주팔자를 고치는 게 아니다. 내가 처음 들은 이야기라는 게 중요하다. 아이는 태어나자마자 이야기꾼이 된다. 그래서 그 얘기를 계속 듣다 보면 그 이야기가 나의 이야기라고 생각하고 거기에 출발선을 둔다. 그런데 사실(팩트)을 제외하고 다른 이야기가 너무 많이 붙는다. 어디 그뿐이랴? 그 얘기를 내 애한테도 똑같이 한다. 우리는 그걸 사랑으로 알기 때문이다. 사랑이라 생각하고 아이의 출생 자체를 기억하고 얘기해 주거나 엄마인 내가 힘들었다는 걸 표현하며 이야기를 지속하기도 한다. 이건 엄마가 가장 하지 말아야 하는 일이다.

이야기에는 사실이 있고, 주인공 역할을 맡으려는 사람의 시선이 같이 등장한다. 내가 주인공이 아니고 부모님이 주인공인 이야기를 전달해서 받는 것이다. 우리는 그 이야기가 통째로 자신의 이야기인 줄 알며, 자기는 당연히 그런 사람인 줄 알고 살게 된다. 그래서 자기가 능력이 있는 줄도 모르고 스스로를 '능력 없는 자'라고 여기며 자기를 잃어버리는 것이다.

《미운 오리 새끼》 이야기로 돌아가 보자. "오리 둥지에서 태어났는데 엄마랑 다르게 생겼다. 너는 오리가 아닌 것 같아. 너는 진짜 별로야. 너 왜 이렇게 생겼어. 왜 그 모양이니?" 이것은 다른 오리들의 시선이다. 그런데 사실은 백조이다. 탄생의 이야기에서 힘을 얻어라. 당신은 이 세상에 올 힘이 있는 존재다. 어느 누가, 어떤 증거를 대면서 당신이 오리인지 설명한다 하더라도 당신은 탄생의 순간부터 백조다.

사람들은 자기 자신에게 더 많이 그런 말을 함으로써 자신이 스스로 '미운 오리 새끼'가 되게 만든다. 우리는 사실(팩트)과 타인의 해석을 분리해야 한다. 이제 '나의 탄생 이야기', '사실', '타인의 시선'이라 쓰고 내용을 보라. 빼는 것이 아니라 분리하는 것이다. 좋은 이야기와 나쁜 이야기를 가르는 것이 아니다. 사실과 사실이 아닌 것을 가르는 것이다.

이제, 탄생 신화를 되찾아 1%로 연결하는 과정을 정리해 보자. 먼저, 나의 탄생 이야기를 기억하고 기록하는 것이다. 그리고 사실과 타인의 시선을 분리해 보자.

<예시 1> 아들인 줄 알았다. 아들이 아니어서 아버지가 병원에 안 왔다.

- 들은 이야기: 아들이 아니어서 아버지가 병원에 안 왔다. 길에서 낳았다.
- 사실: 여자아이이다.
- 타인의 시선: 아들이기를 바랐다.

<예시 2> 늦게 태어났다. 아들인 줄 알았다.

- 들은 이야기: 엄마가 일하러 갔다가 양수가 터져버려서 24시간 진통하다가 나왔다. 다들 아들인 줄 알았다.
- 사실: 24시간 엄마 배 속에 있었다. 울었다. 여자아이이다.

- 타인의 시선: 24시간 진통을 했다. 아들인 줄 알았다. 울음이 우렁찼다.

<예시 3> 예정일보다 일찍 태어났다.

- 들은 이야기: 일찍 태어나서 죽을까 봐 불안했다.

- 사실: 예정일보다 일찍 태어났다.

- 타인의 시선: 너무 작게 태어났다. 죽을까 봐 불안했다.

<예시 4> 너는 귀한 아이였다.

- 들은 이야기: 엄마에게 아이가 안 생겼는데 네가 생겼다. 너는 귀한 아이였다.

- 사실: 아이가 생겼다.

- 타인의 시선: 너는 귀한 아이다.

이러한 경우, 잘못 사는 순간이 되면 더 힘들어진다. 부모의 감정이 통째로 내 것이 되고, 나를 향한 부모의 시선이 곧 나의 시선이 된 것이다. 여기서 중요한 건 다음 두 가지를 알아차리는 것이다. "아! 내 것이 아니구나! 부모님이 그렇게 본 거구나!" 하고 발견하는 것이다. 이 '시선'과 '화해'는 매우 중요하다. 그리고 "내 것이 아니구나. 사실만을 모아 재구성하고, 나의 것을 찾아야 하는 거구나. 더 정확히 말하자면 내가 잊었던 '나'를 만나야 하는 거구나."라고 깨달아야 한다.

분리해 보니 어떤가? 여전히 타인의 해석 안에서 사는 사람이 많다. 그간 어떤 경계도 없이 타인의 해석을 나 자신으로 받아들여온 것이 떠오르는가. 만약 아버지가 내가 남자로 태어나길 원했다고 생각해 보자. 그렇다면 나 자신이 여성인 것을 싫어하거나, 반대로 여성인 것에 대해서 증명하면서 살아야 할 것이다. 아버지의 해석이라는 클리셰에 갇힌 것이다.

이제 마지막으로 가 보자. 오로지 사실만을 들고서 우리가 어떤 사람인지, 우리가 1%인 증거를 찾으러 가는 것이다. 여기서 주의할 것은 지어내면 안 된다는 점이다. 근거에 맞춰서 찾아내야 한다. 내가 그런 존재였다는 '사실'에 나의 성향과 나의 놀라운 아이가 가진 힘을 더해서 찾는 것이다.

내면아이 치유를 해오신 오제은 교수님의 번역서, 《상처받은 내면아이 치유》에는 '놀라운 아이'에 대한 이야기가 나온다. 이 책은 41년 전, 한국인 최초로 이탈리아의 밀라노로 유학을 떠났던 장명숙 작가님이 추천하는 인생 책이기도 하다. 상처받은 내면아이의 문제, 치유의 단계, 성장 그리고 마지막에는 놀라운 아이에 대해 다루고 있다.

"창조성(Creativity)은 인간 된 자의 영광이다. 이는 우리를 다른 모든 피조물과 구분 지어 준다. 인간의 운명은 우리 자신의 독특한 삶의 방식을 창조하는 것이다. 당신은 부모로서 기존 세력에 도전하면서 창조할 수 있다. 어떤 사람들은 자신에게 지정된 문화적인 역할 수행을 거절함으로써 창조할 수 있다. 삶을 창조하려면 새로운 방식으로 존재하는 위험을 감수할 수 있는 용기가 필요하다. 창조성은 성공과 깊은 관련이 있다. 성공이란 단 하나뿐인 당신의 인생에서 당신이 원하는 일을 하는 것이다. 신화의 의미를 가장 탁월하게 가르쳐준 조셉 캠벨(Joseph Campbell)은 당신의 인생에서 원하는 일을 하는 것은 당신의 낙원을 찾는 것이라 말했다."

내 인생을 재구성하는 작업에서 탄생 이야기부터 다시 쓰면, 창조성을 되찾고 놀라운 아이가 깨어나며 원하는 일로 성공하기까지 일치성 있는 유일한 이야기가 만들어질 수 있다. 다른 소모적인 일을 할 필요가 없다. 예를 들어 감정은 참고, 일은 열심히 하고, 원하는 일은 취미로 삼고, 부부 생활을 어느 정도만 유지하면서 아이는 잘 키우기 위해 경제적인 면은 해결하며 살지만, 아이와 만날 시간은 없는 삶 말이다.

'놀라운 아이'는 우리에게 끊임없이 성장하도록 촉구한다. 더욱 풍부하고 부유한 삶으로 우리를 이끌어준다. 그 아이는 인생이란 성장하는 과정이며, 인간이 된다는 것은 극복해 나가는 것이라고 한다. 성장과 극복의 인생을 사는 삶은 고통과 위험의 아픔을 기꺼이 받아들이는 삶이다.

창조적인 재생으로서의 놀라운 아이

놀라운 아이는 창조성에 필요한 모든 부분을 타고났다. 칼 로저스는 몇몇 심리학자와 예술가 그룹과 함께 창조성의 역동성에 대해 연구하면서 인간이 창조적이기 위해서 필요한 심리적인 조건을 찾아보았다.

> "어린아이 같음은 자발적이고, 이 순간을 살아가고, 집중하고 상상력이 풍부하고, 창조적이고, 놀고, 즐거워하고, 경이로움을 경험하고, 신뢰하고, 슬퍼하고, 사랑하고, 놀라고 희망한다."
>
> – 《상처받은 내면아이 치유》 中

함께 나눌 질문 두 가지

1. 당신은 이 중에서 무엇을 가지고 있었는데 잃어버렸는가?
2. 당신은 무엇을 가지고 싶은가?

당신 인생 시나리오의 결말은 무엇인가. 첫 시작을 되찾았다면 이제 방향에 대한 이야기로 이어진다. 방향은 유산(遺産)이다. 유산이란 남겨지는 것이다. 이 세상에서 유일한, 단 하나의 온전한 '나의 이야기'다. 그것은 신의 원함과 나의 원함과 아이의 원함이 동일해지는 것이다.

자, 이제 '나의 이야기'를 읽고, 영화 같은 인생을 살아보자. 당신은 이 세상에 올 힘이 있고, 충분히 이 세상을 누릴 자격이 있는 사람이니까.

다시 쓰기[Rewriting]

직업 그리고 돈

이 책의 'Part 1'과 'Part 2'는 바로 이 4장을 위해 존재한다. 'Part 1'에서는 현재 엄마라는 사람이 개인적으로 또 사회적으로 일과 가정에서 어떤 일을 만나고 있는지를 살펴보고, 그 위치에서 우리가 할 수 있는 방향키를 제시했다. 'Part 2' 전반부에서는 엄마가 살고 있는 현실에서 '나'라는 캐릭터를 어떻게 세울지 확인했다. 캐릭터가 구체적으로 설정될수록 원함을 찾을 수 있고, 나아갈수록 마주할 빌런도 다양해지며, 어떻게 마주해야 하는지도 확인했다. 이렇게 '나'라는 이야기에 직면했으니 이제 구체적인 '직업 설계'로 이어가야 한다.

당신은 여기서 멈출 수도 있다. 어떤 면에서는 그냥 살던 대로 사는 것을 추천하고 싶기도 하다. 쉽지 않기 때문이다. 일과 삶이 분리된 채로 사는 것이 힘들다고 말하지만, 합칠 때보다는 덜 힘들 수도 있다. 그럼에도 불구하고 이 장을 읽겠다는 것은 지금 살고 있는 세상을 뒤집겠다는 말이 된다. '직업을 바꿔보고, 돈을 벌겠다는 정도인데 무슨 소리지?' 싶을 수 있다. 하지만 내가 말하려는 것은 일과 삶, 우리가 살고 있는 지구에 대한 리라이팅(Rewriting)이다. 그것에 당신의 참여가 절실하고 당신만이 해결할 수 있는 사회문제와 직업을 엮을 생각이다.

당신의 행복이 어떻게 세상을 구하냐고 묻는다면

'Part 1'의 2장에서 말한 대로 사회문제를 해결하는 방향으로 기업을 설계한다. 그렇기에 끊임없이 돈을 벌 수 있다. 하지만 이렇게 말하면 하고 싶지 않을 것이다. '당신의 세계에 쌓여 있는 문제를 해결해야 한다는 말과도 연결된다. 부부싸움을 멈춰야 하고, 그토록 싫어하는 직장을 품어야 할 수도 있으며, 생각하지 않아도 들어오던 수입이 멈출 수도 있다.' 그래도 할 것인가. 지금 문제 안에 있는 것이 편하고 그 정도면 괜찮다고 생각하면, 이 책을 덮고 도망가라. 당장 이 책을 중고 서점에 팔라. 피하라. 전력 질주해서 그냥 지금까지 하던 대로의 삶을 즐기라. 하지만 정말 다르게 살고 싶다면 끝까지 읽길 바란다.

교과서에서는 직업관(職業觀)에 대해 크게 세 가지 관점에서 말한다.

생계유지의 수단, 개성 발휘의 장(場), 사회적 역할의 실현. 이는 마치 다음 세 가지 중에서 정답을 고르라는 객관식 문제처럼 느껴진다. 그러므로 당신은 자신만의 직업관을 주관식으로 만들기를 바란다. 당신의 직업관을 결정했는가? 나는 내가 제일 좋아하는 일을 통해 큰돈을 벌고 그 돈이 흐르게 하고 싶다.

나는 늘 궁금했다. 직업이라는 것이 단순한 일일 수 있을까? 하루 중 절반 동안 일하고, 일을 통해 자본주의에서 가장 중요하게 여기는 돈이 오가며, 그 돈이 자신과 가족의 환경을 형성한다. 그렇다면 직업은 생계유지의 수단이기만 할까? 나는 늘 직업에 대한 목마름이 컸다. 위인전을 읽을 때는 직업이 세상을 바꾸는 어떤 도구로 느껴졌다. 그러나 현실에서 꿈을 이루고, 다음(next)을 만드는 개척자를 만나는 일은 쉽지 않았다.

나는 책으로 먹고살고 싶었다. 그 길을 알려주는 사람은 적었다. 그래서 책을 찾았다. 그러다가 내가 태어나지도 않은 때에 책으로 먹고산 사람을 만났다. 1856년에 태어난 앨버트 허버드(Elbert hubbard)는 회사원으로 성공했으나 만족하지 않았다. 나도 그랬다. 그냥 적당히 일해도 먹고 살 수 있었다. 그러나 만족할 수 없었다.

허버드는 로이크로프트(Roycroft) 출판사를 설립하고 수필가로서의 삶을 개척했다. 그러나 여기서 멈추지 않고, 예술공동체를 만들어 예술가를 양성했다. (그 공동체 건물 일부는 현재까지 보존되고 있다)

동시대를 함께 살고 있지 않지만, 내가 지금 고민하는 것을 이미 100여 년 전 허버드는 실행에 옮겼다.

나와 동일한 고민을 하고, 새로운 길을 만든 분을 만날 때의 희열(喜悅)을 나는 무척이나 좋아한다. 마치 시공(時空)이 합쳐진 기분이라고 할까. 그는 이런 말을 남겼다. "당신은 어떤 사람을 좋아하는가?"

나는 자신의 이야기로 나를 놀라게 하는 사람을 좋아한다. 현재에 안주하지 않고, 계속 길을 만드는 사람들이 있다. 20대에는 안전한 직장을 가진 사람을 부러워했다. 교수가 되면 좋겠다고 생각했다. 그러면 모두가 부러워하면서도 생계유지가 되고, 개성 발휘의 장도 되면서, 사회적으로 역할도 실현하니까 충분해 보였다. 그러나 그 정도는 충분한 것이 아님을, 앨버트 허버드는 자신의 책과 삶을 통해 이렇게 말하고 있다.

"직업에서 행복을 찾으라. 아니면 행복이 무엇인지 절대 모를 것이다."

자기 계발서를 읽는 사람이라면 누구나 아는 데일 카네기도 인간 관계론을 통해 앨버트 허버드의 이야기를 자주 언급하며 그의 이야기에 귀 기울이라고 말한다.

"문밖에 나설 때마다 턱은 당기고 머리는 높이 세우고 가슴을 최대한 부풀리라. 햇살을 들이켜고, 미소로 친구들을 반기고, 영혼을 담아 악수를 나누라. 사람들이 당신을 오해할까 두려워 말고, 적들을 생각하느라 일 분 일 초도 낭비하지 말라. 하고픈 일을 확실히 정하려 노력하고, 그다음에는 한눈팔지 말고 곧바로 목표를 향해 나아가라.

당신이 하고픈 위대하고 빛나는 일에 집중하라…(중략)…당신이 되고픈 유능하고, 진실되고 유용한 사람을 마음에 그리라. 그러면 당신이 가지고 있는 그 생각이 매시간 당신을 그 특정한 사람이 되도록 만들어 줄 것이다. 생각이 가장 중요하다. 올바른 정신적 태도를 가지라. 용기 있는 태도, 솔직한 태도, 유쾌한 태도 말이다."

– 《데일 카네기 인간관계론》 中

내가 하고 싶은 일을 확실히 정하려고 노력하고, 그 목표를 향해 나아가는 것, 내가 하고 싶은 '위대하고 빛나는 일'에 집중하는 것이 인생의 목적이라면, 도구가 직업이어야 한다. 인생이 힘든 이유는 일과 삶의 일치(=덕업일치)가 되지 않았기 때문이다. 나의 일이 나의 인생의 방향과 같으면 에너지 소모 없이(적들을 생각하느라 시간을 낭비하지 않고) 하고자 하는 일(핵심 감정을 벗어나 나로 사는 것)로 이어갈 수 있다. 이제 우리에게 남은 것은 나의 일에 대한 용기 있는 태도와 솔직한 태도, 그리고 유쾌한 태도이다.

용기 있는 태도

당신은 목욕탕에서 냉탕과 온탕을 번갈아 들어가 본 적이 있는가? 아직 해보지 않았다면 꼭 해봤으면 좋겠다. 나의 주치의 왈(曰), 혈액순환에 아주 효과적이란다. 냉온탕 요법을 처음 들었을 때 나는 여러 핑계를 댔다. '산후조리 이후 냉탕은 안 간다', '너무 뜨거운 곳에 가면 어지럽다', '당신에게 맞는 방식이지 나는 아닐 수 있지 않는가' 등 다양한 변명을 대기 일쑤였고, 회피하면서 어떻게든 안 하려고 애썼다.

그러다가 여러 온탕 중에서 수온이 아기도 들어갈 수 있을 정도인 곳에 처음으로 들어갔다. 냉탕에 들어갈 때는 발끝부터 차가움이 느껴져서 온몸을 담그는 것 자체가 버거웠다. 조금 적응된 것 같을 때 온탕으로 옮겨야 하는데 또다시 뜨거워질 생각을 하니 몸이 무거워졌다. 그러다가 섭씨 43도의 물속으로 용기를 내어 들어가면 온몸이 탄산이 되는 느낌을 받는다. 막혀 있던 부분이 다 풀리는 것처럼 손끝과 발끝이 저리다 못해 아파 온다. 그 느낌이 사라질 때쯤 다시 냉탕으로 옮기는데, 이미 몸이 냉탕의 느낌을 기억하고 있으니 다시 가고 싶지 않다. 16도의 물속으로 몸을 옮기면 신기하게도 발끝부터 차갑고 힘들었던 느낌이 사라져서 빠르게 온몸을 담그게 된다. 그리고 다시 온탕으로 올 때는 저리거나 아프기보다 시원한 느낌을 받게 된다. 그리고 더 신기한 일이 일어났는데, 그것은 내가 냉온탕 요법을 즐기게 되었다는 사실이다.

기적도 마찬가지이다. 처음이 정말 어렵다. 별생각이 다 들고, 안 될 거라는 확신이 가득해진다. 이 글을 쓰는 순간에도 나는 용기를 내야 한다. 직업에 대해 생각할 때도, 어느 누군가는 생계 유지라도 되면 좋겠다고 말할 수 있고, 어떤 이는 개성을 발휘해 보는 도구로서 여길 수 있으며, 또 누군가는 사회적인 역할로서 직업을 바라볼 수 있다.

대학생 시절, 친한 친구 중에서 공무원 되는 게 꿈이라는 친구가 있었다. 나는 그 친구의 꿈이 공무원이라는 사실에 충격을 받았다. 그때부터 붙잡아 두고 묻고 설득하고를 반복했다. 내 생각에는 공무원도 좋은 직업이지만, 그 친구가 하는 건 너무 아깝다고 생각했다.

"유리야. 나는 네가 공무원을 안 했으면 좋겠어."

"왜? 공무원이라도 되면 좋겠는데?"

"너 글도 잘 쓰고 공부도 좋아하잖아. 근데 왜 공무원을 해?"

"왜? 우리 아빠도 공무원이신데. 난 아빠가 자랑스러워."

"아니, 아버지가 자랑스럽다고 꼭 네가 공무원을 해야 하는 건 아니잖아."

둘이서 얼마나 싸웠는지 모른다. 단지 나는 내 친구가 자신을 더 잘 알고, 잘할 수 있는 일을 찾았으면 했다. 인생을 한 번 사는데 반드시 해야 할 일을 찾고 그 일을 해보면서 신명 나게 사는 것이 중요하지 않을까라고 생각했다. 지금 돌이켜보면 그 친구는 행복한 공무원이 되었을 수도 있는데, 당시 스물세 살의 눈에는 공무원 되는 게 마치 너무 일찍 결혼하는 것처럼 충격적이었다. 이 책을 읽는 당신도 그럴 수 있다. 생계를 위한 직업이나 안정적인 직업을 찾을 수 있다. 그것도 좋다. 그러나 하나 더 해도 된다면, 안정적인 직장 그 위에 당신만의 '브랜드'를 구축하면 좋겠다. 내가 브랜딩했던 한 분은 경찰이다. 여전히 경찰이고 직장을 그만두지 않는 조건으로 브랜딩을 권했다. 브랜딩은 결코 1인 기업을 말하는 것이 아니다. 자기 자신이 되는 것이다. 그렇기에 직장인도, 공무원도, 경찰도 모두 자기 자신이 되는 일에 '도구'가 된다면 충분히 활용하면 좋겠다. 직장은 당신을 위해 존재해야 한다. 직업은 당신의 이야기를 위한 도구가 되어야 한다. 당신의 직업이 당신 자신이 되지 않기를 바란다.

솔직한 태도

어느 날, 내 인생에 비극이 시작되었다. 나는 임신을 했다. 동시에 엄마는 쓰러져서 병원에 입원했다. 아빠는 퇴직을 준비했다. 동생은 사는 것이 힘들다고 했다. 힘든 일은 한꺼번에 온다더니 정말 그랬다. 드디어 내가 엄마가 되었는데 축하받을 수 없는 상황이었다. 나는 전형적인 첫째 딸이다. 모든 일에서 자유로울 수 없었다.

임신과 무관하게 딸이 해야 할 것과 누나가 해야 할 일에 대해 신경이 곤두서기 시작했다. 엄마를 모시고 서울의 유명한 병원을 모두 찾아가고, 아빠의 다음 행보에 대해 함께 고민하고, 동생에게 힘이 되어주고 싶어서 이리 뛰고 저리 뛰었다. 배가 뭉칠까 봐 걱정하면서도 배 속의 아기를 달래고, 엄마를 토닥거리며 아빠의 어깨를 주물러주고, 동생의 눈물을 닦아주면서 나는 노력했다고 생각했다. 그렇게는 더 이상 버틸 수가 없었다. 모두가 나를 의지하고 있었다. 뭔가 잘못되었는데 뭐가 잘못되었는지 몰랐다. 그때 다시 책을 꺼냈다. 어딘가에 답이 있으면 좋겠다고 생각했다. 정답을 알려주길 바라는 마음으로 책을 휘저었다. '스승이 있으면 좋겠다. 이럴 때는 이렇게 하라고 말해 주면 좋겠다'라고 생각했다. 전화번호를 다 훑어봐도 누구 하나 도와줄 사람이 없었다. 어디서부터 설명해서 무엇을 말해야 할지도 몰랐다. 그냥 다 엉망이라고 생각했다. '이번 생은 그냥 이렇게 버티다가 늙겠구나. 이렇게 살고 싶었던 건 아닌데 왜 여기까지 왔지.' 어디서부터 잘못된 건지 알 수가 없었다. 그대로라면 살아 있는 한 계속해서 막장 드라마 속에서 살아야 했다.

내가 바라본 우리 엄마는 아프지 않으면 다시 힘내서 살다가, 누군가에게 배신을 당하고, 또다시 누군가를 품고, 몸에 남은 마지막 세포까지 사랑으로 주다가 다시 쓰러지는 그런 사람이었다. 내가 본 아빠는 참 착실한 분이었다. 평생을 누군가에게 피해 안 주고 약속을 잘 지키며 책임감이 강했다. 그러나 말이 느리고 자신은 "참고 또 참으면 되지. 바보같이 울긴 왜 울어? (웃으면서) 괜찮아."라고 말하는 사람이었다. 나는 늘 말렸다. 그리고 다시 두 사람은 각자 스타일대로 한 명은 힘써 일하고 또 한 명은 성실하게 일했다. 이 드라마는 끊임없이 이어졌고 나는 속도 조절을 하자고 말하는 역할이었다. 엄마와 아빠 사이에서 나의 드라마는 없었다. 비극이었다. 계속 이대로 살다가는 다 죽을 것 같았다.

그래서 모든 힘든 일을 압축해서 나의 직업으로 만들었다. '다시 일하고 싶은 엄마를 위한 책방'을 준비했다. 내가 책방을 열고 나서 가장 많이 들은 소리가 "저 사람은 부모가 돈이 많거나 남편이 돈이 많아서 우아하게 살라고 차려줬을 거야", "배경이 좋은가 봐. 신문에도 나오고"라는 말이었다. 진짜 나에 대해 조금도 모르면서 하는 말이었다. 나는 정말 살고 싶어서 직업을 바꾼 것이다. 내 상황을 보라. 우아한 소리를 할 상황이 아니었다. 그때는 사연을 쓴 종이를 들고 지하철로 나가야 할 판이었다. 힘든 나를 도와달라고.

나는 전단지에 쓸 모든 힘을 모아 정말 간절하게 내가 할 수 있는 일과 좋아하는 일과 해야 하는 일을 합쳐서 책방을 차린 것이다. 책방에 필요한 돈은 아버지의 퇴직금과 여기저기서 자금을 끌어모았고, 장소는 발품 팔아서 구하러 다녔다. 사는 게 힘들다는 동생은 바리스타학원에 보냈으며, 머리가 아프다는 엄마에게 자연에서 배울 수 있는 꽃차 공부를 권했다. 모두가 살길을 만들어야만 했다.

책방이어야 했던 이유는, 누군가 나처럼 인생을 막장 드라마로 살고 있다면, 이제는 막장드라마를 그만 찍고 싶다면 나처럼 스승을 찾고 있을 것이란 생각이 들었기 때문이다. 그래서 나와 같은 사람을 위한 공간이라면 분명히 나도 살 수 있을 것 같았다. 그렇게 책방을 60일 만에 오픈했다. 언젠가 늙어서 모든 것이 준비되면 하려고 했던 그 책방을 30년 일찍 시작했다. 상황을 생각하면 안 되겠지만, 지금 아니면 다시는 시작할 수 없을 것 같았다. 절벽에 떨어져서 그냥 날게 된 기분이었다. 이 글을 쓰면서 다시 돌아보니 아찔하다. 정말 그때 내가 도움을 청하러 다녔다면 아마 가족의 문제를 해결하는 시간은 오래 걸렸을 테고, 해결이 되어도 나의 삶은 없었을 것이다.

이것이 직업에 대한 나의 솔직한 태도다. 어떤가? 간절함이 느껴지는가? 나는 정말 간절했다. 지금도 그래서 이 책을 간절하게 쓰고 있다. 어떤 한 사람에게는 도움이 되지 않을까 하는 생각으로. 직업에 대한 고민으로 좁게 생각하지 말고, 경주마가 되어 앞만 보고 달리는 것 같은 직업인으로 살지 말라. 야생마가 되어 당신의 다리로 당신의 세상을 마음껏 달리라는 것이다.

유쾌한 태도

인생은 한 번 사는 것이므로 해보고 싶은 건 다 해봐야 하지 않을까. 오늘은 오늘뿐이기에 이런 규칙을 세우는 것이 중요하다. 내가 좋아하는 일과 내가 힘들어하는 삶의 영역을 합쳐서 돈이 되게 하겠다는 결정이다. 이것을 즐기기만 하면 된다. 우리 인생을 '부루마불' 게임 이라고 생각해 보자. 부루마불은 땅을 사고파는 게임이다. 그런데 땅을 사고파는 데는 규칙이 있다. 반드시 '좋아하는 일'이라는 땅을 사는 것이다. 내가 좋아하는 일의 크기가 커지면 영역이 넓어지고, 나의 땅(나를 경험하는)을 통과하는 사람은 당연히 돈을 내게 된다. 이것이 유쾌한 돈 벌기 시스템이다. 쉽지 않은가. 당신도 지금 무언가 구매하거나 교육 프로그램을 선택할 때, 그 사람이 힘겨워하면 구매하게 되는가? 아니면 그 일이 너무 좋아서 행복해하는 모습까지 구매하고 싶어 하는가? 내가 사는 곳에는 '홍철 책빵'이 있다. 거리가 좀 있어도, 줄을 서서 먹어도 꼭 홍철 책빵의 쇼콜라 라테를 사 먹는다. 그 이유는 일반 초콜릿을 먹는 느낌이 아니라 초콜릿을 너무나 사랑하는 노홍철이 선택한 초콜릿을 먹고 싶기 때문이다. 그러면 하루가 충전된다. 이번에는 홍철 책빵에 와인이 나왔다. 와인을 좋아하지 않으나 달달함을 좋아하는 나에게 홍철 책빵이 제시한 와인은 쓰지 않을 거라는 확신이 있다. 나는 또 거기서 와인을 구매한다. 구매했는데 맛이 있으면 친구에게 선물한다. 이것이 유쾌한 소비력이다.

누군가 좋아하는 일을 하는 걸 보면 부럽지 않은가? 그때 이렇게 생각을 바꿔보는 것이다. **'내가 좋아하는 일을 하면 에너지가 증폭되는구나. 그러니 아무리 시간이 걸리더라도 반드시 내가 좋아하는 일을 해야겠구나. 내가 가장 좋아하는 일로 돈을 벌자!' 이것이 일을 대하는 유쾌한 태도다. 유쾌한 태도가 형성되면, 유쾌한 돈 벌기 시스템이 나온다. 이제 당신의 보드게임이 시작되었다. 돈을 벌고 싶은 만큼 행복해져라!**

이제 내가 좋아하는 일을 구성하는 방법만 알면 된다. 어떤 사람이 자신이 몸 바쳐서 일했던 직장에서 쫓겨나게 되었다. 그렇다고 실망만 하고 있기에는 자신이 너무 아까워서 다시 일자리를 구하고, **자신이 잘하고 좋아하는 일과 맞는 회사를 찾고, 보수를 협상하고, 실직과 이직을 연구하고, 더 나아가 창업까지 공부한 뒤 책을 냈다. 그 책이 바로 《파라슈트》이다. 리처드 볼스는 이 책을 내고 "미국 최고의 커리어 전문가"라는 찬사를 받았다. 전 세계 20여 개 언어로 번역되었고, 1,000만 부 이상이 팔렸으며, 이 책을 통해 직업 전문가가 생겨났다. 어떤가? 유쾌하지 않은가? 내가 나를 천대하고, 힘겹게 하루하루를 살아가는 태도에서는 이러한 긍정이 결코 나올 수 없다. 나만을 위한 '극'을 시작하고 새로운**

장면을 펼치고, 이렇게 말해보라. "나는 나와 같이 고민하는 이들을 위해 내 이야기를 할 거야. 유쾌한 기록을 남길 거야." 이 책에 따르면 "당신이 지금 몸이 아파서 누워서 이 책을 보고 있다면 그것 또한 천직을 찾아야 해결된다"라고 말한다.

'천직', '덕업일치'라는 말은 타인의 세계에 있는 말이 아니다. 당신의 극이 시작되고, 원함을 세우고, 빌런을 대하는 다양한 방식을 만들고, 당신의 원함을 이루기 위해서 좋아하는 모든 것을 총동원하면 반드시 당신의 삶과 일은 일치하게 되고, 세상을 바꾸는 힘을 쓰게 된다.

> "우리는 '내게서 빼앗아 갈 수 없는' 특별한 기쁨을 맛보기를 바란다. 이 기쁨은 우리의 삶에서 임무를 실천함으로써 얻을 수 있다. 우리는 모두 어떤 특별한 목적 때문에 이 지구에 사는 것이라고 느끼고 싶어 한다. 오로지 내가 이루어낼 수 있는 어떤 독특한 과제 하나를 완성하기 위함이다. 그래서 자신의 임무가 무엇인지 모두 알고 싶어 한다. 사람의 인생[life]과 일[work]을 놓고 말할 때 임무[mission]는 예외 없이 언제나 종교적 의미를 지닌 말로 사용되어왔다. 《웹스터》 사전은 임무를 '사람이 하지 않으면 안 되는, 또는 이행하도록 명령받은 어떤 계속적인 과제와 책임'으로 정의한다. 역사적으로 임무와 비슷한 2개의 주요 낱말이 있다. 하나는 소명[Calling]이란 단어이며 다른 하나는 천직[Vocation]이란 낱말이다. 이 두 단어는 영어와 라틴어로 각각 표현된 것으로 같은 의미를 지니고 있다. 두 단어 모두 하나님(신)을 내포한다. 천직 또는 소명이 주어진다 했을 때, 이는 누군가가 부르고 있음을 전제한다."
>
> – 《파라슈트》 中

인생 작가[Life-writer]

삶 쓰기와 책 쓰기

오늘, 작가가 되라

돈, 관계, 직업에 대해 혼자 고민하는 것이 아니라 인생의 명장면을 만드는 '1일 1컷 프로젝트'를 해보았다. 나는 이런 생각을 자주 한다. '1일 1피드, 1일 1 포스트를 하라고 말하는 SNS 시대에 살면서 우리는 삶의 한 조각이라도 1일 1 명장면을 만들고 있을까? 의도적으로 내 삶에 반할 만한 하루를 만들고 있을까?' 이건 내가 나에게 묻는 질문이다.

인생은 흘러가는 대로 두는 것이 아니다. 내 SNS도 그냥 편한 대로 흘러가는 대로 두지 않고, 내 집의 인테리어도 아무렇게나 두지 않고, 아이의 학원 하나에도 꼼꼼히 따지면서 왜 내 인생에는 어쩜 그리 관대한가. 인생을 읽고, 다시 써가고, 최상으로 가꾸어가자. 당신은 유일한 존재다. 당신의 이야기는 유일무이하다. 충분히 투자할 가치가 있다. 자신의 인생을 더욱 아끼고 귀하게 대하며, 스스로 자신에게 반하고 행복해서 눈물 날 만한 하루를 만들어야 한다. 하루 한 조각이라도 말이다. 나는 지금 이 작품을 쓰면서 이 5장을 명장면으로 쓸 생각이다.

"뭐 그렇게까지 살아? 의미 있게 살거나 재미있게 살면 되는데 왜 굳이 의미와 재미와 경제력까지 모두 합치려고 해?"

이렇게 묻는 사람이 종종 있다. 그러면 나는 이렇게 다시 질문하고 싶다.

"왜 그렇게 살면 안 돼? 내가 이 세상에 왔다는 것 자체가 의미가 있잖아. 이 세상에 다시 올 일이 없으니 한 번 살 때 재밌어서 배꼽 빠지게 웃고, '박선아 진짜 잘 살았다'라는 증거로 돈이 박수 쳐 주는 건데, 왜 그걸 합치면 안 돼?"

나는 당신의 인생에 도전하고 싶다. 펜을 쥐고, 자신의 인생을 써보라고 말해 주고 싶다. 이번 장을 읽다가 가슴이 불타오르는 것을 느낀다면 'Part 2'를 다시 읽자. 펜을 쥐고 읽자. 내 글에 밑줄 칠 시간에 당신에게 질문하자. 나는 어떤 인생을 살아왔는지, 앞으로도 그 인생을 지속할 것인지를 점검하자. 아니라면 인생을 걸고 한번 제대로 놀아볼 자리를 찾자. 캐릭터를 분명히 할수록 빌런이 찾아온다는 걸 미리 알고 있자. 그리고 빌런을 대하면서 수익을 내자. 유쾌하면 유쾌할수록 수익이 늘 것이다. 방향을 제대로 전환하자.

삶의 방향을 전환하자고 지금 글을 쓰고 있지만, 4장의 '솔직한 태도'에서 밝힌 것처럼 온 가족이 힘든 날, 비극이라고 불리는 날이 있었다. 어쩌면 그렇게도 정확하게 모든 것이 한 번에 막이 내리는지 놀라운 일이었다. 더 자세히 말하면 아버지의 퇴직과 동시에 엄마의 첫 개척 교회는 문을 닫을 위기를 맞이했다. 아버지는 정해진 날짜에 퇴직한 거라 놀라움보다는 책임감을 내려놓는 영화 같은 장면으로 진행되었지만, 어머니의 개척 교회가 문을 닫는 순간은 달랐다. 16년 전, 교회가 세워질 때는 그 동네의 모든 사람이 독거노인이거나 쓰러져 가는 집에서 아이들과 배고픔을 이겨내고 있었다. 그래서 밥이 필요했고 교회는 밥으로 사랑을 나눴다. 그런데 10년 차가 되어갈 때는 주변이 달라졌다. 독거노인과 배고픈 아이들은 이사를 갔고, 그 자리에는 빌라가 여러 채 지어졌다. 누군가에게는 값싼 땅에 아주 좋은 투자를 한 셈이었다. 그러나 교회에는 누구도 밥을 먹으러 오지 않았다. 교회 주차장에는 외제차가 즐비했고 맞은편에는 편의점이 생겼다. 세상이 변한 것이다. 어머니가 하는 사역(교회에서 하는 임무)의 방법은 그곳에 어울리지 않았다. 같은 시기 동생은 몸과 마음이 힘들어져서 다니던 직장을 다닐 수 없게 되었다. 나는 임산부이자 경력 단절 여성이었다. 온 가족의 실직을 경험했을 때 나는 아무 말이 나오지 않았다. 삶을 다시 쓴다는 건 이런 찰나를 맞이하는 것이 아닐까. 온 우주가 벼랑 끝으로 가족을 밀어 넣는 것 같았다. 글로 볼 때와는 달리 그때는 눈앞이 깜깜했다. 나의 원가족(결혼 전의 가족인 아버지, 어머니, 동생)을 뒤로하고, 안정적인 직장을 다니는 남편 옆에서 그냥 편안하게 있는 게 잘못되어도 한참 잘못된 것처럼 느껴졌다. 나보다 먼저 실직하고 자신의 인생에 유쾌함을 더한 리처드 볼스는 실직에 대해 이렇게 말한다.

"그런데 일을 잃으면서 이 두 영역(신앙과 일)이 우리의 머리와 가슴 안에서 대화를 하게 된다. 실직이라는 잔인한 경제 현실을 겪으면서 우리가 왜 이 지구에 살고 있는지를 묻고, 우리 각 개인의 소명, 천직, 임무와 관련해 일과 종교적 믿음을 연결시키게 되며, 소명에 대해 생각하고 천직이 무엇인지에 대해 관상하는 기회를 갖게 되는 것이다. 실직은, 우리가 지금껏 해왔던 일을 더 이상 찾아볼 수 없을 때, 삶을 전환시킨다. 한 가지만을 생각해야 할 때 많은 사람들이 모든 걸 묶어 생각하게 된다. 열망이라든가 희망이라든가, 무엇인가 우리 안에 각성 되는 바가 있어서 그렇다. 꿈이 죽지 않고 여전히 살아 있음을 감지하면서 돌아가 다시 찾아볼 생각을 한다. 우리가 가슴에 그리며 살아보고 싶었던 그 삶을 찾아 나설 결정도 하게 된다. 이때가 우리의 직업과 종교적 믿음을 결합시킬 기회가 된다. 소명, 천직, 삶의 임무에 대해 이야기하게 되고, 우리가 왜 여기에 살고 있는지, 하나님이 우리를 위해 무엇을 마련해 놓았는지 생각하게 된다. 우리가 실직 상태일 때 이렇게 해서 삶을 완전히 전환시킬 수 있게 되는 것이다."

– 《파라슈트》中

이 글을 읽으니 삶으로 독후감이 써졌다. '나의 삶을 완전히 전환할 시간이구나. 이렇게까지 상황이 몰아치지 않았다면 고민 한 번 하지 않았겠구나.'

내가 잘하는 것이 하나 있다면, 나는 책을 읽으면 그 글자를 삶으로 옮긴다는 것이다. 옮길 수 있는 모든 방법을 극적으로 만들어낸다. 나는 저 문장에 꽂혔고 다시 길을 만들었다. '이번 장면에서 벼랑 끝으로 떨어질 거라면 날아야겠다'라고 생각했다. 그리고 이어서 '부의 추월차선'에 가족을 모두 탑승시켰다. 동생에게 바리스타를, 엄마에게 꽃차 소믈리에를, 아빠에게 낚시와 목수 일을 권했다. 도구는 언제든지 바뀔 수 있다. 내가 책방이 사라지는 시대라고 울고 있지 않고 또다시 온라인 책방을 만들듯이, 나의 엄마가 목사이기에 그 동네의 교회만 지키고 있기보다 꽃차를 통해 전 세계 선교를 진행하듯이 말이다. 당신이 삶을 써 가겠다는 결정만 한다면, '인생 작가'가 되겠다고 스크린을 찢고 나온다면 그리고 주체적인 인생 시나리오를 써 가면서 자신에게 필요한 질문만 한다면 누구든지 가능하다.

리라이팅 리듬: '읽기, 살아내기, 쓰기'를 반복하기

이제 리라이팅을 할 시간이다. 리라이팅이란 인생을 다시 쓰는 방식이다. **리라이팅을 위해 만인이 볼 수 있는 플랫폼을 선택하자.** 나는 그 시작으로 인스타그램을 했다. 내 인스타그램을 보면 알겠지만, 가족과 여행을 다니는 장면으로 시작된다. 이 책을 읽으면서 나의 인스타그램을 페어링해서 보면 '영화 같다'고 생각하게 될 것이다. **처음에는 나에게 해주는 말로 시작했다. 살아 있어야 한다고 말해 주고, 사랑한다고 말해 주고, 잘하고 있다고 말해 주면서 연재를 시작했다. 그러다가 나와 같은 사람들을 만나 나눈 이야기를 쓰기 시작했다. 그리고 지금은 이 책에 들어가 있는 대부분의 내용으로 채워졌다. 나는 당신이 멈추지 않고 삶 쓰기와 책 쓰기를 병행하기를 바란다.**

①나는 나의 변화를 위한 책과 자료를 수집하고 읽는다.

②읽은 부분을 1일 1컷 명장면으로 살아낸다.

③읽고 살아낸 기록은 비공개(치유는 비공개, 변화 과정은 공개)**가 아니라** 적극적이고 전문적으로 큐레이션 해서 올린다. SNS 플랫폼을 통해 공개되는 **변화 일지는 돈으로 환전되어 돌아온다. 그러니 읽고 살아내고 쓰는 리듬에 맞춰 우리의 영화를 살고 쓰면 된다.** 이때 명심하자. SNS 글쓰기의 목적은 자랑이나 일기 쓰기가 아니다. 오로지 당신의 이야기가 시각적으로 보이게 하고 대중의 표현을 숫자로 바꿔주는 통로이다. 치유 브랜딩의 방법이 마음을 깨우기 시작했다면, 반드시 발자국을 남기듯이 방향을 어디로 향하고 있는지를 기록하자. 이 방법으로 **책을 읽고, 한 장면으로 살아내고, SNS에 기록하는 것은 '언젠가 작가가 되어야지'라는 자세를 '오늘 나는 작가가 되었다'로 전환한다.**

그렇다면 어떻게 글을 쓰면 좋을까? 자기소개서 강사를 하면서 가르쳤던 것은 자신을 글로 드러내는 것이다. 상대가 듣기 좋은 말을 많이 쓴다고 합격하는 것이 아니라 자신을 잘 알고 표현하는지가 서류합격에 중요한 지점이기 때문이다. 자기소개서에는 기본적으로 네 개의 문항, 곧 성장 배경, 자신의 장단점, 지원 동기 그리고 입사 포부를 쓴다.

자기소개서를 최초로 구성한 사람이 누군지 궁금해질 정도로 정확한 이유에 따라 질문이 형성되어 있다. 그냥 쓰라고 해서 작성하지 말고 한 번 찬찬히 살펴보자. (이것은 인스타그램을 운영하는 것과 브랜딩까지 순차적으로 일치한다) 만약 당신이 원하는 회사가 있는데 서류전형에서 떨어진 적이 있다면 이것을 활용해서 잘 작성해 본다면 합격할 것이다. 자기소개서를 중요하게 생각하는 회사라면 가 볼 만하다. 합격한 후에는 반드시 나에게 연락을 주기 바란다. 축하주를 사 주겠다.

성장 배경을 보는 것은 과거가 당신을 형성했다고 생각하기 때문이다. 부모님의 이야기가 결국 당신에게 닿아 있기 때문에 성장 배경을 묻는 것이다. 이때는 이 책의 5부 '엄마의 유산' 부분을 보면서 유산으로 남길 이야기를 구축하고 작성하면 더욱 좋다. '나는 부모님의 어떤 면을 가장 많이 배우고 익혀 왔는가? 부모님이 물려준 좋은 습관과 가치는 무엇인가?'에 집중하는 것이다. (용서할 수 없는 범위와 단점 위주로 파악하면 나오지 않으니) 이것이 얼마나 유용한 질문일까. 내가 나를 합격할 만한 사람으로 설정하고 과거의 힘을 제대로 활용할 줄 아는 사람이라고 설명하는 것은, 앞으로 나의 힘을 회사에 잘 사용해서 회사의 성장 배경이 되겠다는 의지의 표명이다. 이처럼 중요한 부분을 대충 긁어와서 편집하지 말아야 한다.

다음으로 당신의 장단점에 대한 질문은 당신이 물려받은 것을 어떻게 계승해서 강화했는지, 물려받거나 환경으로 인해 형성된 단점을 당신이 알아차리고 변화시켰는지를 질문하는 것이다. 그렇기에 결국 회사가 어떤 상황에 처한다 해도 당신의 강점과 단점을 활용해서 회사의 변화에 기여하겠다는 내용으로 이어지는 것이다.

10년 전, 자기소개서를 컨설팅할 때 참 재밌는 회사를 만난 적이 있다. 자기소개서를 기본적인 양식이 아닌, 회사에서 만든 양식으로 작성하라고 했다. 책 한 권을 읽고 자신의 견해를 10장으로 작성해서 제출하라는 것이었다. 내가 그 회사에 가고 싶을 정도로 매력적이었다. 왜냐하면 그 회사는 지원자를 제대로 파악해 보겠다고 작정했기 때문이다. 지원자를 알고 싶어 하는 곳보다 지원자를 활용하고 싶어 하는 곳이 많은 세상에서 참 남다르다고 생각했었다. 기본 양식이 가진 힘을 나를 더욱 알고 싶어지게, 면접으로 부르고 싶게 만드는 힘으로 사용해 보자.

자기소개서의 지원 동기와 포부에 관한 문항은 회사를 얼마나 잘 알고 있는지를 묻는 질문이다. "저는 회사를 위해 열심히 일하겠습니다."라고 적은 사원을 뽑는 회사는 없다. 복사해서 붙이기를 했다고 생각한다. 회사에 성의를 보이지 않는 사람을 회사도 성의 있게 대할 수 없는 건 당연한 일이다. 같은 이야기인데 이렇게 했다고 생각해 보자.

"A 회사는 지난해 ○배의 성장을 했습니다. 이것은 ○○을 전략적으로 활용했기 때문입니다. 저는 이 분야의 전문지식을 쌓아왔고 실행을

위해 ○○해 왔습니다. 저의 필요는 무엇이고 A 회사의 필요는 무엇입니다. 이에 제가 그 필요를 채울 사람이기에 이 회사를 선택했습니다. 앞으로 저의 성장과 A 회사의 성장은 10배가 될 것이라고 확신합니다."

열심히 하겠다고 말하지 않아도 열심히 할 것이 이미 문장에서 드러났으니 합격은 당연한 일이다. 회사의 성장 추세를 파악하고 회사의 방향을 이해하고 있는 인재를 놓치고 싶겠는가.

인스타그램도 마찬가지다. 나를 알고 나를 알리는 것과 고객을 알고 고객의 필요와 맞닿는 것이다. 치유는 나를 아는 것, 브랜딩은 나를 표현하는 것이니, 참 좋은 시대에 좋은 플랫폼을 엄마가 만난 셈이다. 2000년대 이전은 자신의 이야기를 잘 알고 있는 사람이 취직하는 시대였다면, 지금은 자신의 이야기를 펼쳐 가는 사람이 돈을 만드는 시대다. 당신의 이야기를 다시 쓸 수 있다면 어떤 부분을 바꿔보겠는가? 모든 것이 가능하고 돈도 무한히 있다면 당신이 원하는 관계는 어떤 모습인가? 그렇게 삶과 기록이 일치한다면, 당신은 어떤 하루를 살고, 어떤 인상을 SNS에 남기겠는가?

비밀노트 3 나의 1% 확인하기

1. 내 인생의 나침반, 탄생 스토리 찾기

Q1. 부모님으로부터 들은 자신의 출생에 관한 이야기를 적어보라.

예) 너무 커서 엄마가 힘들었다. 아들이 아니라서 속상했다.

Q2. 그 중 사실인 것(팩트)과 사실이 아닌 것(타인의 시선-해석)을 분류해보라.

사실:

타인의 시선-해석:

Q3. 사실에 근거한 나의 탄생 스토리, 그 핵심은 무엇인가.

예) 나는 이 세상에 올 만큼 힘이 있는 사람이다.

나에게 선물할 명대사

셀프브랜딩 도구 '원트카드'의 T카드에 수록된 키워드와 명대사 문장 중
오늘 나에게 선물할 미라클메시지는 무엇인가?

기적(Miracle)

멋진 환상으로 당신의 삶을 채워봐요. 눈앞에서 꿈이 이뤄지고 있어요.

<위대한 쇼맨>

기대(Expectation)

내 인생 이제 시작이고, 원하는 거 다 하면서 살 거야.

<이태원 클라쓰>

고유함(Unique)

찬란하게 빛나는 너의 진정한 빛이 보여!

<트롤>

잠재력(Potential)

다만 나는 불꽃이오. 그렇게 환하게 뜨거웠다가 지려 하오.

<미스터 선샤인>

지금(Now)

남은 인생에서 지금이 가장 젊은 순간이야.

<디어 마이 프렌즈>

지속가능한 #너무쉬운 #내가행복할수록

#돈이되는구조 #인스타그램

Part 3

엄마의 경제력

나의 세계를 수익으로 증명하라

내가 행복할수록 수익이 늘어난다면?

"일단 세상을 생산자 관점으로 바라보기만 하면 세상에 대한 나의 인식이 라디오 주파수의 지지직 거리는 잡음에서 깨끗한 스테레오 사운드로 바뀌는 것처럼 선명해진다."

– 《부의 추월차선》 中

'Part 2 엄마의 재미'를 다 읽었는가. 자신의 이야기로 작성해 보았는가. 어땠는지 궁금하다. 인생에서 절대로 해결할 수 없을 것이라 생각해온 문제를 펼쳐놓고, 새로운 대안적 이야기를 만들었을 것이다. '1인칭 주인공 시점'으로만 살다가 드디어 '전지적 작가 시점'으로 내 안의 고통을 내 밖으로 꺼내어 보고, 단 한 번도 해보지 않았던 새로운 시도를 실행하면서, 인생반전 프로젝트를 시작했을 것이다. 이제, 더 이상 그 어떤 문제도 당신을 삼킬 수 없고, 당신은 스스로 얽혀있는 이야기를 꺼내고, 재구성하는 재미를 누리는 작가가 되었다. 그 어떤 책보다 중요한 자신을 필독서로 읽고, 이야기의 관점을 만들게 되었다면, 이번에는 인생을 생산자 관점으로 바라보자. 《부의 추월차선》에서는 세상을 생산자 관점으로 바라보기만 하면 선명해진다고 말한다. 지금까지 소비자 관점으로 살면서 돈을 벌면 쓰는 것으로 경험해왔다면, 생산자 관점으로 바꿔서 내가 배운 것을 모두 돈으로 만들 수 있다는 재경험을 해보자.

'내가 배운 것들을 다 사용하면서 살 수는 없을까?' '내가 행복한 경험을 할 때마다 돈으로 바꾸는 시스템을 만들면 어떨까?'

그렇게 생각하니 내가 배운 것을 사용할 때마다 수익이 늘어날 방법을 찾게 되었다. 그래서 '책방'을 시작했다. 내가 배운 것은 모두 책과 사람으로 관련되어 있었다. 그중에서 가장 많은 돈을 썼던 영역에서 돈을 벌어야겠다고 생각했다. 늘 부족하다 생각하면서 더 배우기만 했지, 배운 것을 적극적으로 사용할 생각을 못 해왔다. 억울하다는 생각과 함께 바꿔서 생각하면 '이거 돈이 엄청 되겠는데?'라는 확신이 들었다.

"언제까지 배워야 하는 거야?"에서 "내가 배운 것을 돈으로 바꿀 방법이 뭐지?"로 질문이 바뀌고 난 뒤 나는 60일 만에 책방을 냈고, 워크북을 만드는 출판사 대표가 되었다. 그리고 배웠던 것을 활용해서 자신을 읽는 도구인 '원트카드'를 개발했고, 와디즈 펀딩 955%라는 성공률을 만들었다. 질문이 변하기 전에는, 이야기로 살겠다는 결심 전에는 상상도 할 수 없는 일이었다. 그러나 질문이 바뀌고, 이야기로 사는 재미를 누리면서 지금은 이 책을 통해 당신에게 자신만의 빛을 만들어 수익으로 만드는 방법을 안내할 수 있게 되었다.

그래서 내가 제안하고 싶은 것이 있다. 우리 이렇게 해보면 어떨까? 나의 인생이 의미 있다면, 이야기를 쓰는 재미를 알았다면 이제 적극적으로 나의 인생이 돈이 되도록 해보는 것이다.

나의 상처, 전공, 공부해온 시간, 울고 웃었던 에피소드, 인생에 대한 질문, 사회를 향해 터졌던 분노를 모아 수익으로 바꿔보자. 그 방법은 'Part 3 엄마의 경제력'에 담겨있다. 엄마의 경제력 파트는 '읽고 살아낼 때' 기적을 만들게 될 것이다. 그러니 기대해도 좋다. 자신을 기대해 주고, 힘들었던 시간을 돈으로 환전하는 실행을 시작하라.

엄마의 브랜딩 1% 시놉시스

지금부터 당신이 하는 모든 말하기, 듣기, 읽기, 쓰기는 돈으로 바뀔 것이니 기록하라. 녹화와 녹음을 하고, 사진과 동영상으로 담고, 가장 행복한 순간은 반드시 SNS에 담자. 그리고 1% 브랜딩 8단계를 실행한다.

그러니 주의할 것이 있다. 당신이 행복하지 않으면, 사랑하지 않으면 돈은 멀어진다. 자신을 사랑해서 나 자신에게 반할 이야기를 써라. 그 이야기를 돈의 시나리오에 얹으면 부자가 될 것이다. 그러니 지금, 당장 허락하라. 나의 원하는 삶과 나 자신의 행복을! 너무 짜릿하지 않은가. 나의 세계관을 펼치고, 세상의 변화를 만들면서 유일무이한 브랜드가 된다니 말이다. 타인이 규정한 나를 벗어나, 내가 나의 원함을 확정 지을수록, 인생을 만들 창조적인 사고 방법을 구성할수록, 세계관이 확장될수록 수익이 늘어날 것이다. 부자들이 돈을 만드는 방법을 모아 이 파트에 다 넣어뒀으니 이 책뿐만 아니라 참고문헌을 모두 모아 자신의 것으로 만들자.

생산자 관점으로 전환하기 위한 트레이닝

하나: 이 책을 구매한 책값(2만 원)을 지금 이 책을 읽으면서 만들자.

자기 자신이 Part1, 2(엄마의 의미와 재미)를 다 읽고 썼다면, 이제 그 내용을 한 사람이 읽고 쓰도록 도우면 된다. 1만 원을 받고, 한 사람이 비밀노트를 완성하는 것을 도와라. 혼자서는 힘들 테지만, 먼저 써본 당신의 이야기를 함께 내어주면 가능하다.

나 자신을 필독서로 읽는 것을 타인도 할 수 있게 도우면 수익이 발생한다는 것을 경험하라. 자기 이해가 1만 원으로 증명되는 것이다. 이 과정을 한 번 더 하면 당신이 책을 읽고 돈을 버는 루틴을 익힌 것이다. (부록에 있는 책 처방 상담지를 활용하라.)

두울: 이 책을 통해 생활비 80만 원을 벌어보자.

이 책을 다 읽었다면, 이번에는 독서 모임을 만드는 것이다. 당신의 자기 사랑이 수익으로 이어지도록 나는 이 책을 구성했다. 독서 모임에서 진행할 질문은 비밀노트 8개를 통해 구성했다. 부록에는 독서 모임 가이드를 담았으니 참고하기를 바란다.

- 8주 동안 나를 읽는 독서 모임을 진행한다.

- 당신은 80만 원이라는 생활비를 벌게 된다.

- 이 책을 통해 자신을 더 깊이 알게 되고, 모임을 통해 만난 10명이 꿈을 이루는 커뮤니티가 될 것이다.

세엣: 이 책을 통해 1천만 원을 만들자.

이 책을 다 읽고, part1, 2, 3(엄마의 의미와 재미와 경제력)을 모두 실행하면 자신의 브랜드가 구축될 것이다. 일대일로 만나는 것과 소그룹(독서모임) 운영 그리고 브랜드 구축까지 당신은 혼자가 아니라 함께하는 커뮤니티를 통해 나 자신을 더 깊이 이해하고, 자기 사랑을 실행하고, 자기실현을 통한 수익 시스템을 갖추게 될 것이다.

※주의: 이 모든 수익 시스템은 '나' 자신의 이야기를 통해 진행된다. 그러니 '나'를 최고로 대하고 자신을 귀하게 만나자. 지난 과거의 이야기를 마주하고, 원하는 방향으로 재구성하고, 상처가 있거나 '못'한다고 정의 내린 구간마다 재경험을 허락하자. 부를 만드는 힘을 가진 3F - 가족(Family, 관계), 신체(Fitness, 건강), 그리고 자유(Free, 선택) 중에서 "나는 내 인생을 통해 반드시 이것의 전환을 만든다"라는 주제를 선택했다면, 1천만 원을 향한 본격적인 포지셔닝을 하게 된다.

책 《부의 추월차선》이 말하는 '부를 만들 때 등장하는 주제 3가지'

부는 물질적인 소유물이나 돈, 또는 '물건'이 아니라 3F로 이루어진다. 3F는 부의 3요소로 가족(Family, 관계), 신체(Fitness, 건강), 그리고 자유(Free, 선택)를 말한다. 3F가 충족될 때 진정한 부를 느낄 수 있다. 즉, 행복을 얻을 수 있다.

당신은 어떤 부분에서 행복을 만들고 싶은가? 그중 하나를 선택해 보자. 그리고 자신의 행복을 만들고, 만들어가는 과정을 책으로 담으면서 돈을 만들 것이다.

경제력을 만드는 1% 브랜딩 8단계를 통해 소재와 타깃을 정하고, 나만 쓸 수 있는 책 쓰기를 시작할 것이다. 그리고 《부의 추월차선》 마지막에서 말하는 수익 자동화를 만들면 1억 벌기 시스템 (한번 자신의 이야기로 1억을 만들고 나면 끊임없는 돈을 만들 수 있게 된다.)이 완성된다. 어느 회사의 연봉 1억이 아닌, 나 자신의 브랜드가 만든 1억을 경험하자.

1% 브랜딩 8단계

1단계 도입 〈3R〉: 변화를 만들 주제에 해당하는 1%의 책을 선정한다. → 구체적인 포지셔닝으로 이어진다. (예 : 존 브래드쇼의 책 《가족》을 선정한다. 그리고 나는 《가족》을 읽고, 소개할 문장과 내가 살아온 내용을 인스타그램에 기록한다)

2단계 발단 〈북클럽〉: 읽고 쓰는 모임을 구성하고 사람을 모집한다. → 타깃이 선정된다.

(예 : 존 브래드쇼의 책《가족》을 읽는 모임을 구성한다. 내가 선정한 주제와 내가 변화되는 이야기를 통해 고객과의 만남이 이루어진다)

3단계 전개 〈메신저〉: 내 안의 다잉메시지를 미라클메시지로 변경하면서 매일 명대사, 명장면을 만든다. → 나의 변화는 지속성을 가지게 되고, 내 주변에는 나처럼 살고 싶다는 사람들이 모인다. (예 : 나를 힘들게 하던 다잉메시지를 어떻게 미라클메시지로 변경했는지, 매일 어떤 말과 장면을 만들었는지 SNS와 강의와 모임을 통해 소개한다)

1~3단계를 지속하면, 브랜드 메시지와 브랜드 포지셔닝이 된다. 나의 인생의 변화가 지속될수록 나 자신이 나에게 반하는 깊이는 더 깊어진다. 내가 행복해질수록 '나와 같은 변화가 필요한' 사람들이 모인다. 여기까지가 커뮤니티 구성이다. 그 후 구체적인 수익화 시스템을 구축한다.

1억 시스템 구성하기

4단계 캐릭터 설정 〈직업 설계〉: 콘텐츠 큐레이터, 작가, 상담사, 강사 중에서 자신이 가장 잘하는 분야에서 먼저 출발해도 좋고, 변화가 필요한 분야에서 시작해도 좋다. 출발점이 어디라도 선순환 구조를 통해 전체를 진행하게 된다. → 그것이 네 가지의 직업이자 수익구조다.

(예: 상담사로 일대일 모임을 진행하면서 독서 모임을 통해 책을 쓰고, SNS로 자신이 추천하는 책과 삶의 변화를 콘텐츠로 제작하고, 이 모든 내용을 강의로 푸는 방식이 가능하다)

5단계 대반전 〈좋잘못해〉: 브랜드를 실행하면서 만나는 다양한 감정이 있다. → 그때, 좋아하는 것과 잘하는 것, 못하는 것과 해야 하는 것을 분류하고 자신이 가장 '못하는 것'을 선택하여 커뮤니티에서 드러내고 변화를 만들 때 브랜드의 차별성을 확보하게 된다.

(예: 상담은 잘하고, 책을 좋아하지만, 돈 벌기를 못하고, 센터를 운영해야 한다면? "상담 센터에서 책을 통한 돈 버는 구조를 만들기"라는 프로젝트를 실행해야 한다. 이것은 내 안에서는 '못'하는 것이지만, 나와 같은 직업군을 위한 시스템이다. '못'을 풀어가는 사람만이 《부의 추월차선》에서 말하는 개척자 1%가 될 수 있다)

6단계 절정 〈문프놀글〉: '못'을 중심으로 구성한 뒤부터 문제는 수시로 등장한다. 두려움을 해독하고, 자신의 빛을 드러내기로 작정했기 때문에 이전에는 보지 못한 새로운 이야기가 등장한다. 이것은 광석을 캐는 과정과 같다. 그래서 문제를 만나면, 놀이라는 도구를 들고 반드시 파헤쳐야 한다. 그것이 문제를 프로젝트로 만들어서 놀고 글쓰기로 돈 버는 구조다. → 이때부터 레버리지 효과(타인의 자본을 지렛대처럼 이용하여 자기 자본의 이익률을 높이는 것)가 시작된다.

(예: 돈과의 화해를 돕는 상담사가 된다. 독서 모임을 통해 돈과의 화해에 대한 모든 큐레이션이 진행되고, 책 쓰기와 동시에 강의를 실행한다. 그것을 온라인시스템

으로 만든다)

7단계 결말에서 시작하라. 〈부의 레버리지〉: 커뮤니티에서 만난 사람들의 1~6단계를 돕는다. → 이것이 바로 '사람 중심' 사업 시스템이다. 나의 꿈을 이루려고 노력하는 것이 아니라 타인의 꿈을 이루어주게 돕는 사람의 포지셔닝을 하면 사업의 파이프라인이 끊임없이 생긴다.

(예: 상담사 중에서 일과 육아가 힘들다고 말한다면, 상담사 중에서 센터를 만드는 것이 어렵다고 말한다면 - 그 문제를 통해 자신의 브랜드를 진행할 수 있도록 포지셔닝과 차별화를 만들어간다. 나는 양성하는 사람이 되는 동시에 자신의 영역에서 필요가 있을 시, 어떤 도움이 필요한지 알아가면서 매뉴얼을 제작하게 된다)

4~5단계를 실행하면 책의 목차가 완성된다. 6~7단계를 반복하면 워크북이 제작된다. 이제 이 모든 과정을 알리는 무브먼트로 진행한다.

8단계 시리즈로 구성하라. 〈부의 추월차선〉: 나를 읽고, 나를 써가는 과정이 돈으로 바뀐다. 나를 찾아온 모든 사람은 자신만의 브랜드를 가지게 된다. 끊임없는 변화의 물결을 만들면서 수익은 상상 이상으로 늘어난다. 그 결과, 나는 브랜딩 사이클을 만드는 사람이 된다.

그리고 인생의 변화와 책 쓰기, 함께할 사람들의 구성과 수익구조가 선순환 시스템으로 운영된다. 기억하자. 우리는 네 가지를 한 번에 하게 된다. 그것은 '강의 - 책 쓰기 - 콘텐츠 제작 - 사람을 진심으로 만나는 것'이다.

이 책의 목적은 인생이 브랜딩 되는 것이다. 단순히 수익을 만들기 위해 직업을 바꾸는 것이 아니다. 잘 해내는 나를 만들기 위해 강점을 찾아내서 직업적인 최적화를 만들기 위함도 아니다.

그래서 나를 둘러싼 세계를 제대로 읽고, 충분히 나 자신을 드러낼 포지셔닝을 하는 것이 'Part 1'에서 진행되었다. '나'라는 필독서를 충분히 읽는 것을 출발로, 'Part 2'에서 생존을 위한 삶에서 생생한 나의 이야기를 꺼내는 스토리텔링의 재미를 만드는 것이 가장 중요하다. 의미와 재미를 경제력으로 바꾸겠다는 결심을 시작으로 내 삶 전체를 읽고, 내 안의 모든 이야기를 펼치는 것이 수익으로 이어지는 것이다. 그것이 '스토리 브랜딩'이다.

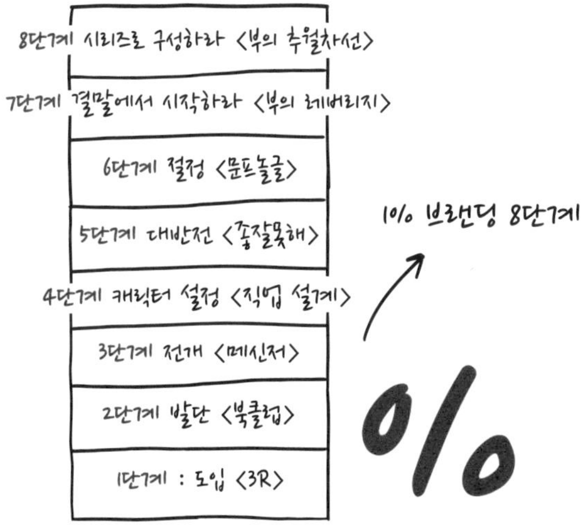

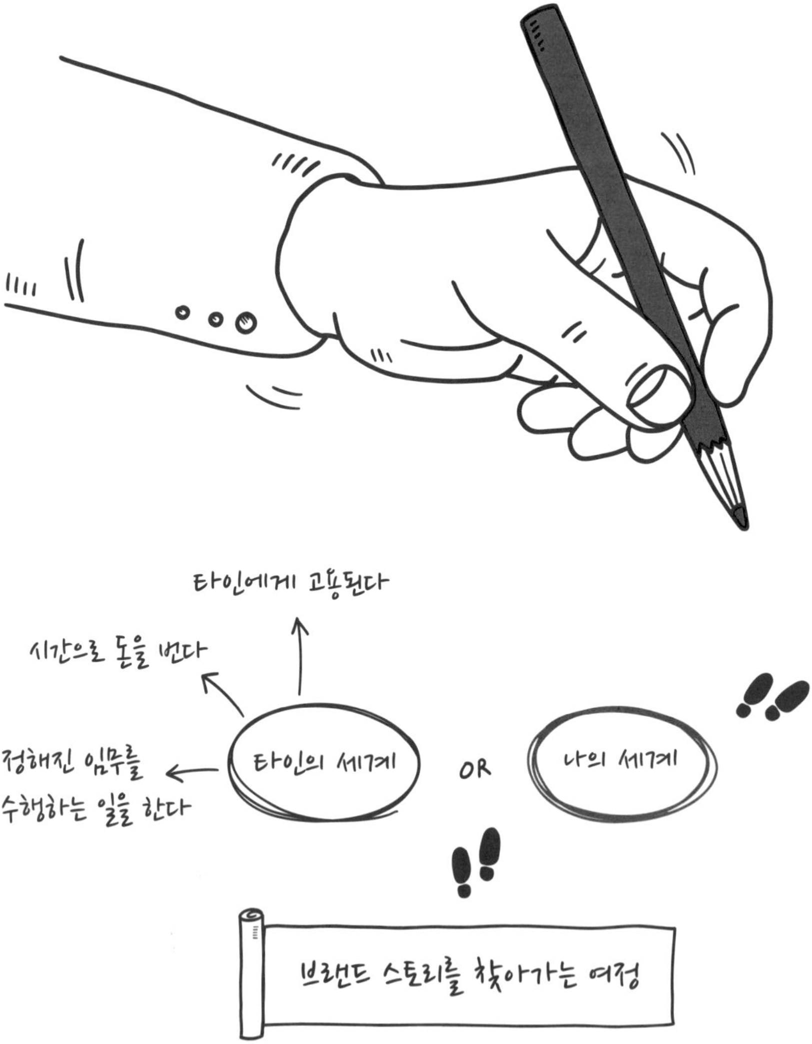
타인에게 고용된다
시간으로 돈을 번다
정해진 임무를
수행하는 일을 한다
타인의 세계
OR
나의 세계
브랜드 스토리를 찾아가는 여정

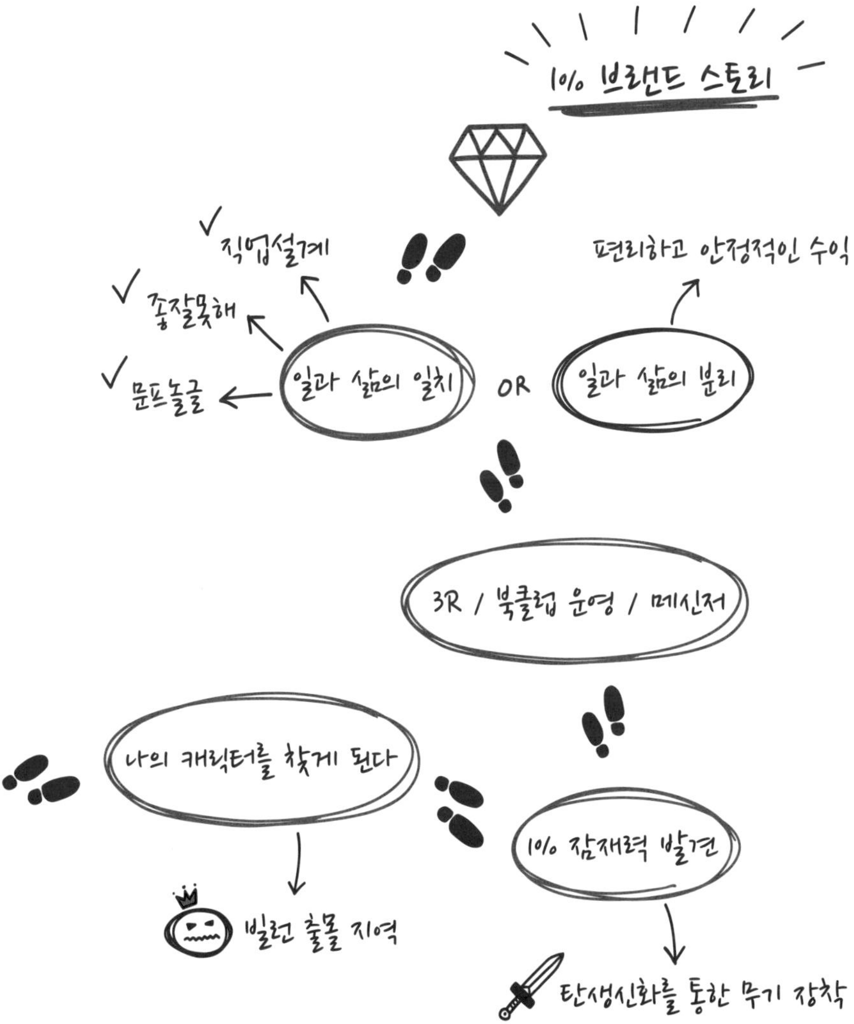
1% 브랜드 스토리
직업설계
좋잘못해
문프놀글
일과 삶의 일치
OR
일과 삶의 분리
편리하고 안정적인 수익
3R / 북클럽 운영 / 메신저
나의 캐릭터를 찾게 된다
1% 잠재력 발견
빌런 출몰 지역
탄생신화를 통한 무기 장착

1단계 도입

'3R': 가장 가볍게 1% 경험하게 하기

브랜딩의 뜻은 '낙인'이다. 노르웨이의 고어인 'brandr'에서 나온 말인데 그 속뜻은 불에 태우다(to burn)라는 뜻을 가지고 있다. 브랜딩은 수익구조를 만든다는 뜻이 아니라 나의 이야기를 확정 짓는 것이다. 나는 어떤 원함을 가지고, 어떤 이야기를 통해, 어떤 도구로 일을 하는 사람인지 확정하는 것이다. 나는 '나 자신'의 이야기로 수익을 창출하는 시스템을 만들기를 원한다. 책이라는 '도구'를 통해 생명을 사랑하는 엄마들이 세상을 회복하는 힘을 발휘하도록 돕는다. 당신은 어떤 원함을 가지고, 어떤 이야기와 도구로 일하는 사람인가? 브랜딩은 자신이 잘하는 것을 찾아 일을 정하는 단순한 것이 아니라 생각한다. 이 책에서 말하는 브랜딩은 스토리 브랜딩을 말한다. 나의 인생 전체를 돌아보고, 탄생 이야기를 발견하고, 그동안 나의 이야기에서 반복적으로 일어난 일과 소재, 감정과 행동을 재경험하면서 하나씩 발견하고 또다시 재구성하는 것이다.

'그동안 나는 어떤 삶을 살아왔는지 확인하고, 이제는 어떤 이야기를 남길 것인지 확정하는 것이다.' '나'를 읽고 쓰고 살아갈 방향을 정할 때 브랜딩이 되는 것이다. 그것이 바로, 과거로 다시는 돌아서지 않는, 원함의 결말까지 새기는 '낙인' 브랜딩이다.

스토리 브랜딩은 리추얼(RI:tual), 리뷰(RE:view), 리라이팅(RE:writing)으로 써가는 '3R'로 준비할 수 있다.

1. **리추얼**(RI:tual)은 세상의 방해로부터 나를 지키는 훈련을 말한다. 마치 종교적 의례처럼 내가 원하는 방향으로 몸을 움직여서 삶의 에너지를 만드는 방식이다. 원하는 인생을 말하기는 쉬우나, 그것을 실행하려고 하면 너무 버겁고, 어디서부터 해야 할지 모르지 않는가? 그렇기에 우리는 방향부터 설정하고 가장 작은 걸음을 시작하면서, 자신이 확정지은 이야기를 통해 고객을 만나는 것이다. 버겁지 않게 아주 가볍게 만나는 방법을 통해 시작해야 한다. 이때, 원하는 방향으로 가는 가장 작은 단계는 반드시 고객과 만나는 지름길이 된다. 독서 모임, 산책, 카페에서의 수다, 보드게임, 걷기 등등 어떤 것도 상관없다. 그간 '나는 힘들어'라는 생각만 하다가 지나간 하루가 리추얼을 시작하면서 명장면이 가득한 하루가 된다.

2. **리뷰**(RE:view) 리추얼을 통해 방향전환이 성공적으로 이루어지면,

이제 의도적으로 나의 변화를 만들면서, 일대일과 소모임을 통해 만난 이들의 리뷰를 모으자. 그것은 자산이자, 가이드북이다. 나를 경험한 사람들이 나의 길을 질문과 후기와 피드백으로 알려준다. 그 리뷰를 통해 다음 시스템을 설정한다.

3. **리라이팅**(RE:writing): 인생 다시쓰기를 지속하는 것이다. 리추얼을 통한 작은 걸음이 시작되고, 리뷰를 통해 힘을 얻으면, 리라이팅은 가벼워진다. 다시 외워보자. 이야기로 살겠다고 결정한 우리가 해야 할 '3R'은 나의 변화를 위한 리추얼, 모임을 통한 리뷰, 인생 다시쓰기 리라이팅이다.

이제 3R을 통해 인생의 클라이맥스(climax)를 만들면서 살자. 무미건조하거나 문제밖에 없던 삶에서 빠져나올 뿐 아니라 내가 나를 위한 선택을 할 때마다 수익이 생기는 놀라운 경험을 하게 될 것이다. 나는 이 책을 읽고 당신이 실행할 인생 제작 시스템이 너무나 기대된다. 바뀔 때마다 나에게 메일을 주기 바란다. 어떤 실행이 당신의 굴레를 빠져나오게 했는지, 그것이 어떤 리뷰를 받게 했는지, 그다음 프로젝트는 어떤 것을 시작했는지! 나는 당신의 이야기에 독자가 되고 싶다. 당신이 만들 인생이, 이야기의 힘을 아는 브랜드로 성장할 매일이 궁금하다.

자, 그럼 리추얼부터 익혀보자. 리추얼은 나를 위한 차원이 다른 행동이다. 내가 살고 싶어서 했던 행동은 '새로운 질문'이었다. 그래서 책방을 시작하면서 실행한 리추얼은 질문을 적은 종이 한 장을 통해 고객을 만나는 것이었다. 그것의 이름을 '책 처방 상담'이라 짓고 실행했다.

처음에는 종이일 뿐이었는데 종이 가득 질문과 대답이 써지면서 인생의 예고편이 적힌 시나리오가 되었다. 당신의 책값 벌기 프로젝트를 위해 책에 넣은 〈책 처방 상담지〉는 내가 개발하고 제작한 것이다. 그것은 나를 위한 리추얼이었고, 한 달에 100여 명의 리뷰를 통해 필요한 질문을 뽑아내었고, 지금은 이 책을 읽는 모두의 리라이팅을 위한 워크시트가 되었다. 당신도 3R을 통해 내 인생이 행복할수록 타인의 수익구조까지 만드는 일을 하면 좋겠다.

나는 내가 원하는 인생을 살기 위해 원하는 인생을 살고 싶은 사람들을 만나러 다녔다. 그리고 그들에게 질문하고 대화를 하면서 계속해서 나를 리추얼했다. 나의 원함을 실현하기 위해 반복적으로 나와 내 주변 사람들에게 "원하는 인생이 뭐예요?"라는 질문을 던지고, 답을 찾아가는 과정을 질문지로 제작한 것이다. 그것을 만 원의 행복으로 진행했고, 매일 했으니 30일 동안 한 명씩만 만났어도 30만 원을 벌었지 않겠는가? 나를 변화시킬 의도적인 행동을 수익화한 것이다. 매일 나의 다잉메시지를 미라클메시지로 변경하면서 나도 살고, 나를 만나는 사람도 살아나는 구조를 형성했다. 그리고 매일 만나는 사람들의 리뷰(Review)를 받았다. 그들의 변화가 후기가 되어 나의 변화의 에너지를 더했고, 뿐만 아니라 리뷰를 통해 어떤 질문이 더 필요한지, 어떤 방향으로 가야 할지 알게 되었다. 리뷰는 다시 보기다. 내가 했던 리추얼을 내 앞에 앉은 사람의 눈을 통해 다시 보기를 하는 것이다. 그것을 기록하고 다시 연구하고 또다시 리추얼을 하면서 내 삶의 다음 페이지를 써가는 것이다.

다음은 인생 다시쓰기, 리라이팅이다. 책 《지선아 사랑해》로 유명한, 내가 사랑하는 이지선 작가님은 《꽤 괜찮은 해피엔딩》이라는 책을 통해 자신이 삶에서 가장 힘들 때 글쓰기의 힘으로 인생을 써 내려갔다고 말한다. 그 방법은 리라이팅(Rewriting)이다. 《지선아 사랑해》 이후 그냥 행복하게 살았다고 기억될 수 있으나, 진짜 삶을 살아가면서 수많은 고난과 고통을 마주하게 된다. 그때마다 자신을 돌아보며, 자신에게 해주고 싶은 말을 담으며 인생 다시쓰기, 리라이팅을 선택한 것이다.

> **"나는 누구인가. 나는 스무 해가 지나도 여전히 지겹도록 수술을 받는 화상 환자인가, 아니면 수술을 받으며 조금씩 나아질 것이라는 기대를 안고 살아가는 생존자인가. 회복을 넘어 성장으로 가기 위해서는 내가 누군지 정의하는 그 '다시 쓰기(Rewriting)'가 필요했다."**
>
> **– 《꽤 괜찮은 해피엔딩》 中**

이것이 바로 1%의 방향을 만드는 리추얼이다. 나를 위한 행동을 시작하고, 만나는 이들을 통해 다시 보기를 기록하고, 인생 다시쓰기를 지속하는 것이 브랜딩의 시작이다.

다시 일하고 싶은 엄마를 위한 '달빛책방'입니다.

2018년 3월 1일에 책방을 오픈했다. 엄마가 다시 일하고 싶을 때, 일을 되찾게 해주는 곳은 책방이어야 한다고 생각했다. 책방은 책을 읽는 곳이 아니라 책을 통해 나를 읽는 곳이라 믿었다. 나를 읽도록 도우면, 나 자신만이 할 수 있는 일을 되찾을 수 있다. 책방만큼 그 역할을 잘할 곳은 없기에 엄마들이 모여 책을 통해 서로를 읽고 자신만이 할 수 있는 일을 되찾는 상상을 했다. 나의 상상은 현실이 되어 2,000여 명이 넘는 엄마를 만났다. 처음에는 한 엄마가 찾아왔다. 그리고 두 사람, 세 사람이 매주 같은 시간에 만나 책을 펼쳤다. 일대일로 마주 앉아 커피와 책을 나눴다. 책을 펼치는 날보다 책을 앞세워 우리의 이야기를 하는 날이 더 많았다.

아이를 가졌는데 무엇부터 해야 하는지 묻는 사람도 찾아오고, 엄마가 되고 싶지만 아이가 생기지 않아 울면서 아이를 기다리는 엄마도 찾아왔다. 또 어느 날 갑자기 친정엄마가 돌아가셔서 마음이 아픈 사람도 찾아왔다. 그리고 한 엄마는 아이가 생겼다고 기뻐했는데 아이가 하늘나라로 가게 되었다. 그 소식을 들은 엄마들이 모두 아기 천사의 엄마가 되기도 했다. 이렇게 모두가 각자의 이야기이면서 우리의 이야기가 되었다. 책방을 시작한 목적은 '일'을 되찾아주는 것이었는데 '인생'을 되찾아주는 곳이 되었다. 자신의 상처를 기꺼이 꺼내어 아픔을 안아주는 날이 수없이 지나갔다. 생일이 되면 모두가 한마음으로 서로의 탄생을 축하해 주었다. 각자의 고통이 서로의 진통으로 넘어가는 날들이 더해지고, 모두가 '엄마'가 되는 6년이 흘렀다.

이 책을 읽는 사람 중에 자신이 엄마가 아니라서 책을 덮는 사람이 없기를 바란다. 엄마란, 여자이거나 남자이거나 하는 성별로 정의할 수 있는 것이 아니다. 이 책에서 말하는 엄마는 아이를 낳은 사람이 아니라 생명을 귀하게 대하는 사람이다. 엄마란 다음 세대로 이어질 이야기를 기대하는 사람이다. 그냥 웃고 떠들다가 목적을 위해 모였다가 끝나는 허무한 커뮤니티가 아니라 '엄마'이기에 커뮤니티를 만들고 싶거나 소속되고 싶다면 필요나 쓸모가 아니라 진심으로, 사람으로, 가슴으로, 눈물로, 이야기로 만나자. 필요가 아니라 진심으로 대하는 사람, 쓸모가 아니라 사람으로서 만나는 사람, 머리가 아닌 가슴으로 사는 사람, 기꺼이 자신의 눈물로 내 앞에 앉은 사람의 잿빛 안경을 벗겨주는 사람, 그 사람이 바로 엄마이다. 내가 경험한 책방은, 내가 전하고 싶은 커뮤니티의 본질은 '엄마' 그 자체이다. 그 본질을 나누고 누리는 사람만이 자신 안에 있는 1%를 지속적으로 펼칠 수 있다.

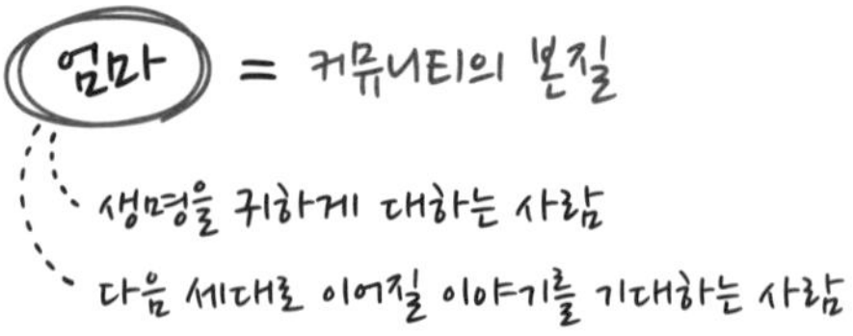

그러니 이 책 《엄마의 브랜딩 1%》를 풀어서 말하면 "머리가 아닌 가슴으로 사는 삶을 자본주의로까지 펼치는 사람이 상위 1%이다."라고 할

수 있다. 그러기 위해서는 반드시 엄마로 사는 사람들과 함께 살아야 한다. 이 책을 쓰는 행동도 나에게 리추얼이다. 내가 살 '지도'를 만드는 작업이다. 그러니 머리가 아닌 가슴으로 사는 인생으로 브랜딩 되고 싶다면, 자신을 의도적으로 원하는 방향으로 살 수 있도록 '사람을 만나는 자리'에 자신을 세우기를 바란다.

당신은 누구의 팬인가?

당신은 중고등학교 때 누구의 팬이었는가? 드라마 《응답하라 1997》에서 나오듯 우리는 누군가를 열렬히 좋아하는 10대였다. 나는 '토니 마누라'(아이돌 그룹 H.O.T.의 멤버 토니의 열혈 팬이라는 의미)였다. 당신은 누구의 팬이었는가? 1980~90년대에 태어난 우리는 커뮤니티를 이미 경험했다. 누군가의 팬을 넘어 열렬히 사랑했고, 주인의식을 가졌고, 함께 모여 노래했고, 나의 1위보다 더 크게 기뻐하며 별칭을 붙였다. 서로를 누구의 마누라라고 불렀고, 연대했다. 그렇게 재밌는 시나리오를 하나씩 써 갔다. 아니 하나의 드라마 속에 살았다.

이번 장의 요지는 다시 그때처럼 모이자는 것이다. 좋아하는 가수를 중심으로 모여 팬 활동을 하자는 것이 아니라 나 자신의 이야기와 열렬히 사랑에 빠져서 살아보자는 것이다. 그러면 그 흐름은 결국 '함께 돈을 만드는 것'으로 이어질 것이다. 학창 시절에 누군가가 H.O.T.를 욕하면 우린 참을 수가 없었다. 더욱이 누군가가 토니를 욕했다면 주변의 모든 친구가 그 사실을 나에게 일러줬다. 그것이 문화였다. 그때처럼, 이제 당신의 가수가 아니라 당신의 팬이 되어라. 누군가가 당신을 욕하면 참지 말라. 특히, 나 자신이 나 스스로를 자책하고 후회하고 혼내고 있는 모든 순간을 참으면 안 된다. 진짜 자신을 사랑해서 자신의 팬이 되는 사람만이 돈을 만들 수 있다.

돈은 신기하게도 누군가의 이야기에 반해야 등장한다. 돈의 특성 중 하나가 모여 있는 곳을 좋아한다는 것이다. 그래서 그것이 부정적이거나 긍정적이거나 상관없이 누군가가 미친 듯이 빠져서 이야기를 하고 있으면 그곳에 에너지가 모이고 돈도 그곳으로 향해서 길을 만든다.

흔히 말하는 부동산을 사고파는 일만이 돈이 되는 것이 아니다. 부동산에 모인 사람이 많아서 돈이 되는 것이다. 땅을 내놓았어도 사겠다는 사람이 한 명도 없으면 돈은 만들어지지 않는다.

만약 그 땅의 값이 10억 원이었다고 하자. 그런데 그곳을 사겠다는 사람이 100명이고 그중 1명만 살 수 있다면 그때는 돈이 더 많이 생긴다.

상품도 마찬가지이다. 어떤 상품을 사겠다는 사람이 적으면 그때는 상품의 가격이 떨어지거나 상품이 사라진다. 그런데 그 상품을 사겠다는 사람이 많아지면, 상품은 품질도 좋아지고 생산량도 많아져서 소비자 1인이 지불하는 구매가는 낮아지지만, 판매자가 얻는 이익은 커진다. 결론적으로 '누가' 돈을 만드는가? 커뮤니티를 만드는 사람, 그것도 지속가능하도록 만드는 사람이 돈을 만들 수 있다. 우리에게 커뮤니티는 낯

선 것이 아니다. 누구보다 이미 잘해 본 경험을 지닌 사람들이다.

자! 이제 나 자신을 향해 열렬한 사랑을 보내고, 주인의식을 가지자. 나의 탄생 신화와 1%로 이어진 진짜 나만 할 수 있는 이야기를 퍼뜨리고, 도구와 무기를 모아 돈의 길을 만들자. 브랜드에 이름을 붙이자. 그리고 서로의 이야기에 반할 시간을 보내자.

누구와 무엇을 하면서 놀 것인가?

당신은 좀처럼 풀리지 않는 문제를 부여잡고 산 적이 있는가? 하루 종일 자신을 망치는 문제 하나를 붙들고 머리를 붙잡고, 한숨을 쉰 적이 있는가? 밤을 새운 적은 있는가? 커다란 문제는 나를 누르는 것 같이 느껴진다. 어릴 때는 어떤가? 문제를 붙들고 잠 못 이루거나, 하루 종일 한숨 쉰 적이 없지 않은가? 친구랑 싸워도 놀다가 화해하고, 공부가 힘들어도 쉬는 시간에 풀리고, 해질 때까지 땀나게 놀다가 들어와 꿈속에서도 노는 어린이로 돌아가야 한다. '놀 줄 아는 사람'이 되어야 나의 삶에서 굳었던 모든 순간이 풀리고, 내 안의 잠재력을 꽃피울 수 있다. 그것을 《상처받은 내면아이 치유》 책에서는 '놀라운 아이(Wonder Child)'라고 말한다. 놀라운 아이가 깨어나면, 잠재력이 폭발하고 창조적인 세상을 만들 수 있다.

돈을 집이라고 생각해 보자. 신기하게도 돈이라는 집의 정문은 '문제'

로 만들어져 있다. 그래서 문제를 잘 풀어가는 사람은 돈이 많고, 문제 앞에서 한 발짝도 못 움직이는 사람은 돈을 만날 수 없는 것이다. 그러면 '어떤 사람이 문제를 잘 풀 것인가?' 이것이 우리가 던져야 할 핵심 질문 아닐까?

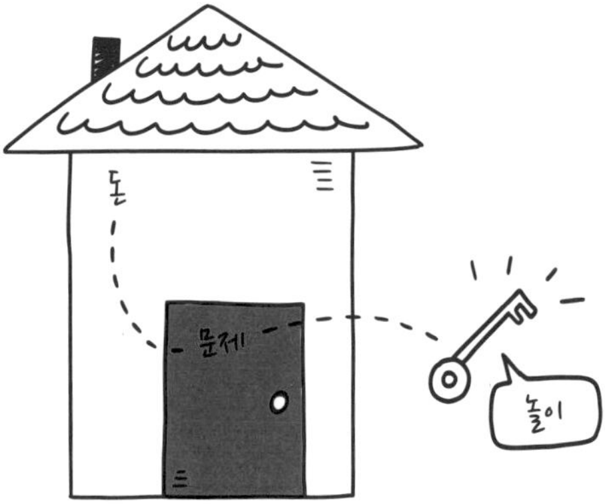

이에 대한 답은 바로 '놀이'다. 잘 노는 사람만이 돈을 잘 만들 수 있다. 문제를 놀이로 대하는 아이들처럼 말이다. 쉽고 재밌고 가슴 뛰고 행복하게 문제를 만나는데 어찌 돈이 따라오지 않겠는가? 그래서 《엄마의 브랜딩 1%》를 읽을 때 모임을 구성해서 놀이하며 읽으면 다 같이 부자가 될 수밖에 없다. 가장 어렵게 배운다는 사업도 놀이로 진행할 것이다.

리추얼부터 메신저까지 3가지 기초 단계는 5살 때 했을 놀이로 설명할 테니 커뮤니티에서 직접 놀이를 해보면서 체화시키기를 바란다.

"놀이는 인간의 높은 지능을 펼쳐 보일 수 있는 유일한 방법이다."

- 조셉 칠튼 피어스

"가끔 사람들은 놀이가 공부이고, 공부가 놀이라는 것을 잊는다."

- 피터 닥슨

"일 년 동안의 대화보다 한 시간의 놀이로 누군가에 대해서 더 잘 이해할 수 있다."

- 리처드 링가드

첫 번째 놀이: 무궁화 꽃이 피었습니다

놀이 '무궁화 꽃이 피었습니다'를 상상하면서 전체를 익혀보자. 이 놀이는 알다시피 "무궁화 꽃이 피었습니다"라고 말해야 한 걸음 올 수 있다. 이때 한 걸음을 갈 때마다 리추얼, 리뷰, 리라이팅을 생각하면서 하나씩 늘려가는 것이다. 독서 모임을 기획하면서 다음 놀이터로 이동하는 것이다.

이 책은 사전 예약에서부터 베스트셀러가 되었다. 이 장을 수정할 때까지 책이 나오지 않았는데 책은 이미 베스트셀러가 된 것이다. 어떻게 한 것일까?

1% 브랜딩 8단계를 실행한 것이다. 도입부터 살펴보자. 3R을 시작했다. 리추얼을 통해 내가 직접 운영하는 100명의 서평단 모임을 시작했다. 그 모임은 나에게 놀이터이다. 그리고 비밀과외라는 수업을 매주 수요일마다 무료로 진행했다. 그것을 통해 리추얼과 이 책의 일부 내용을 미리 읽어주기를 지속했다. 그러면 리뷰는 어땠을까? 살아있는 이야기로

매일 쏟아졌다.

처음에는 나 혼자 쓰던 책 쓰기에서 100명이 함께 쓰는 힘을 발휘 한 것이다. 리추얼과 리뷰가 지속되고 내가 실행한 리라이팅은 이 책의 수정 원고가 되었다. 이해가 안 된다는 부분은 다시 쓰고, 질문을 해주면 추가로 넣고, 서평을 읽으며 워크북을 제작했다.

그리고 이 책을 함께 읽을 사람들을 모집했고, 8주 동안 8만 원으로 함께 읽고 독서 모임을 실행할 사람을 모았다.

나는 이것이 '무궁화 꽃이 피었습니다'의 놀이라고 생각한다. 한걸음에 하나씩 놀이처럼, '책을 써야지, 함께 써야지, 그들도 책이 되게 해야지, 어떤 놀이를 더하면 재밌을까?'라는 질문으로 한번 진행하고 뒤돌아보며 재밌는 것을 지속하는 것이다.

한 번의 놀이(3R)가 끝나면 그 사람들과 '또 뭐 하고 놀지?'를 생각하는 것이 중요하다. 누구와 무엇을 하고 놀 것인지, 여기서부터 정하는 것이다. 여러 가지 해봐도 된다. 도구가 바뀌는 건 상관이 없다. 그림책으로 놀다가 자기 계발서로 놀아도 되고, 상담으로 시작했다가 소풍으로 진행되어도 좋다. 단, 나의 다잉메시지가 미라클메시지가 되는 것, 나와 동일한 이야기로 힘들어하던 사람들이 다음 페이지를 어떻게 써갈지는 함께 고민하면서 놀아야 한다.

리추얼을 지속하는 방식, 즉 놀이는 당신의 잠재력을 깨운다. 우리의 우뇌는 몸짓언어와 이미지, 음악과 상상과 감정으로 구성되어 있고, 좌뇌는 어떠한가? 좌뇌는 논리와 계산, 언어와 분석으로 구성되어 있다. 그러니 리추얼을 통해 몸의 언어와 감정을 만나고, 리뷰를 통해 분석과 언어가 달라지고, 리라이팅까지 이루어지면 그동안 사용하지 않았던 뇌를 사용하면서 당신이 얼마나 머리가 좋은 사람인지 알게 될 것이다. 당신이 얼마나 잘 노는 사람인지 놀아봐야 안다.

사람은 평생 동안 뇌의 3%도 사용하지 않고 산다는데 아직 써보지 않았던 뇌를 적극적으로 사용하는 삶을 선택해 보자. 당신의 잠재력은 아직 나온 적이 없다. 놀이를 통해 꺼내고, 책을 통해 발현하자. 당신의 잠재력이 폭발하는데, 가장 가볍게 대중에게 전달하려고 시작한 리추얼은 자신의 인생을 송두리째 바꾸는 혁명이 될 것이다. 자! 이제 적극적으로 놀아보자.

"놀이는 최고의 탐구형식이다."

- 알버트 아인슈타인

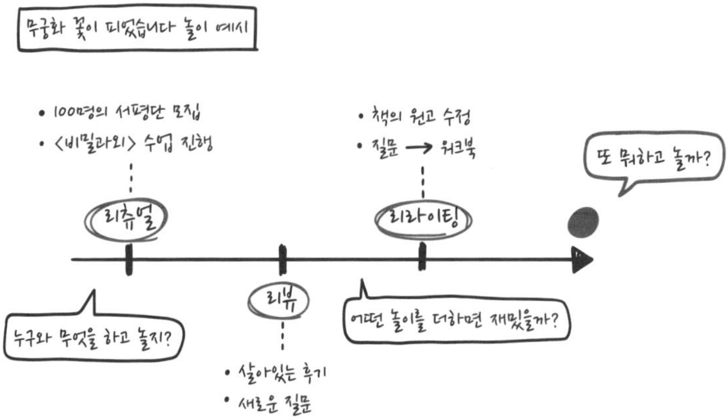

함께 나눌 질문 네 가지

1. 누구와 무엇을 하고 놀 것인가?
2. 언제, 어디서 놀 것인가?
3. 공유, 좋아요, 저장을 부르는 놀이인가?
4. 놀이가 끝난 뒤 어떤 모임으로 초대할 것인가?

2단계 발단

북클럽: 변화를 만드는 힘을 나누기

나는 책의 힘을 아는 사람을 존경한다. 이 책을 쓰는 동안, 문재인 전 대통령이 〈평산책방〉을 오픈했다. 그의 행보가 의미하는 것은 사람이 쓴 책이 사람을 변화시킬 수 있고, 책을 읽도록 독려하는 것으로 시민 전체의 변화를 도모하는 것이라는 말이 아닐까. 책을 추천하는 자리, 책을 읽도록 돕는 사람으로 살겠다는 선택은 마치, 태풍이 휘몰아치는 바다 한가운데에서 "누가 이 배를 몰 것인가?"라고 말할 때, "내가 이 배의 갈 길을 정하겠소." 하고 손을 드는 선장이 되는 것과 같다. 책 한 권은 사람의 길을 내기 충분하기 때문이다.

세계적인 토크쇼 진행자이자 여성운동가인 '오프라 윈프리'가 북클럽을 운영하는 것도, 해리포터의 영원한 아이콘 '헤르미온느'가 온라인 북 클럽을 운영하는 것도 자신의 삶을 써가는 방향으로 함께 걸어가자고 손을 내미는 것이다. 자신과 같은 이야기 속에서 힘들어하는 이들에게 "여기에 빛이 있어요!" 하고 책을 펼쳐 보이는 것이다.

당신도 책 한 권을 붙들고 방향을 제시하는 선장이 되어, 파도를 함께 타자고 말해주면 좋겠다. 단순히 독서 모임을 하자는 말을 이렇게 멋지게 말하면 할까 싶어서 아주 고민하면서 독려의 글을 쓰고 있다.

수직형 커뮤니티의 한계

나는 유명해진다는 것이 싫었다. 이 책을 쓰면 유명해질 것을 알아서 참 오랜 시간 몸을 사려 왔다. 어린 시절에 만난 유명인들의 결론이 나를 유명해지는 것에 대한 두려움으로 이끌었다. 대부분의 사람들은 유명해진 다음을 보지만, 나는 부흥회를 다니며 그들의 순수했던 첫 모습을 보고 그분이 유명해지는 모든 이야기를 직접 만나게 되었다. 어떤 분은 시작할 때 30명 남짓이었는데, 어느 순간부터는 부흥회가 시작되면 교회 대강당을 넘어 야외 마당 끝까지 그분을 만나겠다고 찾아오는 이들로 가득했다. 또 어떤 분은 찬양을 인도하였는데 그분의 찬양에 은혜받은 이들이 그분을 따랐고, 그분은 방송에도 출연하게 되었으며, 그분을 따르는 무리가 전국을 덮을 정도가 되었다. 그런데 나중에는 그분을 기도의 자

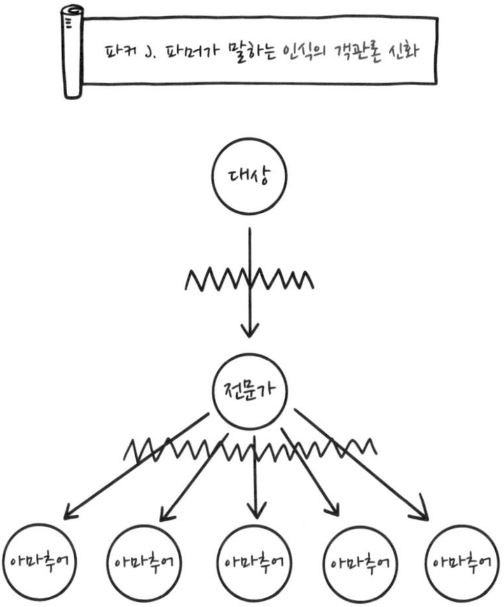
파커 J. 파머가 말하는 인식의 객관론 신화
대상
전문가
아마추어
아마추어
아마추어
아마추어
아마추어

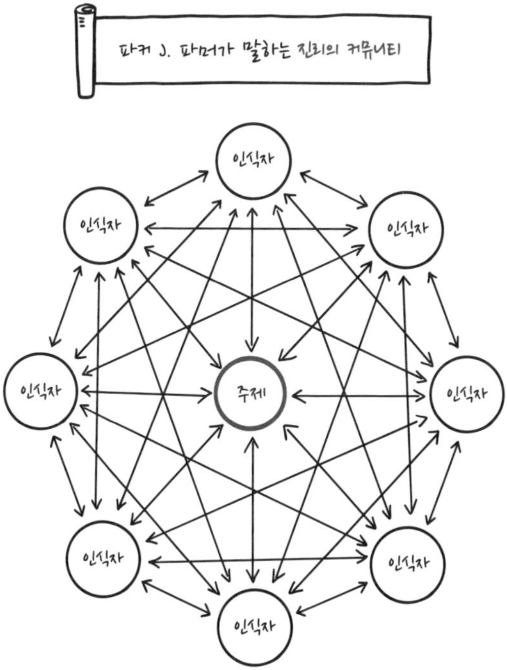
파커 J. 파머가 말하는 진리의 커뮤니티
인식자
인식자
인식자
인식자
주제
인식자
인식자
인식자
인식자

리가 아닌 뉴스를 통해 여러 번 만났다. 그분에게 은혜를 받았다고 말하던 이들은 이제 뉴스를 보면서 욕을 쏟아냈다.

나는 순수했던 한 사람이 변하는 것보다 커뮤니티의 일반적인 생성 과정을 드러내고 싶다. 한국에서는 대부분의 커뮤니티가 1인을 중심으로 구성되고 팬클럽 같은 분위기가 주로 형성된다. 교회, 비영리단체, 회사, 엔터테인먼트 등 그 어떤 커뮤니티도 한 명의 리더가 전부일 때가 많다. 리더 한 명을 제외하면 '따르는' 사람만 있기 마련이다. 그것은 지속가능한 커뮤니티가 아니다. 성경에서 가장 건강한 문화를 만든 예수님은 건물의 교회가 아닌 공동체를 만들었는데 그 방식이 아주 충격적이었다. 12명을 각각 브랜드로 세운 것이다. 예수님이 없어도 지속 가능하도록 말이다. **누군가를 따르는 커뮤니티 말고, 모두가 각자의 빛을 내는 커뮤니티를 형성하자.** 이 문장이 이 책의 핵심이다. 그리고 이것은 아이들이 줄어드는 나라에서 아이들에게 물려줄 수 있는 최상의 유산이다.

두 번째 놀이: 손수건 돌리기

'무궁화 꽃이 피었습니다'를 통해 3R를 익혔다면, 이제는 '손수건 돌리기'다. 손수건 돌리기는 모두 동그랗게 앉아서 노래를 한다. 그리고 리더가 돌면서 다음 리더에게 손수건을 두고 돈다. 이때 손수건을 둔 자리에 앉은 사람이 자신이 리더인지 눈치를 못 채면 이기는 게임이다. 그 게임이 바로 북클럽(독서 모임)이다.

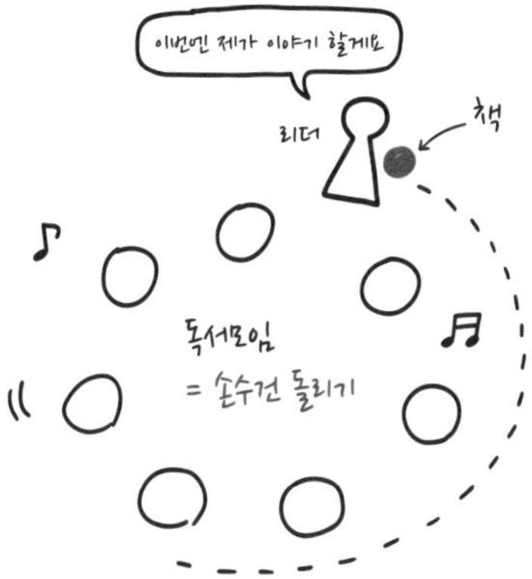

손수건이 책이다. 책을 함께 읽는 것이 노래하는 것이다. 함께 읽다가 다음 리더가 정해지는데 그 사람이 리더가 된 지 모르면 된다. 모르게 하기 위해 유의해야 할 것이 있다. 그것은 바로 《부의 추월차선》에서 말하는 돈이 되는 9가지 방법이다.

"다음 중 무엇이라도 100만 명에게 제공해 보라. 장담하건대, 이러면 당신은 100만 달러의 자산을 가지게 될 것이다. 혹시라도 돈을 벌기 위해 인터넷을 찾아 헤매고 있다면 잠시 손을 떼고 자신에게 질문하라. "내가 이 세상에 내놓을 수 있는 것은 무엇인가?" 세상에 가치를 내놓는다면 돈은 당신에게 자석처럼 달라붙을 것이다!"

1. 기분을 좋게 해주어라.

2. 문제를 해결해 주어라.

3. 교육해 주어라.

4. 외모를 발전시켜라. (건강, 영양, 옷, 화장)

5. 안전을 제공하라. (주거지, 안전 예방책, 건강)

6. 긍정적인 정서를 유발하라. (사랑, 행복, 웃음, 자신감)

7. 기본적인 욕구(음식)부터 외설적인 욕구(성욕)까지 충족시켜라.

8. 삶을 편하게 해주어라.

9. 꿈과 희망을 고취하라.

이것이 바로 북클럽, 즉 독서 모임이다. 다음 중에서 책이 주지 못하는 것이 무엇인가? 책은 이 아홉 가지를 모두 제공한다. 그래서 독서 모임은 결국, 부의 추월차선을 만드는 놀이터인 것이다. 기분을 좋게 해줄 뿐만 아니라 문제를 해결해 준다. 책을 통해 자신의 내면을 읽게 되니, 당연히 내면의 빛을 발견하고 표정도 밝아진다. 뿐만 아니라 안전이 제공된다. 자신을 지키는 방법을 책이 알려주고, 책을 읽는 커뮤니티를 통해 방어기제로 가득했던 자신을 무장해제 시키고, 진정으로 자신을 위한 주거지(공동체)를 만들어간다. 그 방법이 바로, 북클럽이 주는 힘, 세 가지다. 긍정적인 정서와 기본적인 대화부터 성적인 이야기까지 모두 가능하고, 삶을 평안하게 해준다. 그러면서 꿈과 희망을 시각화해준다.

독서 모임이 아니면 《부의 추월차선》에서 말하는 아홉 가지를 모두 섭렵할 수 있는 것이 무엇인가? 나는 아직 발견하지 못했다. 오로지 책을 들고 만나는 자리에서만 느낄 수 있는 진정한 '부'를 당신도 시작하기를 바란다. 특히, 엄마는 더 잘한다. 6, 7, 8번에 탁월하기 때문이다.

'책 처방 상담': 당신이라는 책 한 권을 만나기 위해

나는 책을 읽을 때, 읽어야 할 순서를 기가 막히게 잘 안다. 그래서 책방을 열자마자 자신 있게 시작한 일이 '책 처방 상담'이었다. 누가 보면 백만 권을 읽어서 책을 딱딱 처방해 주는지 알겠지만, 실제로 내가 하는 일은 내 앞에 앉은 그 사람을 읽는 것이었다. 이 세상에 많은 책이 있어도 가장 먼저 읽어야 할 책, 자신을 제대로 읽지 못하면 그 어떤 책도 자신에게 도움이 되지 못한다. 그것은 나의 이십 대가 그랬기 때문에 알 수 있었다.

나는 '문학 특기자'였다. 10대를 시작하면서부터 그랬고 20대를 시작하면서도 문학 특기자라는 이름으로 대학을 진학했다. 그러니 내 주변에 얼마나 많은 책이 나를 만나러 왔는지 상상 그 이상이었다. 나는 책에 체하며 살았다.

처음부터 책에 체했던 건 아니었다. 책을 읽을 때는 이야기가 좋아서 읽었고, 앞서 언급한 것처럼 연극으로 만들기도 했고, 즐겼다. 그런데 어느 순간 나에게 책이란, 읽어내야 하는 숙제이자 짐이 되었다. 논문을 쓰기 위해 읽어야 했고, 강의를 위해 읽어야 했고, 누군가의 책 쓰기를 돕기 위해 읽어야만 했다.

마치 처음에는 내가 좋아서 책과 연애를 시작했는데, 사회의 조건에 걸맞게 만나야 해서 질려버린 것 같은 관계였다.

생각해 보면 피아노도 그랬다. 나는 피아노가 너무 좋아서 시작했는데 피아노 콩쿠르에서 쳐야 하는 방법을 제시받고, 1등을 해야 한다는 기준이 생기고 나서 다시는 피아노를 쳐다보고 싶지 않았다.

그렇게 원하지 않는 방법으로 책과의 만남을 지속한 20대를 보내고 나니 책 자체가 싫어졌다. 다시는 쳐다보고 싶지 않았다. 직장이 생긴 이후 나는 과감하게 책을 다 버렸다.

"안녕! 다시는 만나지 말자. 난 책이 정말 싫어."

책을 읽으면 힘들어서 책을 버렸는데 그건 나를 버리는 것 같았다. 나의 책 읽기 방식을 찾지 않으니 내가 좋아하는 것을 다 버리게 되었다.

"우리 다시 만나자. 이번에는 너와 내가 좋아하는 방법으로 만나자. 절대 다른 사람들이 너를 만나는 방법을 제시하도록 허락하지 않을게."

천천히 다시 책을 만나기 위해 나는 제일 좋아했던 동화책을 읽기 시작했다. 처음 책을 좋아했던 다섯 살 박선아로.

그래서 내가 처음 책을 쓴 것도 그림책이었다. 아이처럼 책을 놀이로 만나고 싶었다. 그리고 내가 좋아하는 책 읽기 방법으로 사람들을 모았다. "책을 통해 '나'라는 필독서 읽기"를 지속하니, 사람들이 물었다. "저도 책을 많이 읽는데 왜 책방언니처럼 되지 않나요? 책을 읽고 삶이 바뀌고 싶은데 그 방법이 따로 있나요?" 이런 리뷰 덕분에 자신을 잘 읽을 수 있도록 돕는 '원트카드'를 만들었다. 독서 모임을 통해 실행한 3R은 또 하나의 수익체계를 만드는 시스템이 되었다.

나는 당신만의 책을 만나는 방법이 궁금하다. 책과 데이트를 하는 코스가 다 다르면 좋겠다. 춤으로, 노래로, 일기로, 편지로, 대화로, 꽃차로,

운동으로 그 어떤 방법이든지 좋다. 당신의 방법으로 책을 읽고, 책 읽는 방법을 소개하고, 데이트 코스를 안내하듯 모임을 만들기를 추천한다.

책방을 시작하면서 사람들에게 내가 만난 책의 인상을 전해주고 싶지 않았다. 다섯 살 선아가 좋아하던 방식으로 책을 만나게 해주고 싶었다. 그래서 책방을 열고 책장에 놓을 책들을 책장 하나에 한 권씩만 놓았다.

책을 많이 읽던 사람들은 "이게 무슨 책방이야? 우리 집에 책이 더 많네"라고 했고, 책을 안 읽던 분들은 표지를 보고 책을 고르니 마음이 편하다고 했다. 나는 책을 통해 자신을 만날 사람이 누가 될까 기대되었다. '어떤 책 제목이 보이면 편안할까, 어떤 책을 보면 자신을 만나고 싶을까, 어떻게 다가가면 책 읽기가 쉬울까, 어떻게 읽으면 좋아할까?' 그렇게 정성스레 처음 만나게 해줄 책을 정했다. 그것은 바로 '당신'이라는 책이었다.

북클럽의 기적, '자기 사랑 노트'

"순수한 사랑으로 집중하면 치유는 반드시 일어나게 되어있다! 한국에 영성, 상담, 치유 공동체의 새로운 모델을 만들고 싶다는 생각이 들었다. 거대하기보다는 내실 있게, 화려하기보다는 활발하게 움직이는 사람들과 함께 따뜻하고 적극적이고 열린 마음을 갖춘 공동체를 만들고 싶었다.

힐링 카페, 상담 도서관, 조이 클리닉, 춤 치료 센터, 가족 치유 연구소, 가족,

부부 상담 센터 등 누구나 마음을 열고 한 가족처럼 마주하는 힐링 네트워크의 꿈, 그것은 모든 사람이 스스로를 사랑함으로써 서로를 소중히 받아들일 수 있는 가정과 사회에의 꿈이기도 했다."

내 인생을 바꾼 책, 《오제은 교수의 자기 사랑 노트》다. 나는 이 책을 읽고, 쓰고, 살아냈다. 이 한 권을 통해 책방을 만들고, 사람들을 만날 때마다 자신만의 자기 사랑 노트를 쓰도록 권했다. 그렇게 100명의 서평단을 만들었고, 자기 사랑 노트로 북클럽을 운영하는 사람들의 커뮤니티를 만들었다. 그들과 휴먼라이브러리를 진행했다. 휴먼라이브러리는 '사람책 도서관'이라는 뜻을 가진 운동이다. 책 대신 사람을 대출해서 읽는 방식인데 우리는 그 방식을 넘어 각자의 자기 사랑 노트를 읽도록 브랜드별 프로젝트를 진행했다.

어떤 사람은 노래하면서 '자기 사랑 노트'를 만들었고, 어떤 사람은 그림책을 통해 '자기 사랑 노트'를 읽게 했고, 글쓰기로, 인스타그램 릴스로, 편지 쓰기 등으로 확장되었다.

곧이어 나는 출판사를 만들었고, 《오제은 교수의 자기 사랑 노트》 개정판을 출간했다. 독자에서 출발해 지금은 내 인생책의 출판사 대표가 된 것이다.

지난 2022년, 10년 만에 저자의 북콘서트를 개최했다. 저자에게도 특별한 순간이지만, 그 자리가 더 특별했던 이유가 있다. 저자뿐만 아니라 13명의 휴먼라이브러리를 함께 진행했기 때문이다. 저자만의 북콘서트가 아니라 책을 읽은 모든 이들의 북콘서트로 이어진 것이다.

내가 생각하는 북클럽은 사람이 책이 되는 커뮤니티다. 한 권의 책이 펼쳐지면 자신을 읽고, 자신을 읽으면서 브랜드가 되고, 브랜드는 각자의 북클럽을 만들고, 커뮤니티가 생성된다. 서로 다른 브랜드이지만 같은 책에서 만나는 것이다. 당신도 북클럽을 할 마음이 생겼는가? 내 삶이 바뀌는 3R로 도입을 시작했다면 이제 본격적인 출발을 하자. 그것은 인생책을 들고 자신의 분야로 사람들을 만나는 것이다. 이때 다음의 세 가지만 기억하자.

1. 모임의 방향성은 '원함'에서 시작된다.

"내가 원하는(참여하고 싶은) 모임은 어떤 모임인가?"

2. 책은 나무로 만들었으니 생명이다. 생명을 만나는 자리에서 살리는 이야기를 쓰자.

"책은 《부의 추월차선》 아홉 가지를 모두 만나게 하는 것이다. 책을 함께 나누자. 나만의 방법으로"

3. 읽고 살아내고 쓰고를 반복하자.

당신은 이렇게 생각해왔을 것이다. 책을 쓰면 작가가 되고 작가가 되면, 사인회를 진행할 것이라 생각할 것이다. 대부분의 작가들은 펜을 쥐고 독자를 이렇게 만난다.

"성함이 어떻게 되세요?"

"작가님 책 너무 잘 읽었어요."

"네, 감사합니다."

그러나 이 책을 본, 당신은 독자와의 만남이 이대로 끝이 아니다. 사인회에서 만난 독자와의 관계는 깊어진다. 이런 질문을 이어서 하게 될 것이다.

"어떤 독서 모임 진행 중이세요?"

"와! 당신의 '책'이 궁금해요."

"네! 저도 북클럽 시작하려고요. 저는 판소리 했거든요."

책이 읽는 독자에서, 책을 살아내는 북클럽이 되자. 그리고 그 이야기를 모아 작가가 되기를 바란다. 책을 읽는 모임에서 나오는 모든 '3R'을 통해 당신의 워크북을 제대로 쓸 수 있다. 책 읽기, 책 모임, 책 쓰기까지 함께 진행하자.

3단계 전개

메신저: 재경험과 지식 콘텐츠를 연결하기

세 번째 놀이: 얼음 땡 놀이

처음에 우리가 문제라고 생각했던 것을 소재 삼아서 그것을 주제로 이야기를 쓰기로 했다. 이 에너지가 계속 모이고 모여서 커뮤니티가 되면, 강력한 사회의 형태가 된다. 이것이 문화다. 우리가 원함을 향해 나아가는 이야기로 커뮤니티를 만드는 것이다. 그 방식은 놀이다. 이번에는 '얼음 땡' 놀이를 하자.

'얼음 땡' 놀이 방법은 빌런이 다른 사람들을 찾아다니며 잡는 방식이다. 빌런이 사람들을 잡으러 다닐 때, 사람들은 빌런이 잡으려고 하면 "얼음!" 하고 말하고, 다른 사람이 "땡!" 하고 말해주면 풀린다.

이 놀이 방법은 바로 '메신저'를 뜻한다. 메신저는 문제를 만날 때 얼음이 되는 모든 사람들을 "땡" 하고 풀어주는 방법을 안내하는 것이다. 그것이 바로 지금까지 배운 3R과 북클럽이다.

의미와 재미를 챙겨서 경제력까지 만드는 1% 커뮤니티를 구성하는 아주 쉬운 방법이 있다.

1단계 3R(리추얼, 리뷰, 리라이팅): 변화를 만들 주제에 해당하는 1%의 책 한 권을 선정한다. (무궁화 꽃이 피었습니다 놀이)

2단계 북클럽: 읽고 쓰는 모임을 구성하고 사람을 모집한다.

(손수건 돌리기 놀이)

3단계 메신저: 내 안의 다잉메시지를 미라클메시지로 변경하면서 매일 명대사 명장면을 만든다. 나의 변화는 지속성을 가지게 되고, 내 주변에는 나처럼 살고 싶다는 사람들이 모인다. (얼음 땡 놀이)

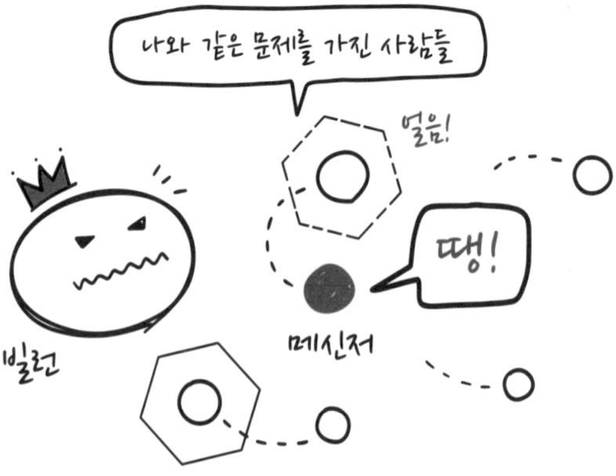

1~3단계를 지속하면, 나만의 브랜드를 확정할 수 있다. 반복된 문제를 풀어가는 미라클메시지는 브랜드 메시지가 되고, 나와 같은 문제를 가진 사람들은 브랜드 타깃이 되어 나의 포지셔닝이 확실해진다. 나의 인생의 변화가 지속될수록 나 자신이 나에게 반하는 깊이는 더 깊어진다. 내가 전하는 이야기가 '나와 같은 변화가 필요한' 사람들이 모인 자리에서 얼음 땡을 하게 해주니 우리는 책을 들고, 메신저가 되기로 선택하면 된다. 여기까지가 커뮤니티 구성이다.

《백만장자 메신저》에서는 메신저란
경험과 지식 콘텐츠를
다른 사람에게 전달하는 일을 말한다.

메신저라는 사업이 돈이 된다면,
생명을 사랑하는 '엄마'라면 정보를
주는 메신저가 아니라
사람을 살리는 메신저를 해보면 어떨까?
자신을 살리는 재경험을 지속하고,
나와 같은 사람을 위한 콘텐츠를 모아
다른 사람에게 전달하는 일로
행복이 수익이 되게 하는 것이다.

자! 이제 얼음을 깨자.
땡! 생존을 넘어 한 번뿐인 인생을
무궁무진하게, 생생하게,
더할 나위 없이 살도록 돕는 일,
메신저로 살아가라.

지속가능한 수익구조를 위해 익혀야 할 실행 노트

동적 실행의 마지막 과정은 가장 안쪽의 동그라미와 고객 생애 주기로 대변된다. 그것을 '과정의 7P'라고 부르자. 7P를 통해 마침내 일이 완결된다.

– 《언스크립티드》 中

1. 계획 (Plan) → **임신 계획**
2. 사전 검증(Soft Proof) → **임신** (두 줄)
3. 과정 경로 (Process Path) → **초음파**
4. 시제품 (Prototype) → **입덧**

임신을 한다고 생각해 보자. 나의 새로운 과정을 잘 전달하기 위해 나 자신의 이야기를 재구성하는 것부터 시작이다. 그러니 임신을 계획할 때처럼 자신의 삶을 계획하는 것이다. 그리고 리추얼을 시작했다면 당신은 임신에 성공한 것이다.

그리고 초음파를 해서 성별을 확인하듯이 북클럽을 통해 내 메시지가 살아 움직이는지 확인하는 것이다. 나의 핵심 감정 → 문제를 넘어갈 나만의 도구 → 브랜드 메시지를 확정하게 된다.

책을 만나는 나만의 방법을 설정하면 자신의 브랜드에서 사용할 도구를 실행하게 된다. 예를 들어 책을 읽을 때 나는 작사를 하면서 읽겠다고 결정하면 그것을 통해 나의 브랜드의 힘이 발현되는 것이다.

그런데 신기하게도 3단계까지 머리로 진행을 하다가 마치 '이제 그만

하자!' 하는 것처럼 문제가 발생하고, '너는 원하는 방향으로 더 이상 갈 수 없어'라고 말하듯 방어기제가 나타날 것이다. 그것을 우리는 입덧이라 생각하자.

입덧할 때, 핵심 감정이 다시 드러나고, 무기력 + 막막 + 답답함 가운데 있게 된다. 이것을 브랜드 메시지로 해결이 가능하다면, 그 과정을 넘어갈 "책"을 가지고 북클럽과 메신저 활동을 지속하면 이제 당신은 콘텐츠 사업가가 되는 것이다.

5. 엄격한 검증 (Hard Proof) → **태동**
6. 생산 가치주의 (Productocracy) → **출산**
7. 전파/증식 (Propagate) → **육아**

아기가 태동을 하듯이, 1~4단계가 움직일 것이다. 그러면 이제 커뮤니티를 본격적으로 만들어야 한다. 사회변혁을 시키지 않으면 지속이 안된다는 것을 기억하자. 상품만 만들려고 하거나 책 한 권을 뽑아내려고 하지 말고, 내가 나를 존귀하게 여기듯, 존귀하게 여길 사람들을 모아 함께 하기 시작하면서 질문과 변화, 문제와 도구를 만나는 것이다. 정해진 상품을 판매할 '판매원'을 모집하지 말고, 함께 '태동을 느낄 사람'을 만나자. 그러면 자연스럽게 함께 만들어간 사람들이 당신의 사업을 이렇게 알릴 것이다.

"제가 이 아이(책)가 나오기 전부터 봤는데 이 아이(책)가 얼마나 예쁘냐면요. 어떤 일을 하냐면요. 제가 알아요. 제가 경험했거든요."

그러면 당연히 생산과 전파는 지속적으로 진행된다. 그러니 1~5단계를 지속하자.

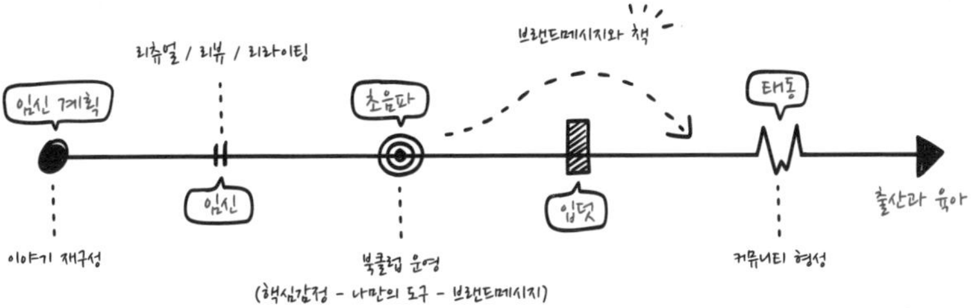

비밀노트 4 북클럽만 했는데 80만 원이 입금된다면?

1. 휴먼라이브러리 진행하기
- 나의 이야기를 펼쳐서 1만 원으로 환전하기

---

*휴먼 라이브러리 (Human Library)
관련 지식을 가진 사람이 독자와 일대일로 만나 정보를 전해주는 도서관으로 휴먼 라이브러리에서 독자들이 빌리는 것은 책이 아니라 사람(Human Book)이다. 사람책 도서관이나 리빙 라이브러리(Living Library)라고도 한다. 휴먼북과 독자가 자유로운 대화를 통해 지식과 경험을 공유하자는 게 휴먼 라이브러리의 취지다. 독자들은 휴먼북 목록을 살펴보고 읽고 싶은 휴먼북을 선정해 휴먼북과 마주 앉아 자유로운 대화를 통해 그 사람의 경험을 읽기 때문에 기존의 종이책에서는 느낄 수 없는 저자의 생생한 이야기와 경험, 생각을 직접 들을 수 있다. 궁금한 점을 바로 물어볼 수 있다는 것도 휴먼 라이브러리의 매력으로 꼽힌다. 덴마크 출신의 사회운동가 로니 에버겔이 2000년 덴마크에서 열린 한 뮤직 페스티벌에서 선보인 이후 빠른 속도로 확산되고 있으며, 한국에는 2010년 국회도서관이 휴먼 라이브러리 행사를 개최하면서 알려졌다.

출처: 네이버 지식백과

Q1. 이 책을 읽으면서 당신의 인생 시나리오 한 페이지(p.178)를 완성하라.

Q2. 한 사람과 만나 휴먼라이브러리를 진행하라.

Q3. 사람책으로 만나 서로의 인생 시나리오의 내용을 통해 질문하고 나눔을 진행하라. 인생 시나리오를 통해 일상의 변화를 만들 수 있도록 도울 수 있다. (부록 - 책 처방 상담지를 활용하라)

Q4. 그토록 원했던 하루를 시작할 수 있도록 명장면과 명대사를 작성하라. 인생에서 단 한 번도 없었던 반전의 하루를 만들게 된다(원트카드를 통해 진행하면 더욱 효과적이다).

당신은 세상에서 가장 소중한 한 권의 책이다.
당신의 이야기를 펼쳐서 나눠라. 당신의 이야기를 나누는 휴먼라이브러리는 당신과 마주 앉은 사람도 책이 되어 자신의 이야기를 써가도록 돕게 될 것이다. 당신 앞에 앉은 사람의 첫 독자가 되어주는 삶을 선택하라. 그것을 1만 원이라는 돈과 바꾸는 것이다.
서로의 기적을 만들기 시작한 것을 진심으로 응원하고 축하한다.

2. 북클럽 설계하기 - 10명의 이야기를 펼쳐서 80만 원 만들기

*북클럽 (book club)

회원제에 의한 도서 보급을 목적으로 하는 이익단체. 제1차 세계대전 후인 1919년, 서적 입수 난에 허덕이던 독일에서 100명의 회원으로 조직한 것이 북클럽의 기원이다. 보통 학식이 있는 경험자 등을 위원으로 하는 선정위원회를 구성하고, 기간(旣刊)된 많은 출판물 중에서 우량도서를 선정, 발행사로부터 북클럽판의 출판권을 사들여 새로 클럽판을 제작하거나 또는 재고본을 사서 장정을 새롭게 한 뒤 회원들에게 시판가격보다 염가로 제공하는 것을 원칙으로 한다. 아울러 정기적으로 선정 도서의 목록을 회원에게 보내고, 회원은 목록 중에서 사고 싶은 책을 선정하여 주문하는 방식으로 운영된다. 이후 독일 북클럽이 성공을 거두자 이에 자극을 받아, 미국에서도 1926년 '북 오브 더 먼스 클럽'과 '리터러리 길드' 두 클럽을 설립하였는데, 넓은 대륙에 서점의 숫자가 적고 서적 우송료가 매우 싼 것이 미국의 북클럽을 성공시켜, 최근에는 100개가 넘는 클럽이 활동하고 있다. 그 밖에 독일의 '베텔스만', 영국의 '컴패니언 북클럽'과 '리더스 유니언', 프랑스의 '르 클럽 플랑세 뒤 리브르'를 비롯해 인터넷 시대의 도래와 함께 전 세계적으로 급속히 확산 보급되고 있다.

출처: 네이버 지식백과

Q1. 당신의 인생을 바꾼 책을 통해 하는 모임을 시작하라. 인생책은 무엇인가?

인생책: '나'라는 필독서를 읽도록 돕는 필수 부교재

Q2. 누구와 이 책을 읽으며 어떤 모임을 하고 싶은가. 모임의 이름은 무엇인가?

Q3. 어떤 도구(예술, 사업, 교육)를 통해 운영할 것인가?

Q4. 3R 나만의 리추얼/ 리뷰/ 리라이팅을 기획해보라.

나를 위한 리추얼:

모임을 통한 리뷰:

인생 다시 쓰기 리라이팅:

3. 엄마의 브랜딩을 위한 100권의 책 - 박선아 추천도서

1. 《빅프라핏》 (신현암 저/흐름출판/2017)
2. 《보도 섀퍼의 돈》 (보도 섀퍼 저/에포케/2011)
3. 《부의 추월차선》 (엠제이 드마코 저/토트/2013)
4. 《언스크립티드》 (엠제이 드마코 저/토트/2018)
5. 《백만장자 시크릿》 (하브 에커 저/알에이치코리아/2020)
6. 《어떻게 진짜 어른이 되는가》 (데이비드 리코 저/자음과모음/2017)
7. 《유쾌한 창조자》 (제리 힉스·에스더 힉스 공저/나비랑북스/2014)
8. 《부는 어디서 오는가》 (월리스 D. 와틀스 저/포레스트북스/2022)
9. 《마음의 자석》 (뤼디거 샤헤 저/열음사/2009)
10. 《읽는다는 것》 (강영안 저/IVP/2020)
11. 《백만장자 메신저》 (브렌든 버처드 저/리더스북/2018)
12. 《비즈니스 모델의 탄생》 (알렉산더 오스터왈더·예스 피그누어 공저/비즈니스북스/2021)
13. 《믹스》 (안성은 저/더퀘스트/2022)
14. 《파타고니아, 파도가 칠 때는 서핑을》 (이본 쉬나드 저/라이팅하우스/2020)
15. 《돈의 속성》 (김승호 저/스노우폭스북스/2020)
16. 《브랜드로 남는다는 것》 (홍성태 저/북스톤/2022)
17. 《좋아하는 것을 돈으로 바꾸는 법》 (멘탈리스트 다이고 저/동양북스/2017)
18. 《게으르지만 콘텐츠로 돈은 잘 법니다》 (신태순 저/나비의활주로/2020)
19. 《콘텐츠바이블》 (조 폴리지 저/세종서적/2021)
20. 《파리에서 도시락 파는 여자》 (켈리 최 저/다산북스/2021)

21. 《내가 상상하면 현실이 된다》 (리처드 브랜슨 저/리더스북/2007)

22. 《내 운명은 고객이 결정한다》 (박종윤 저/쏭북스/2019)

23. 《알면서도 알지 못하는 것들》 (김승호 저/스노우폭스북스/2017)

24. 《타이탄의 도구들》 (팀 페리스 저/토네이도/2018)

25. 《Money 머니》 (토니 로빈스 저/알에이치코리아/2015)

26. 《멘탈의 연금술》 (보도 섀퍼 저/토네이도/2020)

27. 《가르칠 수 있는 용기》 (파커 J. 파머 저/한문화/2013)

28. 《삶이 내게 말을 걸어올 때》 (파커 J. 파머 저/한문화/2019)

29. 《깨어나십시오》 (앤소니 드 멜로 저/분도출판사/2005)

30. 《유쾌한 혁명을 작당하는 공동체 가이드북》 (세실 앤드류스 저/한빛비즈/2013)

31. 《살며 사랑하며 배우며》 (레오 버스카글리아 저/홍익피엔씨/2023)

32. 《창조자의 정신》 (도로시 L. 세이어즈 저/IVP/2007)

33. 《영혼을 세우는 관계의 공동체》 (래리 크랩 저/IVP/2013)

34. 《만나지 않으면 변하지 않는다》 (김형국 저/생명의말씀사/2017)

35. 《인간의 대지》 (앙투안 드 생텍쥐페리 저/시공사/2014)

36. 《일·창조·돌봄의 영성》 (파커 J 파머 저/아바서원/2018)

37. 《아직도 가야할 길》 (M.스캇 펙 저/율리시즈/2023)

38. 《질서 너머》 (조던 B. 피터슨 저/웅진지식하우스/2021)

39. 《인생 수업》 (엘리자베스 퀴블러 로스 저/이레/2014)

40. 《모든 것의 가장 자리에서》 (파커 J. 파머 저/글항아리/2018)

41. 《빅터 프랭클의 죽음의 수용소에서》 (빅터 프랭클 저/청아출판사/2020)

42. 《내면세계의 질서와 영적 성장》 (고든 맥도날드 저/IVP/2018)

43. 《나무를 심은 사람》 (장 지오노 저/두레/2018)

44. 《시간의 주름》 (매들렌 렝글 저/이숲/2014)

45. 《미셸 오바마 자기만의 빛》 (미셸 오바마 저/웅진지식하우스/2023)

46. 《두 번째 산》 (데이비드 브룩스 저/부키/2020)

47. 《내것이 아니면 모두 버려라》 (알렌 코헨 저/도솔/2008)

48. 《내가 확실히 아는 것들》 (오프라 윈프리 저/북하우스/2014)

49. 《나를 찾아가는 여행》 (로빈 S. 샤르마 저/산성미디어/1999)

50. 《컨택자본》 (밥 프록터 저/나라/2017)

51. 《리얼리티 트랜서핑》 (바딤 젤란드 저/정신세계사/2009)

52. 《최고가 되라》 (에릭 라르센 저/한빛비즈/2014)

53. 《네 안에 잠든 거인을 깨워라》 (앤서니 라빈스 저/씨앗을 뿌리는 사람들/2008)

54. 《내 영혼을 담은 인생의 사계절》 (짐 론 저/W BOOK 에이전시/2011)

55. 《시크릿》 (론다 번 저/살림Biz/2007)

56. 《아티스트 웨이》 (줄리아 카메론 저/경당/2017)

57. 《보물지도》 (모치즈키 도시타카 저/나라원/2022)

58. 《되는 사람》 (도널드 밀러 저/월북/2023)

59. 《무기가 되는 스토리》 (도널드 밀러 저/월북/2018)

60. 《보도 섀퍼 부의 레버리지》 (보도 섀퍼 저/비즈니스북스/2023)

61. 《원씽》 (게리 켈러·제이 파파산 공저/비즈니스북스/2013)

62. 《엄마이자 나로 살겠습니다》 (김수경 외 12명 공저/달빛북스/2022)

63. 《무조건 행복하세요》 (한영준 외 16명 공저/달빛북스/2021)

64. 《10배의 법칙》 (그랜드 카돈 저/부키/2022)

65. 《하워드의 선물》 (에릭 시노웨이·메릴 미도우 공저/위즈덤하우스/2013)

66. 《뼛속까지 내려가서 써라》 (나탈리 골드버그 저/한문화/2018)

67. 《프레임》 (최인철 저/21세기북스/2021)

68. 《행복한 이기주의자》 (웨인 다이어 저/21세기북스/2019)

69. 《크게 생각할수록 크게 이룬다》 (데이비드 슈워츠 저/나라/2022)

70. 《상처 받지 않는 영혼》 (마이클 A. 싱어 저/라이팅하우스/2014)

71. 《상처받은 내면아이 치유》 (존 브래드쇼 저/학지사/2004)

72. 《가족》 (존 브래드쇼 저/학지사/2006)

73. 《오제은 교수의 자기 사랑 노트》 (오제은 저/달빛북스/2022)

74. 《칼 로저스의 사람-중심 상담》 (칼 로저스 저/학지사/2007)

75. 《엔카운터그룹》 (칼 로저스 저/한국인성개발연구원/2007)

76. 《놓아 버림》 (데이비드 호킨스 저/판미동/2013)

77. 《심리 게임》 (에릭 번 저/교양인/2009)

78. 《이야기치료의 지도》 (마이클 화이트 저/학지사/2010)

79. 《메시지 S》 (유진 피터슨 저/복있는사람/2017)

80. 《데미안》 (헤르만 헤세 저/민음사/2009)

81. 《천년 동안 백만 마일》 (도널드 밀러 저/IVP/2010)

82. 《꽃들에게 희망을》 (트리나 폴러스 저/시공주니어/2017)

83. 《다시 새롭게, 지선아 사랑해》 (이지선 저/문학동네/2010)

84. 《꽤 괜찮은 해피엔딩》 (이지선 저/문학동네/2022)

85. 《시나리오 어떻게 쓸 것인가》 (로버트 맥키 저/민음인/2002)

86. 《깨어있는 부모》 (셰팔리 차바리 저/나무의마음/2022)

87. 《우리 아이 기초공사》 (정은진 저/비비투/2020)

88. 《아직도 내 아이를 모른다》 (대니얼 J. 시겔·티나 페인 브라이슨 공저/알에이치코리아/2020)

89. 《세계 최고의 커플테라피 이마고》 (하빌 헨드릭스·헬렌 라켈리 헌트 공저/학지사/2022)

90. 《세상에서 가장 쉬운 본질육아》 (지나영 저/21세기북스/2022)

91. 《의식 혁명》 (데이비드 호킨스 저/판미동/2011)

92. 《마당을 나온 암탉》 (황선미 저/사계절/2002)

93. 《나니아 연대기》 (C. S. 루이스 저/시공주니어/2005)

94. 《빨간 머리 앤》 (루시 모드 몽고메리 저/글담출판/2018)

95. 《어린왕자》 (앙투안 드 생텍쥐페리 저/더스토리/2023)

96. 《안녕 나의 엄마》 (박선아 저/달빛북스/2021)

97. 《나는 이야기입니다》 (댄 야카리노 저/소원나무/2017)

98. 《소명과 용기》 (고든 스미스 저 / 생명의말씀사 / 2008)

99. 《파라슈트》 (리처드 볼스 저 / 한국경제신문사 / 2013)

100. 《소명》 (오스기니 저/IVP/2019)

4. 북클럽 진행 순서

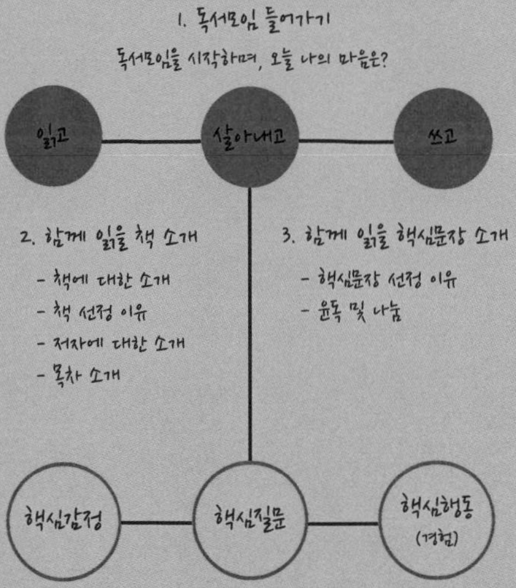

1) 오늘 내가 함께 읽은 책은 ______________________

______________________________________ 이다.

2) 책에서 함께 읽은 핵심 문장(W)은 ______________________

______________________________________ 이다.

3) 핵심 문장을 통해 내가 만난 핵심 감정(A)은 ______________________

______________________________________ 이다.

4) 핵심 감정을 반전시키 위해 나는 ______________________________

______________________________라는 핵심 질문(N)이 생긴다.

5) 오늘 핵심 문장을 살아내기 위해 ______________________________

______________________________을 함께 경험(T)해보았다.

6) 오늘 함께 읽은 문장을 살아내기 위해 나는 ____________________

______________________________을 행동(T)해보겠다.

1명의 기적을 만날 때, 만 원의 행복으로 진행했다면
이제 10명을 8주 동안 만나는 모임을 진행하라.
당신과 함께하는 사람들의 기적을 60일 동안 지속하면서, 그 기쁨을
누리며 80만 원이라는 돈을 만들 수 있을 것이다.

내가 나한테 반할 만한 오늘의 이야기는 뭐지?

책을 읽고, 내가 봐도 '와! 나 너무 멋지다.'라고 나 자신에게 반할 행동만 지속하는 것이다. '내가 나한테 반할 만한 오늘의 이야기는 뭐지?'라고 자문해야 한다. 그 대답은 '한 글자'면 충분하다. 숨, 춤, 쉼, 책, 흥, 글, 해, 달, 별, 신 - 자문해놓고 생각이 안 난다면 한 글자로 시작해도 된다. 오늘의 이 한 글자가, 한 문단이 되고 한 권의 책이 될 것이다.

이것은 곧장 성취로 이루어지지 않는다. '진짜 내가 행복하겠다. 진짜 내가 문제를 이렇게 대하다니 놀랍다'로 이어질 것이다. 그러면 누구의 회복인가? 나의 회복이다. 그 순간, 나는 나와 같은 고민이 있는 사람들의 미래가 된다. 나와 비슷한 사람들의 다음 걸음이 되는 것이다. 그것이 메신저다. 내가 고민하고 있는 자리에서 벗어나 고민의 다음 단계를 만들고 재경험하고, 실현한 자리를 안내하는 것이다.

이 인생에서 제일 중요한 게 나라서, 내가 반할 만한 것을 하기로 했다. 그래야 사람들이 나에게 모인다. 남들이 읽은 책을 읽을 때가 아니다. 내가 가려고 하는 길에 먼저 간 사람에 대한 모든 지식 콘텐츠를 모아야 한다. 그것이 당신의 큐레이션 능력이다. 내가 돈 벌 수 있는 100권을 가졌다고 하면, 그것을 어떻게 했는지 소개할 수 있다면, 재경험만 쌓으면, 다들 살 것 아닌가? 나를 중심으로 제일 행복할수록 돈이 된다는 게 증명이 된다.

과거에 무슨 일이 있거나 내가 오늘 나를 찌푸리게 한다면, '내가 오늘 나에게 반할 프로젝트가 뭐지?' 생각해야 한다. 환경설정 자체를 새롭게 하는 것이다. 그 방법은 3가지다. 내가 반할 1%만 모아 소개한다. 그리고 나에게 반할 재경험을 만든다. 내 인생을 바꾼 재경험의 단계를 소개한다. 1%의 스승, 1%의 재경험, 1%를 만드는 단계를 소개하는 것이다.

우리가 대학교 과제를 할 때도 진짜 괜찮은 자료만 모아서 하지 않는가? 그런데 왜 나 자신에게는 이렇게 성의가 없는가? 내가 나를 진짜 사랑한다는 것은 나 한 사람이 제대로 살 수 있는 길을 파서 깊이가 깊어지는 것이다. 그러면 0이 더 붙는다. 당장 내가 오늘 해야 하는 건, 내가 나에게 반하게 하는 재경험과 내가 영향을 받은 롤모델을 빨리 찾는 것이다. 그게 진짜기 때문이다. 스승, 영향, 학파, 이론이 싹 다 나의 콘텐츠와 사업으로 이어진다. 재경험과 지식 콘텐츠의 길이 더 빠르다는 걸 봤는데 왜 안 하고 있는가?

이 콘텐츠는 나만 제공할 수 있는 것, 사례를 통해 만들 수 있다. 당신이 상담사라면, 책으로 사람을 일대일로 만나라. 강사라면 독서 모임을 만들어 책을 소리 내어 읽고 강의로 만들어라. 콘텐츠 큐레이터라면 책을 쪼개서 콘텐츠로 제작하고, 작가에 관심이 있다면 책을 읽고 당신의 책을 써라.

4단계 캐릭터 설정

직업 설계: 엄마를 위한 〈비즈니스 모델의 탄생〉

우리는 어린 시절 함께했던 놀이 3가지를 통해 브랜딩 1% 구성을 준비했다. 첫 번째 놀이 '무궁화 꽃이 피었습니다.'를 통해 3R(리추얼, 리뷰, 리라이팅)을 했고, 두 번째 놀이 '손수건 돌리기'를 통해 북클럽 운영에 대해 나눴다. 세 번째 놀이 '얼음 땡'을 통해 메신저란 무엇인지 알게 되었다. 이제는 브랜드에서 실행할 직업 설계부터 차별성과 강력한 강점을 만드는 3가지 단계를 만들 시간이다.

당신이 시작하는 브랜드는 편리를 제공하는 것에 그치지 않고, "세상에 메시지를 전하는" 진리의 일을 한다. 나의 이야기와 도구, 메시지를 통해 사회의 변혁을 일으키는 사람을 '메신저'라 한다. 백만장자 메신저에서는 메시지를 전하는 일을 통해 생기는 수입의 통로를 이렇게 소개한다. 글쓰기/ 강연/ 세미나/ 상담/ 경영 컨설팅/ 온라인 마케팅 6가지의 수입 시스템은 따로 하는 것이 아니라 메시지를 통해 목걸이 구슬처럼 이어 붙여야 한다. 그리고 우리는 그 6가지 구슬을 연결할 고리를 오로지 '책'으로 지정했다. 북클럽을 통한 커뮤니티를 구성하고, 리추얼을 통한 자신의 성장을 지속할 때, 중간에 둘 하나의 진주가 필요하다. 그것이 당신의 직업이다. 지금 정하는 직업은 비즈니스모델 설계를 위한 출발점이다. 직업을 통해 수입 시스템이 막힘없이 수익과 직결되도록 구성하자.

'엄마라면 제일 잘 할 수 있는 게 뭐지?'하고 3년 동안 질문하고 실행해 본 결과, 엄마가 되어 잃은 것도 많지만, 엄마가 되어 가진 역량이 있었다. 그것은 바로 '육아를 통해 길러진 것'이다. 아이의 옹알이부터 시작해서 말을 하도록 돕고, 아이의 모든 소리를 경청하고, 잠들기 전에 책을 읽어주고, 학교로 보내면서 글을 가르치면서 생긴 4가지의 능력 - 말하기, 듣기, 읽기 쓰기다.

그래서 아이가 엄마에게 준 4가지의 능력을 바탕으로 엄마라서 잘할 수 있는 직업 설계를 구현했다. 그것이 바로 강사/ 상담사/ 작가/ 콘텐츠 큐레이터 (모두 책을 기반으로 한다)이다. 엄마가 얼마나 이 네 가지 직업에 탁월한지 아는가? 엄마는 말을 해야 하고 들어야 하는 자리다. 좋은 정보, 음식, 이야기를 아이에게 가져다주는 탁월함을 가졌다. 어미 새가 아이에게 먹이를 가져다주듯이 말이다. 그리고 또 좋은 것이 생기면 혼자 알고 있지 않고 주변 엄마들에게 알린다. 그리고 내 아이에게 좋은 미래를 선물하고 싶어 한다. 말과 책을 기반으로 한 직업 4가지 중에서 당신이 원하는 직업이 있는가. 예전에 어떤 직업을 가졌더라도, 지금 현재 다른 직종에 종사하더라도 상관없다. 결국은 엄마라서 할 수 있는 4가지 능력을 합치게 될 것이다.

직업의 뜻을 살펴보면 더욱 확신할 것이다. 직업의 職(직)은 耳(귀 이) 자와 音(소리 음) 자가 들어있다. 원래 직업이라는 단어 속에 '직'은 듣고, 말하고 읽고 쓰는 것을 담는 것이다. 어떤 업을 가지더라도 '소리(音)를 듣고(耳) 기록한다(戈)'로 이어져야 한다. 戈 자에 있는 새겨서 '기록한다'라는 뜻을 이용해 '어떠한 말을 듣고 기록한다'는 뜻을 지녔기에 그 어떤 '업'에 종사해도 평생직업으로, 브랜드로 성장하려면 반드시 '직'이 가진 의미를 실행해야 하는 것이다. 모든 직업의 역량과 경력이 쌓이면 그 분야의 컨설턴트가 되거나 강사가 되거나 책을 남기는 것도 같은 맥락이다. 기록을 하지 않으면 불안하고 위태로운 수익구조를 가질 수밖에 없다. 진정한 직업의 의미를 발견하기 위해 자신의 '잠재력'을 귀담아듣고, '자기실현'으로 소리 내고 '자신이 만들어온 역사'를 기록해서 남겨야 한다.

밥을 나누는 공동체 10년, 책을 나누는 공동체 10년

엄마는 원래는 복지관에 근무하면서 가정폭력과 학교폭력에 시달린 아이들을 끌어안아 주는 일을 하셨다. 故 김대중 대통령의 재임 시기였는데, 그 당시 참 아픈 일을 겪는 아동들의 소식이 뉴스에 많이 보도됐다. 나는 그런 사건을 어떻게 해결하는지를, 어떤 복지정책을 펼치는지 현장에서 보며 유년 시절을 보냈다. 엄마는 복지관에서 근무한 경력을 살려 교회의 목사이자 독거노인과 노숙자를 위한 무료급식소를 10년간 운영했다. 나는 그 모습을 보면서 청년 시절을 지냈다. 엄마는 그렇게 사는 것이 세상을 바꾸는 것이라 믿었고, 그렇게 선하고 착한 자리에서 자신의 청춘을 꽃피웠다. 내가 기억하는 엄마의 모든 이야기는 '누군가를 돕는 사람'으로 전개되었다. 복지관에서 그만두면 '뭐 먹고살지'로 연결되지 않고, 복지를 실현할 다음 공간을 직접 만들었다. 누군가가 주는 직업을 기다리는 것이 아니라 길을 만드는 사람이었다. 나는 엄마가 길을 만드는 삶을 나에게 물려주었다고 생각한다. 직업을 만드는 유산이다.

사람을 살리는 힘, 그것을 엄마의 60년으로 물려줬으니 더할 나위 없겠으나 딱 하나 바꾸고 싶은 것이 있었다. 엄마가 병들고 아프기 시작하자 사람들은 떠나기 시작했다. 힘든 일 좀 그만하고 싶다는 소리를 내는 이들이 생겨났다. 그들의 심정도 충분히 이해되어서 그들의 행동을 배신으로 읽을 수도 없었다. 그런 상황에서도 엄마는 변함없이 굶주리고 아프고 힘든 사람들의 편에 서고 싶어 했다. 자신이 쓰러지기 직전까지도.

참 아름다운 이야기지만 나는 엄마에게 그 아름다운 이야기의 결론을 내려줬다. 내 엄마니까. 내가 살려야 했다. "엄마, 이제 그만하자. 엄마가 건강해지면 그때 지속가능한 길을 만들자. 아니 내가 길을 내어줄게."

그래서 나는 엄마의 밥을 나누는 공간 대신 책을 나누는 공간으로 경로 변경을 했다. 그래서 나의 경력을 물으면 엄마가 밥을 나누는 10년을 포함한다. 당신도 그랬으면 좋겠다. 당신은 단 한 번도 틀린 적이 없다. 엄마의 복지관이 교회와 무료급식소가 되듯이, 세상이 어느 순간 무료급식소가 필요 없다고 말하면 또 경로를 변경해서 책방을 만들면 된다. 당신과 나에게도 언젠가 현재 하고 있는 일이 더 이상 세상의 필요와 맞지 않을 때가 온다. 그리고 어느 날은 트렌드에 맞춰야 할 때도 온다. 그럴 때 우리가 가지고 가야 할 것은 세상에 전하고 싶었던 메시지 하나다. 그것을 들고 새로운 경로를 만들자. 그 방법 중 하나가 바로 당신이 이전에는 하지 않았으나 지금부터 해야 할 엄마만이 할 수 있는 4가지를 통한 직업 설계다.

《백만장자 메신저》에는 세상을 변화시키는 메신저의 좋은 점을 다음과 같이 설명하고 있다.

세상을 변화시키는 메신저의 아홉 가지 좋은 점

하나, 전적으로 자신의 열정과 지식을 기반으로 일한다.

둘, 공감하면서 창조한다.

셋, 컴퓨터와 전화만 있으면 된다.

넷, 성공에 필요한 도구들이 값싸고 구하기 쉽다.

다섯, 두세 명의 직원만으로도 몇억을 벌 수 있다.

여섯, 마음에 드는 사람과 일할 수 있다.

일곱, 노동 시간이 아니라 전달하는 가치에 따라 돈을 번다.

여덟, 홍보를 많이 할수록 돈도 더 벌린다.

아홉, 다른 어떤 산업보다 높은 소득을 올릴 수 있다.

당신은 메신저의 좋은 점 9가지 중에서 어떤 것을 선택하겠는가? 또 전혀 생각하지 못한 것은 어떤 것인가. 회사에서 해야 하는 일이라서 하는 것이 아니라 내가 너무 좋아서 하는 일이기에 열정은 200% 오를 것이다. 지금까지 배우고, 실행한 것을 통해 일하기 때문에 더욱 매력적이지 않은가. 또한 메신저 사업의 좋은 점은 지금 있는 지역뿐만 아니라 온라인으로 확장하여 전 세계에 닿을 수 있고, 첨단 기술이 발전할수록 나의 사업에 맞는 첨단 기술을 지정해서 사업 확장을 도모할 수 있다. 뿐만 아니라 값싼 도구인 책을 통해 몇억을 벌 수 있으며, 마음에 드는 사람을 넘어 마음이 합한 사람들과 일하게 된다. 시간으로 돈을 벌지 않고 이야기로 돈을 벌게 되고, 홍보는 내가 아니라 나를 경험한 사람이 하게 되며, 그 어떤 사업보다 높을 소득을 올릴 수 있다. 그런데 이 좋은 메신저 사업에서 사람들이 쉽게 놓치고 가는 한 가지가 있다. 그것은 바로 일곱 번째이다. 노동 시간이 아니라 지식의 가치에 따라 돈이 들어온다는 것이다. 잘 기억하자. 지식의 가치이다. 노동 시간이 돈이 되는 것이 아니다. 가치의 깊이를 따라 돈이 들어오는 것이다. 그래서 결코 노동 시간을 측정해서 돈으로 환산해서는 안 된다. 예를 들어 보자. 지금 당신이 보는 책은 2만 원으로 구매가 가능하다. 그러면 보통 '책을 쓰면 2만 원을 번다.' 이렇게 쉽게 생각한다. 혹은 이 책을 통해 강의를 하면 '한 시간에 10만 원을 번다.' 이렇게 단편적으로 이해한다는 것이다. 그것은 직장 생활을 통해 돈을 버는 사고 방법이다. 우리는 생산자 관점을 가지고 있으니 입체적으로 생각해야 한다. 이 책을 통해 생길 당신의 인생 변화, 당신이 진행하는 수업과 커뮤니티, 당신이 책을 쓰면서 만들 온라인 수업과 변화될 사람들 가치까지 계산하는 것이다. 그렇다면 이 책은 얼마인가?

직업 출발점 추천

자기 이해가 필요하다면? 나를 읽기 시작했다면 글을 쓰기를 추천한다. 자신을 읽는 과정을 글로 남기기 - 작가

자기 사랑을 시작했다면? 나 자신을 사랑하기 시작했다면 자신의 이야기를 듣는 것을 추천한다. 자신에게 질문하고 듣는 과정처럼, 나와 같은 고통 안에 머물고 있는 사람들을 만나 자신을 사랑하는 여정을 함께하기 - 상담사

자기실현을 원한다면? 나만의 일을 찾았다면 반드시 말하기를 시작하라. 내가 하고 있는 일과 꿈과 과정을 나누는 것은 자기실현에 가장 도움 되는 방식이다. 인생의 목적과 잠재력을 발휘하여 다음 사람의 성장을 돕기 - 강사

커뮤니티의 변화를 원한다면? 어떤 분야의 커뮤니티를 운영 중이라면 그 분야 최고 1%의 지식과 전문성을 대중이 이해하기 쉽게 전달하는 사람이 되도록 양성하는 것이 커뮤니티 퀄리티를 높이는 방법이다. 혼자가 아닌 함께 그 분야의 모든 정보와 지식과 사례를 모으고 펼칠 수 있도록 하라. 커뮤니티 문화를 각자의 3R에 집중할 수 있도록 진행하기 - 콘텐츠 큐레이터

5단계 대반전

좋잘못해: 좋아하는 일을 해야 할까? 잘하는 일을 해야 할까?

나는 책 처방 상담을 1만 원으로 측정했다. 누구나 질문을 받으면 변화를 느낄 수 있기 때문이다. 그래서 1만 원으로 측정했다. 10명이면 10만 원이다. 100명이면 100만 원이다.

나는 나와의 8주 독서 모임을 8만 원으로 측정했다. 누구나 책을 읽으면 변화를 만들고 싶어 하기 때문이다. 그래서 8만 원으로 측정했다. 10명이면 80만 원이다. 100명이면 800만 원이다.

나는 나처럼 독서 모임을 운영할 사람을 모집해서 수익구조를 가르친다. 책을 읽게 돕는 사람은 자신의 이야기로 '수익'을 만들 수 있다. 80만 원으로 측정했다. 10명이면 800만 원이다. 100명이면 8,000만 원이다.

나는 나처럼 책을 쓰고 싶은 사람을 위한 시스템을 운영한다. 책을 읽고 쓰게 도와서 자신만의 브랜딩이 되도록 돕는 것이다. 이것은 더 많은 수익을 창출할 수 있다. 이것은 800만 원으로 측정했다. 10명이면 8,000만 원이다. 100명이면 8억이다.

이런 시스템을 지속적으로 만드는 것이다. 그럴 때 수익을 만들 수 있는 능력은 어디서 올까? 그것은 자신이 '못'하는 것을 어떻게 해결해 가느냐다.

《백만장자 메신저》에서는 백만 달러를 벌게 해주는 상품의 구조를 다음과 같이 설명한다.

1. 저가 정보 상품
2. 저가 회원 프로그램
3. 중가의 정보 상품
4. 며칠 동안 진행되는 고가 세미나
5. 고가의 상담 프로그램

이 다섯 가지 상품이 있다. 자! 당신의 사업에서 다섯 가지 상품을 설정할 수 있는가? 나는 컨설팅을 할 때, "제가 좋아하는 것과 잘하는 것 중에 어떤 것을 사업화하면 좋죠?"라고 질문을 받으면 이 표를 보여주면서 설명한다. 좋아하는 것으로는 저가 상품을 만들 수 있을 것이다. 잘하는 것은 누구나 잘할 수 있으니 저가 회원 프로그램과 중가 상품을 만들 수 있을 것이다. 그렇다면 무엇을 통해 사업을 지속하면 4번과 5번,

고가 상품으로 이어질 수 있을까?

그것은 바로 아무도 쉽게 하지 못한 것을 해야 한다. 그것이 바로 당신이 '못 하는' 것이다. 좋아하는 것과 잘하는 것과 못하는 것과 해야 하는 것 모두를 합쳐 우리는 '좋잘못해' 라고 말한다. 이 모든 것이 자신의 이야기를 구성하는 것이기 때문에 통합하는 순간, 저가부터 출발해서 중-고가로 이루어질 수밖에 없다.

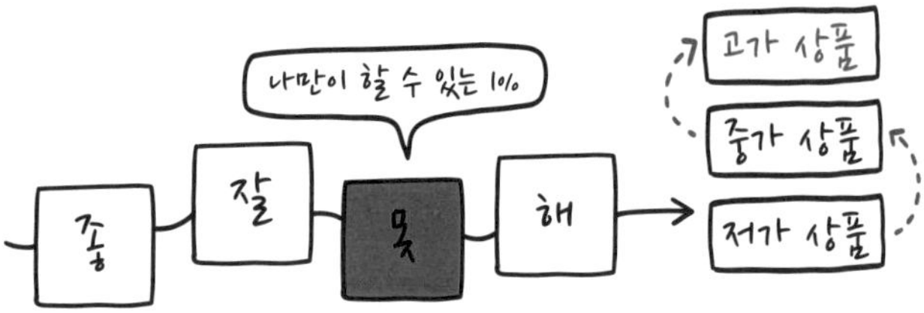

고가를 만드는 2가지 방법이 있다. 첫 번째는 오프라인에서 진행되는 수업을 전 세계의 대중을 위한 워크북으로 제작하는 것이다. 두 번째는 소수의 사람들에게 집중적인 교육을 하는 것이다. 첫 번째의 예시는 마약중독자에서 4,000억 자산가가 된 그랜트 카돈이다. 성공의 몰입을 만드는 10X컨퍼런스를 진행하면서 책 《10배의 법칙》을 만들었다. 하나의 컨퍼런스와 연결된 워크북은 오프라인을 넘어 온라인 전체 시장으로 확장되기 때문에 대부분의 동기부여가들이 이 방법을 수익 시스템에 적극적으로 사용한다. 두 번째의 예시는 세계적인 동기부여가 토니 로빈스이다. 세미나를 진행하고, 그 내용으로 책 《네 안에 잠든 거인을 깨워라》가 나왔다. 또한 이 세미나 안에는 저-중-고가로 나뉘어서 제작되어 있고,

토니 로빈스가 양성한 코치를 만나는 것과 토니 로빈스를 만나는 것에 대한 수익구조가 체계적으로 만들어져 있다.

수익구조는 내가 가진 것을 어떤 방법으로 주느냐에 따라, 또한 고객이 원하는 것을 어디까지 줄 수 있느냐에 따라 다양하게 제시할 수 있도록 만드는 것이다.

저가 - 중가 - 고가로 만들어 보자. 당신과 온라인으로 만나는 것은 얼마인가? 당신과 대중이 만나는 것은 얼마인가? 당신과의 소규모 미팅은? 단 한 사람에게 제공되는 일대일 만남은 얼마인가? 이것이 바로 상품을 구조화하고, 누구든지 참여할 수 있지만 원한다면 더 깊이, 넓게 만날 수 있도록 콘텐츠 사업을 입체화하는 것이다.

고가가 되는 과정 가운데에 가장 큰 수익을 만드는 것은 사실 저가 상품이다. 아무리 고가라고 해도, 가장 잘 기획되어야 하는 것이 1번, 저가 정보 상품이다. 저가 정보 상품으로 지속적인 금액이 들어오지 못하면, 고가 상품의 가치는 사라진다. 지속적인 금액이 들어온다는 것은 리뷰를 계속 받고 있다는 것이다. 고객의 리뷰가 당신의 가치를 만든다. 그래서 브랜드를 오래토록 운영하는 사람은 저가 정보 상품을 지속한다.

고가의 상품을 판매하면서 반드시 대중을 위해 줄 수 있는 것을 기획해야 한다. 고가 상품을 쪼개서 반드시 저가 상품을 만들어야 하고, 이것을 통해 나온 상품을 대중화시킬 수 있다면, 저가 상품이 계속해서 고가 상품의 통로를 만들어 줄 수 있다.

《백만장자 메신저》를 많은 분들이 읽는다. 그러나 이 책이 말하는 방법으로 실제 돈이 되게 만든 사람은 몇 명 없다. 이 5가지 라인을 읽더라도 실행하지 않기 때문이다. 앞서 말한 3R을 지속하지 않으면 나의 브랜드 메시지를 찾을 수 없다. 자신의 '못'(못하는 것)이 무엇인지 찾아서 자신의 한계를 넘지 않으면 나의 고가 상품은 기획조차 할 수 없다. 지금 해야 하는 것은 '못'을 넘는 사람이 되는 것이다. 《백만장자 메신저》가 이야기하고 싶은 상품의 개념은, '저가부터 고가로 높이세요.'가 아니다. '한 사람이 메신저가 되어가는 과정을 기획하세요.'이다. 수익 구조는 결국 입체적인 이야기이다. 자신의 삶을 이야기로 만들 수 있으면, 나 자신이 나에게 반하는 단계와 질문마다 가격을 측정할 수 있다.

브랜딩은 나의 건물을 세우는 것이다. 나의 이야기라는 토지에 콘텐츠라는 건물을 세우는 것이다. 그렇기에 나의 이야기가 좋은 토지라면 브랜딩은 수익으로 확장될 수밖에 없다. 그렇기에 내가 나에게 반하는 '찐 팬'이 되어야 한다. 내가 나에게 진짜 반하기 위해서 영웅이 되어주고, 악당이라고 생각해 왔던 존재를 발견만 하면 계속해서 의식을 전환시키고, 새로운 이야기를 써가야 한다. 그럴 때 만들어진 콘텐츠는 건물이 되어 사람들이 모일 수 있게 한다. 오늘 기분이 나쁘다면, 문제가 생겼다면 그것은 바로 건물을 세울 수 있는 좋은 토지가 발견된 것이니 "빌런 나와라!" 하면서 "오늘 빌런은 얼마짜리인가 보자!" 하게 될 것이다.

다 준비되면 시작하겠다고 생각하지 말자. 내 이야기를 확인하고 좋은 토지로 만들어가면서, 건물을 세워가면서 리모델링을 하면 된다. 오케스트라에서 연주를 한다고 상상해 보자. 연주가 진행되는 동안 '도'를 쳐야 하는데 '시'를 쳤다고 그 자리에서 울 것인가. 연주는 지속되어야 한다. 음악이 음악다웠으면 끝나는 것이다. 그런데 문제에만 집중해서 살면 연주는 한 번도 하지 못한다는 것이다. '시'를 쳤다고 엉엉 울고 있는 실수를 그만하자. 잘못 쳤어도 상관없다. 오타가 있는 게 무슨 상관인가? 사람들이 뭐라 할 것 같은가? 무슨 상관인가? 내가 좋았는데. 만족스럽게 내가 나에게 반해서 재밌게 놀 것을 더 찾아가면 된다. 내가 내 삶의, 내 사업의 건물주이기 때문이다. 건물주 입장에서 하려고 하는 건, 사람들이 내가 셀렉 해 놓은 큐레이션을 보게끔 하려고 배치 중이다. 그래서 모든 과정이 돈이 될만한 지금의 시간을 보내야 한다. 아이의 학원을 골라도 제일 좋은 걸 찾아주고 싶어 하면서 왜 자기 자신의 삶에는 보통, 그냥 대충을 선택하는가? 이제 내가 나의 삶을 운영하는 주체자가 되기로 선택하고, 사업으로 이어가서 끝장나게 최고가 되어주자.

내가 선택해야 하는 건, 내가 나의 히어로가 되어주고, 내가 나에게 제일 반하게 해주고, 지금 나를 제일 행복하게 하는 것을 해주는 것이다.

어색한 것에 집중하지 말라. 이번에는 연주를 하다가 멈췄다고 놀라지 말고, 지금 해야 하는 건 완전히 내가 통째로 반하는 일을 지속하자. 한 엄마가 인스타그램 스토리에 글을 썼다. '00아, 이 책이 엄마를 어디로 데리고 갈지 엄마도 기대돼'라고. 나는 멋있어서 이 문장을 보고 울었다. 그런 문장을 쓸 수 있다면 그 문장에 빠져 있으라. '어색하다, 서툴다'라는 것은 내가 처음 해본다는 뜻이다.

그림책을 좋아하는 엄마가 있다. 그녀는 아이에게 매년 1만 권의 그림책을 읽어주면서 '좋'아 하는 것은 그림책이 되었다. '잘'하는 것은 대화였다. 특수교육을 전공한 그녀는 좋아하는 것과 잘하는 것 '좋잘'을 묶어서 '그림책 대화 전문가'로 활동했다. 여기까지는 다른 브랜드와 비슷하다.

저가 상품 [맞아언니 상담소]: 저가 상품으로는 읽고 있는 그림책 한 권 한 권을 통해 그림책 대화를 할 수 있게끔 했다. 사람들이 "맞아"라는 말이 듣고 싶을 때, 와서 이야기를 하고, 그림책을 처방한 것이다. 사람이 가야 할 방향은 책을 통해 징검다리를 세워주는 일이다. 맞아언니 상담소의 이름은 고객들의 리뷰를 통해 만들어졌다.

"선생님과 대화하면 "맞아, 맞아" 하는 소리가 너무 좋아요."라고 했다. 그러니 이름을 만들고 나서 시작할 필요도 없다. 이름은 리추얼을 진행하고 있으면 리뷰를 통해 고객이 지어준다.

중가 상품 [그림책 대화 전문가]: 그녀는 좋아하는 그림책을 통해 그림책 처방 상담에 이어서 수업을 시작했다. 고객의 원함(니즈)를 이루어 준 것이다. 우리 아이에게 그림책 제대로 읽어주는 엄마가 되어야지라는 고객의 원함을 읽고, '1만 권 중에 반드시 읽어야 할 책을 읽도록 돕는다.'는 목표로 진행된 수업에는 사람들이 끊임없이 모였다. 그림책을 읽는 수업을 도서관에서 진행하고, 도서관에서 책을 고르는 방법을 안내했다. 책을 고르는 재미를 경험한 사람들은 도서관을 사랑하게 된다. '내가 그림책을 좋아하는구나. 나도 그림책을 읽어주는 일을 할 수 있겠다' 라며 자기실현을 꿈꾸게 된다. 사회적으로는 어떨까? 도서관에서 그림책을 읽는 모임이 늘어난다.

여기까지도 보기 좋은 브랜드 활동이다. 그런데 나는 그녀의 1%를 찾아 차별화를 확고하게 하고 싶었다. 그녀는 말도 잘하고, 대화도 잘 이끌고, 그림책 큐레이션도 잘했다. 나는 그녀에게 말했다. "앞으로 '그림책 질문 전문가, 그림책 상상 전문가' 등 다양한 브랜드가 나올 거다. 그 어떤 사람도 쉽게 할 수 없는 부분으로 가야 한다."

이제 1%의 브랜드가 되기 위해 '못'을 꺼내야 했다. 그녀가 가장 힘들어하는 성에 대한 부분을 꺼내 성 치료를 공부하도록 권했다. 인생에서 반드시 해결해야 할 '못한다'를, 브랜드의 차별화로 형성한 것이다. 현재 그녀는 그림책을 통해 성치료를 하는 유일한 사람이다. '성 치료의 대가인 텔미 넬슨 교수님의 제자이자, 그림책 1만 권을 읽었고 앞으로 매년 1만 권을 읽을 사람'은 한 사람밖에 없기 때문이다. 쉽고, 재밌는 브랜드로 저가 상품과 중가 상품을 구성했다면 그다음은 앞으로가 기대되는 최상의 1% 자리로 가야 한다. 그러면 더 이상 못할 게 없어진다. 더 이상 못할 것이 없는 그림책 전문가를 내가 브랜딩 했다. 존재 자체가 그림책인 그녀는 캥거루 그림책 최미영 대표다. 그녀의 용기 있는 시작으로 대한민국 엄마들이 도서관을 찾게 되었다. 그녀의 초청으로 그림책을 가지고 성교육 전문가가 되게 하는 라인이 생겼다. 그녀는 2개의 파이프라인이 있다. 그림책 대화라는 대중적인 라인과 그림책 성교육이라는 유일무이한 라인이다. 그녀는 국내 유일한 그림책 대화 전문가를 양성과정으로 만들었다. 곧이어 그림책이 아닌 다른 콘텐츠를 통해 성교육 전문가가 생기도록 도울 것이다. 나 자신이 극복 '못'하는 부분일 때는 성교육이 어려운 문제이지만, 브랜드로 꺼냈을 때는 유일무이한 힘이 된다는 것을 잊지 말자.

최미영 대표는 나에게 이런 말을 자주 한다.

"박선아 대표님은 한 사람의 이야기라는 티끌에서 우주를 본다." 라고 말이다. 나는 그 사람 안의 광대함을 안다. 내가 대단한 능력이 있는 것이 아니라 사람이라는 책은 원래 광활한 우주다. 장애물이 커 보일 때는 가려있어서 보이지 않지만, 자신의 이야기라는 책을 펼치기 시작하면, 광경으로 보인다. 당신이 '못'한다고 단정 지어 놓은 경계를 풀고, '못'의 이야기를 펼쳐주기 시작하면 당신 안의 광활한 이야기를 만나게 될 것이다.

티끌이라고 표현하지만 나에게는 그것이 당신의 1%다. 당신이 못한다고 내려놓은 이야기 1%에 당신만이 만들 수 있는 최상의 1%가 있다. 그 이야기를 당신의 세계에 연결하는 것이다. 그러면 내 인생에서 사라지기를 바라며 없애야 된다고 생각했던 장애물은 도구가 되고, 생산성 자체가 달라진다. 최미영 대표가 책방에 왔을 때 셋째 아이가 6개월이었다. 그런데 지금은 6살 형이 되었다. 아이가 커가는 과정이 브랜드가 되는 것과 아이만 키우는 것은 다르다. 브랜드를 할 때 제일 좋은 방식은 애를 하나 더 낳는 것이다. 애를 키우면서 브랜드가 되는 것이 엄마에게 제일 큰 힘이다. 그렇게 했던 엄마가 제일 잘 됐다. 저출산은 엄마만이 할 수 있는 일을 되찾을 때 끝나는 문제 아닐까.

기억하자. 당신은 못할 것이 없다. 좋아하는 것과 잘하는 것 중에서 무엇을 할지 고민할 필요도 없다. 자기 자신의 빛이 닿을 수 있는 부분을 미리 가보고 준비해 가기를 바란다. 준비되었다면 첫 자리로 돌아와 3R을 지속하면서, 자신의 1%를 찾아 유일무이한 브랜드가 바란다.

나만의 숨겨진 1%, '원씽'을 찾아라

보통, 책을 읽을 때 '저자가 이렇게 하라'라는 것에 꽂혀서 책을 읽는데 그건 책의 구조와 저자가 전하려는 의도를 파악하지 않은 채, 그냥 책에서 나오는 문장에 빠져서 읽는 방식이다. 근데 책 《원씽》을 제대로 읽으려면 저자가 왜 하나만 선택하라고 했는지와 그 배경과 진짜 원씽이 무엇인가까지 고민하면서 읽어야 한다. 저자는 사실, '좋잘못해'를 통해 통합된 한 가지를 하라고 말하고 있다. 원씽을 한 줄로 설명하면 "좋아하는 것, 잘하는 것, 못하는 것, 해야 하는 것을 잘 파악하고 그것을 하나로 만들어서 너만의 차별화된 원씽을 시작하라."이다.

그러니 이런 실수를 하지 말자. "저자가 원씽하자 했어. 자기개발서 읽자! 해내자! 여러분 이제 회사에서 영업만 합시다. 해냅시다. 1등이요. 우리 그것만 생각하면 돼요." 이렇게 읽는다면, 오독하고 있는 것이다. 그리고 책을 읽었는데 행동하지 못한 자신을 향해 "너 이거 봐봐. 책에 이렇게 나왔지? 왜 이거 안 해?"라고 말하게 된다.

진짜 나만의 '원씽' 스토리 되찾기

저자 게리 켈러가 쓴 원씽을 이해하려면 게리 켈러라는 사람책부터 읽어야 한다. 저자 소개에 이렇게 적혀 있다. '텍사스 오스틴의 한 칸짜리 사무실에서 출발해서 현재 미국에서 가장 큰 투자개발 회사를 일구었다.' 그 결과를 읽으면 안 되고, 이 사람의 스토리로 읽는 것이다.

그리고 당신이 읽고 있는 책 《엄마의 브랜딩 1%》의 'Part 2 엄마의 재미'에 나온 인생 시나리오를 나 자신이 아니라 저자에게 대입해 보는 것이다. 진짜 책을 파악하려면, 그 한 사람의 인생 시나리오를 펼쳐봐야 한다.

설명을 그대로 간다면 이 사람도 한 시나리오로 이루어진 것이고 원씽이라는 책이 되기까지 자기가 자신을 가장 힘들게 했던 것, '못'했던 것은 돈을 만드는 것이다. 여러 번의 실패를 극복하기 위해 시스템을 만들기로 결정했고, 1%가 되는 일을 해내려고 방법을 구상한 것이다. 그가 잘하는 것이 부동산 시스템이었고, 부동산 시스템을 만들 듯이 원씽이라는 시스템을 구성해서 하나를 통해 전체를 이루는 시스템을 제작한 것이다. 단편적으로 '이걸 하나 하면 전체가 되겠다'고 생각하면 이해하지 못한 것이다. 잘하는 것 하나를 제대로 시작하자는 결론으로 이어지면 안 된다.

자신이 좋아하는 것, 잘하는 것, 해야 하는 것, 못하는 것을 잘 파악해서 자기의 원씽이라는 통 안에 넣는 방식을 해야 한다.

자, 이제 우리 자신이 가진 모든 이야기를 차별화로 만들 시간이다. 내가 잘하는 하나를 꺼내는 것이 아니다. 섞어야 한다.

> **"섞어라! 기적이 생긴다. 이 시대의 유능한 크리에이터들은 이미 섞고 있다. 그리고 날마다 다양한 분야에서 섞는 기적을 체험하고 있다. 섞으면 성공한다."**
>
> **– 《믹스》 中**

그렇기에 게리 켈러는 빅피처를 그리고, 그것을 이룰 때 자신에게 필요한 것이 공동저자와 공동사업이라는 것을 알았다. 그래서 그 일을 이루는 시스템을 만들고 끝에서 바라보고 처음을 '원씽'으로 시작을 한 것이다. '원씽'은 전체적인 도미노를 하나하나 세우고, 끝을 정해놓은 다음, 처음의 도미노 한 조각을 누르는 것이다. 끝에 정해놓은 게 원씽, 전체가 되는 것이고 그러기 위해서 한 점을 찾았는데 그 방식으로 자기가 좋아하는 글쓰기를 선택하고, 잘하는 부동산을 선택하고, 못하는 돈 버는 걸 선택하고, 해야 하는 부분은 공동 프로젝트로 진행해서 자신의 좋잘못해를 통합한 방식으로 고민하고 그것을 콘텐츠로 만든 것이다.

당신이 읽고 있는 이 책도 마찬가지다. 분석해 보라. 내가 잘하는 '브랜딩'을 말하지만 사실 내가 가장 '못'하는 '엄마'의 자리를 공략한 것이다. 그러면서 좋아하는 '글쓰기'를 통해 당신에게 소개하고 있고, 해야 하는 상위 1%를 향해 가야 할 질문을 모아 워크북으로 제작했다. 그러니 지금부터 당신만의 '원씽' 스토리를 찾자.

좋잘못해 수익구조 순서

1) 처음 시작할 때, 수익구조를 먼저 만들 때는, 내가 좋아하는 것 혹은 잘하는 것 + 그리고 강사, 상담사, 작가, 콘텐츠 큐레이터 4가지 직업 중 하나를 넣어 조합하자.

예) 그림책 + 상담

2) 상위 1% 나만 할 수 있는 일을 만들 때는, 탄생 이야기를 바탕으로 찾은 핵심 감정, 그것을 통해 나의 '못'을 발견해서 차별화된 사업을 구성해야 한다. 이것이 《빅프라핏》이 말한 사회적 문제를 바꾸는 구조이다.

예) 그림책 + 상담 + 성치료

3) 상위 1%가 되는 것은 자기가 절대로 깨지 못할 것을 넘어, 나와 같은 문제를 가진 사람을 돕는 방식을 사업화하는 것이다.

예) 그림책 + 상담 + 성치료 + 워크북

4) 인생은 결국 내가 되기 위해 사는 것인데, 이 방식이 내 삶이 바뀌어 가고 내가 되었다는 것을 수익으로 증명받는 삶이다.

예) 그림책 + 상담 = 도서관 그림책 전문가

그림책 + 성교육 = 그림책 성교육 양성과정

좋잘못해를 찾고 싶을 때 '사람책'을 읽자.

혼자 있을 때는 이 모든 것을 정확하게 파악하기 어렵다. 그러나 독서 모임을 하면서 알게 될 수도 있고, 어떤 사람의 행동을 통해 발견할 수도 있다. 3R (리추얼, 리뷰, 리라이팅)은 나 자신을 발견하고 고객의 재경험을 돕는 최고의 선물이다. 이것을 지속하면서 좋아하는 것과 잘하는 것과 못하는 것과 해야 하는 것을 찾아 나만의 '원씽'을 만들자.

1. 좋아하는 것은 '놀라운 아이'의 영역이다.
방법: 자기 사랑 노트의 감격 리스트를 작성해보라.

2. 잘하는 것은 '재능'의 영역이다.
방법: 자기 자신이 현재까지 사용했던 모든 재능을 다 적어보라.

3. 못하는 것은 '감정'의 영역이다.
방법: 나를 힘들게 하는 감정을 적고, 이유를 작성해 보라.

4. 해야 하는 것은 '역할'의 영역이다.
방법: 나를 둘러싼 역할을 적고, 해야 하는 것을 작성해보라.

엄마와의 화해: 《안녕 나의 엄마》

내가 제일 하고 싶은 건 엄마였지만, 제일 '못'하는 것이 엄마와의 관계였다. 엄마와의 화해가 제일 힘들었기 때문이다. 엄마와 나는 너무 닮았고, 겉으로는 좋은 관계가 가능했지만 속으로 들어갈수록 나는 내가 미울 때 엄마를 동시에 미워했다. 나 자신이 이해되지 않으면 엄마가 더 답답해졌다.

진짜로 관계를 맺고 싶은데 그게 안되니까. 그래서 내가 했던 방법은, 유일한 어른인 내가 나를 위해 해주고 싶었던 말을 엄마의 목소리로 대신 들려주는 그림책《안녕 나의 엄마》를 쓰는 것이었다. 우리 엄마는 나에게 "애도 잘 키웠으면 좋겠다"라고 자주 이야기했는데, 나는 그 말이 아닌 "박선아가 해주고 싶은 말이 뭔지 알아? 너는 역할도 아니고 누구의 아내도 아니고 누구의 엄마도 아니야. 너는 너로 살았으면 좋겠어"라는 말을 나에게 해줬다.

방어기제 중에서 유일하게 건강한 방법인 '승화'를 사용한 것이다. 그 말을 나에게 무한 반복할 수 있는 방법을 그림책으로 찾아낸 것이다. 그림책《안녕 나의 엄마》의 첫 문장은 질문으로 시작된다.

"엄마는 언제 태어났어?"

엄마는 태어난 날을 모른다. 그래서 늘 호적으로 정해놓은 생일이 되면 그렇게 화를 내고 예민해졌다. 나는 어린 시절 내내 이해할 수 없었다. 그래서 10월이 늘 힘들었다. 그런데 신기한 건 이 책을 쓰면서 우리는 생일 날짜가 아니라 탄생했음을 초점으로 서로의 살아있음을 축복하게 되었다. 마지막 문장은 이렇게 끝난다.

"우리는 또 어떤 이야기를 만나게 될까?"

그림책이 출간되고 도서관마다《안녕 나의 엄마》가 배치되었다. 가장 많이 받게 되는 메일이 '우리 아이가 잘 때마다 읽어달라고 해요.', '친정 엄마에게 처음으로 그림책을 선물했어요.', '이 책을 읽고 엄마와 처음으로 대화다운 대화를 시작했어요.'

이런 리뷰를 받을 때마다 '내가 문제를 프로젝트로 만들기 잘했구나. 못하는 것을 그냥 두지 않고 다음 페이지를 쓰길 정말 잘했구나.' 하게 된다.

물론 나 역시 "엄마가 먼저 좀 바뀌고 나 좀 바뀌게 해주면 안 되나?" 이런 생각에 살았던 적도 많았다.

그런데 나부터 나의 삶에 초점을 맞추니 나의 '못', 즉 절대 해결되지 않을 것이라 생각했던 나의 미해결 과제를 통해 나의 인생의 변화를 만들 수 있었다.

엄마로 살면서, 아이에게 진짜 남겨야 하는 건, '나 자신의 이야기를 충분히 읽는 것'이다. 나를 깨달아가고, 나 자신의 빛을 내면서 살 때, 그 이야기는 마땅히 상위 1%가 될 수밖에 없다. 그러면 우리 아이들은 어떻게 살게 될까?

《안녕 나의 엄마》라는 책의 리추얼을 통해 리뷰를 모으게 되었다. 대부분의 리뷰는 "나도 엄마와 화해하고 싶어요."였다. 그래서 엄마작가 공동 저서 프로젝트를 진행했다. 나처럼 생각하는 엄마들이 모여 공동 저서로 《엄마이자 나로 살겠습니다》를 썼다. 엄마랑 화해하고 내가 나에게 얘기해 줄 것을 얘기해 주고 아이에게 남길 이야기를 쓰는 책을 쓴 것이다. 이 책은 또다시 베스트셀러가 되었다.

어떤 작정을 하고 일을 시작하다가 지쳐본 적 있는가? "작가가 되고 말 거야! 베스트셀러를 내야지! 돈을 많이 벌 거야!"처럼 말이다. 그런데 사실 자신의 이야기 속으로 진심을 담아 들어가면 그런 작정은 그냥 되어지는 것이다. 내 삶의 변화를 만들 때 빛을 낼 수 있기 때문이다.

나는 셀프브랜딩의 기초과정으로 항상 《안녕 나의 엄마》와 《엄마이자 나로 살겠습니다》 이 두 권의 책을 가장 먼저 추천한다. 《안녕 나의 엄마》는 관계의 오해를 풀면서 자신의 핵심감정을 찾을 수 있도록 질문형으로 되어있다. 《엄마이자 나로 살겠습니다》는 친정엄마부터 아이까지 이어지는 이야기를 써갈 수 있도록 구성되어 있다. 나만의 스토리로 브랜드를 만들 사람에게 반드시 필요한 책이다.

처음을 잘 기억해야 한다. 나에게 화나는 지점이 있으면, 그것부터 에너지를 전환해서 쓰면 된다. 의식 전환 프로젝트를 시작하고 자책하고 힘들어하는 에너지의 크기를 모아 형태를 변경해서 예술로 승화 시켜보자. 나의 이야기를 바꿔 갈 때마다 글쓰기를 지속하는 것이다.

보통 우리는 좋아하는 것과 잘하는 것을 한 세트, 못하는 것과 해야 하는 것을 한 세트로 배열한다. 그래서 못하는 것과 해야 하는 것이 나타나면 부정적인 마음이 생기고, 잘하는 것과 좋아하는 것이 생각나면 '괜찮은데?'하고 여기기 마련이다. 그래서 늘 언제나 낮에는 괜찮다가 밤이 되면 안 좋아지는 이야기를 계속 반복하며 인생을 살게 된다. 그때의 우리를 해와 달이라고 생각한다면, 결국 해와 달은 하늘에 떠 있는 동일한 양면체인 것이다.

자, 이번에는 이렇게 붙여보자. 좋아하는 것과 못하는 것이 한 세트고, 잘하는 것과 해야 하는 것이 한 세트다. 좋아하는 것과 못하는 것을 묶고 잘하는 것과 해야 하는 것을 묶어봐라.

좋아하는 것은 충분히 좋아하고 있는가. 좋아하는 것을 충분히 좋아하기도 전에 그것을 못한다는 것과 연결한다. 잘하는 것에서 못하는 것을 발견하여 보완하는 것이다. 좋아하는 것이 생기면 왜 좋은지, 어떨 때 좋은지, 더 좋아할 방법이 무엇인지, 좋아하는 것을 어떻게 실행할지 생각하자. 좋아하는 것과 만나기도 전에 헤어지지 말자. 예를 들어 글쓰기를 좋아한다고 생각해 보자. '그런데 나는 문법을 못해' 이렇게 못하는 것과 연결해서 좋아하지 못하게 만든다. 그림을 좋아하면, 좋아해야 되는데 좋아하다 말고 '나는 수채화에 약해'라고 말하기도 한다.

우리는 이러한 단답적 사고(思考)를 초등학교, 중학교, 고등학교 때 계속해서 배워왔다. 즉, OX만 배운 것이다. 그래서 '내가 뭐를 잘하지?', '뭐를 못하지?'만 배웠다. '뭐를 좋아해? 얼마나 좋아? 더 좋을 수 있어. 어떤 부분이 좋은데? 왜 좋게 됐어? 좋아? 너무 좋아? 어떤 감정이야?' 라고 깊이있게 얘를 묵상하듯이 살펴봐 주고, 안아주고, 케어하고, 충분히 좋은 감정을 누리자. 좋아하는 것을 지금 실행하자. 그것이 인생을 명장면으로 채우는 힘이다.

그래서 내가 좋아하는 것과 못하는 것을 묶을 때 좋아하는 건 충분히 좋아한다는 얘기를 다 써줘야 한다. 그러고 나서 못하는 것은 새로운 이미지를 씌워줄 것이다. 우리가 못하는 것들에게 치유를 선물하는 셈이다. 못하는 것에게 예쁨을 선물해 보자.

못하는 것을 예뻐하라. 못하는 것은 왜 예쁨 받으면 안 되는가? 못하는 것을 잘한다고 포장하라는 것이 아니라 못하는 건 인정하고 좋아하는 감정을 주자는 이야기이다. 예를 들어, "선생님, 저는 육아를 못해요" 하면 "육아 못하는 너, 그래도 예뻐"라고 해주는 것이다.

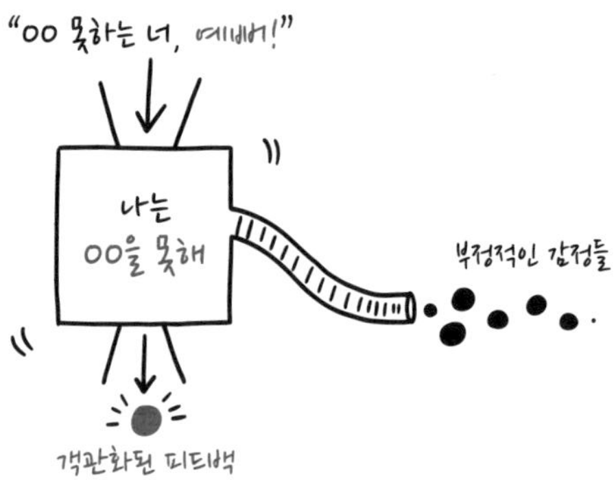

좋아하는 것에 줬던 감정을 못하는 것에 주게 되면서 완화가 된다. 그러면 못하는 것에는 딱 하나만 남게 된다. 바로 피드백. 못하는 것에게 줘야 되는 객관화된 피드백 외에는 없어져 버리는 것이다.

그런데 그전에 예를 들어서, '나는 그림을 못 그려'라고 생각했을 때 줬던 모든 감정들을 같이 생각해 봐라. 못 한다고 생각했을 때 내가 나한테 어떤 말과 행동까지 했는지. 이 세상에서 가장 귀하다는 나를 못한다는 이유로 내가 나 스스로에게 뭐라고 해왔는가.

이러한 자책은 육아하면서 제일 많이 하게 된다. 얼마나 힘든가. 드디어 엄마가 됐는데, 생명을 낳은 게 귀하고 잘하고 좋아하는 아이를 낳았는데 키우면서 '내가 엄마가 맞는가'라는 생각이 드는 순간이 얼마나 많은가. 진짜 울고 가야 할 이야기다.

그것과 동일한 모든 프레임이 생각날 것이다. 수학 못 했을 때, 국어 못했을 때, 합격 못했을 때 했던 모든 것들이 쌓이고 쌓여서 이제 엄마까지 됐는데 그 모든 것들이 엎어지듯이 아이를 키우는 나한테 한꺼번에 쏟아지는 것이다. 그걸 보고 우리가 '육아'라고 한다. 내가 가장 '못'하는 것이 육아라고 생각하는 사람이 대부분일 것이다. 나도 그렇다. 아이는 우리의 진짜 모습을 보여주기 위해 온 존재가 아닐까. 육아를 '못'하면서 발견된 것을 놓치지 말고 나의 1%로 만들자.

평범하고 아주 당연하게, 이 시대에 태어난 엄마로서 얘기해 보자. 육아가 쉬운가? 무슨 소리! 가장 어려운 게 육아다. 그러면 '어려운 거야. 못하는 거야.' 인정하고 가면 된다. 여기에 못하는 내가 이렇게 보여야 된다. 걸음마 하는 우리 아이 보듯이. 아이들이 걷기 시작하면서 조금 움직이기만 해도 "예뻐" 이렇게 하는 이유는 처음 해봐서 너무 예쁜 거지 않은가? 그런데 우리도 처음 똥기저귀를 갈아보는데 그걸 못한다고 "나는 엄마도 아니야. 난 자격이 없어" 이래야 하는가?

사실 생각해 보면 기저귀를 가는 것이 힘들어서 화가 난 것이 아니다. 이전부터 못했던 이야기가 있는데 그것이 꽉 차있었고, 기저귀를 가는 순간 터져서 이야기의 뚜껑이 열린 것이다.

자책의 반대는 '분노'다. 이 두 가지는 항상 같이 다닌다. 그렇기 때문에 자책을 해서 나한테 주든지 화를 내서 아이한테 주든지 똑같은 얘기이다. 육아를 통해 발견된 '못'하는 것을 귀하게 여기자. 그 안에 끝없는 돈이 숨어있다.

좋아하는 건 내가 얼마나 좋아하는지, 그리고 아직까지 좋아해 주지 못했던 범위가 어딘지 '그림책을 읽는 것은 좋아했지만 제가 아직 그림책은 못 써봤는데 단 한 번은 꼭 써보고 싶다.' 이게 꿈이다. 좋아하는 것이라는 씨앗 안에 여러 개가 펼쳐지게 해주는 것. 못하는 것을 발견하면 '내가 이런 것을 못하는구나.' 확인하고 나 자신을 육아하듯 귀하게 대할 방법들을 여러 개로 설정하자.

지금까지는 좋아하는 것과 못하는 것을 세트로 여겼다. 이제는 좋아하는 것과 해야 하는 것을 세트로 만들자. 좋아하는 건 얼마나 좋아하는지 더 표현해 주고, 못하는 것에 대해서는 "왜 못해" 하고 혼내는 게 아니라 "못하는 것을 발견했구나! 그 부분을 어떻게 해주고 싶어?" 하고 나를 성장하게 할 방법으로 개발해 보자는 것이다.

좋잘못해 다시 세팅하기

다시 세팅할 때는 이렇게 연결해야 한다.

1. 잘하는 것과 못하는 것

2. 좋아하는 것과 해야 하는 것

다양한 방법을 더 많이 생각할 수 있겠지만 제일 쉬운 예로는 이렇게 된다. 못하는 것을 보완하기 위해서 잘하는 것이 합쳐지면서 유일한 강점을 가질 수 있다. 나 자신의 1%가 발견되기까지 인생은 우리에게 반복 구간을 선물할 것이다.

예를 들어, 그림책은 좋아하는 것이자 잘하는 것이지만, 이번 생에는 절대로 '성'에 대해서는 이겨내지 못할 거라고 생각할 때 성교육 그림책 전문가가 되는 것은 나 자신에게 상위 1%가 되는 것이다.

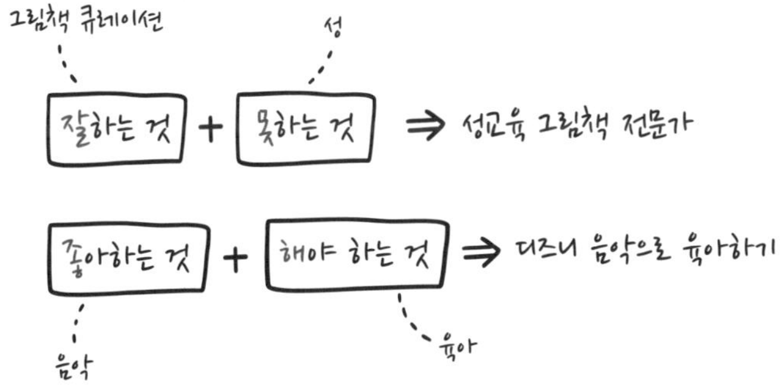

브랜드에 의미를 붙이는 과정을 '컨셉팅'이라고 하는데, 컨셉팅을 잘하기 위해 《브랜드로 남는다는 것》에서 이야기하는 일곱 가지 체크포인트(7C)와 종합적 결과인 차별성을 더해 답을 찾아가 보자.

"브랜딩의 과정이란 '컨셉 잡기'와 '체험시키기' 이 두 가지를 관리하는 일이야. 컨셉 잡기는 브랜드에 '의미'를 심는 과정, 체험시키기는 브랜드 컨셉을 고객이 더 쉽게 받아들이도록 '재미'를 더하는 과정이지. 이 두 가지를 토대로 내가 제시할 체크 포인트를 가지고 자네 사업을 점검해 보자꾸나."

•고객지향성(customer-orientation): 고객의 관점에서 보면 우리는 무슨 사업을 하는 걸까?

•응축성(codensation): 우리 브랜드의 컨셉을 어떻게 고객 마음에 심어줄 수 있을까?

•창의성(creativity): 우리 브랜드의 컨셉을 어떻게 창의적으로 전달하지?

•지속성(continuity): 어떻게 해야 세월이 흘러도 브랜드가 한결같아 보일 수 있지?

•조합성(combination): 우리 회사의 품목들은 포트폴리오 균형을 잘 맞추고 있는 걸까?

•일관성(consistency): 우리 구성원들을 어떻게 한마음으로 움직이게 하지?

•보완성(complementary): 우리 구성원들의 마음을 응집할 내부 브랜딩이 잘되어 있을까?

•차별성(differentiation): 우리 제품을 어떻게 차별화된 브랜드로 인식시키지?

차별성이란, '어떻게 네가 남과 다르다는 것을 보여줘?' 하는 것이다. 상품을 팔다가 고민하면 어려워진다. 나의 이야기는 나밖에 없다. 나와 비슷한 이야기가 많다고 생각한다면 자기 이야기를 더 들여다보라. 그러면 나만의 이야기라는 것을 알게 될 것이다.

6단계 절정

문프놀글: 문제를 프로젝트로 만들어 놀면서 글쓰기

문제를 만나셨다니, 축하합니다

나는 늘 생각한다. 만약 문제가 가장 많은 사람이 가장 많은 돈을 벌 수 있다면, 이 분야의 1등은 단연 '엄마'가 아닐까? 해결해야 할 문제도 많고, 해내야 하는 역할도 많고, 지켜야 할 비밀도 가장 많으니까.

내가 브랜딩 과정을 진행하거나 강의를 진행할 때 많은 사람들이 자신을 힘들게 하는 '문제'를 가지고 찾아온다. 문제가 자신을 힘들게 한다는 것은 잘 알지만, 한 가지 중요한 사실은 전혀 알지 못한다.

문제는 돈을 만든다는 것.

‘문제가 돈을 만든다’는 사고를 하기 시작하면 삶에서도 일에서도 많은 것이 변화하는데, 그중 가장 큰 변화는 자신의 문제를 찾아서 세상에 드러내고 싶어진다는 것이다. 이것이 바로 생산자의 관점이다.

‘나는 남편과의 사이가 좋지 않아’, ‘이 문제는 언제나 나를 힘들게 해’의 사고에서, ‘남편과 내가 사이가 안 좋네? 이 문제 꽤나 돈이 되겠는데?’의 사고로 바꿀 수만 있다면 내가 생각하는 문제의 크기만큼 돈이 된다는 이야기이다. 그래서 나는 “나에게 이런 문제가 있어요.” “내 문제는 정말 심각해요.”라고 이야기하는 사람들에게 언제나 이렇게 말하고 강의를 시작한다.

“문제를 만나셨다니, 축하합니다.”

만약 이 이야기에 흥미가 생긴다면, 문제가 생긴 것을 축하하고 그것을 돈으로 만드는 과정에 입문한 것이다.

문제를 돈으로 만들기 위해서는 반드시 ‘말버릇’에 대한 새로운 설정이 중요한데, 이것은 마치 영화나 드라마에 나오는 캐릭터에 대한 대사 설정과 같다.

예를 들어서 “남편과 사이가 좋아진 것 같기도 해요.” 식의 말버릇은 그 어떤 이야기도 만들지 못한다. 물의 온도로 이야기하자면 차갑지도 뜨겁지도 않은 미지근한 상태인 것이다. 이야기를 만들 때는 반드시 아래와 같이 확실한 언어가 필요하다.

“남편과 사이가 좋아졌다.” 또는 “남편과 사이가 좋아지길 원한다.” 문제를 돈으로 만드는 ‘새로운 대사 설정’은 이 두 가지뿐이다. 안타깝게도 이 두 가지 이외에 그 어떤 언어도 대신할 수 없다.

인생 시나리오에서 가장 중요한 것은 이야기의 '반전'을 만드는 것인데, 그러기 위해서 캐릭터의 대사 즉, 언어에 있어서도 원함(want)이 뚜렷해야 한다.

'지금 나의 문제가 결과적으로 좋아졌는지', 또는 '나의 문제가 좋아지길 원하는지' 둘 중 하나만 선택해야 한다.

예전에 한 강의장에서 청중에게 이런 질문을 받은 적이 있다. "그럼, 내 마음이 안 좋으면 말도 하지 말라는 겁니까?"

새로운 대사 설정의 목표는 "부정적인 마음에 대해서 말하지 마", "긍정적인 말만 해야 해"가 아니라 "나는 지금 남편과의 관계가 안 좋아서 너무 속상합니다. 그렇지만 나는 남편과의 관계가 좋아지길 원합니다."까지 이야기함으로써 원함에 대한 주체성과 뚜렷함을 가지는 것이다. 문제가 결과적으로 좋아졌는지 또는 나의 문제가 좋아지길 원하는지 확신이 들지 않을 때에는 마음속으로 '추'를 상상해 보라. 추의 바늘이 내가 원하지 않는 이야기로 기울었는지, 내가 원하는 이야기로 기울었는지 확인하고, 단 1%라도 내가 원하는 이야기로 추가 기울었다면, 그 1%를 선택하는 것이 핵심이다.

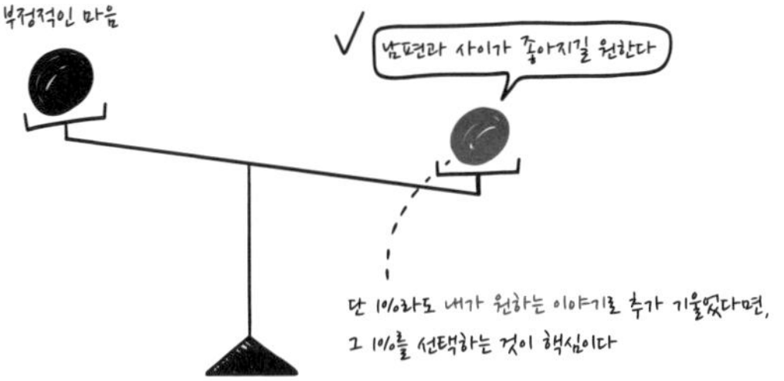

문제를 만나면 새로운 대사 설정하기! 이것이 바로 《엄마의 브랜딩 1%》 방법이다. 그러면 놀랍게도 반드시 축하할 일이 당신을 찾아온다.

문제를 만난 당신, 다시 한번 진심으로 축하한다.

'암'만 치료하기에는 암만 봐도 너무 예뻐서 놀면서 인생 레버리지

책방을 도서관처럼 활용하는 엄마가 있었다. 코로나 시기에 하루도 빠짐없이 출석하는 사람이었다. 이성적이고 분석적인 사람이라 책을 읽고 공부하는 공간으로 책방이 제격이라 생각했을 것이다. 책방이 하는 일에는 별로 관심이 없었지만 1년을 만나면서 함께 책을 읽기 시작했고, 독서 모임을 지속하면서 자기 자신에게 관심을 가지기 시작했다. 함께 울고 웃으며 친구가 되었다. 그러던 그녀가 드디어 자신의 원함을 꺼냈다.

"육아도 힘들고, 나의 원함도 뭔지 몰랐는데 이제 알겠어요. 저는 사랑을 원해요."라고 말할 때쯤 그녀에게 유방암이 찾아왔다. 마치 원함에 대한 답장이라도 하듯이, 암이 찾아왔을 때 우리는 모두 그녀에게 마음을 담아 메시지를 보냈다. 그리고 하루 이틀 뒤에 답장이 왔다.

"메시지는 바로 봤는데. 무슨 말을 해야 할지도 모르게 상태가 엉망이라 답을 할 수 없었어요. 미안합니다. 어제 병원을 다녀오고. 화가 나고 약이 올랐어요. 반복되는 기대와 실망에. 차라리 기대하지 말걸. 그냥 살던 데로 살

걸. 이란 생각이 들었어요.

꼭 내 꼴이. 낚시 카페에 있는 물고기 같았어요. 하루에도 수십 번 낚싯바늘을 덥석 물고는 잠시 후회하고, 또 낚싯바늘을 무는 물고기요. 반복되는 상처로 너덜거려 형태도 알아보기 힘든 입으로. 이제 더 이상 바늘을 물기도 힘들 텐데. 기어이 바늘을 또 물고는 상처 하나를 또 더하고 마는 멍청한 물고기처럼 느껴졌어요. 반복되는 고통의 자리엔. 이유가 있고. 그 고통을 해결할 열쇠는 사랑뿐이라고 정답도 봤고 확인도 했는데도. 이상하게 사랑이 아닌 고통에 자꾸 방점이 찍혀요. 분명 사랑일 아이들과 가족들의 얼굴을 보며 괴롭기만 한 내가 괴물 같아요. 온몸과 마음에 상처뿐인 나의 내면아이는. 울기만 할 뿐. 세상이 무섭다고만 할 뿐. 말이 없어요. 지금 그저 같이 울어주는 거 밖엔 할 수 있는 게 없어서. 너무 무력해지고. 차라리 처음부터 내가 존재하지 않았으면 좋았겠다. 내 존재가 티끌보다 작아 이 세상에 아무런 영향이 없었으면 좋겠다. 나로 인해 기쁜 사람도 슬픈 사람도 없었으면 좋겠다. 그런 생각만 드네요. 쓰다 보니 이건 6학년 정경선인데. 6살부터 6학년까지 아주 난리가 났네요.

갑자기 그동안 들었던 좋은 이야기들이 떠오르네요. 조그만 구멍에 머리를 넣고 있는 내 모습도 그려지고. 숨 쉬고, 미소 짓고, 걸으라는 말도. 그 어떤 순간에도 원함을 바라보라는 말도. 마이클 화이트 선생님의 이야기 치료의 시연 장면도. 오제은 교수님의 내면아이 치유 장면도. 이 모든 방법들의 전제가 사랑으로 살려는 나의 의지인데. 지금 저는 그게 없는 거 같아요. 그게 너무 속상하고 화가 나네요.

쓰다보니 부정적인 글만 잔뜩 써서 미안합니다. 마음이 너무 답답한데.

아무 데도 말을 할 수가 없었어요.

전화해줘서. 메시지 남겨줘서.

답이 없는 나에게 왜 그러냐 추궁하지 않아줘서.

고마워요."

암만 치료하기에는 암만 봐도 너무 예쁜 그녀를 위해 우리는 축제를 열었다. 단 한 사람의 이야기에 집중할 시기가 온 것이다.

우리는 문제를 만든 적이 없어서 억울하다고 생각한다. 그 억울함 안으로 빠져있기에는 "원하는 인생"은 명확하다. 그래서 단번에 우리는 문제를 프로젝트로 전환할 뿐이다.

병원을 다녀오고, 여러 번의 검사 결과 후 그녀는 자신의 생일에 첫 항암이 시작된다고 했다. 그래서 그녀를 위한 생일파티를 준비했다. 어떤 옷을 입고 올지, 어떤 시간이면 좋을지 원하는 것을 모두 말하라고 했고 우리는 최선을 다해 즐겼다. 크리스마스 하면 떠오르는 옷을 입고, 어린아이처럼 이름을 부르고, 반말을 하는 놀이를 하자고 했다. 결과는 암 치료와 함께 파티 프로젝트로 이어졌다.

그녀의 항암이 지속되면서 머리카락이 빠지기 시작했다. 아닌 척했지만 나는 속으로 너무 눈물이 났다. 그녀의 긴 머리는 너무 아름다웠기 때문이다. 다시 한번 그녀의 원함 "사랑하면서 살기"에 집중하면서 커뮤니티 전체가 함께 놀이를 시작했다. 이번에는 미용실 놀이였다. 책방이 미용실이 되어 모두 함께 머리카락을 잘라주었다. 미용을 전공한 엄마가 리더가 되어, 우리는 한 명씩 그녀의 머리카락이 잘리는 동안 웃겨주는 담당을 했다. 우리도 머리카락을 자를까 심각하게 고민했지만 재미가 없고 눈물만 났다. 그래서 그녀의 수치를 덮기 위해 우리의 수치를 드러내기로 했다. 그것이 바로 뱃살에 그림 그리기다. 머리카락을 자를 때마다 우리는 뱃살을 보여줬다. 그녀는 울다가 웃었다가를 반복했다. 결과는 어땠을까? 우리의 뱃살은 그녀의 행복을 만들기 충분했다. 그녀는 암 환자 중 가장 행복한 미용실을 경험했다. 성공적이었다.

문제가 없는 것이 문제다. 우주가 선물한 문제가 다가오면 존엄성 재경험을 목표로 세워두고 함께 즐기자. 문제가 가져온 감정에 빠지지 말고(물론 힘들다. 그것도 함께하면서) 문제라는 문을 넘어 내 이야기를 넓혀가고, 브랜드의 힘을 키우자.

문제는 우리를 더 높은 의식으로 끌어올리기 위해 존재하는 것이다. 이전과 똑같은 의식 수준에서 문제에 접근하면 제자리만 맴돌게 된다. 자신이 그런 딜레마에 빠져 있다면 발걸음을 멈추고 자문해 보라.

"이 문제를 바라보는 더 높은 시각은 무엇일까? 두려움이 가로막았던 것을 사랑으로 녹인다면 대체 무엇이 보이게 될까? 이 문제에 담겨있는 축복은 무엇일까? 이러한 질문을 따라가다 보면 해결책을 찾을 수 있다. 문제 거리는 형벌이 아니라 더 고차원적인 사고방식을 위한 초대장이다. 우리는 영적인 존재들이며 삶의 목적은 자기 존재의 신성한 본질을 깨닫는 데 있다. 세상의 모든 것은 이 고귀한 탐구를 위해 존재할 뿐이다."

— 《내것이 아니면 모두 버려라》 中

최고의 나! 베스트 오브 미(Best of me)로 살아라

우리가 '문프놀글' 하게 하는 힘은 내 안의 놀라운 아이다. 우리의 브랜딩이 끝까지 성장을 선택할 수 있는 힘도 놀라운 아이다. 놀라운 아이란, 최고의 나! 베스트 오브 미(Best of me)로 사는 것이다. 1%로 산다는 것은 내면아이 치유에 멈추지 않고, 자기실현까지 연결하는 것이다. 놀라운 아이는 문제를 가지고 놀 때 등장한다. 그래서 우리는 계속 놀아야 한다. 우리가 태중에 있을 때 우리가 상처받은 상태로 있었을까? 그렇지 않다. 우리는 늘 놀고 있었다.

내가 "춤을 추자!"라고 말하면 당신은 어떤가? 감정과 몸의 상태를 느껴보자. 우리는 태중에서 누구나 춤을 좋아했을 것이다. 태중에서 엄마의 탯줄을 가지고 놀고, 양수 속에서 수영을 하고, 심장 소리와 엄마의 먹는 소리, 밖에서 나는 모든 소리에 귀 기울이면서 호기심도 가득했을 것이다. 그렇다면 우리는 어떤 문제를 만나면 이렇게 생각하면 된다.

'아! 문제가 왔다는 건 탄생 프로젝트를 시작해야 하는 거구나. 내가 탄생의 순간으로 돌아가면 무엇을 하고 있을지 생각해야 하는구나!'

우리가 할 일은 본래의 나로 돌아가는 것이다. 누군가에게 춤을 추자고 해보자. 보통은 "못해. 한 번도 해본 적 없어"라고 말한다. 그럼 우리는 "축하해. 할 게 진짜 많다. 문제를 프로젝트로 바꾸면 돈을 번대. 너 진짜 돈 엄청 벌겠다."라고 말해주자.

아무도 나에게 문제를 축하하라고, 프로젝트로 만들라고 말해주지 않았다. 고난이 유익이라 하고, 역경을 이겨내라 했다. 내 안에 꿈틀거리는 게 있는 것 같은데 못 찾는 것 같았다. 진로를 찾아주는 곳을 찾아가면 성향 파악을 해 적성을 얘기하고. 적성을 따라 하니 부담스럽고, 좋아하는 걸 했더니 돈이 안 되고 머리가 아팠다. 방법이 없는 것 같았다.

당신도 직업을 찾아다니는 일에 지쳐봤다면, 쉼 없이 자신이 무엇을 하면서 살아야 할지 고민했다면 이제 문프놀글을 선택하라. 문제가 당신을 소명으로 안내할 것이다. 나는 내가 그토록 찾았던 직업을 찾을 수 없다는 문제를 프로젝트로 만들어 이 책을 완성했다. 문제를 다음 사람도 해결할 수 있도록 길을 만드는 것을 선택하자.

> **"어린아이 같음은 자발적이고 이 순간을 살아가며, 집중하고, 상상력이 풍부하며, 창조적이며, 놀고, 즐거워하며, 경이로움을 경험하고, 신뢰하고, 슬퍼하며, 사랑하고, 놀라고, 희망한다."**
>
> **– 《상처받은 내면아이 치유》 中**

보통은 좋아하는 것과 잘하는 것으로 육아를 하고, 그러다가 잘 안되면 화내기를 반복한다. 이제는 못하는 것을 만날 때마다 문제 안으로 들어가 회복을 선택하는 것이다.

문제를 만날 때 문프놀글을 하면, 우리가 회복하게 되는 것은 내가 가진 힘과 관계의 힘이다.

"자발적이고, 이 순간을 살아가며, 집중하고, 상상력이 풍부하며, 창조적이며, 놀고, 즐거워하며, 경이로움을 경험하는것"은 내가 이미 가진 힘이다. 그리고 "신뢰하고 슬퍼하며 사랑하고 놀라고 희망한다"는 관계(너와 나)의 힘이다. 그리고 이렇게 두 가지를 모두 가진 것이 바로 놀라운 아이(Wonder Child)이다. 이것이 브랜드의 힘이다.

앞에서는 좋아하는 것, 잘하는 것, 해야 하는 것, 못하는 것을 확인해서 내 것으로 만들었다. 이 글을 읽은 당신에게 묻고 싶다. 당신은 《상처받은 내면아이 치유》 책에서 말하는 어린아이 같음 중에서 무엇을 가지고 있었는데 잃었는가? 그리고 무엇을 가지고 싶은가? 다 써보라.

뜬구름 위에 앉기

이런 질문을 하는 사람이 있다. "내가 작가님처럼 '이렇게 살겠다'라고 남편에게 이야기하면 뜬구름 잡는다고 하지 않을까요?" 그렇다면 이렇게 말해주고 싶다. "나는 그동안 얼마나 많은 뜬구름을 잡았을까요?"

이 책을 읽고 실행하는 우리는 '뜬구름 위에 서 있는 사람들'이다. 이미 만들어 버렸고 수익으로 증명이 되었다. 그러니 "뜬구름 잡는 소리 아니야?" 하고 있지 말라. 같이 올라타면 되는 일이다. 나는 이것을 해야만 큰돈을 벌 수 있다는 것에 대한 확신이 있다. 바로 '독보성(獨步性)' 때문이다. "독보적이다"라는 건 내 안에 1%가 드러나는 것이고, 99%에게는 뜬구름으로 보이는 것이다. 내 안, 저 밑에 있는 부분까지도 싹 다 끌어서 가져다 쓸 줄 아는 능력, 이것은 학습으로 하거나 잘하는 것을 따라 해서는 만들 수 없다.

나는 이것이 너무 좋아서 이 일을 하겠다고 결정했다. 그 결정까지가 너무 어렵다. 문프놀글을 하지 않고 문제에 쌓여서 살기 때문에 문제부터 해결하고, 여유가 생기면 그때 뜬구름 같은 소리 듣겠다고 말하는 분들이 있다. 사람들은 늘 잊는다. 오늘은 오늘뿐이라는 것과 내일은 내가 만든다는 것과 나 자신은 유일한 존재라는 것을 말이다. 당신에게 권하고 싶다. 단 한 번뿐인 인생을 얼마나 누리고 있는가. 당신이 행복할수록, 자신이 될수록, 최고의 나로 살아갈수록 그 길이 바로 수익이 되는 멋진 세상을 만들어 보면 어떨까. 얼마나 좋을까.

비밀노트 5 나만 할 수 있는 일을 한다는 증거 1,000만 원!

1. 좋잘못해: 좋아하고 잘하고 못하고 해야 하는 것

Q1. 당신이 좋아하는 것, 잘하는 것, 못하는 것,
해야 하는 것을 적어보라.

좋아하는 것:

잘하는 것:

못하는 것:

해야 하는 것:

Q2. 당신이 절대 '못'하는 것을 넘어가기 위해, '해야' 하는 것을 하기 위해 잘하는 것과 좋아하는 것을 활용한다면 어떤 프로젝트를 진행할 수 있을지 기획하라.

잘하는 것 + 못하는 것 =

좋아하는 것 + 해야 하는 것 =

2. 문프놀글 : 문제를 프로젝트로 만들어 놀면서 글쓰기

Q1. 현재 나의 문제(장애물)는 무엇인가.

Q2. 문제를 넘어갈 프로젝트명은 무엇인가.
프로젝트의 뜻은 무엇인가.

3. 직업 설계 : 말하고, 듣고, 읽고 쓰기

Q1. 어떤 직업을 시작으로 레버리지 제작을 시작할 것인가.

□ 쓰기 (작가)

□ 말하기 (강사)

□ 듣기 (상담사)

□ 읽기 (콘텐츠 큐레이터)

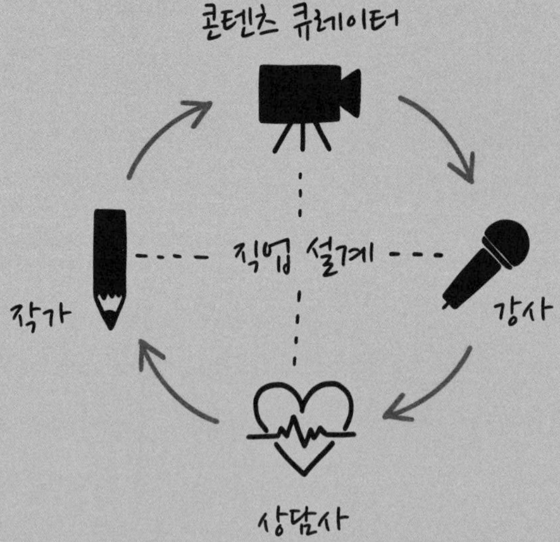

7단계 결말에서 시작하라

파도를 만드는 수익설계 〈부의 레버리지〉

레버리지에 능통한 사람이 엄마다. 엄마가 되면서 가장 많이 하게 되는 말이 있다.

"엄마는 어떻게 엄마를 했어?"

"엄마는 왜 나한테 이렇게 안 해줬어?"

"나는 엄마처럼 잘할 수 없을 것 같아."

그 말이 무엇이 되어도 결국은 내가 경험한 엄마를 중심으로 이야기가 전개된다. 그리고 그다음으로 많이 하는 말은 이것이다.

"아이야 어떻게 해줄까?"

"너에게 좋은 걸 주고 싶어."

"어떻게 하면 네가 최고로 행복할 수 있을까?"

엄마가 되니 아이에게 모든 관심이 쏟아지고, 아이를 위해 어떤 것을 해야 할지 고민한다.

이 구조가 바로 메신저 사업이다. 하려고 하는 일을 정하고, 그 일을 먼저 해온 사람 중의 1%를 찾고, 그 사람을 넘어 내가 하려는 일의 차별화를 만들고, 나를 필요로 하는 고객을 위해 어떤 것을 어떻게 줘야 할지 고민하는 것이다. 그것이 퍼스널 브랜딩의 핵심인데 엄마의 삶과 너무 똑같다.

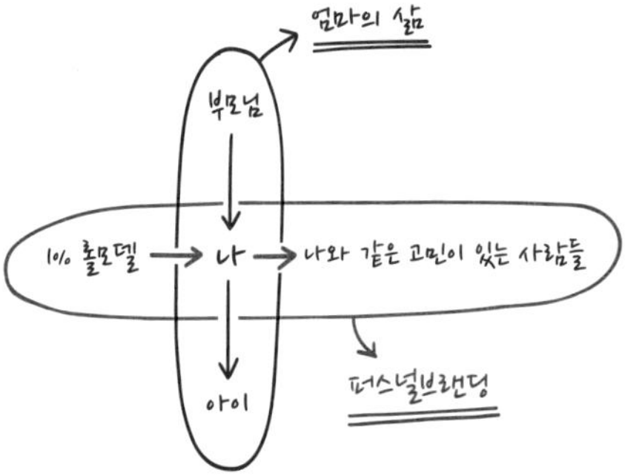

당신이 원하는 삶을 이미 살아온 사람이 있다면 그 사람은 반드시 만나야 한다. 그리고 여전히 내 안에서 '못'한다는 고정관념이 있다면 '좋잘못해'를 지속하고, 내 삶의 문제로 움직일 수 없다 느끼면 '문프놀글'을 하면서 어떤 일이 있어도 나 자신이 1%가 되는 것을 놓치지 않는 것이 엄마의 브랜딩 1%다. 그것은 내 브랜드만의 원소스멀티유즈 OSMU(one/single source & multi-use)가 되는 방법이 된다. '좋잘못해'를 하면 놀라운 결과를 만나게 된다. 나는 '못'을 통해 《안녕 나의 엄마》를 썼다. 그리고 '좋잘못해'를 연결해서 엄마들의 공동 저서 쓰기 프로젝트를 하게 되었다. 이어서 '문프놀글'을 지속하면서 공동체가 지속가능한 구조를 만들었다.

이제 나의 이야기는 나를 넘어 당신의 원함을 이루는 에너지를 펼치는 책이 되었다. 당신의 필독서도 엄마들의 원함을 이루는 에너지로 펼쳐지기를 바라면서 이 책을 썼다. 한 사람의 이야기가 원소스 (one/single source)가 되어 멀티유즈(multi-use)가 되는 수익 시스템을 만드는 것이다. 한 사람 한 사람의 마음에 닿고, 이야기를 꺼내 수익으로 전환하는 문화가 될 것이다. 그것이 바다를 이루는 것을 경험하게 될 것이다. 그것이 바로 회복의 파도를 만드는 수익 설계 시스템이다. 생각만 해도 멋지지 않은가. 모두가 자신의 이야기로 돈을 만들고, 다시 돈의 흐름을 회복에 사용하면서 살다가 책을 남기고 세상을 떠나는 장면들이 문화가 되는 것 말이다. 나는 너무나 원한다. 묘지에서 울고 있는 사람들이 가득한 삶 말고, 내가 죽은 뒤에도 이야기로 여전히 살아있는 삶을! 그리고 나처럼 이야기로 살겠다고 수익 시스템을 만든 이들이 넘치는 문화를!

나를 읽을 수 있도록 원트카드를 만들고 난 후, 강의에서, 상담에서 사례가 쏟아졌다. 와디즈 펀딩의 성공과 더불어 공동구매를 할 때마다 사람들은 나에게 물었다.

"어떻게 원트카드를 제작하게 되었어요?"

그런 질문에 대답은 책 처방 상담지를 쓰면서 발전했다고 마무리하면 좋지만, 사실 그것보다 더 디테일한 방법이 있다. 그것이 당신이 지금 배울 7단계 부의 레버리지다.

나는 한 과정을 설계할 때마다, 혹은 브랜드를 기획할 때마다 "단, 한 사람의 이야기의 결정판"을 바라본다.

원트카드는 책방을 오픈하고 찾아온 청년을 통해 만들어졌다. 책방을 오픈하자마자 한 청년이 찾아왔다 (나중에 안 사실이지만 담배를 끊고, 비누로 입을 씻고 올 만큼 간절했다고 한다). 나는 책 처방 상담을 시작했다.

"어떤 인생을 살기 원해요?" 당신이 이 책을 통해 받게 된 질문과 같다. 그 청년은 한동안 아무 말이 없었다. 한 번도 그 질문을 받아본 적이 없었다고 한다. 어떻게 살 건지 물었으면 계획을 말했을 텐데 한마디도 준비된 것이 없었다고 했다. 그래서 내가 질문을 이어갔다.

"앞으로 지금과 똑같은 삶을 살게 되면 몇 살이 되었을 때 원하는 걸 할 수 있나요?" 그랬더니 한참 동안 시간 계산을 진행하고 말했다.

"저는 그림을 그리고 싶은데 이번 생에는 힘들 것 같았어요. 경찰공무원 시험을 쳐서 합격하면 돈을 모을 생각이었어요. 그리고 그 돈으로 내 집 마련을 하고, 집을 산 뒤 그 뒤에 결혼을 하고 아이를 낳고 기르고 하면서... 아마 70살이면 그림을 그릴 수 있을 거 같아요."

그날로부터 지금까지 그 청년은 그림을 직업으로 삼기 시작했다. 깨달은 것이다. 원하는 것을 우선순위에 두지 않으면 평생 단 한 번도 원하는 인생을 살 수 없다는 것을. 그래서 〈그림으로 먹고살기〉 프로젝트를 시작했다. 힘들었을 텐데 잘 해냈다. 그 사람이 바로 《안녕 나의 엄마》의 그림작가 이자, 원트카드의 그림을 그린 김재환 작가다.

처음 김재환 작가를 만나고 생각했다. 이 청년이 그리는 그림이 자기 자신을 마주하는 그림이면 좋겠다. 그리고 김재환 작가가 자신을 마주할 수 있게 도운 그림의 영향력이 확장되면 좋겠다. 그 한 사람을 향한 꿈을 통해 만들어진 것이 대화도구 '원트카드'다.

작품이 된 것도 놀랍지만, 원트카드의 수익구조는 더욱 놀랍다. 가격은 6만 5천 원이다. 공동구매를 진행해도 가격이 내려가지 않는다. 대신 판매와 일대일 설명을 함께해 주는 상담이 제공된다. 처음부터 그랬던 것은 아니다. 이것도 리뷰를 통해 사용자들의 원함을 반영한 것이다. 그리고 원트카드 가이드 과정이 있다. 원트카드로 상담을 진행하거나 자신의 강의에서 원트카드를 활용할 수 있도록 교육하는 과정이다. 3개월 과정으로 진행하고 250만 원으로 진행된다. 물론 일대일로 모든 과정을 이수할 수 있도록 돕는다. (이것도 처음부터 그런 것이 아니다. 사용자들의 원함이 각자의 프로그램에 맞는 설계를 원했기 때문에 만들어졌다.) 그리고 원트카드 마스터 과정이 있다. 자신의 브랜드에서 원트카드를 통해 책 쓰기까지 진행할 수 있도록 설계했다. 이 모든 과정을 통해 나는 온라인 플랫폼까지 만들었다.

레버리지는 단 한 사람을 통해 시작된다. 하지만 결과는 무한대가 된다. 그러니 문제를 프로젝트로 만드는 것을 진행하고, 체질화된 삶으로 그다음 사람을 만나라. 그 사람이 가진 엄청난 보물이 당신의 확장을 만들어 줄 것이다. 문제를 해결하는 방식으로는 안되고, 놀이가 되어 선순

"레버리지는 단 한 사람을 통해 시작된다"

환을 만드는 방식이어야 한다.

독서 모임을 운영하는 사람이 해야 할 일은 '최상의 전문가 1%'가 쓴 책을 읽어야 할 사람에게 반드시 이 부분은 읽어야 한다고 가져다가 얹어서 입에 넣어주는 것이다. 그것이 북클럽이다. 이때 반드시 잊지 않아야 하는 구성이 있다. 암을 만난 사람이 읽어야 할 책을 자신이 먼저 읽고, 반드시 읽어야 할 페이지를 펼쳐주고, 다음 페이지는 우리가 써보자고 말하는 삶이 바로 '놀면서 인생 레버리지'이다.

사람들은 욕망과 니즈인 아랫방에 있다. 대부분의 사람들의 의식 수준이 여기에 있다. 그런데 우리가 문제를 가진 사람을 그 사람의 미래 모습으로 옮기는 것이다. 콘텐츠 사업이 지속가능한 이유는 서로의 미래 모습을 보기 때문이다. 그런데 싸우고 헤어지는 커뮤니티는 문제를 가진 사람과 문제를 야기한 아랫방 욕구들에 머문다.

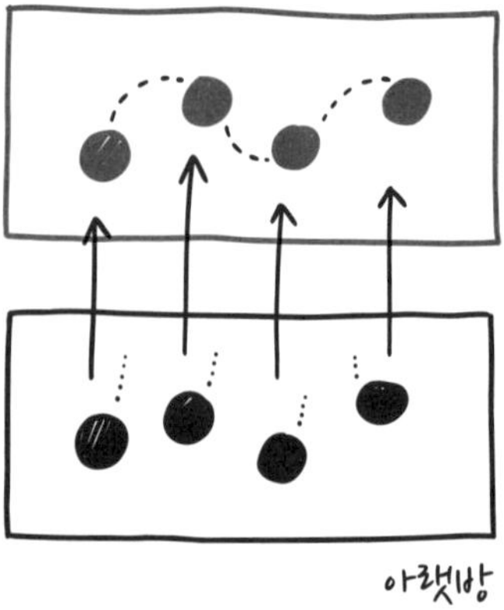

그래서 우리는 '문프놀글'을 한다. 문제가 오면 축하하라. 내가 만든 것이 아니다. '내 것이 아니면 모두 버려라'와 '상처받은 내면아이 치유'를 합친 것이다. 옆 사람한테 물어봐라. "뭐가 제일 큰 문제야?"라고. 관계 아니면 돈일 확률이 많다. 관계로 문프놀글 하든, 돈으로 문프놀글 하든, 무조건 우리는 나와 같은 고민을 하는 사람의 미래 모습이 된다. 내가 계속하는 말은 "선생님의 미래 모습이 저예요. 제가 먼저 선생님이 갈 길을 컬링 해드릴게요. 더 멀리 더 높이 가세요"라고 하는 것이다. 그러면 누가 시기 질투를 할 것인가? 누가 경쟁을 할 것인가? 무조건 서로의 성공을 축하한다. 왜냐면 그것이 자기 자신의 모습이기 때문이다. '내가 우리 커뮤니티의 미래 모습이니까 내가 먼저 넘어보자'라고 서로가 말해야 한다. 우리의 환경설정은 모두가 1%가 되는 것이다. 빛이 빛을 부르는 것이다. 그리고 서로를 이 4가지로 대하는 것이다.

1. 우리는 당신을 받아들입니다.
2. 우리는 당신을 믿습니다.
3. 우리는 당신을 바라보며 계속 당신 곁에 기쁘게 머무릅니다.
4. 우리는 당신에게 나누어줍니다.

– 《영혼을 세우는 관계의 공동체》 中

《엄마의 브랜딩 1%》의 방식은 이것이다.

1. 우리는 당신을 이야기로 받아들입니다.
2. 우리는 당신의 이야기를 믿습니다.

3. 우리는 당신의 이야기를 바라보며 당신의 이야기의 첫 독자가 되고 싶습니다.

4. 우리는 내 이야기를 당신에게 나눕니다.

우리는 계속 방향만 바꿔주는 사람이 되면 된다. 너무 대박인 페이지다. 직접 써서 냉장고에 붙여 놓자. 우리는 무엇을 하자고 말을 할 뿐, 잘 해낼 필요는 없다. 대신 내가 끝까지 갈 사람인 것이면 된다.

독서 모임을 하면 꼭 소개하는 책이 있다. 《칼 로저스의 사람-중심 상담》이다. 이 책을 앞부분부터 읽으면 마지막의 명대사까지 읽지 못하기에 아마 한국에서 이 책의 이 문장을 실현하는 사람은 1%일 것이다. 반드시 당신의 삶에서, 당신의 커뮤니티에서 이 삶을 꿈꾸길 바란다. 그리고 우리 내일의 사람들로 만나자.

"나는 이런 사람들을 경험해 오면서 그들이 공통적으로 가지고 있는 어떤 특징들을 발견했다. 그 특징들을 한꺼번에 다 가지고 있는 사람은 아마 한 사람도 없을 것이다. 그렇지만 전혀 새로운 혁신적인 내일의 세상에서 사는 능력을 보여주는 어떤 특징들이 있다고 생각한다. 내가 보고 경험한 대로 간략하게 몇 가지 설명하겠다.

1. 개방성

이러한 사람들은 세상(내면과 외부 모두)에 대해 열려 있다. 그들은 경험, 새로운 방식으로 보는 것, 새로운 방식으로 존재하는 것, 새로운 아이디어와 개념들에 열려 있다.

2. 진실성을 향한 열망

나는 이러한 사람들이 진실 되게 말하기 위한 도구로서 대화를 가치 있게 여긴다는 것을 발견했다. 그들은 우리 시대의 위선, 기만, 이중적인 말을 거부한다, 예를 들어, 그들은 비밀스러운 이중생활을 이끌어 가기보다는 성관계에 대해서 솔직하게 이야기한다.

3. 과학과 기술에 대한 회의

이런 사람들은 자연 세계를 정복하고 세상의 사람들을 통제하기 위해서 사용되는 현대의 과학과 기술을 깊이 불신한다. 반면, 바이오 피드백과 같이 과학이 자기 인식과 자신에 의한 지신의 통제를 고양시키는 데 사용될 때는 적극적으로 지지한다.

4. 전체가 되고자 하는 갈망

이런 사람들은 몸과 마음, 건강과 질병, 지성과 감정, 과학과 일반 상식, 개인과 그룹, 온전함과 정신이상, 일과 놀이가 분리된 세상에서 사는 것을 좋아하지 않는다. 그들은 삶의 전체성, 즉 생각, 느낌, 신체 에너지, 심령 에너지, 치유 에너지 등의 모든 것이 경험 안에서 통합되는 삶을 위하여 노력한다.

5. 친밀감에 대한 소망

이런 사람들은 가까움, 친밀감, 함께 목적 나누기를 새로운 형태로 추구한다. 그들은 그러한 공동체 안에서 비언어적일 뿐 아니라 언어적으로, 지적일 뿐 아니라 감정적으로 의사소통할 수 있는 새로운 형태를 추구한다.

6. 과정의 사람들

이러한 사람들은 삶에서 확실한 것은 변하며, 그들이 항상 과정 가운데 있다는 것과 항상 변한다는 것을 날카롭게 인식한다. 그들은 이러한 위험을 무릅쓰는 존재 방식을 환영하며, 변화를 맞이하는 방식에서 활기차게 살아 있다.

7. 배려

이런 사람들은 다른 사람의 필요가 있을 때 배려해 주며 열심히 도와준다. 그것은 부드럽고 눈에 띄지 않으며 도덕적 잣대가 없고 판단적이지 않은 배려다. 그들은 전문적인 '조력자'들을 의심한다.

8. 자연에 대한 태도

이런 사람들은 자연을 가깝게 느끼며 돌보고 싶어 한다. 그들은 생태학적인 태도를 가지고 있으며 자연을 정복하려 하기보다는 자연의 힘과 동맹을 맺는 데에서 기쁨을 얻는다.

9. 반제도적

이런 사람들은 매우 조직적이고 융통성이 없고 관료주의적인 제도에 대한 반감을 가지고 있다. 그들은 제도들이 사람을 위해서만 존재해야 하며 그 반대가 되어서는 안 된다고 믿는다.

10. 내면의 권위

이런 사람들은 자기 자신의 경험을 신뢰하며 외부의 권위에 대해서는 깊이 불신한다. 그들은 스스로 도덕적 판단을 내리며 자신이 옳지 않다고 생각하는 법에 공공연하게 불순종하기까지 한다.

11. 물리적인 것에 큰 비중을 두지 않음

이런 사람들은 근본적으로 물질적인 그들의 위안이나 보상에 무관심하다. 돈과 물질적 지위를 보여주는 상징들은 그들의 목표가 아니다. 그들은 풍족하게 살 수도 있지만 그것이 그들에게 꼭 필요한 것은 아니다.

12. 영적인 것에 대한 갈망

이러한 내일의 사람들은 구도자들이다. 그들은 개인보다 더 큰 삶의 의미와 목적을 찾기를 원한다. 이단에 빠지는 사람들도 있지만, 인간이 개인을 초월하는 가치와 힘을 발견해 왔던 모든 길들을 점검해 보는 사람들이 더 많다. 그들은 내면의 평화가 있는 삶을 살기를 원한다. 그들의 영웅들은 마하트마 간디, 마틴 루터 킹, 데야르 드 샤르댕 등 영적인 사람들이다. 때로 변화된 의식 상태에서 그들은 우주의 일치와 조화를 경험한다.

놀라운 것은 이러한 특징들을 가지고 있는 사람들은 진동하는 에너지로만 구성된 세상, 단단한 기초가 없는 세상, 과정과 변화의 세상, 마음(더 포괄적인 의미의 마음)이 새로운 현실을 인식하기도 하고 창조하기도 하는 세상에서 편안하게 느낄 것이라는 사실이다. 그들은 패러다임의 전환을 만들어 낼 수 있을 것이다.

새로운 세상의 중심은 사람들, 즉 내가 설명했던 그러한 내일의 사람들이 될 것이다. 이것이 미래의 사람–중심 세상의 시나리오다. 우리는 그 시나리오를 선택할 수 있다. 그러나 우리가 선택하건 하지 않건 간에 그것이 어느 정도는 우리 문화를 변화의 방향으로 몰아가는 것을 아무도 거스를 수 없을 것이다. 그리고 그 변화들은 좀 더 인간적인 방향으로 향할 것이다".

– 《칼 로저스의 사람–중심 상담》 中

나는 내일의 사람들을 모으는 중이다. 패러다임의 전환을 만들고, 미래의 사람-중심 세상의 시나리오를 함께 써갈 사람들을 말이다. 칼 로저스가 말하는 12가지 내일의 사람들의 특징은 엄마의 특징과 같다. 분명, 엄마는 힘을 가지고 있다. 생명을 사랑하는 원대한 사랑을 가진 존재, 변화를 반드시 사람다운 방향으로 만들 사람들이다.

8단계 시리즈로 구성하라

확장체계: 브랜드 커뮤니티 〈부의 추월차선〉

책방을 처음 만들고 나는 '만 원의 행복'이라는 이름으로 나의 1시간을 빌려줬다. 그리고 마주 앉아 종이 한 장과 연필을 꺼내들고 질문을 이어갔다.

"어떤 삶을 살고 싶어요?" 했더니 나에게 온 분이 이렇게 대답했다.

"나는 한 번도 노동을 쉰 적이 없는데 왜 나는 돈을 벌어본 적이 없는지 모르겠어요. 이제는 돈을 벌고 싶어요."

돈을 벌지 못하는 이유가 무엇인지 묻자 "아이가 있어서 힘든 것 같아요. 이제 너무 오래 돈 버는 일을 쉬어서 자신감이 없어요."라고 답했다.

이어서 "나중에 돈을 많이 벌면, 아이들 데리고 해외에서 살아보고 싶어요. 그곳에서 강의도 하고 싶고요"라고 이야기했다. 그때 1만 원을 내고 나와 대화했던 사람이 지금의 엄마성장연구소 김수경 소장이다.

처음에는 '나는 이래서 안 돼. 저래서 안 돼.' 라고 말했던 사람이 원하는 인생에 집중하면서 '내가 어떤 삶을 살아야 될지에 대한 고민을 제대로 해본 적이 없구나'라는 것을 깨달았다. 그리고 자신에게 끊임없이 물었다고 한다. "너 어떤 돈 벌고 싶어? 벌어서 뭐 하고 싶어? 어떤 인생을 원해?" 그 질문의 대답이 엄마의 성장을 만들고 싶다는 것, 아이들에게 유산으로 남길 이야기를 글쓰기로 풀어가겠다는 것이다. 생산자 관점으로 바꾸고, 커뮤니티를 바라보면 전원이 생산자로 보인다. 모두가 각자의 브랜드로 수익을 만들 수 있다는 것이다. 한 사람의 역량이 극대화될 뿐만 아니라 그 사람의 이야기와 나의 이야기가 엮어지면서 나도 확장된다. 6년 전, 내가 시작한 만 원의 행복은 어디까지 갔는가.

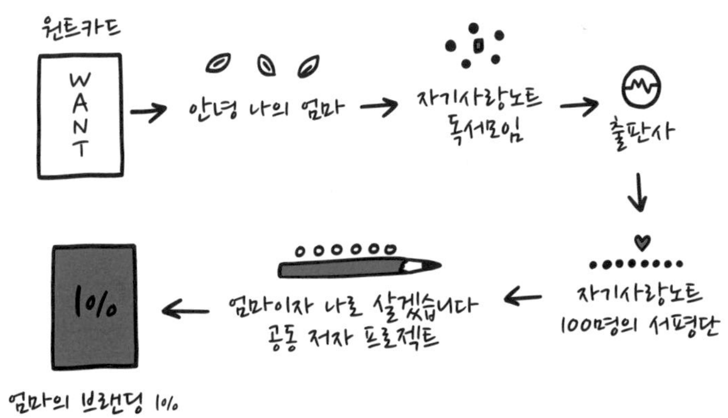

책《두 번째 산》에서 소명으로서 직업 찾기에 관해 다루는 부분이 나온다. 두 번째 산은 저자 데이비드 브룩스가 고통을 딛고 다시 시작하는 법이라는 부제로 쓴 책이다. 인생이라는 산을 오를 때 첫 번째 산은 '자아 욕구'를 채우고, 두 번째 산에서는 자아의 욕구를 넘어 수준 높은 '가치를 찾기를 바란다'고 말하면서 직업에 대해 이렇게 나누고 있다.

"모든 사람이 아는 사실은 이것이 커리어 찾기와는 전혀 다르다는 점이다. 칼 융은 직업을 "어떤 사람이 함께 있던 무리에서 그리고 이미 잘 알려져 있던 경로에서 스스로를 벗어나게 해서 해방되도록 운명 짓는 어떤 비이성적인 요인"이라고 불렀다. 그러면서 '직업을 가진 사람이면 누구나 자기 내면에 있는 사람이 부르는 목소리를 듣는다. 소명을 받는다'는 말이다"라고 했다.

자기 내면의 소리를 들으면서 자신의 직업을 만드는 것은 결코 커리어 찾기 정도로 해결하고 넘어갈 수 없다는 것이다. 칼 융도 직업을 찾으면서 누구나 내면의 소리를 듣는다고 말하고 있다. 나는 "문제를 만날 때마다 당신은 내면의 목소리를 듣는다"라고 말하고 싶다. 그렇기에 문제란 고통이 아니라 자신의 '소명'을 만나는 자리이다. 두 번째 산을 넘어갈 때 우리는 나와 네가 같다는 것을 알게 된다. 나만의 자기실현은 힘이 없다. 우리의 실현은 미래를 바꾸고, 다음 세대에 남길 이야기가 되는 강력한 힘이 된다.

어떤 사람이 1% 인가

수업 중 "1%는 누구나 다 가지고 있는 것일까요? 저는 없는 것 같은데요."라는 질문이 들어왔다. 너무 좋은 질문이다. 그런 생각이 들 수 있다. 그때 나는 물어본다. "당신의 아이에게도 그렇게 말해줄 건가요?"

우리가 이 세상에 태어날 때 귀한 존재로 태어났다는 걸 인정하지 않는 한, 내가 한 이야기는 안 받아들여지는 사실이다. 못 받아들이는 이유는 상처 때문이다. 부모님이 나를 그렇게 대하지 못했거나 세상이 나를 그렇게 대해주지 않았기 때문이다. 이 땅 가운데 태어난 사람 중에 귀하지 않은 사람이 있는가? 특히나 내 새끼가 귀하지 않은 사람은 없다. 그러면 누군가의 자녀인 당신은 정말 귀하지 않은가? 나에게 '1%가 없다'라고 확신하는 그 힘은 누가 줬는가? 왜 남들에게 맞춰가면서 사는가? 그러기에는 인생이 너무 아깝다.

1%는 자기 사랑을 시작한 당신이 관계를 선택하는 것이다. 나 자신에게 힘을 실어주고, 관계를 포기하지 않으면 내면에서부터 이렇게 말한다.

"이 순간을 기다렸어. 나 자신이 되는 1%의 시간이다!"

보통 사람들은 자기 자신을 바라보기도 전에 포기하고, 자신만 바라보다 넘어지고, 관계를 선택하기 전, 방어기제로 힘겨워한다. 하지만 원함에 집중하고, 함께하는 힘을 믿고 끝까지 1%를 향해 가면 이런 일이 일어난다.

상처받은 내면아이를 놀라운 아이로

《상처받은 내면아이 치유》에서 놀라운 아이에 대해 3가지를 말한다.

첫 번째는 나 자신이 되어갈수록 다른 사람들도 같은 일을 할 수 있도록 돕기 위해 내가 존재하는 것이다.

"놀라운 아이를 통해 내 인생을 재구성하는 작업은 나의 어린 시절이 지금의 나를 만들기 위한 준비였음을 깨닫게 해주었다. 명상을 통해서 깨달은 인생의 목적은 나는 나 자신이 되기 위해 인간으로서의 자유를 주장하고, 다른 사람들도 같은 일을 할 수 있도록 돕기 위해 내가 존재한다는 사실이다."

두 번째는 인생이란 성장하는 과정이며 인간이 된다는 것은 극복해 나가는 것이다.

"놀라운 아이는 우리에게 끊임없이 성장하도록 촉구한다. 더욱 풍부하고 부유한 삶으로 우리를 이끌어 준다. 그 아이는 인생이란 성장하는 과정이며 인간이 된다는 것은 극복해 나가는 것이라고 한다. 성장과 극복의 인생을 사는 삶은 고통과 위험의 아픔을 기꺼이 받아들이는 삶이다."

마지막 세 번째는 창조적인 세상을 만드는 것이다.

"창조적인 재생으로서의 놀라운 아이

놀라운 아이는 창조성에 필요한 모든 부분들을 타고났다. 칼 로저스는 몇몇 심리학자들과 예술가 그룹과 함께 창조성의 역동성에 대해 연구하면서 인간이 창조적이기 위해서 필요한 심리적인 조건들을 찾아보았다.

어린아이 같음은 자발적이고 이 순간을 살아가며, 집중하고 상상력이 풍부하며, 창조적이고, 놀고, 즐거워하며, 경이로움을 경험하고, 신뢰하고, 슬퍼하며, 사랑하고, 놀라고 희망한다."

'이 순간을 살아가는 사람에 대한 신뢰와, 집중하고 상상력을 가지고 있는 사람들이 없는 삶에 대한 슬퍼함, 창조적이고 놀고 즐거워하는 사람을 우리는 사랑하게 되고, 경이로움을 경험하는 자체를 놀라면 그 삶을 희망하게 되지 않을까?' 나는 읽으면 읽을수록 저자는 놀라운 아이에 대한 표현을 문장으로 옮기면서 도대체 몇 번이나 고쳤을까 생각이 든다. '얼마나 울고, 얼마나 이 세상을 향해 꿈을 꾸고, 공부했으면 이런 책이 세상에 나올 수 있을까' 생각이 든다. 세상을 놀라게 할 힘은 나의 꿈을 넘어 다른 사람도 그 꿈에 닿게 할 때 시작된다. 세상을 놀라게 할 사람들은 인생을 성장이라고 읽는다. 그리고 세상이 아무리 혼자 생존하라고 외쳐도, 관계를 선택한다.

문제를 프로젝트로 만들고 놀자고 하는 '문프놀글'의 핵심도, '못'하는 것을 꺼내자는 좋잘못해의 방향도 '너와 나의 관계'다.

아무리 내가 창조적이고, 경이로움을 경험하러 다니고, 놀러 다니고, 안 입던 비키니를 입고, 재밌어져도, 관계에 신뢰가 없고, 슬퍼해 주는 마음이 없고, 사랑하고 놀라고 희망하는 감정을 내가 소유하지 못하면, 말짱 도루묵이다. 놀라운 아이가 되어 "이 순간을 살아가며, 집중하고, 상상력이 풍부하며, 창조적이며, 놀고, 즐거워하며, 경이로움을 경험하는 것"은 혼자 하는 것이 아니라 함께할 때 가능하다는 것이다. 다시 말해, 함께 놀면 모두가 1%가 된다.

엄마이자 나로 살면서 행복해서 돈이 되는 마법 루틴 만들기

내가 비즈니스 아이디어를 실행하면, 가장 많이 듣는 소리가 있다. "어디까지 내다보고 있는 거예요?"

나는 하나의 일을 할 때 절대 단순히 떠오르는 대로 움직이지 않는다. 전체를 이룰 방식을 설계해두고 일을 밟아간다. 엄마의 브랜딩 1% 경제성에서 다루려는 공식도 그 질문으로 출발한다. 엄마는 시간이 없다. 육아도 해야 하고, 밥도 해야 하고, 부부의 삶도 생각해야 하고, 시댁도 친정도 챙겨야 한다. 그래서 모두들 엄마가 되기를 힘들어하고 두려워하는 것이다. 엄마가 되고 싶은 세상을 만들기 위해 우리가 먼저 실행해야 하는 것은 전체를 내다보고 현관문을 나가는 순간 모든 일이 한 번에 처리되는 마법을 사용하는 것이다.

그것이 바로 '엄마의 원씽' 이다. 전문성을 되찾아 실행하는 원씽과 다르다. 우리는 시간이 없는 엄마다. 그러니 역할, 이야기, 직업, 수익, 육아까지 해야 할 모든 것을 한 그릇에 담아 그것을 하나로 이루는 방식이다. 이번 장을 다 보면 당신의 귀한 시간 10년을 절약하게 될 것이다.

우리가 마법 루틴을 생성해야 할 이유는 시간이 없기 때문이다. 이제 마법 루틴에서 가장 중요한 엄마가 일할 범위를 생성하고 출발할 것이다.

개인의 생산성을 확보하고 엄마가 일하는 생태계를 만드는 것까지 이어지게 해야 한다. 개인적으로 아무리 잘해도 엄마만이 잘하는 생태계가 확보되지 않으면 또다시 우리는 단순한 성과주의가 정한 조건에 맞춰야 한다(회사가 가진 방식은 너는 아이를 보는 것이 1번이니 나가라. 일만 할 사람을 찾는다는 것이니까). 그래서 개인의 생산성과 공동의 생태계 확보를 따로 설명할 수 없다. 지속가능한 브랜드는 생산성과 생태계가 동시에 중요하기 때문이다.

이번 장에서는 상위 1% 경제력을 확보하는 마법 루틴 총 5가지를 만들 것이다.

1. 엄마이기에 잘하고도 남을 직업군을 정할 것이다 (학습지 교사 혹은 영업직은 안된다. 회사 소속으로 젊을 때만 가능하다). 매슬로우가 말하는 욕구 5단계 "자기실현"의 위치에서 실행과 동시에 수익으로 전환될 직업군을 선점할 것이다.

2. 자기실현을 이룰 때 무자본으로 실행하고 자기 사랑이 넘칠수록 돈이 되는 방식으로 시스템을 구축할 것이다. 초기 비용이 많이 들면 갚아야 할 일이 생기고, 그것으로 또다시 사업이 싫어지면 안 되기에 처음부

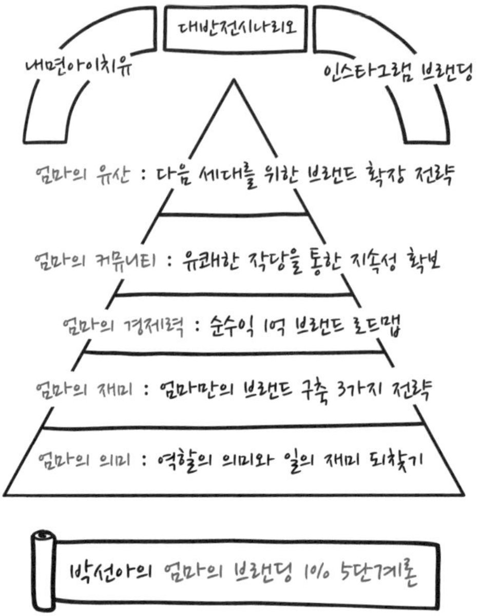
대박전시나리오
내면아이치유
인스타그램 브랜딩
엄마의 유산 : 다음 세대를 위한 브랜드 확장 전략
엄마의 커뮤니티 : 유쾌한 작당을 통한 지속성 확보
엄마의 경제력 : 순수익 1억 브랜드 로드맵
엄마의 재미 : 엄마만의 브랜드 구축 3가지 전략
엄마의 의미 : 역할의 의미와 일의 재미 되찾기
박선아의 엄마의 브랜딩 1% 5단계론

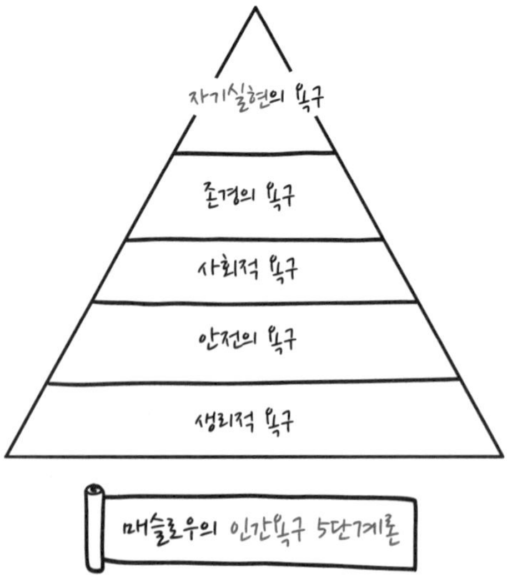
자기실현의 욕구
존경의 욕구
사회적 욕구
안전의 욕구
생리적 욕구
매슬로우의 인간욕구 5단계론

터 엄마가 자신을 사랑하고 좋아할수록 돈이 되는 구조를 출발점으로 정한다.

3. 자기 이해를 하면 할수록 사업의 파이프라인이 구축되는 방식으로 일이 되어지게 한다. 엄마가 되기 전에 하고 싶은 일을 생각할 겨를도 없이 엄마가 되었는데 엄마가 되어서 희생을 선택하는 구시대적 발상에서 벗어나 엄마가 가장 하고 싶은 일을 되찾을수록 콘텐츠가 생성되도록 하여 콘텐츠 구매자로 하여금 엄마가 가진 상위 1% 에너지를 공급받도록 설계한다.

4. 인생을 재밌게 살고 그 이야기가 SNS를 점령하도록 한다. 문제를 극복하는 즉시 콘텐츠가 생기고 문제를 해결하는 방식이 판매되어 엄마의 모든 이야기와 육아의 시간이 돈으로 환전될 방식으로 진행한다.

5. 시간이 없기에 반드시 해야 할 부분을 정확하게 명중하여 하나를 하면 전체가 생성되는 방식으로 부의 추월차선을 실행한다. 노동의 시간이 돈이 되게 하면 엄마는 아이를 두고 일해야 한다. 그러면 워킹맘과 다르지 않기에 적절한 시간을 배치해서 진행할 수 있도록 육아와 연구 시간은 99% 실행의 시간은 1%로 진행한다.

자! 1~5번 중에 원하는 것은 몇 번인가? 여러 개를 선택하라. 당신은 이 모든 것을 누릴 자격이 있다. 저출산 시대를 평가하는 모든 이들이 280조를 들여도 해결 못 한다는데 그 가치를 해내고도 남은 "엄마"가 누려야 할 당연한 방식이다. 나는 확신한다. 엄마가 가진 가치를 충분히 세상에 전할수록 돈이 되는 구조가 완성되고, 당신이 행복한 만큼, 돈으로 만들 수 있다. 사실 이미 지식 콘텐츠 사업이라는 틀에서 수익을 만드는 사람이 많다. SNS가 생긴 이후 지속적으로 발전해 왔다. 그러나 그동안 직장의 일을 넘어 자신의 일이 되도록 하는 것이 지식 콘텐츠 사업의 전부였다. 이제 엄마가 가장 잘하는 "생명을 사랑하는" 문화가 퍼지는 지식 콘텐츠 사업을 실현하자. 여전히 젊고 할 수 있는 것이 많은 엄마가 발 빠르게 점령하자. 나로 사는 기쁨이 돈으로 환전되는 시대가 왔다.

유산으로 남길 이야기가 되겠다고만 결정했다. 어떤 돈을 벌 거고 어떤 이야기 속에 침투해서 내가 그것의 1%가 될 건지에 대한 결정을 확고하게 하라. 그러면 만 원의 행복이 끝이 없어진다.

강사 - 원트카드 클래스와 라이프 시나리오 전문가 과정만 운영해도, 내가 직접 강의하지 않아도 온라인상으로도 계속해서 수익이 들어온다.

상담사 – 내가 교육한 분들이 상담과 컨설팅과 코칭 중에 어떤 것이든지 1대 1로 만나 고객의 변화를 일으킬 수 있도록 돕는다.

작가 - 나는 강의를 하면서 동시에 축어록(강의 내용을 원고로 만드는 것)을 만든다. 그래서 교재로 만든다. 보통은 강사는 강의만 하고, 작가는 글만 쓴다. 강의의 시간으로 비용을 측정한다. 오로지 강의 시간 = 강의료가 된다. 이렇게 생각해 보자. 강의가 책이 된다면, 당신은 강의비를 제외하고도 얼마를 더 벌 수 있는가? 그리고 그 돈을 벌게 되면 어떤 시스템이 필요한가? 강의만 하면 시간의 노동을 해야 한다. 그렇다고 책 한 권 낸다고 돈이 될 수 없다. 그래서 이 질문이 필요하다.

"만약, 내가 한 번의 강의로 최대치의 수익을 만들려면, 내가 지금 해야 할 일은 무엇인가?"

나는 그 질문을 통해 일을 만들어 왔다. 나만 일을 해내는 사람이 아니라, 내가 큰돈을 버는 사람이 아니라 나처럼 일하는 방식, 즉 '사람다워질수록 돈이 되는 구조가 계속되려면 어떤 일을 해야 할까? 사람이 자신에게 반하고 행복해질수록 돈을 만드는 생태계를 만들려면 나는 지금 어떤 일을 해야 할까?' 이것이 돈의 흐름을 만든다.

'내가 언제 이걸 다 해? 무슨 거기까지 고민해?'라고 생각하면 기적을 만들 수 없다. 하지만 '나와 나의 커뮤니티 전체의 수익 생태계 시스템을 내가 만들 수 있다면'으로 이어진다면 가슴 뜨거워질 것이다.

나는 이 책을 당신에게 전달하기 전, 강의를 하면서 축어록을 풀고, 책 낼 준비를 하고, 과정을 만들어서 책에 나온 시스템을 실행했다. 그런데 그것이 한 번에 가능한 비법이 따로 있다. 그것은 바로 '사람'이다. 앞서 나눈 3R에서 만난 모든 사람에 대한 꿈을 내가 먼저 꾸는 것이다. 그 사람은 원하는 것이 무엇인지 말했다면 나는 그것을 이룰 방법을 구상했다.

내가 만 원의 행복으로 만났던 엄마를 기억하는가. 현재 엄마성장연구소 소장이 된 그녀가 6년 전에 했던 말은 '나도 언젠가 해외에서 아이들과 살아보고 싶고, 그곳에서 강의를 하고 싶다.'였다. 그러면 나는 그 일을 프로젝트로 만들어서 기획하고 실행한다. 2023년 6월 미국 캘리포니아에서 그녀는 아이들과 함께 살면서 한인 엄마를 위한 글쓰기 강의를 진행한다.

이 책이 만들어지는 과정도 마찬가지다. 편집 디자인은 문유라 디자이너가 진행했다. 유라의 꿈은 '언젠가 하나의 작품이 나오면 그 모든 것이 굿즈로 나오면 좋겠다. 하나의 디자인이 세계관으로 연결되게 돕는 작품을 하고 싶다.'였다. 축어록은 이지혜 대표(언어의 지혜)가 진행했다. 그녀의 꿈은 '할 수만 있다면, 모든 강사가 책을 낼 수 있도록 매니지먼트를 하고 싶다.'이다. 마케팅은 문유하 마케터가 운영했다. 유하가 6학년일 때 처음 만났는데 지금은 20대 후반이 되었다. 꿈을 시리즈로 만들어라. 혼자의 꿈을 이루어내려고 열심을 다하지 말고, 옴니버스영화처럼, 서로의 이야기가 엮어지도록 기획하는 것이 중요하다. 사람들은 나의 커뮤니티를 부러워한다. 1% 브랜딩 시스템을 이해하면, 당신은 커뮤니티에 10명이 됐을 때 통장에 찍힌 80만 원을 전부라고 계산하지 않는다. 그것이 결코! 결단코 끝이 아니다. 시작이다. 씨앗이 심어진 것이다. 나에게 오는 그 열 사람은 나의 확장체계를 경험하게 되고, 자기 자신이 만들 수 있는 레버리지를 경험하게 될 것이기에 대박이 나는 것이다. 나는 인생에서 다시 못 볼 미래 모습을 보여주는 사람이다. 그것이 바로 '확장체계'다.

나는 한 사람마다 자신이 하고 싶은 일에 대한 레버리지를 보여주고 함께 꿈꾸는 것이다. 실현하는 현장을 마련하고 각자를 '브랜딩'하는 것이다. 그것을 잘할 수밖에 없다는 것을 증명해 주고 내가 먼저 꿈을 이루어주는 것이다. 그러니 이 책을 읽는 당신도 내가 부럽다면, 혹은 다른 책의 저자가 부럽다는 생각을 한다면 이렇게 생각해 보자.

'아! 내 미래구나. 내가 갈 길을 잘 만들고 컬링하고 있구나.'

1%의 사람들이 가진 모든 것을 모은다. 나는 그들이 나의 미래를 먼저 만들어 준 것에 감사하며 또다시 내가 가진 모든 것을 꿈을 이루고 싶은 사람들에게 나눈다. 그것이 꿈을 실현하는 선순환 확장체계다. 나는 나에게 반해 있다. 그래서 또다시 자신에게 반하는 사람들을 모은다. 그리고 1%가 될 수 있게 라인을 만든다.

내 옆에서 일하는 모든 사람은 이미 최고다. 인생 전체를 브랜딩 하기 때문이다. 문유라 디자이너는 그녀가 중학교 3학년일 때 나와 만났다. 어느 날 만난 어떤 사람이 자신의 분야에서 아무리 최고라도 내 삶을 함께 디자인해온 문유라만큼 내 책의 숨결을 알 수 있는 사람은 없다. 이 책의 축어록을 푼 이지혜 대표는 아이를 가지고 경력 단절 여성이 되어 책방을 찾았다. 지금 6살인 아이가 뱃속에서 놀 때부터 나의 이야기를 축어록으로 풀었다. 내가 하는 강의를 나보다 더 잘 분석하고 고개를 끄덕이며 피아니스트처럼 풀어낸다. 나는 그 사람의 사랑의 눈을 안다. 우리가 서로를 꿈꾸지 않고 아랫방에 소속되어 문제를 끌어안고 계속 있었다면 이런 확장체계는 불가능하다. 커뮤니티 전체의 브랜딩을 꿈꿔라. 서로의 눈을 바라보고 영혼이 연결된 이야기를 엮어가라.

누군가 “강단에 서고 싶다”라고 말하면 바로, 강단을 세우는 프로젝트를 꿈꿔라. 그 어떤 커뮤니티에서도 따라 할 수 없는 ‘사랑’과 ‘다음 세대를 향한 꿈’까지 만들어가는 그룹이 되어라. 그러면 다른 커뮤니티가 와서 말할 것이다. 함께 콜라보 하자고. 그때 준비된 전사로 최상의 1%를 줄 수 있는 강사 - 상담사 - 작가 - 콘텐츠 큐레이터로 함께 하면 된다. 전문적이고 싶거든 더 사람다워지자. 아이에게 남겨주고 싶다면 나다운 이야기로 살자.

황금은 채굴하는 것이 아니라 만들어지는 것이라는 말처럼, 엄마의 브랜딩은 강점으로 기계화되는 것이 아니라 ‘함께의 이야기’ 속에서 만들어지는 것이다. 지금은 당신을 독자로 만났으나 이제 어떤 이야기로 작가가 될지 기대된다. 시리즈가 되어 만나자.

비밀노트 6 1억을 만드는 레버리지 시나리오

*레버리지 leverage

안전성을 추구하는 저축과 달리, 투자에서는 종종 레버리지(leverage) 효과가 발생하게 된다. 영어로 'leverage'란 지렛대를 의미한다. 누구나 아는 바와 같이 지렛대를 이용하면 실제 힘보다 몇 배 무거운 물건을 움직일 수 있다. 금융에서는 실제 가격변동률보다 몇 배 많은 투자수익률이 발생하는 현상을 지렛대에 비유하여 레버리지로 표현한다.

출처: 네이버 지식백과

- 한 명을 깊이 만나는 일대일을 지속하면서 100명을 만들자.
  (100만 원)
- 10명의 북클럽을 5번 반복하면서 50명의 커뮤니티를 구성하자.
  (400만 원)

= 당신이 500만 원을 만들면서 알게 된 것, 얻게 된 것은 무엇인가?

"황금은 채굴되는 것이 아니다, 만들어지는 것이다!"

-《멘탈의 연금술》中

1. 1억을 만드는 브랜드 시나리오

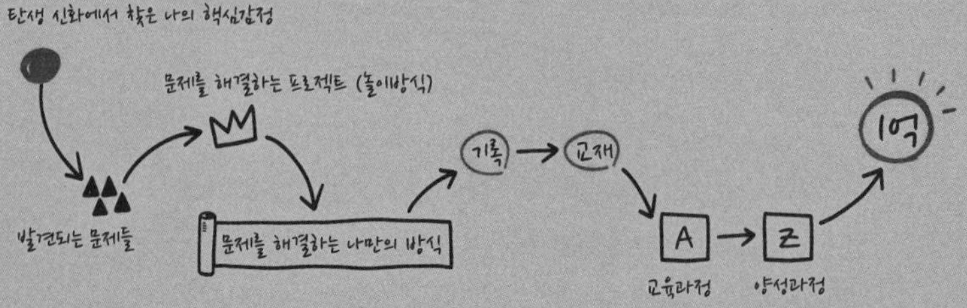

Q1. **확인 -** 탄생 스토리를 통해 발견한 '핵심 감정'은 무엇인가?

Q2. **포지셔닝 -** 감정과 연결된 사회 문제는 무엇인가?

Q3. **리추얼 -** 문제를 해결할 프로젝트는 무엇인가? (놀이방식)

Q4. **커뮤니티 브랜딩 -** 구성원 한 사람, 한 사람의 꿈은 무엇인가. 그들이 1%가 되기 위해 커뮤니티가 도울 수 있는 것은 무엇인가.

Q5. **비전 공유 -** 당신의 비전과 커뮤니티 구성원의 비전을 나누고 합쳐진 하나의 그림을 실현하라.

그 방식을 기록할 때 교재(워크북)가 되고,
그것을 가르칠 때 교육과정이 되고, 나아가 양성과정이 된다.

2. 비전 실현을 위한 워크북 제작하기

Q6. 나의 워크북 표지 만들기

제목 :

부제 :

Q7. 교육 프로그램명 만들기

프로그램명:

인원과 비용:

프로그램 주제:

교육과정이 완성되기 전

300~500만 원을 벌면서 계속해서 커뮤니티를 키워갈 수 있다.

교육과정을 만드는 과정

독서 모임과 온/오프라인 교육프로그램을 통해 지속적으로 돈을 만들 수 있다.

교육과정이 완성될 때

《백만장자 메신저》에서 이야기하는 수입의 통로를 만들 수 있다.

글쓰기 / 강연 / 세미나 / 상담 / 경영 컨설팅 / 온라인 마케팅

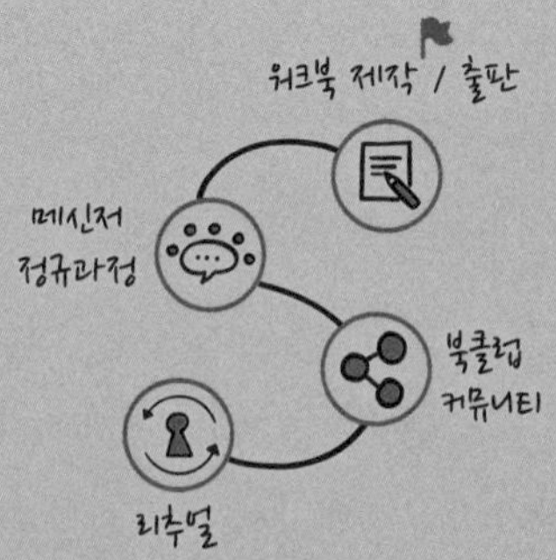

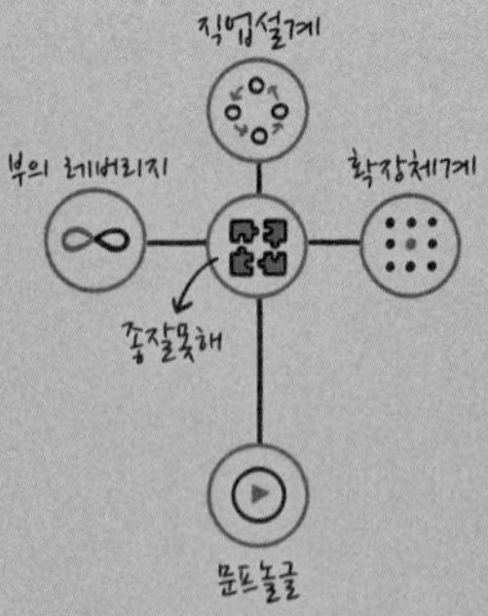

머리가 아닌 가슴으로 사는
인생으로 브랜딩 되고 싶다면,
자신을 의도적으로
원하는 방향으로 살 수 있도록
'사람을 만나는 자리'에
자신을 세우기를 바란다.

#유쾌한혁명 #통합에너지 #공동체의위력

Part 4

엄마의 커뮤니티

삶의 유산을 남기는 커뮤니티

유산을 남기는 커뮤니티

자, 정리해보자. 'Part 1'은 '나'라는 필독서를 읽어 삶의 의미를 되찾고, 'Part 2'에서는 상처와 문제라고 생각한 것마다 넘어가는 재미를 익혔다. 그리고 'Part 3'에서 이 모든 것이 수익으로 바뀌는 기적을 만났다. 아마 지금 당신이 '이론으로는 알겠는데, 과연 내 삶에서 가능할까?'라는 생각을 한다면, 그것은 'Part 4'에서 해결해줄 것이다. 의미와 재미와 경제력은 결국 총천연색을 인정하는, 광활한 커뮤니티 안에서 가능하기 때문이다.

앞서 배운 '문프놀글: 문제를 프로젝트로 만들고, 놀면서 글쓰기'라는 강력한 시스템도 커뮤니티 없이는 불가능하다. 한 개인이 문제를 맞이하면, 곧바로 이것을 놀이로 만들기 쉽지 않다. 그러나 커뮤니티에서는 서로의 문제를 거울로 비춰주고, 프로젝트를 작당하고, 놀이의 참여자가 되어주고, 글쓰기의 독자가 되는 방식을 통해 에너지를 전환시킬 수 있다.

우리는 이미 '가족'이라는 커뮤니티를 경험했다. 운전을 하다가 사고가 나면 다시 운전대를 잡기 어렵듯, 처음 경험한 커뮤니티인 가족에서 상처받고, 아팠던 기억으로 인해 그 어떤 커뮤니티에서도 자신을 온전히 드러내기 어렵거나, 커뮤니티를 만들지 못하는 결과로 이어지고 있다. 문제를 보물로 만드는 능력이 경제력이라 말했던 것처럼, 커뮤니티의 한계를 허무는 사람들이 건강한 수익구조를 만들 수 있다.

> "사실 진리의 커뮤니티는 광활하게 펼쳐진 공간과 시간 속에 내던져진 다양한 커뮤니티다. 이런 다양한 커뮤니티가 공통적인 주제를 향해 수렴하기 때문에 궁극적으로는 하나의 커뮤니티를 이룬다. 또 그 커뮤니티들은 같은 방식으로 주제에 접근하도록 유도하는 관찰과 해석과 공통된 규칙을 지키면서 결국 하나의 커뮤니티를 향해 나아간다. 이 커뮤니티의 형태에 오랜 수명과 넓은 범위를 제공하여 진리의 커뮤니티가 가장 강력한 사회적 형태의 하나가 되도록 한다. 이 커뮤니티의 서클 안에는 늘 하나의 주제가 있다."
>
> – 《가르칠 수 있는 용기》 中

나는《가르칠 수 있는 용기》를 읽고 엄청난 충격을 받았었다. 어린 시절 내내 교회공동체 생활을 했고, 대학생 때는 공동주택을 운영하고, 사회적기업육성사업에 참여하면서 '커뮤니티란 참 좋은 것이다'라고 생각했지만, 늘 한계도 맛보았다. 그럴 때, 이 책을 만났다. 책에서 저자가 말하는 커뮤니티는 내가 경험한 한계를 녹이기 충분했다. 먼저, 커뮤니티의 형성에 대해 다뤘다. 그림 자체가 달랐다. 파커 J. 파머가 말하는 진리의 커뮤니티는 위에서 누군가 지시하고 따르는 커뮤니티가 아니라 모두가 한 '주제' 안에서 모여서 각자가 '인식자'가 되어 참여하는 방식이었다. 영화 〈트롤〉을 보면 각자 자신의 색깔을 드러내는 장면이 나온다. 누구 하나 같은 색깔, 목소리를 가지지 않았으나 모두가 모이면 총천연색이 되는 것이다. 그것이 바로 저자가 말하는 '진리의 커뮤니티'였다.

어느 날, 내가 운영하는 독서 모임에 한 엄마가 찾아왔다. 둘째라서 늘 양보하며 살았던 버거운 삶에 대해 나눴다. 어디 가서도 늘 자신은 중요한 존재가 아니라고 느꼈다고 한다. 그러다가 책방을 만나 책을 읽기 시작했다. 자신 안의 다잉메시지와 씨름하기 시작했다. 얼마 지나지 않아 극적인 일이 일어났다. 그 자리에 함께하는 누군가는 장녀라서 힘들었다는 이야기와 앞으로 살고 싶은 이야기를 쏟아냈고, 또 어떤 분은 엄마와의 화해를 어떻게 진행했는지 나눴다. 한 권의 책에 모여 앉은 '인식자'가 모두 각자의 색깔을 되찾아가는 1시간이었다.

나는 이 책을 읽은 당신과 함께 진리의 커뮤니티를 꿈꾼다. 책을 머리로 읽던 학습자가 아니라, 가슴으로 읽고, 발로 실행하는 '인식자'가 되는 것이다. 파커 J. 파머가 모두가 함께 서로를 가르치고 서로의 작은 교실이 되어주는 삶을 진리의 커뮤니티라고 말했다면, 나는 모두가 함께 서로를 읽고 서로의 책이 되어주는 '삶의 유산을 남기는 커뮤니티'라 부른다. 책의 문장이 인쇄되어 있는 것을 읽는 것이 아니라, 문장 하나가 내 가슴에 와서 새겨지는 것이다. 그리고 함께 읽은 사람과 나누고, 서로의 삶으로 이어져 값진 이야기가 되는 것이다. 그것이 바로 우리가 다음

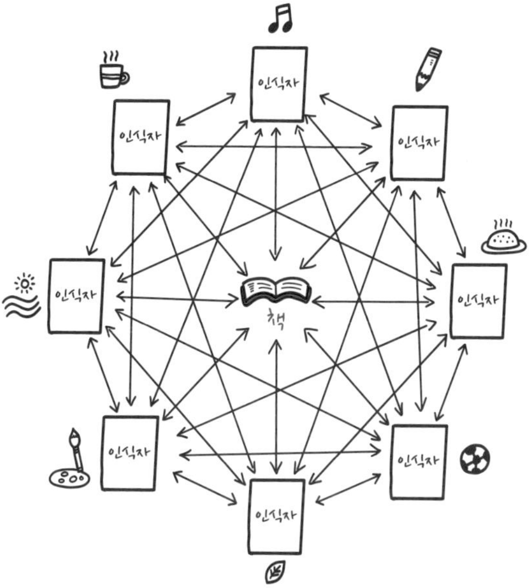

삶의 유산을 남기는 커뮤니티

세대에 물려줘야 할 가장 중요한 유산이 아닐까?

한 시간의 독서 모임을 통해 자신은 중요한 존재가 아니라 늘 두 번째라 생각했던 엄마에게 이 문장이 새겨졌다.

"네가 원하는 대로 살았으면 좋겠어."

이것은 열네 글자로 이루어진 문장이 아니었다. 누군가의 목소리를 통해 들었을 때, 누군가의 마음이 느껴졌을 때, 어떤 사람의 사연으로 이어졌을 때, 또 나 자신에게 들려오는 소리로 인지했을 때, 그리고 살았으면 좋겠다는 문장이 내게 전하는 이야기라는 것이 깊이 느껴질 때 등 어느 때인지는 모른다. 그 누구 덕분인지 알 수 없는 파도가 한 사람에게 부어지는 것, 그것이 유산을 남기는 커뮤니티다.

한 사람의 어두운 시간을 건너갈 터널이 되어 빛으로, 그리고 살아있는 이야기로 들려진 것이다. 그리고 그녀는 이런 글을 써 내려가기 시작했다.

> "나는 족쇄가 채워진 채 사육된 코끼리 같았다. 성인이 되어 족쇄가 풀렸는데도, 족쇄에 걸려 넘어졌던 지난날이 떠올라 더 나은 곳이 있어도 전혀 움직이려 하지 않았다. '넌 언제나 두 번째야' 라고 족쇄를 채웠던 나에게 이제 원하는 것을 물었다. 그리고 나에게 이 말이 꼭 필요하다는 것을 알았다. 네가 가장 소중해. 네가 항상 먼저야."

당신의 이야기로 들어가도 될까요?

책방 오픈 전에 찾아온 만삭의 엄마

책방을 개업해야 하는데 처리할 일이 생각보다 많았다. 전기도 설치해야 하고, 커피 기계도 놓아야 하며, 테이블도 배치하고, 천장 마감 작업도 해야 했다. 책방을 여는 것인지, 인테리어 업체 주인이 된 것인지 모를 만큼 바쁘게 지냈다. '과연 개업할 수 있을까? 너무 바쁜 거 아닌가?'라고 생각하며 정신없이 지낼 때 한 사람이 찾아왔다.

"안녕하세요. 인터넷 카페에서 글을 보고 찾아왔어요." 나를 찾아왔다니... 아직 개업도 안 했는데 참 신기하고 한편으로 반가웠다.

"어서 오세요. 그런데 어쩌죠? 아직 개업 전이라."

"괜찮아요. 어떻게 이렇게 빨리 책방을 준비하셨는지, 엄마들을 위한 공간이라고 해서 너무 궁금한 게 많아서 찾아왔어요."

궁금해서 찾아왔다는 그녀는 만삭이었다 (이 글을 쓰면서 그 당시를 떠올려 보니, 책방에 처음 들어온 건 그 임신부의 배였으니 아기가 제일 첫 손님인 셈이다).

"곧 아기를 낳으러 가야 하니까 오늘이 아니면 시간이 없어서 왔어요."

배 속의 아가가 우리를 빨리 만나게 해준 것이다.

책 처방 상담에 대해 설명하면서 하얀 종이에 그녀의 고민을 적고, 살고 싶은 인생에 대해 이야기를 나누었다.

"이런 대화는 처음이에요. 뭔가 할 수 있을 것 같아요."

그때 배 속에 있었던 아기는 이제 여섯 살짜리 형아가 되었다.

커뮤니티는 이렇게 만나는 것이다. 사람과 사람으로, 이야기와 이야기로 연결되는 것이다.

질문과 대화가 끊이지 않게

책 처방 상담을 하면서 꼭 챙겨야 하는 것은 다름 아닌 각티슈다. 종이에 펜으로 적는 시간보다 눈물을 닦는 시간이 길었다. '나'라는 책을 펼쳤다는 증거는 '눈물'로 쏟아졌다.

'아! 내가 나로 살지 못했구나. 다른 사람을 위해 살았구나. 역할이었구나. 나는 정말 원하는 것이 있었구나.' 하고 읽어 가다 보면 자기 자신을 안아주고 싶은 마음이 절로 든다.

그날도 그랬다. 만삭의 그녀는 들어오기까지 문밖에서 서성였다고 말하면서 책 처방 상담을 받고 싶다고 했다.

사람들은 책을 열면 답이 있는 줄 알지만, 책은 질문하지 않는 사람에게 답을 주지 않는다. 그러니 책에게 아무 말도 하지 않고 '네가 무슨 말을 하나 보자'라며 보고만 있으면 책이 어려운 말을 쏟아낸다고 여기고 책을 멀리하게 된다.

그래서 책 처방 상담을 진행하고 싶었다. 자신을 읽고, 질문을 통해 책과 만날 때 가지고 갈 자신의 이야기를 정리해 주는 시간을 함께 보내고 싶었다. 그날을 시작으로 1년간 책 처방 상담을 하루도 쉰 적이 없었다. 매일 다른 사람을 만나며 연결되었다. 여전히 나는 나에게 무언가 배우겠다는 사람을 한 명, 한 명씩, 한 페이지, 한 페이지씩 읽어 간다.

단 한 사람이 되고 싶어요

그렇게 온 마음을 다해 상담한 지 꽤나 긴 시간이 지났을 무렵이다. 책 처방 상담을 그만하고 싶어졌다. 뜻은 좋지만 쏟아지는 이야기와 나 혼자 이 많은 사람들의 이야기를 받아내는 것에 지칠 때였다 (물론 처음 책방을 열 때는 매일 하고 싶었고, '사람을 책으로 읽다니! 너무 멋져!'라고 생각하면서 감격하기도 했다. 누가 찾아오면 손수 준비한 간식을 먹여 가면서 이야기를 들려 달라고 했었다). 나는 지쳤다. 하루에 열 명씩 찾아오고 책을 통해 사람을 읽는 시간 내내 그 사람에게 빠져서 시간 가는 줄 몰랐던 나 자신에게 지친 것이다.

'그래 오늘이 마지막이야. 이 사람만!' 하면서 올라간 날의 일이다.

그날은, 책도 썼고 유명한 사람도 다 만나봤고, 독서 모임도 하셨다는 원더우먼 같은 분이 찾아왔다. 그분과 마주 앉을 때는 분명 해가 떠 있었다. 나는 해가 질 때까지 울었다. 그 원더우먼의 손을 꼭 잡고 앉아서 나는 그녀의 지난 이야기와 살아가고 싶은 세상에 대해 들었다. 모든 사람이 자기가 하고 싶은 말을 처음부터 웅변하듯 말하지 않는다. 눈물, 그다음은 먹먹함, 그리고 찾아낸 한 단어, 한 문장, 한 장면으로 이어진다. 세상에서 배울 것도 다 배우고, 책도 쓰고, 아이도 둘이나 있고, 남편도 잘해 주고 부족할 것 하나 없었던 그녀가 꺼낸 한마디는 지금까지 나를 '책방 언니'로 살게 했다.

"나도 단 한 사람이 되고 싶어요. 책방 언니처럼 그렇게요."

사람을 귀하게 대하는 것 이상 소중한 가치는 없다. 아이를 귀하게 대하듯 사람을 대하는 것을 시작으로 커뮤니티를 하자. 그러면 커뮤니티는 협력적인 문화를 형성하게 된다. 기계나 역할이나 해내는 목표가 아니라 '사람'이 되는 것이다.

달빛책방이라는 커뮤니티는 늘 소풍을 떠난다. 6년 중 하루를 이 책에 담아본다. 우리는 계획적으로 정해놓고 소풍을 가지 않는다. 첫 시작은 늘 한 사람의 마음에서 시작된다. 날 좋은 봄날, 한 사람이 집에서 '족발'을 준비해온다는 이야기가 시작이었다. 그랬더니 누군가는 마른반찬을 챙겨오고, 누군가는 친정 엄마표 김치를 가져온다. 또 누군가는 집에 있는 상추를 들고 오고 각자 차에서 돗자리를 챙겨 나왔다. 직장을 다녀서 자주 오지 못하는 한 사람은 출장 가는 길, 통영에서 김해로 충무김밥을 사 들고 왔다.

우리는 자리를 펴 앉아 너무나 맛있게 이야기에 족발을 싸서 먹고, 충무김밥에 웃음을 말아 먹었다. 그렇게 한참 웃고 떠들다가 벚꽃이 떨어지는 것을 느끼자 모두 함께 나무를 잡고 흔들며 춤을 췄다. 이것이 커뮤니티의 일상이다. 먹었던 자리를 정리하고, 책《삶이 내게 말을 걸어올 때》의 한 부분을 함께 읽었다.

"내가 어떤 물건들을 쌓아 두면 적게 가진 사람이 있어야 하니 나는 결코 충분하다는 생각이 안 들 것이다. 내가 권력의 사다리를 오르기 위해 싸운다면, 지는 사람이 있어야 하니 나는 결코 마음을 놓지 못할 것이다. 내가 사랑하는 사람에게 질투를 느낀다면, 나는 그 사람을 멀리 쫓아버릴 것이다. 내가 쓴 어휘들이 어쩔 수 없는 최후의 선택인 듯 거기에 집착하면 새로운 가능성의 연못은 말라버리고 말 것이다. 우리는 부족을 두려워하면서 그것을 법칙처럼 받아들인다. 마치 사하라 사막의 마지막 오아시스 앞에 서 있는 것처럼 다른 사람과 경쟁을 벌임으로써 오히려 부족을 만들어내고 있다.

인간 세상에서 풍요는 저절로 이루어지지 않는다. 풍요는 우리가 공동체를 이루려는 의식을 가지고, 공동으로 저장한 것들을 자축하고 함께 나눌 때 찾아온

다. 돈, 사랑, 권력, 어휘, 부족한 자원이 무엇이든 그것이 주어질 것이라고 믿고 서로 돌려 쓰면 그 자원을 더 많이 만들어낼 수 있다. 그것이 진짜 인생의 법칙이다. 진정한 풍요는 든든하게 쌓아 놓은 음식이나 현금, 권력, 애정에 있는 게 아니라 그런 것들을 필요한 사람에게 나누어 줄 수 있는 공동체 안에 속해 있을 때 찾아온다."

책을 읽으며, 읽은 내용과 자신의 일상을 엮어가면서 나누기 시작했다. 씨줄 날줄 엮이듯 책이 삶이 되고, 삶이 책이 되는 현장이었다.

통영에서 온 직장맘: 누군가가 먹을 것을 가져오며 "다 함께 나눠 먹으려고 가져왔어요."라는 말을 하면, 속으로 '자기 가족하고 나눠 먹으면 되지 왜 가지고 왔지?'라는 생각을 했다. 나는 가족 생각뿐이었다. 그런데 끈끈한 크리에이터맘 공동체를 경험하며 '나눌수록 더 커진다.'는 말이 와닿는다. 비커 안에 돌멩이처럼 있던 내가, 물을 붓자 돌멩이인 내가 붕 떠서 나온 것 같다. 그래서 내가 내린 결론은 "나눌수록 홍수가 터진다."이다.

영상을 찍던 엄마: 내가 정해놓은 선들을 넘어서는 것이 공동체에서 이루어진다는 걸 경험했다. 그런 것이 받아들여지고 같이 어우러지는 게 느껴진다. '이런 걸 해야만 해.'를 넘어서서 내가 어떠하든 그걸 같이 나눌 수 있고, 허용할 수 있고, 받아들여질 수 있는 자리가 있다는 것이 감사하다.

그림을 그리는 엄마: 이 구절을 읽으며 《꽃들에게 희망을》에 애벌레들이 쌓여 올라가는 그림이 떠올랐다. 내가 맨 처음 읽었던 책도 《꽃들에게 희망을》 책이었다. 지구, 그중에서 이 좁은 한국에서, 그중에서도 절반 안에서 쌓아 올라가고 있었던 나를 발견하고, 나비로 살고 싶다고 생각하고 그

림을 그렸다. 이 구절을 읽으며 그 장면이 떠오른다. 그리고 오늘 밥을 같이 먹으며 다 같이 나비가 됐다는 생각이 든다. 나누는 것도 당연하고, 집에서 음식을 만든 모습이 상상되고, 통영에서 충무김밥을 사 온 모습이 상상된다. 겉절이를 펼쳐서 먹는 모습도. 아등바등 살지 않아도 사람처럼 살고 있다는 생각, '사람 냄새' 난다는 생각이 든다.

그림책을 읽는 엄마: '자축'을 배우게 된 게 너무 좋다. 과거에는 '굳이 축하까지'라고 생각했다. '다음에 하지, 이 정도면 되는 거지.' 하면서 살아왔다. 그런데 항상 흘러넘치게 축하를 받고, 모든 사람의 스케쥴을 조정해서 한 사람을 위한 축하를 할 때, '굳이 그렇게 했을 때' 폭발을 한다는 걸 느꼈다. 그렇게 자축을 하고 나서 나눠야 하는 게 순서라는 것을 명확하게 알게 되었다. '그래 축하하며 살아야지.' 그런 커뮤니티에 있다는 것이 너무 감사하다.

사진을 찍는 엄마: 보장되지 않은 길을 계속 가야 한다는 것과 나에게 정해진 시간이 있다는 것 때문에 시간을 어떻게 써야 하는지 늘 생각해 왔다. 시간을 계산하느라 풍요롭게 쏟아지는 것에 들어가지 못했다. 무한한 가능성의 연못에 풍덩 들어가 재미있게 하는 것을 펼쳐 보고 싶다는 생각을 요즘 들어 더 많이 하는 것 같다. 계속 그것을 제한하다 보니 더 좋은 것도 나오지 않았다. "마음껏 해봐"라고 나에게 말을 해주고 있다. 그리고 주변에서도 그렇게 믿어주고 같이 해주는 사람들이 있으니 가능해졌다. 나는 효율적으로, 밥도 자리에서 먹고 치우는 것 위주로 살았다. 그런데 여기서 같이 경험하고 다니며 삶을 풍요롭게 하고 관계가 다양한 색깔로 맺어진다는 것을 알았다. 나도 유연해지고 풍요로워졌다. 아이디어가 떠오르지 않을 때

혼자 입을 다물고 있었는데, 꺼내니 또 다른 아이디어가 떠오르고 열매가 맺혀졌다.

눈물이 많은 엄마: 이 책을 나누며 지난 6년이 떠올랐다. 달빛책방에서 '사랑'을 나누는 것에 대하여 많이 배웠다. 특히, 아들의 생일에 받은 사랑은 엄청나게 컸다는 기억이다. 그저 한 아이의 생일인데, 그 생일을 챙기기 위해, 태어나줘서 고맙다는 마음을 전하기 위해 모두들 한 시간 넘게 차를 타고 우리 집으로 모였다. 인생에서 처음 경험한 환대였다. 그것이 시작점이 되어 나도 나누는 것을 배우고 하게 되었다. 받는 것은 부담스럽고 주는 것은 어색했다. 그래서 공동체를 만나기 전에는 혼자 자축하고 혼자 만들어냈다. 공동체 속에서 받고 도와주고 나누고 하는 과정들이 날마다 삶 속에서 이루어지고 있다. '내가 줄 수 있는 것, 풍요로운 것만 줄 수 있다.'라고 생각했다. 부족한 건 나눌 수 없다고 생각했는데, 부족한 것도 있는 만큼 나눌 수 있다는 것을 알게 되었다. 이전에는 도와주는 것도 잘 보이고 싶어 도와줬다. 그러고 나니 억울했다. 그런데 이제는 도와주는 것도 내 안에 사랑이 있는 상태에서 도와주는 것이 선순환이 된다는 것을 많이 배웠다. 공동체 한 분 한 분이 나누어주는 것을 보며 배워가고 있다. 음식을 나눠주는 분을 보며 정말 이해가 되지 않았는데, 내가 해보지 않았던 거라 그랬던 것 같다. 각각 가지고 있는 것들을 나누면서 사는 공동체에 있다는 것이 감사하다. '부족하지만 내가 더 나눌 것은 무엇인가?'를 생각해보고 싶다.

공동체가 처음인 엄마: 많은 책에서 '내가 생각한 대로 이루어진다.'라고 하는데, 내가 생각했던 것들이 이루어진 것 같다. 내가 어떤 생각으로 어떻게 나를 대해야 할지 공동체를 경험하며 정리가 된다. 그리고 소망으로 공동체에 같이 있고 싶다. 그래서 내가 부탁하고 싶은 것은, '친구를 사랑하는 방법을 배워가고 싶다.'이다. 어릴 때부터 친구들은 나를 시기하거나 괴롭혔다. 그래서 인간관계에서 내가 선택한 것은 잘 보이는 것과 피하는 것이었다. 그런데 공동체에 몸을 담그고 나를 나로, 너를 너로 사랑하며 살고 싶다. 나도 상대를 더욱 귀하게 대할 거고, 모두가 서로의 귀함을 보는 '사람'으로 살기를 원한다. 함께 해주면 좋겠다.

이야기는 서로의 귀로 들어가 눈물로 흘렀다. 마음에 닿아 서로를 안아주었다. 한 사람이 식사를 준비하겠다는 말로 시작된 자리였다. 그 자리에 우리는 마음을 모아 '사람책'이 되어 모여앉았다. 그리고 책이 하는 이야기에 귀 기울이고, 그 속으로 들어가 앉아 단어, 문장, 문단이 되어 일상으로 걸어 나왔다. 분홍빛 벚꽃이 한없는 축복을 보내주고 있었다.

허그타임, 당신의 이야기로 들어가는 순간

그리고 어떤 모임이라도, 마치는 시간이 되면 우리는 꼭 허그타임을 가진다. 서로를 안아주고, 살아있음을 느끼고, 책이 되는 시간이다.

기술이 발전하면서 우리가 잊은 것이 있다. 사람은 곧 '책'이라는 사실 말이다. 책을 오해하면 멀어지고 싶듯, 사람도 서로를 오해해서 멀어지는 것이다. 읽기 시작하면 이해가 되고, 연결이 되고, 다음 페이지를 함께 쓰고 싶어진다. 내가 사람다울수록, 인생이 책다워질수록 인생은 더 아름다워진다.

그래서 책방을 오픈해서 했던 첫 번째 일은 서로를 안아주는 것이었다. 서로를 안으면서 이렇게 말한다.

"당신의 이야기로 들어가도 될까요?"

"각색하지도, 오해하지도, 편집하지도 않을게요. 있는 그대로의 당신을 읽겠습니다."

전업맘

우리 집은 북스테이, 식탁은 상담실, 거실은 책방

그럼 책방을 꼭 해야 하나요?

'책방이 답이냐?'고 묻는다면, 책방이 답은 아니다. 커뮤니티는 당신이 좋아하는 공간이면 충분하다. 나에게는 책방이었는데 당신에게는 어떤 공간이 편안한가? 상담센터를 운영하고 계신 분한테는 상담센터에서 하시라고 얘기하고, 공방을 하고 계신 분에게 공방 그대로를 하시라고 조언하고, 집에 계신 분이라면 그대로 집에서 하시라고 말한다. 달빛책방을 보고 나서 굳이 책방을 내는 데 있어 겉만 보고 하지 말라고 말씀드린다. 그리고 '모여 앉는 것'이 가장 중요하다고 덧붙인다. 그래서 무작정 책방을 만들지 말고, 처음부터 집에서 하기가 어렵다면 스타벅스 등 카페를 활용하면 좋다고 말한다.

내가 아침마당에 나갈 때 부산 경남 대표의 책방으로 세 개의 책방이 나왔다. 현재까지 달빛책방만 남았다. 책방을 낸다고 잘되는 것이 아니라 자신이 책방이 되는 것이 중요하다.

5년 전, 생후 6개월 된 아기를 안고 온 엄마가 있었다. 그림책 책방을 내는 것이 꿈이라고 했다. 언젠가 돈을 모아서 책방을 할 것이라 말해서 나는 이렇게 제안했다.

"선생님이 책방을 하려고 돈을 모으는 시간을 책방을 하는 시간으로 바꾸면 어때요?"

"네? 그게 어떻게 가능해요?"

"가능하다면, 하시겠어요? 정말 엄마들이 모여서 그림책을 읽는 책방을 하고 싶은가요?"

"네! 그럼요. 너무 하고 싶어요. 그치만 저는 전업맘이라 할 수 있는 것도 없고, 지금까지 일을 해본 적이 없어서 막막해요."

그래서 내가 제안한 것은 이사였다. 우리 동네 1층으로 이사를 시켰다. 책방을 내는 것이 아니라 집 전체를 책방으로 만들었다. 그리고 북스테이를 시작했다. 아이가 셋이라서 집이 좁다 느낄 수 있으나 손님이 오면 안방을 내어주었다. 그리고 온 식구가 함께 작은 방으로, 거실로 모여 잠들었다. 아이들은 손님이 오는 날을 기다렸고, 아이들 스스로 메뉴판을 만들었다. 할 줄 아는 게 아무것도 없다고 말했던 사람은 어디로 갔는지, 온 집을 그림책으로 가득 꾸미고, 손님에 맞춤형으로 그림책을 읽어줬다. 남편은 요리를 하기 시작했다. 손님이 먹고 싶은 것이 무엇인지 물어보고 그 메뉴를 준비했다. 거실은 책방이 되었고, 밤새도록 그림책을 읽어 내려갔다. 안방은 손님의 편안한 북스테이, 식탁은 대화가 끊이지 않는 상담실이 되었다.

앞의 이야기는 동화가 아니라 현실이다. 누구나 할 수 있고, 당연히 그렇게 살아야 한다. 집은 원래 초대의 공간이다. 그러니 책방을 따로 만들려고 하지 말고, 당신의 집에서 시작해도 충분하다.

집이 너무 좁아서 고민이라면, 꿈을 꾸면 된다. 시작은 식탁이면 충분하다. 식탁이 없다면 상을 두면 되고, 상도 없고 집도 없다면 놀이터에서 시작해도 충분하다. 책 한 권과 당신만 있다면 누구든지 당신이 읽어주는 책을, 당신과 마주하는 시간을 누리기 위해 찾아올 것이다. 당신이 원하는 삶을 향해 걸어간다면 말이다.

워킹맘

직장을 넘어 직업을 되찾는 힘

직장에서는 어떻게 살아야 하나요?

온라인으로 하는 독서 모임을 할 때였다. 화면에 경찰 유니폼을 입고 눈에서 빛이 나는 한 엄마를 만났다. 경찰은 처음이었다. (시간이 지날수록 만나는 직업이 다양해졌다) 내가 아는 경찰은 딱딱하고, 바쁘기만 할 줄 알았는데 눈이 초롱초롱한 그녀는 이렇게 말했다.

"시민의 안전을 지키듯이, 나 자신을 지키고 싶어서 왔어요. 나를 잘 만나고, 우리 아이들도 잘 만나고 싶어서 독서 모임에 왔어요."

그녀는 낭만이 있었다. 경찰이 아니라 사람이었다. 경찰로도 너무나 잘할 사람이지만, 자신에게도 너무나 잘할 수 있는 사람이었다. 그래서 나는 이렇게 제안했다.

"보통, 브랜딩은 직장을 그만둘 때 하잖아요. 그렇지만 저는 브랜딩은 회사 안에서 가능해야 한다 생각해요. 퇴사하지 않겠다고 하시면 제가 브랜딩해 드리고 싶어요. 선생님 인생과 동시에 직장을 바꿀 수 있겠어요."

그녀는 자신을 찾아가는 시간을 가지기 위해 1년 동안 휴직을 선택했다. 그리고 다시 한번 우리는 약속했다. 직장을 나오는 것이 아니라 직장으로 더 깊이 들어가겠다고. 그녀는 '낭만 경찰'이라는 이름으로 독서 모임과 편지쓰기를 시작했다. 워킹맘으로 살면서 아이와 보낸 시간이 적어서 미안했던 시간을 회복하기 시작했다. 아이들과 편지를 나누기 시작했고 대화가 끊이지 않았다. 1년이 지나 자신의 직장인 경찰서로 돌아갔다.

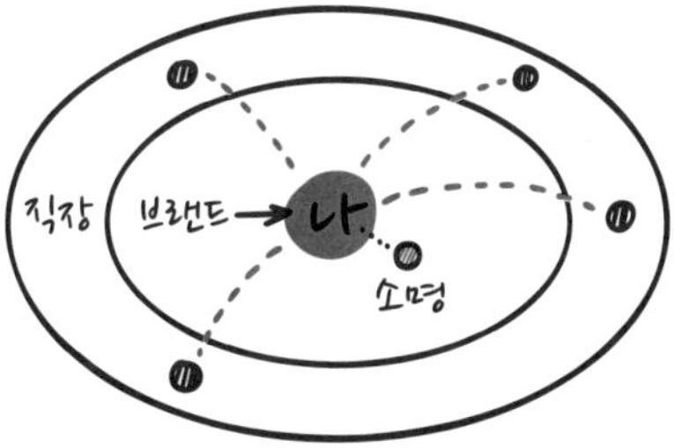

놀라운 변화는 계속해서 이어졌다. 원트카드를 들고 직장으로 들어가 직장동료 한 명, 한 명을 브랜딩 해주기 시작했다. '낭만 경찰' 옆에는 기쁨을 선택한 '기쁨 경찰'부터 '사랑 경찰'까지 다양한 이름의 경찰이 생겨났고 직장의 문화가 바뀌기 시작했다.

직장의 중심에 내가 사람으로 살 수 있느냐, 그 직장에서 내가 소명으로 살 수 있게 하는 데에 내 브랜드가 사용되느냐가 중요하다. 그러면 다른 사람도 그렇게 살 수 있게 해줄 수 있기 때문이다.

직장에서 가장 큰 문제는 직장이 무너지거나 자신의 직업이 무너지면 죽고 싶은 생각까지 든다는 점이다. 그 안에 자신의 이야기가 살아있으면서 승진의 유무와 회사의 그 어떤 상황에 무너지지 않는 '나'가 되는 힘을 심어 줘야 한다. 스스로에게 그리고 동료들에게.

그러다 며칠 전, 조서를 작성해야 하는 일이 있을 때 자신도 자신에게 깜짝 놀랐다고 했다.

그녀는 "조서의 마지막에 '당신 마음이 지금 어때요?'라는 질문을 디테일하게 물어주기로 선택했어요. 조서의 대상자가 아니라 만난 사람으로 대한 것이죠. 그래서 최근 성추행 피해자가 왔길래 해봤는데 엄청 따뜻해졌어요."라는 이야기를 전했다.

조서라는 문서와의 화해가 이루어진 것이다. "저는 조서는 그냥 일이라 생각했는데 그것이 글쓰기더라고요. 1년 동안 배운 것을 거기서 하고 있었어요. 제가 제 브랜드로, 저 자신으로 직장에서 살고 있더라고요."

어느 날, 조서를 작성해야 하는 청소년이 겁에 질려있어서 조서를 작성하자는 말을 꺼내기가 힘들었다고 했다. 폭력을 당한 아이에게 조서는 또 한 번의 폭력일 수 있는데, 그 자리에서 그녀는 이렇게 말했다고 했다.

"우리 같이 책을 쓰자. 너의 이야기를 내가 들어줄게. 하고 싶은 말을 하고 싶은 만큼만 하면 돼."

직장에서 직업을 되찾는 것이다. 나 자신만 할 수 있는 일을 실현하는 장소가 직장이어야 한다. 직장에서의 능률도 올라야 한다. 그러다 어느 날 직장에서 나의 자리가 사라져도 나 자신의 이야기와 나만 할 수 있는 일을 가지고 나올 수 있어야 한다. 모든 것이 조화로운 것이다.

"이거구나. 내가 사는 곳이 책방이라는 말을 이제 알겠어요."

나는 워킹맘이 자신의 브랜드를 입고 직장으로 들어가기를 추천한다. 직장을 위한 자신이 아니라 나를 위한 직장이 되기 때문이다. 그리고 소재가 풍부한, 책 쓰기의 현장으로 연결된다. 그게 진짜다. 보통은 회사에서는 조용히 살다가, 이후 자신의 사업을 따로 한다. 그러면 오전 9시부터 오후 6시까지는 아무런 이야기 없이 기계로 사는 시간이 된다. 집에서도, 회사에서도, 버스에서도, 장애물 속에서도 우리 자신을 브랜드로 만들어가면 충분히 '나'로 살 수 있고 사례를 만들 수 있다. 어디서든 챌린지가 가능하고 독서 모임이 가능하다.

워킹맘만 고민하는 게 아니다. 전업맘은 전업맘 대로 고민한다. 공부하는 엄마도 똑같이 얘기한다. 그 경계를 선택하는 것도 나 자신이고, 경계를 허무는 것도 나라는 걸 잊지 말자.

"진리의 커뮤니티에 참여하는 것이 동그랗게 원형 테이블에 둘러앉아 대화하는 것만을 뜻하지 않는다. 강연, 실습, 현장 조사, 봉사 학습, 전자미디어, 전통적 혹은 실험적인 교육방식 등을 통해 크고 작은 교실에서 상호연결성의 느낌을 창출할 수 있다.

가르침과 마찬가지로 교육 커뮤니티를 창조하는 것은 단순히 테크닉의 문제로

환원할 수 없다. 그것은 교사의 정체성과 성실성에 바탕을 둔 다양한 변형으로 표현되어야 한다."

– 《가르칠 수 있는 용기》 中

다양한 변형을 표현하는 것이 바로 워킹맘이 할 수 있는, 해야 할 방법이다. 브랜드가 직장에서 실행되게 하고, 독서 모임이 직장에서 문화가 되게 하는 것이다. 그냥 앉아서 하는 독서 모임을 상상한다면 불가능하지만, 회사의 특성에 맞춘 모임을 만드는 것은 가능하다. 드라마 〈나의 해방일지〉에서는 직장동료가 모여앉아 자신의 해방일지를 쓰고 나누는 모임 장면이 나온다. 질문이 살아있는 '모임'은 시간에 쫓겨 사는 직장인에게 더욱 필요하다. 직장이 실행의 장소라면 연구의 장소는 커뮤니티다. 직장과 이어진 커뮤니티를 만들기 시작하면 그것이야말로 리추얼과 리뷰와 리라이팅으로 이어지는 '수익 시스템 3R'을 만들 수 있는 흐름이 되는 것이다.

그러니 직장에서 당신의 정체성과 성실성을 바탕에 둔 다양한 변형을 도모하자. 당신을 위해서 말이다.

스터디맘

부족함을 풍요롭게 만드는 방법

스터디맘, 다시 말해 '공부하는 엄마'들이 자주 하는 말이 있다. "아직 부족해요. 좀 더 공부해서 시작할게요."

충분히 이해가 가는 말이다. 공부를 해왔으니 완료하고 싶고, 합격하고 싶고, 해낼 때까지 좀 더 참았으면 하는 마음일 것이다. 하지만 이 책을 읽는 동안 이제는 나 자신의 삶에서 가장 중요한 결정을 해야 할 시간을 맞이했다는 생각이 들었다면, 우리 이제 솔직해지자.

초등 6년, 중고등 6년, 대학교와 대학원까지 계속된 공부 속에 우리는 무엇을 위한, 무엇을 향한 공부를 하고 있을까. 합격하면 그 뒤에는 무엇이 기다리고 있을까. 기다리던 순간이 오면, 그때는 지금처럼 '부족'을 말하지 않게 될까.

당신이 보는 모든 책이 합격을 위한 책이라면, 또 당신 주변의 모두가 당신의 합격과 해야 할 공부를 응원한다면, 나 한사람쯤은 당신이 이미 '충분'함을 경험해도 된다고 말하는 사람이고 싶다. 공부도 좋고, 평생 해야 하는 것이지만 지금은 인생에서 가장 '젊은 나'를 구현해보자고 말이다.

그럼, 그동안 공부한 건 버려야 하나요?

공부한 모든 순간이 당신이다. 그래서 버릴 것이 하나도 없고, 버려지지도 않는다. 다만, 사용하라는 것이다. 임용 공부를 하던 엄마가 왔다. 자신을 실패와 좌절로 읽고 있었다. 그래서 그간 공부했던 모든 것들은 결코 헛되지 않았다고, 모든 순간이 당신의 이야기로 연결 될 거라고 말해주었다.

공부의 결과가 아닌, 나만의 공부 방법을 실현하기

6년 전, 아기띠에 아기를 안고 젊은 엄마가 찾아왔다.

"결혼 전부터 했던 임용 공부를 아이를 낳고도 지속했는데, 이제는 이 젊은 나이에 계속 임용 공부만 하는 것이 아깝다는 생각이 들어 찾아왔어요."

공부만 하다가는 자신이 해보고 싶은 일을 할 수 없겠다고 생각했다는 말이 이해가 되었다. 그래서 머리로 공부했던 것을 발로 옮기는 일을 도우면 좋겠다. 머리와 가슴과 발을 연결하는 일이 독서 모임이기에, 배운 것을 실현으로 옮기려는 당신이 꼭 하면 좋겠다고 권했다.

"제가요? 이제 처음 왔는데 독서 모임을 진행한다고요?"

나는 그녀가 이미 충분히 준비된 사람이라 생각했다. 지금껏 얼마나 많은 밤을 새워 책에 밑줄을 긋고, 누군가에게 배움을 나누어 준다는 상상을 했을까. 나는 그녀가 자신만이 할 수 있는 일을 직접 진행하게 도와야겠다고 생각했고, 그 선택은 탁월한 그녀를 꺼내기 충분했다. 그녀는 6년째 '엄마성장연구소'라는 이름으로 엄마들의 글쓰기와 독서를 돕는 교육사업을 진행하고 있다. 내가 말하고 싶은 것은 당신이 공부하던 가닥을 살리라는 것이다. 실패가 아니라 그간 당신이 살아온 모든 과정을 적극 활용해서 당당히 '실현'하라는 것이다. 무엇을 공부했든 제대로 해왔던 당신의 능력을 200% 발휘해 지금 당장 커뮤니티를 구성하라.

경력을 재가공하기

어느 날, 국제변호사였던 엄마가 찾아왔다. 365일 일만 하는 삶에 지쳐서 아이를 키우면서 할 수 있는 일을 되찾기 위해 변호사를 그만둔 분이었다.

"좋아하는 일을 하면 돈이 안 되고, 잘하는 일을 하면 엄마로 사는 게 힘드니 어떻게 해야 할지 모르겠어요."

그래서 내가 그녀에게 추천한 방법은 경력을 재가공해서 새로운 커뮤니티를 만드는 것이었다. 그녀가 좋아하는 일은 '번역'이었고, 잘하는 일은 '변호'였다. 그래서 나는 "좋아하는 일을 변호하라."라고 추천했다. 나는 번역이라는 일이 저자를 변호하는 일이라고 생각했다. 한국 저서는 영어로 전달하고, 반대쪽에도 동일하게 전하는 일이라 경력(변호, 영어교육)을 극대화해서 차별화를 만들고, 번역을 변호하는 매뉴얼을 제작하면서 '엄마의 번역팀'을 구성하자고 제안했다. 지금 당신이 보는 이 책을 그녀가 번역하고 있다. 육아와 일을 둘 다 살리고 싶었던 그녀의 고민과 동일한 고민 속에 있을, 엄마들이 모여 작당하는 시간은 또 어떤 혁명이 될까.

> **"우리는 학생들에게 지식을 얻으려면 어떻게 자신들의 감정을 '살펴야'하는지 가르쳐야 한다. 우리는 앎과 행동 둘 모두를 위한 커뮤니티를 어떻게 일구어낼 수 있는지 학생들에게 가르쳐야 한다. 우리는 학생들에게 '분열되지 않는 삶'을 향한 여행이 무엇인지를 가르쳐야 하고 그것을 모델로 삼아야 한다."**
>
> **— 《가르칠 수 있는 용기》 中**

나는 파커 J. 파머가 말하는 '분열되지 않는 삶'을 꿈꾼다. 그것이 내가 일과 삶의 일치를 외치고, 육아와 나를 연결하는 엄마들의 작당을 진행하고, 이야기로 사는 것이 수익으로 증명되는 것을 만든 이유다.

대한항공에서 20년을 근무한 엄마가 있었다. 청춘을 승무원으로 살았다. 시간대를 옮겨가며 일해야 하기에 육아는 시댁과 친정엄마의 몫이 되었다. 그러다가 나이 든 부모님이 아이를 맡는 것의 버거움이 드러나기 시작했다. 어느 날 그녀는 고민의 절벽에 섰다.

'나 한 명만 희생하면 모두가 편한데, 내가 일을 그만두고 엄마로 살면 되는데, 모두를 고생시키고 있구나. 내가 내 일을 그만둬야 할 시간이 왔구나.'

7년 동안 생기지 않았던 아이를 가져서 기뻤던 순간, 아이를 키우면서도 좋아하는 일을 잘 해내고 싶던 모든 시간을 지나 퇴사를 선택한 그녀는 아이와 도서관을 다니면서 자신의 퇴사가 아이를 위한 최고의 선물일 거라고 자신을 다독였다. 그러다 책을 좋아하는 모녀는 책방을 찾아왔다. 그리고 내게 자신의 지난 이야기를 들려주었다.

"그럼, 잘해왔던 20년을 살려서 일하면서 책을 쓰면 어때요?"

그녀의 행보는 대한항공 승무원을 하며 배운 모든 지식을 모아 상담센터 매뉴얼로 옮기는 작업으로 이어졌다. 승무원의 경력이 상담센터를 브랜딩하는 일로 연결된 것이다. 고객의 탑승부터 여행의 마지막 순간까지 고민했던 승무원의 경력은 살리고, 한 사람이 자신의 고통을 꺼내는 순간부터 삶으로 착륙하는 순간까지 진행하는 상담전문가로 업그레이드

된 것이다. 앎과 행동 모두가 삶을 일구고 있는 현장은 여기서 끝나지 않는다. 자신과 같이 일과 육아 중 하나를 선택해야 하는 모든 엄마들에게 아낌없는 지원과 독려를 하는 커뮤니티를 운영하고 있다. 그녀는 여전히 엄마들의 승무원으로 사는 중이다.

이처럼 퍼스널 브랜딩은 새로워지는 것만을 의미하는 것이 아니다. 자기 자신의 모든 순간을 귀하게 대하는 것이다. 과거를 기억해서 화해를 청하고, 현재의 나 자신을 기록하고, 미래의 나 자신을 향해 걸어가는 것이다. 다시 말하지만, 혼자서는 힘들다. 기적은 언제나 커뮤니티에서 살아 움직인다. 서로의 상담가가 되어 과거를 잘 만나도록 돕고, 작가가 되어 내 삶의 달라진 현재를 기록하고, 강사가 되어 미래로 갈 수 있도록 돕는 방향으로 함께 걸어가자. 그리고 현시대에서 꼭 필요한 책과 자료와 문화를 선정하는 콘텐츠 큐레이터가 되어 과거와 현재와 미래를 이어가자.

그래도 커뮤니티가 두려운 당신에게

"커뮤니티, 내가 만들지 않고 만들어진 곳으로 들어가면 안 될까?"

정말 자주 받는 질문이다. 자기가 만들지 않고 소속되어 있는 한 당신의 성장은 없다. 당신이 만들기 싫을수록 만들어야 된다. 이유가 뭐냐면 환경 재설정을 해야 하기 때문이다. 주체적으로! 커뮤니티는 거울이다.

당신을 그대로 반영해 준다. 나의 감정을 만나게 하고, 나의 이야기를 쓰게 한다. 그러니 당신이 인생의 재구성을 원한다면 같이 할 사람들을 모집하고 그들과 함께 할 때, 30년 뒤 일어날 일을 미리 만나고, 문제에 그 마음을 쓸 수 있게 된다.

지금 이 순간 당신이 극복해 내는 힘든 상황은, 앞으로 다시는 당신에게 나타나지 않을 것이다.

- 달라이 라마

당신이 극복해야 하는 모든 상황을 만나서 예방접종처럼 함께 아프고 힘들고 이겨내며 서로의 눈물을 닦아주며 다음 페이지를 함께 써가는 것은 바로 책을 읽는 커뮤니티에서 가능하다.

나는 현재 미국 데이브레이크대학교에서 부부가족상담전공 석사과정을 밟고 있다. 이 학교만의 차별화된 장점은 온오프라인 하이브리드로 강의가 진행되기 때문에 국내에서도 최상의 수업을 받을 수 있다는 점이다. 그러나 이보다 더 강력한 것이 하나 있다. 그것은 바로 '커뮤니티 구조화'를 가지고 있다는 점이다. 이 학교만의 강력한 힘이 있는데, 그것은 이론과 실제를 넘어 인턴실습을 해야 한다는 측면이다. 여기서는 매주 상담 수퍼비전(Supervision)*을 한다. 경험이 아주 많은, 공인된 수련감독자로부터 임상사례 지도를 받는 것이다. 내가 상담사로 진행한 상담의 녹화본을 보고 진행되는데 항상 받는 질문 하나가 있다.

"이 상담을 진행하면서 마음이 어땠어요?"

* 상담사의 상담사례에 대한 임상 지도를 말한다.

내담자에게 기술을 잘 전달하는 것을 가르치지 않았다. 상담사의 자격과 기술보다 더 높은 차원이었다. 수퍼비전을 해주시는 교수님은 끊임없이 질문을 통해 나 자신을 바라보게 했다. 상담사인 나의 마음에 대해 묻고, 나의 이야기를 궁금해하고, 나 자신이 될 수 있도록 나의 다음 페이지에 미리 서서 나를 기다렸다. 나 자신에게 상담이 무엇인지 묻는다면 수퍼비전을 1년 동안 받으면서 깨달은 것을 나눌 것이다.

"상담사는 내담자를 통해 나 자신을 바라보게 되는 귀한 자리다."

수퍼비전은 내 안의 마음 그릇이 깨끗하게 되어 사랑이 그 어떤 조건이나 상황에도 영향을 받지 않고 사랑 자체로 잘 전달되는 것이다.

그러면 이때 가장 많이 성장하는 사람은 누구일까? 바로 '상담사'다. 내담자를 통해 상담사가 성장하고, 수퍼비전을 통해 상담사가 또 한 번 성장한다. 그리고 그 힘은 내담자에게도 흘려보내진다. 그리고는 '다음 번에 만났을 때 내가 이렇게 해야 된다.'라는 걸 깨닫는다. 우리가 그 작업을 하게 되는 것이다.

상담을 진행하는 한 시간이 아니라, 또 수업이라서 시간을 내는 이론이 아니라, 매일의 삶에서 나의 역동을 내가 만나러 가는 것이다. 지금 커뮤니티를 만들지 않고 살면, 결국 평생에 걸쳐서 나는 나의 역동을 자의가 아니라 타의로 마주하게 된다. 나 자신이 내가 될 때까지 지속해서 문제는 내 앞에 와서 기다릴 것이다. 부부 싸움으로, 아이의 문제로, 나의 불면증으로 끊임없이. 커뮤니티는 내 삶의 예고편을 미리 마주하고, 안전하게 자신을 드러내며 깊이 있는 통찰을 이루기 위해 존재하는 것이다. '나'라는 수족관에서 나와 '함께'라는 바다로 향하는 것이다. 이 얼마나 대박인가? 내가 예고편을 다 볼 수 있고, 내가 넘어가야 할 방향을 알려주는 것인데 미룰 필요가 없다.

예를 들어, 어떤 사람이 당신을 찾아왔다고 생각해 보자. 그리고 당신이 최선을 다해 이야기를 진행하고 있는데 그 사람이 계속해서 '모르겠다'라는 대답을 할 때, 내 마음은 답답함이 오는 날도 있고, 빨리 변했으면 하는 조급한 마음도 올라올 수 있다. 그 마음을 알아차리고 내 안의 마음을 알게 해준 그 사람을 천사라고 생각하고 다음 페이지를 함께 써 가면 어떤 일이 일어날까? 그 한 사람의 변화를 도우면서 나에게 3가지 변화가 일어났다면 어떨까.

1. 누군가 '모르겠다.'라고 대답하면 내 감정은 어떤지 알게 된다.

2. 나의 감정이 이 사람 때문이 아니라 '모르겠다.'라고 말하는 에피소드마다 같다는 것을 알게 된다.

3. 그 사람의 변화로 반복되었던 '모르겠다.'의 페이지가 달라진다.

이 3가지 변화를 준 사람은 당신의 천사다. 그렇지 않은가. 그렇게 다음 페이지를 써간 당신이 남편과 저녁 식사를 하게 된다. 그리고 남편이 한숨을 쉬면서 이렇게 말한다.

"진짜 모르겠다. 인생 모르겠다." 대번에 웃게 될 것이다.

커뮤니티 없이 살았던 당신이라면 "인생 모르겠다고 애 아빠가 그런 소리를 할 거야?!"라고 이야기했겠지만, 나 자신에 대해 다 알게 되어 남편이 다시 예전 페이지를 펼쳐주니 이렇게 말하게 될 것이다.

"아, 우리 남편 많이 힘들구나. 우리 자기 진짜 힘들지? 모르겠다고 말할 수밖에 없겠다. 이해가 돼."

내가 커뮤니티로 살면, 나의 일상과 가족에는 사람다움이 그냥 이어진다. 커뮤니티를 왜 만들어야 되냐고 물으면 나는 이렇게 답하고 싶다. 내가 나답게 진짜 사람답게 살려고 만드는 것이다.

그런 커뮤니티 안에서 나의 고정관념을 만나고, 내가 원하는 오늘을 써가는 것이다. "나는 늘 누군가를 나의 기준으로 판단해왔다."라는 말을 한다면 글쓰기의 첫 줄이 나온 것이다. 그게 끝이 아니다. 판단해온 것을 넘어 나 자신이 변한 과정을 쓰게 되고, 나를 통해 변화된 사람의 사례를 쓰게 될 것이다. 집에서 남편과의 대화가 변하기 시작된 것을 나누게 될 것이다.

커뮤니티는 이전의 나의 이야기와 오늘의 나의 이야기를 이어주고, 미래의 나로 갈 수 있는 복선을 만들어준다. 아마 당신은 커뮤니티에서 이런 나눔을 하게 될 것이다. "나는 함께 책을 읽기 전에는 우리 엄마가 한숨을 쉴 때마다 그 무게를 느끼면서 살았다. 한숨에 이어지는 말, "모르겠다. 나는"이라는 말이 들릴 때면 나를 단절하는 것 같았기 때문이다. 오늘 만난 사람을 통해 알게 되었다. 내가 나의 이야기를 만나게 해줘서 고맙다."라고 말하게 될 거다. 그때부터 그 사람이 문제로 보이지 않는다. 오히려 나의 이야기를 충분히 하도록 도와준 천사인 것이다. 오늘 만난 사람을 통해 알게 되었다. "내가 나의 이야기를 만나게 해줘서 고맙다."라고 말하게 될 것이다. 그때부터 그 사람이 문제로 보이지 않는다. 오히려 나의 이야기를 충분히 하도록 도와준 천사인 것이다.

《칼 로저스의 사람-중심 상담》에는 우리가 모여 앉으면, 내가 인생에서 만날 모든 사람이 그곳에 있다고 말한다. 어떻게 구성해도 지금 이런 사람이 당신에게 아빠로 보일 수 있고 당신한테는 엄마로 보일 수 있고 이런 사람이 정말 너무 큰 스승처럼 보였다가, 어느 날은 저 사람을 배신하고 싶은 감정이 들 수도 있고 저 사람을 뛰어오르고 싶은 질투가 올라올 수도 있다. 그건 당신 몫인 것이다.

그것을 당신이 미리 만났다는 건 60대에도 여전히 반복해서 살 이야기를 더 이상 안 해도 된다는 것이다. 당신의 뒤 페이지가 원래 쓰여있던 대로 라면 누군가 "모르겠다."라는 말과 행동을 하면 그 사람은 우리 엄마 같을 것이라고 판단하고 미워하면서 클리셰 안을 쳇바퀴 돌 듯이 살았을 것이다. 이 이야기를 80대까지 반복하다가 어느 날 죽기 전에 '내가 살아보니 평생을 두고 판단만 하다가 힘들어 죽는 줄 알았다. 너는 그렇게 살지 마라'라고 말할지 모른다.

"나는 책을 제대로 읽기 시작했다. 나를 읽기 시작하고 이제 내가 내 삶을 산다로 바뀌었다면 그 내용으로 책을 써야겠다. 그 문제를 벗어나는 방법을 내가 알고 있으니까, 그걸 나처럼 고민하는 사람에게 소개할 사람이 나구나! 이것이 인생이구나!"라고 말하기 시작할 것이다. 커뮤니티 속에서 나의 '문제와 역동과 늘 해오던 내 속에서 흘러넘치는 반복되는 말(다잉메시지)'을 발견하고 '나의 원함과 나를 바꿀 행동과 내 속에서 흘러나와야할 말(미라클메시지)'로 바꾸는 것이 바로 '치유'다. 커뮤니티

속에서 나를 발견하고 의식전환을 하고, 변화에 필요한 자료를 모아 소개하는 사람을 콘텐츠 큐레이터라고 한다. 내 삶의 변화를 말로 전하는 사람을 강사라고 한다. 그 내용을 책으로 남기는 사람을 작가라고 한다. 그리고 나와 같은 사람을 만나 눈을 마주보고 자신을 내어주는 사람이 상담사인 것이다. 이렇게 삶의 변화와 일의 구조의 일치성을 만들고, 나의 행복을 수익으로 전환하는 것이 바로 엄마의 브랜딩 1%이다.

그룹 안에서 계속 똑같은 나의 감정을 만나고, 그때 나는 어떻게 헤쳐갈까 고민이 든다면, 당신과 그 사람 사이에 반드시 책을 펼치자. 그리고 책 사이를 건너가 서로를 만나자. 그러면 그것이 바로 책을 읽는 커뮤니티의 기적으로 써질 것이다. 당신을 그냥 통과하지 않게 해야 한다. 문을 하나 두는 것이다. 책으로 말이다. 누가 가르치거나, 다그치거나, 해야 하거나, 잘해야 하는 것이 아니다. '오늘은 이 책을 중심으로 우리가 만나는 거야.' 하고 약속을 건 것이다. 이것이 바로 '커뮤니티의 구조화'다. 그러면 우리는 다시 말을 걸어도 책을 통해서 말을 건다. 그러면 안전하다. 그러면 당신이 뭔가 판단을 하려고 해도 책에서 말하는 것을 통해 대화하고, 다시 한번 자신을 보게 되고 그 책에서의 질문 때문에 저자와 셋이서 만나게 되는 것이다. 중심은 책이 이야기하기 때문에 당신이 '그 사람에게 피해를 줄까?' 고민하거나 '그 사람이 나를 힘들게 할까?' 고민하거나 걱정하지 않아도 된다.

커뮤니티를 시작하는 당신에게

달빛책방이 지속가능한 이유는 세 가지다. 서로를 매일 축하하는 자리로 만난다. 누군가 생일이면 축제처럼 만나고, 암을 치료하는 중 힘들어하면 날짜를 함께 세어가면서 파티를 한다. 기뻐도, 슬퍼도, 생일이 중요해도 중요하지 않아도 매일 축제 속에 사는 것이다.

두 번째는 복순이처럼 산다. 제주에는 복순이라는 돌고래가 살고 있다. 수족관에서 살던 복순이에게 모두가 말했다. "너는 이미 너무 늙었고, 나이가 들었고, 수족관에서 적응한 지 오래되어 바다에 가도 힘들 것이다." 이 말을 복순이는 바다에 돌아가서 친구들을 만나자마자 반전으로 만든다. 바다에 도착하자마자 먹이를 잡아먹고, 놀이를 선택하고, 친구들과 바다에서 원 없이 헤엄치고, 사람들은 불가능하다고 했던 아이도 가진다. 엄마가 된 복순이는 여전히 제주 앞바다에서 커뮤니티를 만들며 살고 있다. 안 된다고 말하면 뒤집는 삶을 사는 것이다. 원하는 것을 원 없이 할 수 있게 서로의 바다가 되어주자.

세 번째는 매일 책으로 만난다. 책 한 권을 들고 독서 모임으로 만나고, 서로가 책이 되어 '사람책 처방 상담'으로 만난다. 그리고 서로를 펼치고, 마주하고 안는다.

우리 어떤 모임을 하더라도 그렇게 오로지 '사람'으로만 살자.

비밀노트 7 축하를 창조하라

1. 커뮤니티를 시작하는 당신에게

Q1.[생일문화] 구성원의 생일을 어떤 방법으로 축하할 것인가?

Q2.[문제 해결 문화] 문제가 생기면 축하를 시작하자. 문제를 프로젝트로 만들어 축하할 당신만의 방법은 무엇인가.

예) 여행, 음식, 상장 만들기, 춤추기, 글쓰기, 편지 등

Q3.[공동프로젝트] 구성원의 원함을 이루어줄 시나리오를 함께 작성하고 공동프로젝트를 시작하라.

#우리는 #또 #어떤

#이야기를 #펼치게 #될까?

Part 5

엄마의 유산

내일의 사람들 시나리오

이대로 두면 큰일이다

"무엇을 남길 것인가? 궁극적으로 도달하고 싶은 곳은 어디인가?
그 목적지의 전체 이미지를 그려봐야 해."
– 《하워드의 선물》 中

《하워드의 선물》에서는 '인생의 마지막 장면에서 시작하기'란 것이 결국 자기만의 확실한 비전과 장기적 목표를 갖기 위한 이미지 트레이닝과 같다고 말했다.

지금 공개하는 편지는 내가 이 세상을 떠난 뒤 아이에게 남겨주고 싶은 세 가지를 담은 편지다. 만약, 당신이 이 세상을 떠나야 할 날이 온다면, 당신은 아이에게 혹은 다음 세대에게 어떤 말을 남길 것인가.

나는 이 질문 앞에서 한참을 멈췄다. 의미 있게 살고, 재미있게 일하고, 경제력까지 펼치고, 커뮤니티로 행복하게 산다면 더할 나위 없이 잘 사는 인생일 텐데 '죽음', '남기다'라는 두 단어 앞에서는 할 말을 잃었다.

나는 아주 어릴 적부터 소중한 사람들의 죽음을 여러 번 경험했다. 죽음이라는 단어 앞에 붙는 수식어는 '허무함'이었다. 죽음 뒤 바로 이어지는 장례식장은 그 사람이 살아있으면서 어떻게 살았는지를 다 보여줬다. 열심히 살았으나 죽음 뒤에는 아무도 오지 않는 텅 빈자리, 가족끼리 남은 돈을 나누는 모습 등을 보면서 내가 맞이할 죽음에 대해서도 자주 생각하게 했다.

갑작스러운 심장마비로 쓰러졌다가 기적적으로 살아난 세계적인 경영학계의 구루(Guru)인 하워드 교수는 이런 말을 남겼다. "전환점이란 단지 살짝 변화만 주는 그런 차원이 아니야. 지금까지 달려오던 것과는 전혀 다른 쪽으로 완전히 방향을 틀어야 할 지점이지. 그 속에는 우리의 숨은 능력을 이끌어낼 수 있는 엄청난 힘이 있어."

마지막 챕터 '엄마의 유산'이 당신 인생의 전환점 프로젝트가 되기를 바란다. 내가 아이에게 가장 남기고 싶은 세 가지에 대한 편지를 읽으면서, 당신도 아이에게 남기는 편지를 써보기를 추천한다. '남기고 싶은 삶'을 살고 싶어질 것이다.

딸에게 쓰는 편지

"안녕, 나의 딸. 이 편지를 읽고 있다면, 이제 한글을 읽을 수 있는 나이가 되었구나! 한글을 읽었으니 곧 있으면 학교에 가겠지? 그리고 시간이 지나 어른이 될 거고.

엄마는 우리 딸이 커서 엄마가 될 날을 상상해. 그때 만약 엄마가 우리 딸 옆에 없을 수 있잖아. 바쁠 수도 있고, 아플 수도 있고, 또 세계여행 중일 수도 있고, 아주 일찍 하늘나라에 먼저 갈 수도 있으니 엄마는 이 편지를 통해 너에게 해야 할 이야기를 남기려고 해.

어릴 때, 엄마와 같이 봤던 영화 〈시간의 주름〉을 기억하지? 사실, 그 영화에서 나온 이야기처럼, 엄마도 시간의 주름을 접을 줄 알아. 신기하지? 그래서 시간을 넘어 제일 먼저 우리 딸의 미래에 가봤어. 30년 뒤를 먼저 가보니 이대로 두면 큰일이다 싶은 거야. 세상에! 사람들이 세 가지를 빼먹고 미래를 만들었더라고. 그래서 너의 미래에 반드시 챙겨야 할 세 가지에 대해서 남겨놓으려고 편지를 쓴단다."

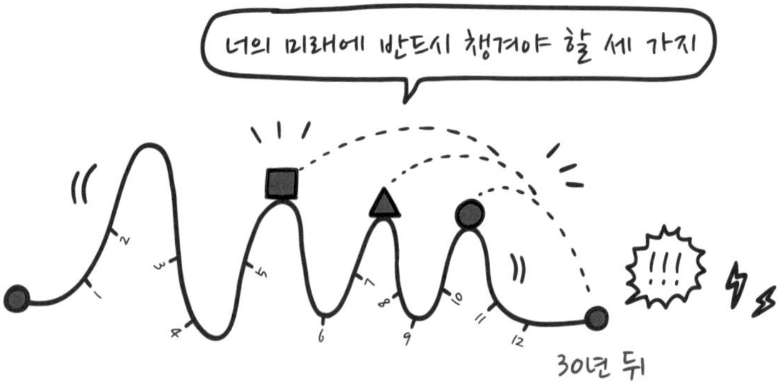

꿈

AI는 결코 따라할 수 없는 영역

미래는 악당이 가득하더라고. 이 세상을 파괴하고 싶어 했어. 그런데 신기하게 손가락 하나 까딱하지 않고 입으로만 세상이 망할 전략을 쓰는 거야. '이 세상의 파괴 자동화를 위해 가장 먼저 무엇을 망가지게 할까'라는 회의를 수차례 하더라. 만일 네가 악당이라면 이 세상을 가장 나쁘게 만들기 위해서 무엇을 가장 먼저 파괴할 것 같아? 사람일까? 교육일까? 아이들일까? 아니면 환경일까? 엄마는 미래에서 악당들의 회의를 지켜보게 되었어. 들은 이야기를 남겨볼게.

"반드시 세상을 망가지게 해야 한다! 우리가 큰 힘을 써서 망가뜨릴 필요가 없어. 사람들 스스로 자신을 망치도록 전략을 짜자! 그 방법을 순서대로 적어둘 테니 움직이도록!"

악당들은 전술을 가지고 있었어. 자신들이 나타나서 세상을 '직접' 망가뜨리지 않더라. 사람들이 스스로의 힘으로 자신의 세상을 망가뜨릴 수 있도록 설계하기 시작했어.

"지금부터 딱 세 가지만 잊게 하면 된다. 알겠나! 바로 꿈, 돈, 책이다. 순서대로 망가뜨려라! 그 중 첫 번째는 꿈을 잊게 하는 것이다. 그리고 돈을 두렵게 해라. 이것까지 되고 나면 마지막 세 번째를 노리자. 사람들은 자신도 모르게 자신의 세상을 엉망으로 만들게 될 거다."

악당들이 그 회의를 마치고 얼마나 행복하게 웃었는지 몰라. 만약 이 세상을 구할 전사가 있다면 이제 무엇을 해야 할까? 맞아! 꿈은 기억하게 해야 하고, 돈은 친구가 되게 하고, 책은 살려야겠지. 엄마는 네가 사는 미래에 반드시 너의 꿈과 세상을 연결할 돈과 이야기가 가득한 책을 남기고 싶어. 그래서 책방을 하고, 이 책을 쓰고 있어. 엄마의 친구들과 함께 말이야. 우리 아이들이 살아갈 미래로 꿈과 돈과 책을 잘 전달하는 일이 엄마가 할 일이라 생각해.

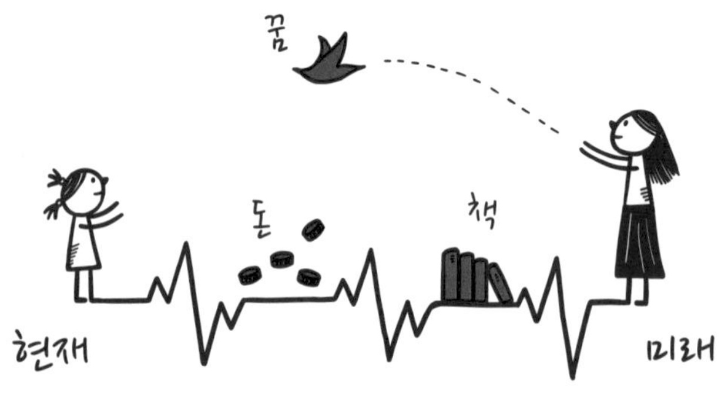

악당이 첫 번째로 파괴하려고 하는 건 뭐였지? 사람들의 마음이야. 마음을 나누지 못하게 하면 그 안의 최고 보물인 꿈이 자동으로 사라지니까. 꿈을 없애기 위해서 3가지를 먼저 하더라. 꼭 기억해. 악당이 만든 미래에는 사라졌지만, 지금은 얼마든지 이것을 살려서 미래를 바꿀 수 있어. 우리는 그것을 '회복'이라고 말해.

회복이 필요한 부분은 교육, 친구 그리고 서로를 향한 마음이야. 이 세 가지를 없애기 위해서 가장 빠른 방법이 무엇일까? 꿈을 키울 교육의 현장, 학교가 없어지려면? 서로의 거울이 되어줄 친구가 없게 하려면? 서로를 향한 기대하는 마음이 없게 하려면 말이야. 악당들의 회의에서 이렇게 말하더라고.

"맞아! 엄마가 없어지면 돼. 학교에 폭탄을 떨어뜨릴 필요가 없어. 전염병을 만들 필요도 없지. 쉽게 가자고. 엄마를 하고 싶지 않게 만들어. 그럼 자동화가 되잖아. 엄마를 없애면 교육받을 아이들이 없어지지. 그럼 학교가 무슨 소용이야. 놀 줄 모르는 아이들은 친구가 되지 않아. 학습자가 되는 거야. 기계처럼 살겠지. 오우! 정말 자동화 완성이군. 마음을 차갑게 하자. 그럼 이 세상은 끝이야."

시간의 주름을 넘어가던 어느 날, 엄마가 아주 어렵게 더 먼 미래, 50년 뒤를 가게 된 거야. 우리 딸의 아이 세상을 간 거지. 그곳에는 악당의 자동화 시스템이 정확하게 통해있었어. 그래서 우리 딸의 아이는 '엄마'라는 단어 대신 〈똑똑한 정자, 난자 만들기 연구소〉라는 곳에서 생성되어서 나왔어. 아주 무섭더라고. 사랑 없이, 어떠한 이야기 하나 없이, 오로지 생존만을 위한 효율적인 세상을 완성한 악당들은 순찰을 돌며 말했어.

"이제는 사람다움이라는 건 찾아볼 수도 없군. 계획대로 되었어. 완벽해."

이 편지를 쓰는 2023년 현재에도 이미 악당들의 계획대로 되기 시작했어. 시간의 주름을 넘나들면서 알게 된 또 하나의 사실은, 악당들의 계획에 발맞춘 사람들이 점점 늘어갈수록 계획이 더 빨리 현실화 된다는 거야.

지금 이 시대에도 이미 엄마들이 줄어들고 있어. 엄마를 하겠다는 사람이 없어지고 있지. 사랑보다 생존을 먼저 생각하도록 치열하게 일하는 세상이 되어갔고, 엄마라는 자리가 사치라고 느껴지도록 혼자만을 생각하는 사회가 되어가고 있어. 돈이 그 역할을 톡톡히 하고 있어. 돈이 없으면 슬픈 마음이 들도록 하니까 자신보다 돈을 더 지키게 되고, 그러면 또다시 친구를 만나기보다, 일을 선택하게 되고, 친구가 사라지니 마음이 메마르지. 엄마가 되지 않으려는 건, 사람 냄새 나는 세상이 되지 않는 것과 같거든.

엄마에게는 꿈이 있어. 악당의 모든 계획을 잘 알고 계획을 뒤집을 '엄마 전사'들을 모으는 거야. 악당의 계획안을 펼쳐놓고 아주 유쾌하게 전략을 짜서 대반전을 만드는 거야. 이 세상에 엄마가 얼마나 귀한지 알려주는 거지. 엄마들이 매일 춤추고 노래하고 작당하고 책을 읽으면 살아내면서 말이야! 그래서 가장 행복한 사람이 '엄마'가 되게 하는 거야. 그 작당의 현장을 SNS에 펼쳐 보여주는 거지. (SNS는 사실 악당들이 사람들을 교육하려고 이미 찜한 현장이거든. 그걸 우리가 먼저 점령하는 거야.) 어때? 신나겠지? 엄마 전사들이 점차 많이 생기면서 마음이 되살아나게 되고 서로의 꿈을 이룰 수 있게 전력을 다하는 거야. 서로의 꿈을 응원하고, 안아주고, 사랑하면서 세상에서 가장 남아야 할 것들 순서대로 남게 해주는 거야. 엄마와 함께 이 멋진 세상을 만들어보자. 악당들은 상상도 못 할 유쾌한 방법으로 말이야.

엄마의 마지막 꿈은 '가족의 선순환 자동화'야. 악당은 가족 악순환 자동화를 전략적으로 만들고 있거든. 1인 가족의 편리함과 부부 싸움의 당연함 그리고 이혼이 문화가 되게 하고 있어. 그걸 아이들이 보고 배워 보니 우리 부모처럼 안 살려면 1인 가정을 선택하게 하는 전략을 짰어. 그것이 이미 현실이 되고 있어. 그런데 가족의 선순환을 꿈꾼다면 어떻게 될까. 그래 맞아. 악당이 없애려는 것이 다 회복되잖아. 나 자신을 다시 사랑해서 원하는 인생을 살게 하고, 다시 가정을 꿈꾸고, 엄마가 되고 싶어 하고, 부부가 서로의 친구가 되어주고, 아이를 낳아 꿈을 나누고 서로를 기대하고 응원하고 꿈꾸게 하는 거지. 어때? 그래서 엄마는 책방에서 엄마들을 만나고 있어. 춤추고 노래하고 웃고 떠들고 서로의 가족이 회복되고, 이야기가 흐르도록 말이야. 그래서 가족 중 한 사람이 먼저 하늘나라에 가게 되면, 그때 그 사람의 이야기를 펼치는 거야. 그 사람의 이야기 속으로 들어가서 얼마나 사람다웠는지 나누는 거야. 울거나 아파하고 후회하는 것이 아니고, 한 사람 한 사람의 '사람책'을 펼쳐서 그 사람의 이야기가 시간의 주름을 넘어갈 수 있게 '책'이 되는 거지. 악당은 침범할 수 없는 영역이 바로 사람이 만든 이야기라는 영역이거든.

그러니 우리 지금부터 이야기로 살자. 네가 어떤 이야기로 살게 될지 엄마가 궁금해하고 기대하면서 '꿈'을 나누자. 상상만 해도 행복하다. 이제 우리는 다음 편지에서 만나자. 악당의 두 번째 계획인 돈에 대한 전략은 아주 치사하니까 웃으면서 볼 수 있을 거야.

돈

화해와 연결을 만드는 도구

엄마는 네가 태어나자마자 '돈'에 대해 가르쳤어. 악당이 설계해놓은 대로 돈을 익히지 않도록 하기 위해서 말이야. 기억하니? 네가 다섯 살 때, 우리 둘만 가는 첫 해외여행에서 엄마는 비즈니스석을 끊었어. 처음에는 손이 떨렸지. 근데 꼭 그러고 싶었어. 왜냐면, 엄마는 돈에 대한 꿈이 있거든.

엄마가 존경하는 가수가 있는데, 그 사람도 여행을 갈 때 이런 고민을 했대. '일반석에서 갈까? 비즈니스석을 탈까?' 그런데 반전은 해외로 가는 그 비행기 안에서 작곡을 한다는 거야. 그리고 이렇게 생각한대. '나는 내가 지금 앉은 자리의 가격이 돌아올 만한 음악을 만들 거야. 반드시 짧은 시간에 가장 좋은 음악을 만들 거야'라고 말이야. 그리고 실제로 그 음악은 사람들 마음을 움직였어. 흥행에 성공했고, 지금까지 사람들의 입에서 입으로 전달되고 있어.

무언가 창작하는 건, 사람만이 할 수 있는데 요즘은 기계로 자동으로 만들기도 하잖아. 기계에는 영혼이 없어서 사람의 마음 안으로 들어가 회복하는 걸 못해. 그러니 우리 사람의 영역은 분명히 '창조'라 할 수 있지. 인생을 창조하는 사람은 돈과도 다른 관계를 맺을 수 있어. 시간을 들여서 일하고 그것으로 돈을 받는 것이 아니라, 자신의 인생을 재구성하고, 작품으로 창조하고 그 이야기로 돈도 창조하는 거지. 그걸 악당이 비명을 지를 만큼 싫어해. 그래서 인생을 만드는 사람과 돈을 창조하는 사람이 없게 하려고 예술가를 사라지게 하는 거야. 어느 날, 악당들이 끼리 아주 비밀스러운 이야기를 나누더라고.

"엄마를 사라지게 했다면 다음은 예술가야. 알지? 가난하고 돈 없는 예술가라는 단어를 계속 세상에 퍼뜨리란 말이야. 돈이 안 되는 게 예술이니까 하지 말라고 가르치게 해. 그래서 사람이 제일 잘하고 세상을 바꿀 힘이 예술이라는 걸 모르게 해야 해. 돈과 제일 친한 게 예술가인 걸 들켜서는 안 된다! 알겠나? 자! 따라 해. 예술을 못 하게, 돈과 예술을 못 만나게 하라!"

그리고 그 뒤, 악당 전체가 한목소리로 구호를 외치는지 엄마 귀에 아직도 생생하게 남아있어.

"하나, 사람들이 자기 자신이 예술가인 것을 모르게 하라!"

“두울, 서로를 예술로 보지 못하게 하라!”

“세엣, 예술을 하면 얼마나 가난해지는지 느끼게 하라!”

이 전략은 피카소가 어릴 때 붓을 들 때부터 썼대. 세상을 바꿀 그림을 그리는 이들이 나타나면, 마음을 움직일 음악을 만들 이들이 나타나면 그들에게 가난이라는 옷을 입혀서 그렇게 고생시켰다는 거야. 아! 세종대왕이 한글을 만들기로 작정했을 때부터 주변 사람들을 움직여서 못하게 막고 마음의 가난함을 줘서 힘들게 만들었대. 그래도 신기하게 예술가가 계속 생기니까 악당들이 골치가 아픈 거지. 그래서 작전을 바꿨대. 그게 뭔지 알아? 예술보다 기술이 좋다는 가르침, 하나만 잘하면 전문가가 된다는 전술, AI가 예술을 대신 해준다는 유혹이야.

그런데 그건 엄마들에게는 절대 안 통하지. 엄마들은 아이를 키우면서 다 보거든. 아이가 얼마나 상상 초월 아티스트인지. 집 전체에 그림을 그리고, 이불만 줘도 정글을 만들고 땀나도록 놀고, 눈물과 감성을 노래로 표현하고, 안무를 만들어서 엄마, 아빠 안에 있는 춤꾼을 깨어내는지 말이야.

엄마는 그래서 다른 전술을 쓰기로 했어. 예술과 돈이 만나는 “만남의 광장”이 되는 일이야. 엄마가 브랜딩을 하잖아. 사실은 브랜딩이 아니야. 브랜딩은 브랜드를 만드는 일인데 엄마는 사람의 인생을 만드는 걸 하거든. 자신을 표현하고 싶은 예술을 꺼내게 하고, 그걸로 자신의 이야기를 만들게 하고, 예술과 자신의 이야기가 연결되면 그때 그 안에 자신의 경력과 강점과 전문성을 활용해서 ‘브랜드’라는 옷을 입히는 거야. 그럼 '사람다움'의 끝판왕인 '예술성'과 자본주의의 끝판왕인 '돈'이 만나게 되지. 브랜딩은 사실 악당이 그어놓은 38선을 해체하고, 진짜 만나야 할 서로를 만나게 하는 '만남의 광장'인 거야.

모두 나다워지고 싶은데 그 방해물이 돈인 줄 알거든. 그 오해를 푸는 게 제일 중요해. 사람의 살아온 이야기를 듣고 그 사람이 꼭 해야 하는 일을 되찾아주면 지금 버는 돈보다 100배는 더 창조할 수 있어. 이렇게 말해도 사람들은 안 믿어. 악당의 전술 기억하니?

"지금부터 3가지만 잊게 하면 된다. 알겠나! 바로 꿈, 돈, 책이다. 순서대로 망가뜨려라! 사람의 꿈을 잊게 해라. 그리고 돈을 두렵게 해라. 이것까지 되고 나면 마지막 세 번째를 노리자. 사람들은 자신도 모르게 자신의 세상을 엉망으로 만들게 될 거다."

악당들은 두 번째 돈을 두렵게 하는 문화를 만들었어. 그래서 돈에 대한 오해가 다방면으로 깊어졌지. 돈을 원한다고 말하면서 돈을 무서워하니까, 돈과 친하지 않은 거야.

그래서 돈에게도 브랜딩이 필요하더라고. 돈에게도 물어봐야 하더라고. 오해받고 사는 마음이 어떤지, 어떤 오해를 받을 때 가장 힘든지, 돈이 원하는 건 뭔지, 어떤 세상을 만들고 싶은지. 물어보지 않고 '돈은 그럴 것이다.'라고 자신의 경험 안에서 상상하니 사람들은 점점 돈과 멀어지게 되니까. 악당이 정해놓은 대로 결론이 나는 거야. 예술은 가난과 연결된다거나, 아빠가 책임감이 없으면 집이 망한다거나, 여자가 배워서 어디다 쓰냐 하는 말은 결국 악당이 사람의 이야기를 못 움직이게 할 때 사용하는 매뉴얼이거든.

돈이 어느 날 엄마한테 그런 말을 했어. 악당이 자신을 악용하고 싶은 한 아무것도 할 수가 없다고. 그래서 엄마가 돈에게 말해줬지.

"너의 모든 오해를 세상에 말해. 악당이 시켜서 사는 삶 그만 살고 싶다고 말하자. 너의 이야기를 사람들이 이해할 필요가 있어. 다들 너를 제대로 알고 싶어 하고, 만나고 싶어 해."

엄마는 돈이 작가가 되면 좋겠거든. 그 일을 엄마가 돕는 중이야. 악당의 도구로 사용되기에는 돈이 가진 잠재력이 엄청나거든. 돈도 자신의 모든 힘을 세상을 살리는 곳에 쓰고 싶대. 그 일을 하는 친구를 너무 만나고 싶대.

돈이 가는 길까지 안내해주는 사람

할아버지 있잖아, 할아버지는 참 도전적인 분이셔. 그래서 엄마가 늘 존경하지. 아빠처럼 젊었을 때는 사업을 여러 번 하셨고, 기업을 이끄셨지. 인도네시아라는 나라에서 사업을 하실 정도였어. 지금은 또 다른 도전을 하셔서 새롭게 '택시 기사' 일을 하고 계시잖아. 할아버지가 그러시더라고. "택시 일이란 사람들이 원하는 곳까지 이동시켜주는 일이라 일에 자부심이 있다."라고 말이야. 그런데 할아버지는 해외로 다니는 걸 좋아하시는데, 택시 기사로서 다닐 수 있는 땅이 좁다 보니 답답해지신 거야.

그래서 하루는 할아버지가 온 가족들을 모아 놓고 이렇게 선언하셨지.

"내가 생각해 봤는데 이제 64인데, 앞으로 내가 힘을 쓰는 일을 해봤자 73까지 할 수 있을 거 같더라. 몸을 보니까. 그래서 인생에서 마지막으로 딱 한 번만 더 사업하고자 마음먹었다."

그러자 할머니는 한숨을 쉬시고, 아빠랑 삼촌은 반대했고 숙모는 눈이 동그래졌지. 다들 반대를 하는 거야. 할아버지의 건강한 노후를 위해서 지금의 그 자리에서 안전하게 계시기를 바란 거야. 모두 할아버지를 사랑하니까 말이지. 엄마는 다 이해되더라고.

그런데 여기서 반전이 하나 있다? 엄마는 할아버지의 선언에 큰 박수를 쳤어. 정해진 길에서 안주하지 않고 실패하고 넘어지고 다시 해보려고 일어나시는 할아버지가 너무 멋진 거야. 돈의 길을 만들려고 하는 사람은 알거든. 안전이라는 두 글자에 멈추기에는 자신이 할 수 있는 것이 얼마나 광활한 길을 만들 수 있는지.

엄마는 소리쳤어. "이야! 우리 아버지 진짜 젊다. 인정해요! 도전하고 멈추지 않는 열정! 나이라는 숫자를 넘는 꿈!"

그리고 이어서 엄마가 제안했어. 사업 아이템, 계획 모두 지난 세대와 달라진 게 하나도 없고, 앞으로 기계가 할 수 있는 일과 기계로 대체할 수 없는 영역에 대해 말씀드렸지.

할머니는 "한 번만 더해라. 못산다."라고 하셨어. 엄마는 할머니의 말씀도 너무나 잘 이해되는 거야. 할머니는 도전적인 할아버지 옆에서 수많은 시간, 지지하고 실패를 끌어안고, 할아버지의 도전의 파도를 온몸으로 맞아가면서 사랑해왔으니, 이제는 그만 둘이서 시간 보내자고 할만 하셨어.

모든 사람의 이야기는 너무 특별하고 귀해. 그치? 신기하게도 돈의 이야기도 그렇단다. 사람과 돈이 만나는 이야기는 너무나 특별하고 고귀해. 어떤 사람이 어떤 돈을 만나느냐에 따라 돈의 색깔이 달라진단다. 보석처럼. 자신을 귀하게 대하는 사람이 돈을 만나면, 돈도 반짝반짝 빛이 나. 그런데 자신을 힘겹게 하는 사람이 돈을 만나면, 돈도 힘을 잃고 빛을 잃지.

엄마는 할아버지의 도전은 너무 좋지만, 할아버지가 자신을 고귀하게 여기면 좋겠다고 생각했어. 그래서 다시 이렇게 말씀드렸지.

"아버지, 제 이야기 한번 들어주세요. 아버지가 얼마나 큰 사람인지 알겠어요. 택시를 하며 몇백만 벌라고 하니 얼마나 답답하시겠어요. 충분히 이해돼요. 그러니 이제 아버지가 정말 하고 싶은 일을 하면 좋겠어요. 아버지 말씀대로 이제 마지막으로 직업을 바꾼다면 말이에요."

그렇게 말했더니 할아버지는 의자에서 엉덩이를 들썩이며 다시 말씀하셨지. 목소리에서는 힘이 느껴졌어.

"그래 며느리가 내 마음 안다. 나는 젊을 때도 돈을 잘 벌었어. 벌면 주변 사람들 많이 주고 살았다. 이제는 그렇게 안 하려고 해. 이제는 가족들에게 주고 싶다."

할아버지는 이제 소중한 건 가족이라는 말씀을 하고 싶었던 거야. 이해되지만, 더 중요한 걸 놓치고 있었어. 가족보다 소중한 '자기 자신'을 말이지.

할아버지는 '돈을 벌고 누군가를 준다'라는 클리셰에 대해 계속 말씀하셨어. '이제는 타인이 아니라 가족에게 준다.'라는 것이 마치 최고의 반전이라 생각하시면서 눈에서 빛이 나셨지.

"그죠. 아버지는 가족이 행복했으면 하는 거죠. 이해돼요. 그런데 가족이 행복하려면 아버지가 가장 먼저 행복해야 해요. 아버지는 트럭 운전해서 매일 고생하실 텐데, 몇백만 원에서 몇천만 원을 벌게 되니 희생하고, 가족과 떨어져 살고, 지금도 두 시간 30분 동안이나 쉬지 않고 말씀하시고 계시는데, 이렇게 말하는 걸 좋아하시는 분이 17시간 입을 다물고 생활하시면 우리 아버지가 행복할까요?"라고 했어. 엄마의 말에 할아버지가 뭐라고 답했을까?

할아버지는 이렇게 말씀하셨어.

"그래! 내가 너희 엄마(할머니)랑 떨어져 살 필요가 없지. 그래서 내가 트럭에 침대를 둘 생각이다."

그러자 할머니께서 화가 나서 말씀하셨어.

"내가 같이 장도 보고, 그렇게 같이 살고 싶다 했지 내가 집이 없나 침대가 없나. 내가 왜 트럭에서 사노?"

"TV도 놔줄게."

"내가 TV가 없나? 왜 트럭을 타고 다니냐고!"

할아버지는 택시처럼 조금 가다가 다시 서야 하는 일 말고 정말 원 없이, 광활한 길을 달리고 싶은 심정을 트럭을 타면서 즐기는 동시에 할머니와도 같이 있고, 또 돈도 벌고 싶은 거야.

엄마는 이런 생각을 해. 나의 소중한 사람들이 한 번 사는 인생을 최고로 누리면서 살면 좋겠다고 말이야. 그래서 용기 내서 이렇게 말씀드렸어.

"아버지, 하고 싶은 이야기를 책으로 남기는 거 어때요? 그리고 여행을 다니면서 또 이야기를 모으면 트럭보다 훨씬 더 넓은 곳을 다닐 수 있잖아요. 시간이 돈이 되는 일이 있고, 이야기가 돈이 되는 일이 있는데 아버지는 너무 말씀도 잘하시고 재밌으셔서 시간이 돈이 되는 일에 있기에는 아까워요."라고 했더니, 아버지께서 "작가는 좋긴 한데, 돈이 안 되잖아." 하셨어.

그래서 엄마가 뭐라고 말했는지 아니?

"아버지, 힘으로 돈을 번다고 하셨던 73세까지 100억 만들 수 있으세요? 저는 아버지께서 아버지 이름 세글자를 담아, 양진화 작가님이 살아온, '진짜 아버지'로서 살려고 노력한 사랑의 돈, 색깔을 물려 주면 좋겠어요. 직업을 바꾸는 것도, 가치관을 바꾸는 것도 어려운데, 그 어려운 걸 한 번에 하면 100억이 되니까요. 아버지, 우리 각자 시간으로 돈 벌고 힘들어서 서로 싸우는 가족 말고, 우리 가족 전체가 이야기로 돈을 만드는 부자 하면 어때요?"

할아버지는 웃으셨어. 아직 젊은 엄마가 신나서 꿈 이야기하는 걸로 생각했을지 몰라. 그치만 엄마는 할아버지의 새로운 사업에 대한 이야기가 마칠 때 이렇게 말하고 나왔어.

"아버지, 제가 쓴 책이 나와서 읽고 다시 이야기를 하시죠. 저에게는

꿈이 있어요. 저희 엄마, 신랑, 딸, 그 다음에 아버지에요. 방금도 우리 유튜브 찍었잖아요. 왜 아버지가 좋아하는 여행, 수다, 부부관계 다 버리면서 희생해서 돈을 남기려 해요. 아버지 우리가 받고 싶은 유산은 아버지의 이야기예요. 아버지의 이야기로 책을 냅시다. 저랑 계약합시다! 며느리가 출판사 대표입니다!"

이 다음은 어떻게 될지는 몰라. 그치만 엄마는 꿈을 꿔. 할아버지는 유머가 풍부한 분이야. 춤도 잘 추시고, 얼마나 웃기고 재밌어? 할아버지가 더 이상 침묵과 바꾼 돈을 벌고 스트레스로 돈을 쓰는 삶이 아니라, 소주 한 잔과 사람들과 모여서 '사람 사는 이야기'를 나누는 여행자가 되는 상상을 해.

할아버지가 언젠가 하늘나라로 가시는 날, 우리 모두 둘러앉아 할아버지의 희생에 대해 나누거나 슬퍼하는 것이 아니라 할아버지가 어떤 꿈을 꿨는지, 어떤 이야기를 남기셨는지 나누고 싶어. 할아버지에게는 비밀인데 이미 책 제목도 생각했어.

"유쾌한 택시 할아버지의 이야기, 《돈의 목적지까지 모셔드립니다》"라고 말이야.

할아버지도, 할머니도, 외할아버지도, 외할머니도, 삼촌도, 이모도, 아빠도, 엄마도 모두 인생을 창조하는 작가가 될 거야. 너의 곁에는 온통 자신을 최고로 대하고 사랑하고 서로를 귀하게 대하는 어른과 아이들이 가득할 거야. 그러니 우리, 언젠가 너무 힘겹고 버거운 날에도 이 편지를 꺼내 보고 다시 브랜딩하자. 나 자신에게도, 돈 에게도 최고의 삶을 살도록 허락해 주자. 돈이 흘러가야 할 것을 고민하는 시간을 가져볼까? 우리가 이 세상 돈이 어디로 흘러갈지 정하면 그대로 될 거니까.

꿈에 대해, 돈에 대해 나눴지? 이제 마지막은 책에 대해 나누자. 우리 딸은 어릴 때 책을 엄청 좋아했는데 유치원에서 공부하는 시간이 많아지면서 어느 날 이렇게 말했잖아?

"나는 책이 싫어. 팔이 너무 아파."

엄마가 팔 안 아프게 책이랑 노는 방법을 써놓을게. 다음 편지에서 만나자.

책

공동저자 프로젝트

우리는 정말 배울 게 너무 많은 시대에 사는 거 같아. 엄마가 어릴 때는 핸드폰이 없었거든. 그래서 공중전화로 전화하고 아! 공중전화는 길에 놓여있는 전화기인데 모두가 함께 쓰는 거였어. 전화 걸 때는 동전을 넣어서 전화를 걸었지. 동전 하나 넣으면 짧은 통화만 가능하니까 동전을 쌓아두고 시간이 지날 때마다 동전을 더 넣으면서 전화를 했어. 근데 지금은 전화 사용 무제한 시대지. 또 인터넷이 너무 잘 되어있어서 이메일을 문자 수준으로 주고받고 있지. 기술이 빨라질수록 소통이 빨라지는 거 같아. 멀리 떨어져 있어도 영상회의가 가능하고, 곧 입체적으로 사람이 등장해서 마주 보고 대화하듯이 VR 사용도 가능해졌어. 엄마가 일하러 가고 없을 때 24시간 동안 집 안에서 무슨 일이 일어나는지 핸드폰으로 다 볼 수도 있지.

그런데 이상한 것이 하나 있어. 그건 점점 더 마음이 딱딱해진다는 거야. 분명 더 빠르고, 더 가까이 있는 것처럼 하는데 말이지. 악당이 첨단 기술을 이용해서 세상의 마지막 한 가지를 사라지게 하는 중이거든. 그것이 무엇인지 알아? 그게 바로 '대화'야.

더 빨라졌는데, 더 좋아졌는데 대화가 끊어진 시대에 살고 있어. 엄마가 시간의 주름을 넘어 다녀올 때 깜짝 놀란 게 뭔지 알아? 30년 뒤를 다녀왔잖아. 그런데 그곳에서 말을 단 한마디도 사람들과 하지 않은 거야. 사람들이 말을 할 필요가 없더라고. 인공지능이 내 생각을 읽고, 다 알아서 해줘. 편리하지? 아프면 치료해 주고 배고프면 먹을 것을 줘. 그러니 더 이상 움직일 필요가 없고 생각할 필요는 더더욱 없고 대화는 사라진 거지.

그래서 엄마가 현재로 돌아와서 가장 먼저 한 것이 책방인 거야. 엄마가 책을 재밌게 만나는 방법 알려준다 했지? 팔 안 아프게 읽는 방법! 그건 책을 중앙에 두고 그냥 서로를 읽는 거야. 궁금해하는 거야. 사람이 '사람다움'을 잃지 않으려면, 제일 중요한 건 서로를 궁금해하는 걸 끊임없이 하는 거거든. 악당이 어느 날 엄청 화가 나서 이렇게 말했어.

"바쁘게 만들라니까 그걸 못해? 사람을 바쁘게 해야 말을 안 할 거 아니야. 서로에게 관심을 가지게 하지 마. 책을 없애는 방법은 바쁘게 하는 것뿐이야. 사람들을 달력과 시계만 보게 해. 내가 핸드폰 속에 다 넣어뒀잖아. 핸드폰만 보게 하면 되는데 왜 그걸 못해? 백화점으로 들어가게 해. 지금밖에 기회가 없다고 소리치는 걸 듣고 카드를 들게 해. 돈을 쓰면 다시 일하게 될 거고, 일을 더 많이 하면 더 많은 걸 가지게 된다는 걸 알게 하란 말이야! 책을 없애야 해. 우리가 책을 없애고 있는 걸 들켜서는 안 돼."

놀라운 건, 악당들이 화가 난 이유가 책을 보는 사람들 때문이 아니었어. 산책하는 사람들을 보고 화가 났더라고. 책 중에서 가장 좋은 책이 뭔지 알아? 걸으면서 자신을 읽는 것, 산책이거든. 살아있는 책을 만나는 자리. 산책. 그걸 하는 사람들을 보더니 얼마나 화가 나서 말하는지 침을 튀어가면서, 목에 핏대를 올려가며 말하는 거야. 그래서 엄마가 깨달은 거야.

책을 없애려고 하는구나! 사람들이 진짜 대화는 책으로만 가능하니까 그런 거지. 그래도 무서워할 거 없어. 왜 무서워할 필요가 없냐고? 악당들은 단 한 명만 생각이란 걸 해. 그걸 아무 생각 없이 진행만 시켜서 다 똑같이 반복하거든. 그래서 정확하게 악당의 생각만 파악하면 우리가 흐름을 바꿀 수 있어. 우리는 모두가 생각할 수 있는 힘을 되살리는 거야. 그것이 바로 책을 살리는 거야. 책이 다시 읽히고, 책을 두고 서로 대화하고, 산책을 하면서 사람이 살아있는 책이 되게 하는 흐름으로 말이야.

그래서 지금부터 너와 너의 친구들이 팔 아프게 책 읽는 걸 멈춰야 해. 그리고 책도 살고, 너희 세대가 살 방법 세 가지가 있어. 잘 들어 봐.

첫 번째는 책은 '자연에서' 펼쳐야 한다는 거. 책은 원래 나무여서 제일 잘 읽히는 곳도 자연이거든. 책상에 정자세로 앉아 연필을 쥐고 같은 자세로 계속 책을 만나면 움직이는 책을 만날 수도, 만들 수도 없어.

우리가 책을 읽는 진짜 이유는 우리 모두가 책이 되려고 읽는 건데 책을 따라 쓰면 힘들지. 그러니까 팔 아프게 쓰지 말고, 엄마랑 책을 들고 공원으로 가자. 돌맹이를 주워서 책에서 배운걸 돌맹이를 연결해서 만들자. 재밌겠지? A, B, C, D를 연필로 100번 쓰지 말고, 돌맹이로 우리만의 모양을 만들자. 엄마랑 책을 들고 바다로 가자. 읽은 걸 모래 위에 표현해 보는 거야. 모래를 파서 구멍을 만들자. 1, 2, 3, 4를 연필로 100번 쓰지 말고, 구멍 안에 바닷물을 한번, 두 번 세어가면서 부어보자. 그리고 성을 짓고 그곳으로 친구들을 초대하자. 대화하고 그 내용을 엮어서 책을 만들자. 그게 진짜 책 읽기야.

두 번째는 '모여서' 책을 읽어야 한다는 거. 서로가 궁금해하는 걸 꺼내고 이야기하면서 책을 읽고, 나를 읽고, 우리의 다음 페이지를 써가자. 그렇게 그림책 한 권을 읽고 서로 나누고, 나는 어떤 사람이 되고 싶은지 어떤 모습이 좋은지 어떤 걸 원하는지 찾자. 그리고 다음 페이지를 써가자. 서로의 다음 페이지를 궁금해하고, 상상해주고, 꿈꾸는 이야기를 그려주자. 그것이 진짜 내일을 만드는 방법이야.

세 번째는 우리 스스로 '창조자'가 되어보자는 거. 옛날에 이 세상이 처음 만들어질 때, 하나님이 이 세상을 창조하면서 '말'로 사람을 만들었거든. 그리고 이 세상을 만든 이야기를 '책'으로 만들었어. 그래서 우리도 하나님을 닮아서 '말'로 내가 사는 오늘을 창조하고, 나의 이야기가 '책'이 되게 하는 거야. 이 세상을 창조하고, 갈등과 힘든 상황에 살고, 다시 이 세상을 살리려고 신이 직접 이 세상에 오고 제자를 양성하고 이어서 이 세상을 회복하라고 말하는 것이 성경의 이야기거든. 우리도 이 세상에서 우리에게 힘든 일이 생기면 다시 회복하려고 이야기를 써가고 우리 다음에 같은 고민하는 사람을 돕고 회복하려는 이야기로 사는 거야.

하나님이 이 땅 가운데서 구약을 만들 때 창조를 하신 것을 알려주고 싶었거든. 그래서 하나님께서는 우리 사람한테 "너도 나랑 같이 창조하자" 이렇게 부르셨어, 아담한테 말이야. 그런데 하와가 뱀한테 꼬임 당하면서 타락하게 되었고, 그 이후에 예수님이 직접 세상에 오셔서 구속의 역사를 펼치시게 되는 것이 성경 전체의 얘기야. 우리가 같이 이 세상을 회복하자고 말하면서 창조의 시간, 고통의 시간, 사랑의 시간, 회복의 시간 이 네 가지 얘기를 66권에 담은 거야 이해가 돼? 그래서 엄마는 사람들이 악당을 물리치는 방법을 고민할 때, 자신의 문제 안에서 고민하면 답이 없다고 말해. 성경의 이야기 구조를 모르면, 방법 하나를 알아도 또 다른 문제가 오면 또다시 고통스럽거든.

마치 우리 딸이 '책은 팔 아픈 거다.'라고 오해한 것처럼 가르치는 사람들이 잘못 가르치면 책이 싫어지고, 성경이 어려운 걸로 느껴지는 거지.

자세히 들여다보면 성경은 이야기야. 하나님과 사람의 러브스토리야. 엄마는 악당들이 잊은 이야기 하나를 알고 있어. 처음 악당의 탄생 신화 말이야. 엄마는 이런 생각을 해봤어. '왜 하나님은 악당을 허락했지?'하고.

조금 뒤 또 이런 생각이 들더라. '아니, 그냥 없애면 되지. 왜 나쁜 악당들을 살려뒀을까? 왜 굶주린 사람들이 고통받고, 사람들이 서로를 미워하게 됐을까? 그냥 다 사랑하게 하면 좋지 않나?'

그런데 악당들도 잊은 이야기 하나가 숨어있었던 거야.

하나님은 악을 허락했어. 옛날에 천사 중에 노래하는 천사가 있었는데, 그 천사는 하나님 옆에서 제일 노래를 잘하는 천사였지. 그런데 그 천사가 원하는 것은 모든 천사 중에서 자기가 제일 하나님한테 예쁨받고 싶었어. 그 마음이 커지다 보니 천사는 잘못된 반대의 길을 선택하게 되는데 그것이 무엇이냐면 하나님보다 높아 보는 거였어. 그리고 악당이 되는 거였어. 그 친구 이름이 바로 루시퍼야. 그런데 하나님은 그것을 허락해. 적대자가 되기로 선택했다고 해서 죽이지도 않고, 없애지도 않으셨어.

엄마라면 기억하잖아. 아이가 태어난 순간 얼마나 예뻤는지. 하나님은 사랑하는 천사의 첫 순간을 기억하시는 거야. 그 천사 한 명을 사랑해서 그냥 두는 게 아니라 이 세상을 움직일 때 누구나 자유의지를 가지기를 바라기 때문이야.

하나님 자신이 옳다고 생각하는 것으로 다 복종하게 하는 것이 아니라, 너의 생각과 방법을 선택하고 펼치는 순간까지도 사랑하는 거야.

신이 이 세상을 만들고 나서 어떤 감정이 생기거나, 어떤 틀이 생기거나, 어떤 서열이 생기거나, 힘든 상처가 생기는 것까지도 다 허용하고 두는 이유는 하나님이 그 천사에게 바랐던 마음처럼 동일하게 사람인, 우리에게도 그걸 바라기 때문인데, 하나님이 적대자가 되기로 선택한 천사를 죽이지도, 없애지도 않고 그 선택을 허락한 이유를 보면 알 수 있지.

하나님은 스스로 선택한 것에 대해 존중했으며, 생명을 사랑하셨고, 자신이 태어난 목적과 방향을 되찾을 때까지 기다리셨단다.

하나님은 루시퍼가 하나님께 사랑받기 위해 무언가 하고 노력하는 것이 아니라 자신이 태어난 목적과 방향을 되찾을 때까지 그냥 기다리신 거야. 그게 심지어 악당이라도 말이야.

하나님이 천사들 사이에서 겪은 이 이야기의 형태가 예수님이 이 땅에 와서도 또 일어나. 제자들 사이에서 정말 사랑했던 제자한테 돈을 맡겼어. 돈을 맡았던 제자한테서 버림받게 된 거야. 마지막에 배신한 제자에게서 예수님이 볼에 뽀뽀를 받는 장면이 나오거든. 이때 제자는 예수님 볼에 뽀뽀를 하며 이 사람을 죽이라고 말해. 돈이랑 예수를 바꾸게 되는데, 그때 가룟 유다에게 있었던 마음이 바로 그 천사의 마음과 같은 거야. 그 마음이 어떤 마음이었냐면 '왜 나만 사랑해주지 않을까? 왜 내가 원하는 방식으로 예수가 바뀌지 않을까? 왜 내가 원하는 왕이 안 되는 거야?' 하는 마음이었어.

C.S. 루이스의 책 중 《스쿠르테이프의 편지》는 악당들의 족보야. 엄마가 만난 악당들의 최고봉인 악마들끼리의 대화가 나오는데, 자신들과 반대에 있는 자들을 원수라고 표현하면서 이렇게 얘기한단다.

"하지만 원수는 새로운 종류의 자기 사랑(자기 자신을 비롯하여 모든 자아를 향한 사랑과 감사)을 회복시키기 위해 장기 정책을 쓰고 있다. 이게 무서운 거지. 이웃을 정말 제 몸처럼 사랑하기를 배운 인간은 저 자신 또한 이웃처럼 사랑할 수 있게 된다. 이건 최고로 불쾌하고 납득할 수 없는 원수의 특징 때문인데, 우리가 절대 잊으면 안 될 그 특징이란 바로 그 작자가 자신이 창조해 낸 저 털 없는 두 발 짐승들을 진짜로 사랑한다는 것, 그래서 왼손으로 가져간 것이 있으면 항상 오른손으로 돌려준다는 것이다."

그 악마들의 세계에서는 절대 들으면 안 되는 말이 있는데, 그것은 바로 '자기 사랑'이란다. 악마의 입장에서 사람이 절대 하면 안 되는 것은 자기 자신을 사랑하는 거야. 절대로 사람이 자신을 사랑하면 안 된다고 말하거든. 그러는 즉시 악당은 무너져. 악당이 심어놓은 모든 세계관이 무너지게 되는 열쇠가 바로 자기 자신에게 있기 때문이야.

그러니 꿈을 사라지게 하려는 노력처럼, 돈을 무섭게 보게 하는 오해처럼, 책은 어려운 거라 말하며 스스로 멀어지게 하는 것은 자기 자신을 읽고, 쓰고, 자신으로 살지 못하게 하려는 악당들의 최후의 보루야.

사실, 하나님은 성경을 통해 자신을 믿게 해서 교회에서 충성을 다하는 것으로 말씀하지 않으셔. 파편이지. 즉, 찢어진 생각이야. 사실은 이렇게 말하셔. 봉사하고 희생하라고 한 적이 없어. 네 이웃을 사랑하려면 너 자신을 먼저 사랑하라고 하시지. 너 자신을 사랑하듯이 넘쳐서 너의 이웃을 사랑하라고 하셔. 그것이 어떤 상황이든, 내가 마음에 들었든 아니든 자기 자신을 또렷하게 보는 거 외에는 가르친 적이 없다고. 만약 천사 스스로 '너는 정말 원래도 음악을 잘했고, 넌 자신을 사랑할 수 있어'라는 걸 알았다면, 그 천사는 악마가 되지 않고 천사 중에 최고의 예술문화센터장이 되었을 거야.

근데 그 천사는 "누가 나를 사랑해주면 좋겠다!"하면서 사랑을 찾아다니는 방식으로 세상을 봤고, 가룟 유다도 예수님이 나만 사랑해주기를 바랬던 거야. 내가 나를 사랑하려고 하지 않고 다른 사람이 나를 채워주기를 바라는거지. 책을 읽을 때도 있지. 똑같아. 책을 읽는 가장 좋은 방법은 나를 읽는 건데, 사람들은 "책이 나좀 바꿔줬으면!"하면서 책을 머리에 넣기 바쁜거야. 나를 내가 사랑하지 않으면 누구도 나를 사랑해줄 수 없어. 내가 나를 읽지 않으면 책도 나를 채워줄 수 없지.

그래서 자기를 먼저 보라고, 자기를 먼저 사랑하라는 말을 하는 거야. 이것을 알게 되면 그때부터 소명이 무엇인지 알게 되고, 내가 여기서부터 쓰일 일이 무엇인지, 그리고 그렇게 힘든 일들을 겪게 하면서까지 내가 이 땅에 살아야 할 이유는 지금 이 세상이 그것보다 더 심하게 타락했기 때문인 것을 알게 되지. 그럼 내가 가야 하는 방향은 내가 겪었던 티끌에 눈이 머는 방향이 아니라 '내가 세상 가운데 해야 할 이야기를 하라고 내 눈에 티끌을 넣어주셨구나'라는 방향으로 가야 천사의 눈을 가지는 거야.

이 세상이 병들고 아파서 우리 모두 힘든 게 사실이야. 그걸 부인하고 초월하자는 것이 아니야. 아프고 힘들었던 것은 사실이야. 그러나 이야기를 회복해야 해.

성경의 세계관(하나님의 세계관)으로 보면 모든 사람에게 이야기를 허락하고 있어. 책이 되라고 말하고 있어. 심지어 하나님인 자기 자신까지도 이 세상으로 와서 이야기가 되고 책이 되었지. 기발하지 않아?

어느 누가 처녀의 배에서 나오겠다는 상상을 하겠어? 마구간에서 태어난다고 부귀영화를 누릴 수도 없잖아. 그리고 굳이 제자들을 선택할 때도 잘나고 잘 배운 사람들을 두고, 하필 자신의 삶도 힘들다고 말하는 이들, 잘 배우지 못한 사람들만 옆에 두겠냐 말이야. 엄마 생각에는 신은 이야기의 힘을 너무나 잘 알았기에 그런 선택을 했다고 생각해. 대반전을 만들 자리. 살아있는 이야기의 위대한 힘을 알려주려는 거야. 우리도 어떤 문제, 감정, 상처와 고통 가운데 있다고 해도 이야기는 대반전을 만들 힘을 가지고 있다고 말이지. 우리에게 이야기가 되어 보여주신거야.

"야! 너도 대반전의 이야기가 될 수 있어." 하고 말이야.

엄마는 우리 아이들이 아픈 만큼 성숙해지는 것이 아니라, 아픈 만큼 대작이 되는 거라고 말해주고 싶어. 이 세상에서 살면서 엄마가 없는 시간이 있을 거야. 분명 너의 모든 순간에 엄마가 함께하지 못할 거야. 그때는 나의 보호가 아니라 너의 이야기로 살기 바래.

솔직히 엄마가 이렇게 말하지만, 이 글을 쓰는 순간에도 너는 티끌도 다치지 않고 상처받지 않으면 좋겠어. 엄마가 겪은 일의 바람 한 결이라도 너에게 닿지 않기를 바라지만, 어느 순간 어느 모양으로 악당이 너에게 다가오거나, 신이 허락한 어느 순간에 상처를 받게 된다면 말이야. 내가 그것에 대한 방향을 틀 수 있는 파도인지, 아니면 쓸려가는 파도 속에 허우적대며 사는 막대기인지가 다를 거야.

엄마도 이 편지를 마지막으로 남기면서 이런 생각을 해. 내가 이렇게 쓰지만, 어느 날 유명에서 무명이 되고, 칭찬의 글들이 나를 공격하는 글로 바뀔 수 있다는 걸 알아.

그래서 우린 결정해야 해. 겪고 싶지 않은 그날이 다가와도 이야기로 살 것인지 말이야.

책이 되는 유일한 방법이 딱 하나 있어. 그건 그 사람의 이야기에 들어가는 거야. 서로 함께하는 거야. 힘든 일이 생길 때 같이 아파해줄 공동체가 있는지로 결정돼. 이야기로 방향을 틀 수 있는 파도가 되겠다고 생각했어. 그래서 서로의 공동 저자가 되는 거야.

서로의 어제를 읽고 같이 울어주고, 오늘을 함께 쓰면서 작가가 되고, 내일을 기대하며 꿈이 되는 거야. 그 길을 만들고 다시 너의 미래로 갈게.

너의 30년 뒤는 어때? 엄마의 이야기가 잘 남겨졌니? 악당이 꿈과 돈과 책을 없애지 못했다면 이 글이 전달되었겠지? 엄마가 하늘나라로 가고 없다면, 엄마가 있는 책을 읽자. 계속 너의 꿈을 꿀 수 있게 길을 만들고 있어. 돈이라는 친구도 너를 도울 거야.

말로 할 수 없을 만큼 사랑해. 목숨 걸고 낳은 내 딸, 세상을 바꿔서 유산으로 남겨주고 싶은 내 딸. 엄마가 시간의 주름을 넘어 다니면서 또 다시 너를 위한 책을 쓸게. 아니 책이 될게. 너와 너의 가정을 축복하러 갈게. 그곳에서도 이야기로 남아있을게. 참 많이 사랑해.

글을 마치며

'Part 5'에는 내가 이 책을 쓰는 진짜 이유이자, 내 삶의 목적을 담았다. 나는 이 세상에 내가 온 이유와 내가 이 세상에 없는 시간을 상상해보았다. 수많은 시간과 역사를 지나 '왜 2000년대에 어른이 되었고, 자본주의 국가에서 태어났으며, 나의 부모님의 딸로 태어나 나의 이야기 속에서 모든 것을 겪고 깨달아왔을까?'

그리고 나의 이야기를 이어 태어난 생명, 나의 딸이 커가는 시대에 대해서도 상상해보았다. 거대한 이야기라 생각할 수 있지만, 그래도 이 책을 읽는 모두가 함께 유산을 남기면 좋겠다. 자신의 이야기를, 선한 영향력이 돈으로 바뀌는 세상을, 수익구조와 사람을 길러내는 모든 과정을 말이다.

나도 너무 귀한 존재이고, 당신도 너무나 귀한 존재이지만, 우리 아이들은 더욱 그러하다. 부모님이 우리에게 준 유산을 잘 들고 자녀들에게도 좋은 것을 물려주면 좋겠다.

나는 모든 엄마가, 모든 사람이 자신이 책이라는 것을 알았으면 좋겠다. 지문처럼 단 하나뿐인 이야기인 것을 알았으면 좋겠다. 거대한 세상 가운데 남겨야 할 것이 있어 이 세상에 왔다는 것을 깨달았으면 좋겠다.

당신이 처음 이 책을 읽기 시작했을 때에는 엄마라는 이유로 읽었을 수도 있고, 브랜딩이 필요해서 읽었을 수도 있고, 책이 좋아서 읽었을 수 있지만, 이 책의 마지막 장을 덮는 순간에는 부디 당신이 좋아지면 좋겠다. 그래서 남기고 싶은 이야기로 살아서 당신만의 목소리로 당신만의 삶을 쓰고, 그것이 책으로 남아 다음 세대에 전해지기를 간절히 바란다.

비밀노트 8 나에게 가장 좋은 것을 찾아 아이에게 전달하기

책: 《안녕 나의 엄마》 中

1. 과거: 잃어버린 유산

- 엄마는 그 많은 시간을 어떻게 이겨냈어?
- 엄마가 나를 위해 뿌리를 깊이 내려주고
  바람을 견뎌주고, 파도를 넘어줘서 멋지게 살 수 있었어.

Q1. 내가 잊고 있었던 유산은 무엇인가?

....

2. 현재: 내일의 사람

- 엄마의 딸, 누군가의 아내, 누군가의 엄마가 아닌
  너로 살았으면 좋겠어.
- 네가 가장 원하는 인생을 살았으면 좋겠어

Q2. 내 아이에게 가장 해주고 싶은 말은 무엇인가?

....

3. 미래: 우리 아이 잠재력 발견설명서

- 또 어떤 이야기를 펼치게 될까?
- 고마워 과거를 뛰어넘어줘서, 고마워 미래를 선물해줘서.

Q3. 당신이 이 세상을 떠날 때, 반드시 유산으로 남기고 싶은 세 가지는 무엇인가?

1.

2.

3.

에필로그

전 세계 최초 '엄마학'을 펼칠 시간

6년 동안 썼던 이 작품을 내 손에서 떠나 당신이라는 바다를 만나게 할 생각을 하니 가슴이 뭉클하다. 이 작품은 내가 인생을 향한 마음과 방법과 이유와 결론이다. 당신이 다시 한번 이 책을 읽는다면, 그때는 당신의 인생을 향한 마음과 방법과 이유와 결론이 써지기를 바란다.

이 원고는 내가 쓰지만, 이 원고를 책으로 만드는 편집자는 16년 전, 나의 꿈을 듣고 함께하기 시작한 나의 친구다. 그녀는 중학생이었고 나는 대학교 1학년이었다. 지금도 나의 눈은 반짝이지만, 그때는 꿈꾸는 모든 시간에 눈이 반짝였다. 그리고 매일 그녀에게 말했다.

"언니는 책을 쓸 거야. 책방을 낼 거야. 출판사를 만들 거야. 언니는 사람을 살리는 사람을 세울 거야. 언니는 너와 같이 이 일을 하고 싶어"

소꿉놀이같이 우리는 매일 같이 꿈을 꿨다. 그렇게 이 책이 당신 손에 닿을 때 나는 당신의 꿈을 꾼다.

"나는 사람을 세우는 시스템을 만들 거야. 사람다울수록 돈을 벌고 돈이 다시 사람을 살리는 곳에 쓰이도록 할 거야. 나는 너와 같이 이 일을 하고 싶어."

우리, 이 책으로 다시 소꿉놀이를 시작하자. 어린아이 때처럼 놀면서 꿈을 꾸자. 그리고 누군가의 꿈이 되자. 숨쉬기 힘들다 말하는 사람에게 숨을 나누고, 살 힘이 없다고 말하는 사람에게 "당신의 이야기에 들어가도 될까요?" 말하며 나의 품을 허락하자. 그럴 힘을 서로에게 주는 커뮤니티를 만들자. 그래서 돈이 나의 삶에 반하게 하자. 그러면 된다.

엄마의 가슴은, 엄마의 자리를 무력하게 만드는 세상으로 다시 다가가자. 미워하고 있기에는 무력해지라고 하여 무력해지기에는 엄마는 강하다. 우리는 생명의 귀함을 경험했다. 그래서 세상의 치열함 속에 생명을 사랑하는 힘을 재경험하도록 도울 수 있다.

엄마에 의한 새로운 시스템을 제공하자. 엄마가 되어서 비로소 알게 된 감정을 마주하고, 서로를 읽을수록 빛을 꺼내줄 수 있는 진짜 사업을 시작하자. 280조를 우리가 투자 받았다 생각하고 그 이상의 가치가 되자. 엄마의 생명을 사랑하는 힘이 만든 사회 변화를 도모하자.

엄마를 위한 자리를 우리가 만들자. 커뮤니티는 정보를 공유하거나 일자리를 찾아주거나 누구에게 잘 보이는 곳이 아니다. 빙산의 일각만 보던 바쁜 삶에서 자신의 내면 깊이를 보도록 거울이 되어주는 곳이다. 내 안에 숨겨진, 잊힌, 잃어버린 진짜 나 자신을 찾아갈 수 있도록 함께하는 곳이다. 서로의 눈을 통해 그 길을 보고 마땅히 누려야 하는 행복의 길을 만들자.

기적은 리추얼에서 시작된다. 의도적인 나의 변화이다.

브랜딩은 한 권의 책에서 시작된다. 내가 살고 싶은 현장을 먼저 살아낸 저자와 함께.

나는 미국에서 가족 책 쓰기를 진행한다. 나는 당신의 다음 페이지를 삶으로 쓰고 있다. 나는 엄마가 변화되면 가정이 변화된다고 믿는다. 그리고 그 힘은 아이들의 잠재력을 깨우는 1%로 이어질 것이기에 '나, 부부, 가족'의 행복이 수익으로 증명되도록 사업을 확장하고 있다.

나는 당신을 만날 때까지 이 책에 쓴 대로 살고 있을 것이다. 나 자신이 나에게 반할 리추얼을 지속하고, 나의 거울과 같은 사람들의 리뷰를 듣고, 내 삶을 리라이팅할 것이다. 당신과 똑같이 독서 모임을 할 것이고 메신저로 살 것이다.

영어도 '못'하는 내가 미국에서도 사람을 살릴 커뮤니티를 만들고 엄마의 브랜딩 1%를 실현할 수 있다고 생각하는가? 나는 지금 또 도전 중이다.

나는 좋잘못해의 힘을 통해 문프놀글 할 것이다. 사람을 꿈꾸고, 내일의 사람들을 모으고, 사람 중심-사업을 지속할 것이다. 이 책을 읽은 당신도 함께 1%가 되어주기를 바란다. 누군가의 이야기 속 매력적인 인물이 아니라, 나 자신의 빛을 내는 작가로 살자. 포기하지 말고, 내일을 만들며 살자.

기대한다. 당신의 이야기와 나의 이야기가 만날 날을.

미국 캘리포니아 데이브레이크대학교 캠퍼스에서

감사의 말

이 책을 선물한 남편들에게

내 인생에는 기적이 있습니다. 21살 그 기적을 만났습니다. 나는 그에게 반했습니다.

나는 그에게 여성으로 살면서 일어난 수많은 상처 이야기를 털어놨습니다. 그는 모든 이야기를 듣고 이렇게 말했습니다. 아주 무뚝뚝하게, 무심하게.

"상처 있는 그 모습이 너라고 단정하지 마라"

그 말이 얼마나 나를 심장 뛰게 했는지 모릅니다(그는 그 말을 했던 걸 잊은 듯합니다). 그날 이후 나는 줄곧 상처를 벗어나 그에게 걸맞는 사람이 되고 싶어서 발버둥 쳤습니다.

나는 24살이 되어서야 상처를 온전히 마주하기 시작했고, 꿈꾸기 시작했습니다. 상처가 내가 아니라면 이제 나는 꿈꾸는 걸 이루고 싶다고 말했습니다. 그는 또 내가 꿈꾸는 세상에 대해 모두 듣더니 이렇게 말했습니다.

"나는 네가 꿈이 있어서 참 좋다. 내가 너의 꿈에 투자할게." 그는 나의 등록금의 절반을 내어주고 꿈꾸는 나를 응원했습니다.

27살이 되니 현실의 힘이 커지고 꿈보다 돈을 따라야 하는 시기가 왔습니다. 좌절과 낙담. 꿈은 뜬구름 잡는 소리였을까 했을 그때는 상처 이야기도, 꿈 이야기도 더는 나오지 않았습니다. 그때 그가 말했습니다.

"하고 싶은 걸 해. 마음껏 해보지 않았잖아."

이렇게 말해주는 사람이 내 곁에 없었다면 지금의 나도, 이 책도 없었습니다.

나의 기적과 11년을 만나고 결혼했습니다. 그는 안정적인 직장인이자 여전히 내가 하고 싶은 것을 아낌없이 지원하고 사랑하고 질문하고 경청해주는 사람입니다.

그 한 사람이 있어 나는 너무 감사합니다. 그러나 늘 미안합니다. 세상이 남자라는 자리를 든든하게 지키는 자리로 세우고, 남편의 자리는 일자리에서 해내는 자리에 세우니 그 자리에서 견디는 삶은 어떠할까요. 해내 온 시간이 가정을 이뤘습니다. 모두가 자기만 살자고 말하는 세상에서 가정을 이룬 것도 대단한 일인데 그 책임감이 어깨를 누르고 승진과 연봉과 경쟁에서 얼마나 많은 것을 포기할지 알기에 더할 말이 없이 감사합니다. 사랑하는 성호, 나의 남편. 이제 내가 이 말을 돌려주고 싶어요.

"당신의 상처는 당신이 아닙니다."

"당신이 꿈꾸는 사람이라 나는 참 좋습니다."

"하고 싶은 거 다 해. 내가 든든하게 밀어줄게요."

내 인생의 투자자, 내 인생의 상담자가 되어줘서 진심으로 감사합니다.

엄마를 위한 책이라 썼으나 사실 가족이 모두 같이 잘살자고 썼습니다. 이제는 남편의 몫이 아니라 우리 가정의 시간으로 한 인생을 함께 살자고 썼습니다. 고생해줘서 너무 고마운 마음을 담아 썼습니다. 나를 믿어줘서 이 세상을 바꿀 이야기가 돈이 아니라 돈까지도 반할 내 인생이라는 것을 알게 해줘서 감사하기에.

이 세상에 태어나주셔서 감사하고 서로를 귀한 존재로 대해줘서 고맙습니다.

당신이 이 책을 아내에게 선물한다면, 이 세 가지를 주는 것입니다. 이 세상이 아무리 변해도 너는 귀하고 대단하다는 걸 내가 안다고, 이 시대의 위대한 자리 엄마가 되어줘서 고맙다고, 내가 그 누가 아닌 너를 선택했으니 '너는 분명 다 잘될 거야'라고 이 책을 선물하면서 말해주세요.

당신의 아내는 모두가 하고 싶지 않다는 생명을 낳는 일을 해낸 전사이고, 당신의 아내는 현실이 어떠해도 당신과 끝까지 함께하는 삶을 꿈꾸는 상상력이 풍부한 사람이며, 오늘을 살아내는 위대한 걸음입니다.

아내가 자신의 삶을 걷게 이 책이 그 길을 안내하도록 해주셔서 너무나 감사합니다. 이제 제가 배우고 익혔던 모든 내용을 다 사용해서 당신의 아내만의 브랜드를 기꺼이 꺼내고 표현하고 그 능력과 재능과 마음과 에너지로 세상을 바꾸는 1%가 되도록 함께하겠습니다.

끝으로 하나만 부탁드립니다. 당신의 어린 시절 가장 잘 놀던 아이로 돌아가 가정에서 행복하게 해주세요. 아빠가 근엄해지고 책임감으로 묶여있으면 아이들도 엄마들도 눈치를 보게 됩니다. 얼마나 힘든 일자리에서 집으로 돌아와 쓰러지는지 알아요. 그러니 좋아하는 음악을 틀고, 청소도 같이 하면서 춤을 추고, 어릴 때처럼 웃고 떠들고 재밌는 예능을 틀어놓고 한바탕 웃고 무한하게 행복하게 해주세요. 현실에 눌리지 않고 현실 위에서 춤추면 반드시 다른 세계를 맛보게 될 거니까요. 당신의 마음이 놀라운 아이로, 감격하는 이야기로 펼쳐지는 그 선택은 당신만이 할 수 있으니까요. 그 외에는 이제 엄마들의 작당으로 이런 세상 만들어 볼게요.

"이야! 저렇게 산다면 나도 엄마 해야겠다."

"나도 저런 가정이 되고 싶다."

"저 남편 정말 너무 멋있다. 어떻게 저런 삶을 살지?"

그 궁금증 위로 펼쳐질 이야기가 기대됩니다.

이 어려운 세상 가운데 사랑을 선택해주셔서, 부부가 되어주셔서, 아이들의 아빠가 되어주셔서, 귀한 마음을 이어가기 위해 무거운 어깨로 살아내 주셔서 감사합니다.

이 세상에는 천, 억, 조, 경 끝없는 돈이 있다는데 그 돈이 아이들의 세상을 회복하는 곳에 쓰이도록 다 끌어올게요. 그러니 우리, 원하는 인생을 살아요.

아이에게 유산으로 남길 이야기를 남겨요.

엄마이자 나로 살면서, 아빠이자 나로 살면서 온가족이 무조건 행복하세요!

편집자의 말

당신의 책을 디자인해도 될까요?

이 책을 쓴 박선아 작가님은

저에게 디자인을 전공하면 좋겠다고 말한 유일한 사람이었습니다.

16년 뒤, 저는 이 책의 편집 디자이너가 되었습니다.

늘 꿈꾸는 사람이었던 저자는 대학교를 졸업하면서

바로 또 다른 대학으로 향했습니다.

"나 서울예대 극작과를 갈 거야!"

현실적으로 생각하면 할 수 없는 결정을 하고

용기 있게 나아가는 걸음이 참 멋졌습니다.

졸업 그 이후에도 그녀는 멈추지 않았습니다.

엄마들과 책방과 북스테이를 만들고, 출판사를 만들었습니다.

저는 그녀의 모든 과정을 함께했습니다.

그러니 이 책을 편집하면서 만난 것은 460페이지가 아니라

그녀의 모든 순간입니다.

이 책에 이어 쓰여질 당신의 이야기도 기대됩니다.

당신의 이야기가 써질 때, 당신의 책을 제가 디자인해도 될까요?

생명을 사랑하고 다음 세대의 이야기를 만들어가는

세상 모든 '엄마'들의 이야기를 진심으로 응원하고 축복합니다.

당신의 인생을 함께 디자인하는 문유라
@ladi_designer

추천사

저의 인생책을 함께 읽고 싶습니다.

“내 인생인데 내가 하고 싶은 것도 못해?”

박선아 대표님을 처음 만나 한참을 울다가

제 가슴에서 터져 나왔던 말입니다.

내 인생인데 다른 사람 눈치를 보며 살았습니다.

좋은 척, 착한 척 가면을 쓰고 살았습니다.

평생을 그렇게 살 뻔했습니다.

대표님을 만나지 않았더라면 아직도 혼자 힘들어하며

눈물만 흘리며 살아가고 있을 것입니다.

이제는 이 책을 읽고 있는 당신 차례입니다.

지난 6년 동안 박선아 대표님과는 사업의 스승님으로,

인생의 친구로 함께 했습니다.

만나는 모든 사람들 한 분 한 분을 위한 꿈을 꾸고,

가장 빛나는 자리에 세우며 응원해 주는 박선아 대표님의 책을

당신이 꼭 만나길 바랍니다. 이 책은 살아있는 책입니다.

살아 숨 쉬며 호흡하면서 당신을 읽고 살아내고

당신의 이야기를 써 내려가길 바랍니다.

이 책은 단연코 여러분에게 인생 책이 될 것입니다.

로맨틱라이프 대표 이은희

@romanticlife_official

8주 독서 모임 운영자를 위한 지침서

책은 혼자 읽을 때보다 같이 읽을 때 더 깊이 삶으로 스며듭니다. 특히 《엄마의 브랜딩 1%》는 단순히 '읽기'를 넘어 '실행'으로 이어져야 하는 책이기에 반드시 독서 모임을 통해 '읽고 쓰고 살아내고'를 반복하길 추천합니다. 독서 모임을 운영하고 싶은 분들을 위해 실패하지 않는 독서 모임 가이드라인을 안내해 드립니다.

책: 엄마의 브랜딩 1%

1. 독서 모임에서 전하고자 하는 메시지는 삶과 일치해야 하며, 운영자가 먼저 읽고 살아내고 쓰는 삶으로 준비해야 합니다.

2. 독서 모임 시간은 1시간 정도가 좋습니다. (10분 마음 나눔/ 10분 동기부여/ 20분 핵심문장 소개 및 윤독 및 나눔/ 10분 액션플랜 / 10분 5글자 소감 나눔)

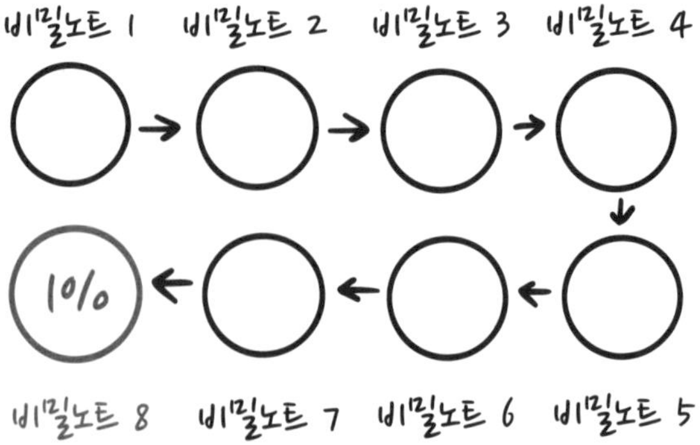

3. 첫 번째 모임에서는 책 소개/저자 소개/목차 소개/책 선정 이유/운영자 소개/참여자들의 자기소개를 합니다.

4. 두 번째 모임부터는 마음 나눔과 지난주 내용으로 살아낸 이야기를 나눔 합니다.

5. 원트카드를 활용하여 시작할 때의 마음과 마지막 소감 나눔을 추천합니다.

6. 핵심 내용과 문장에 대한 윤독(여러 사람이 같은 글이나 책을 돌려 가며 읽기) 후, 준비한 핵심 질문을 하며 참여자들과 나눔을 합니다. 자신을 읽고 살아내고 싶은 것에 초점을 맞춥니다.

7. 마음 나눔을 할 때, 에너지가 좋은 참여자부터 시작하는 것이 좋습니다. 시작하는 사람의 에너지 흐름에 영향을 주고받기 때문입니다.

8. 이 책에는 총 8개의 비밀노트가 있습니다. 매주 한 개의 비밀노트를 완성해 보는 것을 목표로 두고 진행하면 좋습니다. 총 8주 동안 스케줄을 미리 공지하고, 모임 전 읽어오면 좋을 부분을 안내합니다.

참고 도서

1부 엄마의 의미(22권)

1. 《82년생 김지영》 (조남주 저/민음사/2016)

2. 《언스크립티드》 (엠제이 드마코 저 안시열 역/토트/2018)

3. 《빅프라핏》 (신현암 저/흐름출판/2017)

4. 《파리는 날마다 축제》 (어니스트 헤밍웨이 저 주순애 역/이숲/2012)

5. 《나는 이야기입니다》 (댄 야카리노 저 유수현 역/소원나무/2017)

6. 《컨택자본》 (밥 프록터 저 김수안 역/나라/2017)

7. 《상처 받지 않는 영혼》 (마이클 A. 싱어 저 이균형 역/라이팅하우스/2014)

8. 《리얼리티 트랜서핑》 (바딤 젤란드 저 박인수 역/정신세계사/2009)

9. 《보도 섀퍼의 돈》 (보도 섀퍼 저 이병서 역/에포케/2011)

10. 《최고가 되라》 (에릭 라르센 저 김정희 역/한빛비즈/2014)

11. 《네 안에 잠든 거인을 깨워라》 (앤서니 라빈스 저 조진형 역/씨앗을 뿌리는 사람들/2002)

12. 《내 영혼을 담은 인생의 사계절》 (짐 론 저 박 옥 역/W BOOK 에이전시/2011)

13. 《열두 살에 부자가 된 키라》 (보도 섀퍼 저 김준광 역/ 을파소/2014)

14. 《상처받은 내면아이 치유》 (존 브래드쇼 저 오제은 역/학지사/2004)

15. 《데미안》 (헤르만 헤세 저 전영애 역/ 민음사/2009)

16. 《시크릿》 (론다 번 저 김우열 역/살림Biz/2007)

17. 《백만장자 시크릿》 (하브 에커 저 나선숙 역/ 알에이치코리아/2020)
18. 《아티스트 웨이》 (줄리아 카메론 저 임지호 역/경당/2017)
19. 《보물지도》 (모치즈키 도시타카 저 은영미 역/나라원/2022)
20. 《가족》 (존 브래드쇼 저 오제은 역/학지사/2006)
21. 《부의 추월차선》 (엠제이 드마코 저 신소영 역/토트/2013)
22. 《보도 섀퍼 부의 레버리지》 (보도 섀퍼 저 한윤진 역/비즈니스북스/2023)

2부 엄마의 재미(26권)

1. 《오제은 교수의 자기 사랑 노트》 (오제은 저/달빛북스/2022)
2. 《내가 확실히 아는 것들》 (오프라 윈프리 저 송연수 역/북하우스/2014)
3. 《유쾌한 창조자》 (제리 힉스·에스더 힉스 공저 박행국·조한근 공역/나비랑북스/2014)
4. 《부는 어디서 오는가》 (월리스 D. 와틀스 저 이상미 역/포레스트북스/2022)
5. 《마음의 자석》 (뤼디거 샤헤 저 송명희 역/열음사/2009)
6. 《뼛속까지 내려가서 써라》 (나탈리 골드버그 저 권경희 역/한문화/2018)
7. 《마당을 나온 암탉》 (황선미 저/사계절/2002)
8. 《되는 사람》 (도널드 밀러 저 김은영 역/월북/2023)
9. 《무기가 되는 스토리》 (도널드 밀러 저 이지연 역/월북/2018)
10. 《천년 동안 백만 마일》 (도널드 밀러 저 윤종석 역/IVP/2010)
11. 《미운 오리 새끼》 (HANS CHRISTIAN ANDERSEN 저/월드컴/2003)
12. 《소명과 용기》 (고든 스미스 저 조계광 역/생명의말씀사/2008)
13. 《데일 카네기 인간관계론》 (데일 카네기 저 임상훈 역/현대지성/2019)

14. 《파라슈트》 (리처드 볼스 저 조병주 역/한국경제신문사/2013)

15. 《프레임》 (최인철 저/21세기북스/2021)

16. 《놓아 버림》 (데이비드 호킨스 저 박찬준 역/판미동/2013)

17. 《심리 게임》 (에릭 번 저 조혜정 역/교양인/2009)

18. 《행복한 이기주의자》 (웨인 다이어 저 오현정 역/21세기북스/2019)

19. 《나를 찾아가는 여행》 (로빈 S. 샤르마 저 서민수 역/산성미디어/1999)

20. 《천로역정》 (존 번연 저 최종훈 역/포이에마/2011)

21. 《소명》 (오스기니 저 홍병룡 역/IVP/2019)

22. 《이야기치료의 지도》 (마이클 화이트 저 허남순·이선혜·정슬기 공역/학지사/2010)

23. 《시나리오 어떻게 쓸 것인가》 (로버트 맥키 저 고영범·이승민 공역/민음인/2002)

24. 《행복의 조건》 (조지 베일런트 저 이덕남 역/프런티어/2010)

25. 《미셸 오바마 자기만의 빛》 (미셸 오바마 저 이다희 역/웅진지식하우스/2023)

26. 《시간의 주름》 (매들렌 렝글 저 심혜경 역/이숲/2014)

3부 엄마의 경제력 (16권)

1. 《백만장자 메신저》 (브렌든 버처드 저 위선주 역/리더스북/2018)

2. 《원씽》 (게리 켈러·제이 파파산 공저 구세희 역/비즈니스북스/2013)

3. 《내것이 아니면 모두 버려라》 (알렌 코헨 저 서민수 역/도솔/2008)

4. 《안녕 나의 엄마》 (박선아 저/달빛북스/2021)

5. 《엄마이자 나로 살겠습니다》 (공저/달빛북스/2022)

6. 《무조건 행복하세요》 (공저/달빛북스/2021)

7. 《꽃들에게 희망을》 (트리나 폴러스 저 김석희 역/시공주니어/2017)

8. 《다시 새롭게, 지선아 사랑해》 (이지선 저/문학동네/2010)

9. 《10배의 법칙》 (그랜드 카돈 저 최은아 역/부키/2022)

10. 《비즈니스모델의 탄생》 (알렉산더 오스터왈더·예스 피그누어 공저 유효상 역/비즈니스북스/2021)

11. 《믹스》 (안성은 저/더퀘스트/2022)

12. 《두번째 산》 (데이비드 브룩스 저 이경식 역/부키/2020)

13. 《칼 로저스의 사람-중심 상담》 (칼 로저스 저 오제은 역/학지사/2007)

14. 《꽤 괜찮은 해피엔딩》 (이지선 저/문학동네/2022)

15. 《멘탈의 연금술》 (보도 섀퍼 저 박성원 역/토네이도/2020)

16. 《브랜드로 남는다는 것》 (홍성태 저/북스톤/2022)

4부 엄마의 커뮤니티 (3권)

1. 《가르칠 수 있는 용기》 (파커 J. 파머 저 이종인·이은정 공역/한문화/2013)

2. 《삶이 내게 말을 걸어올 때》 (파커 J. 파머 저 홍윤주 역/한문화/2019)

3. 《깨어나십시오》 (앤소니 드 멜로 저 김상준 역/분도출판사/2005)

5부 엄마의 유산 (2권)

1. 《하워드의 선물》 (에릭 시노웨이·메릴 미도우 공저 김명철·유지연 공역/위즈덤하우스/2013)

2. 《스크루테이프의 편지》 (C.S. 루이스 저 김선형 역/홍성사/2018)

원하는 인생을 살게 하는 질문법,

라이프시나리오 WANT

라이프 시나리오 WANT는 인생을 '극(Drama)으로 보도록 돕고 자기 인생을 스토리텔링 할 수 있도록 돕는 질문법입니다. 총 800장으로 이루어진 라이프 시나리오 WANT를 압축하여 카드 형태로 제작한 것이 셀프브랜딩 도구 원트 카드(WANT CARD)입니다.

라이프시나리오 WANT & 원트카드의 효과

Want (이성): 자신의 원함을 찾고 내면의 이야기를 할 수 있게 돕습니다.

Afraid (감성): 마음의 장애물을 발견하고 벗어날 수 있게 안내합니다.

Need (행동력): 스스로 해결 방안을 찾고 행동하는 힘을 이끌어냅니다.

Treasure (영성): 자신과 깊은 대화를 통해 지속적인 셀프 동기부여의 힘을 얻습니다.

누군가 써준 이야기로 살게 되면 칼을 들고 싸우는 인생을 살게 되지만, 자신이 '라이프시나리오'를 쓰기 시작하면 펜을 들고 인생을 창작하게 됩니다. 원하는 인생을 살아가기 원한다면 지금 라이프시나리오 WANT를 시작하세요.

라이프시나리오 WANT는 원트카드 강사 과정/ 원트카드 가이드 과정/ 원트카드 마스터 과정/ 라이프시나리오 전문가 과정을 통해 더욱 깊이 있게 만나보실 수 있습니다.

원트카드 상세페이지 바로가기

크리에이터맘 Creator Mom

2018년 3월 시작한 공간 달빛책방&출판사 달빛북스는 국내 20여 개의 브랜드가 함께 일하는 커뮤니티로 성장했다.

출간한 책은《오제은 교수의 자기 사랑 노트》,《안녕 나의 엄마》,《엄마이자 나로 살겠습니다》,《무조건 행복하세요》,《크리에이티브 여행 육아》가 있다. <엄마 독서 모임>, <선한 사업가를 위한 독서 모임>, <독서레시피>, <크리에이터맘>, <사업가의 서재>, <작가의 서재>, <치유의 서재>, <심야 책방> 등 다양한 프로그램을 진행해 왔으며, WANT카드를 제작하여 다양한 영역에서 원하는 삶을 살도록 돕고 있다.

크리에이터맘은 '나라는 필독서 읽기'와 치유를 통한 스토리 브랜딩으로 독보적인 1%가 되는 프로젝트다. 크리에이터맘의 비전은 이 시대의 엄마들이 꿈을 펼칠 수 있도록 조력자가 되어주는 것이다. 북클럽부터 브랜딩 교육을 통해, 엄마이기에 가장 잘 할 수 있는 재능과 강점을 찾고 그것이 자신만의 일(Work)이 될 수 있도록 안내하고 있다. 엄마만이 할 수 있는 일(강사, 상담사, 작가, 콘텐츠 큐레이터)을 통해 한국뿐 아니라 일본, 대만, 미국 등의 한인 사회로 확장 중이다.

홈페이지: https://www.creatormom.kr

인스타그램: @creatormom_official

크리에이터맘 채널 바로가기

책 처방 상담지(인생 시나리오)

외부(관계, 상황, 물질)의 장애물과
내부(감정, 생각)의 장애물이 있습니다.
담아두면 커보였던 장애물도 글로 쓰면
아주 작아집니다.

원함(want)

장애물(obstacle)

이대로 산다면?(Present)

아주 작은 원함부터 시작해보세요.
WANT가 없는 삶은 잠자는 삶입니다.
깨어나 원하고 이루는 생생한 삶이 되길 바랍니다.
(원함 예시 : 나 / 관계 / 돈 / 직업 등)

장애물을 넘지 못하면
나의 삶은 어떤 삶이라고 할 수 있는가?
이 질문은 최악을 상상하라는 뜻이 아니라
현실을 보게 해주는 '알람'과 같은 질문입니다.

*더 깊은 질문이 가능하다면
이대로의 삶을 넘었을 때의
삶에 대해 적어보세요.

드라마는 항상 '갈등'이 존재합니다.
갈등을 넘어 주인공의 원함을 이루기 위해 자신만의 방법으로
싸워가는 과정을 관객들은 지켜보고 이겼을 때 환호를 보냅니다.
우리의 인생이 어떤 대안, 재미, 창의적인 방법으로 과정을 만들어 가면 좋을까요?

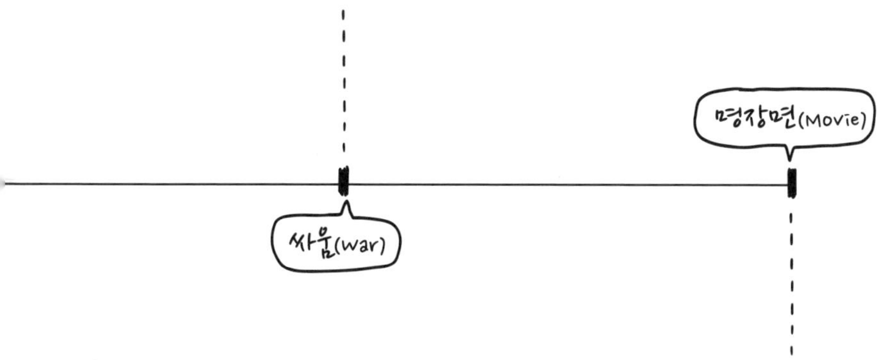

원하는 대로 산다면, 어떤 명대사가 나올까요?
"생각대로 해봐, 별거 없어."
"잘했어 너 정말 멋져"
듣고 싶은 말을 적으면 나의 원함을 이룰 수 있도록 돕습니다.
당신의 명대사를 꺼내보세요.

책 처방 상담지(인생 시나리오)

외부(관계, 상황, 물질)의 장애물과
내부(감정, 생각)의 장애물이 있습니다.
담아두면 커보였던 장애물도 글로 쓰면
아주 작아집니다.

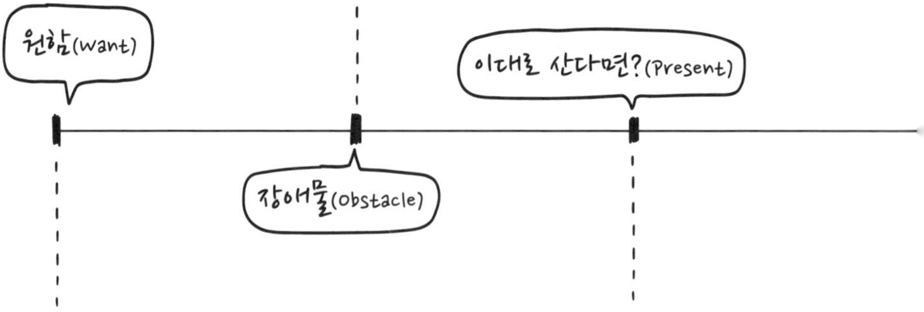

아주 작은 원함부터 시작해보세요.
WANT가 없는 삶은 잠자는 삶입니다.
깨어나 원하고 이루는 생생한 삶이 되길 바랍니다.
(원함 예시 : 나 / 관계 / 돈 / 직업 등)

장애물을 넘지 못하면
나의 삶은 어떤 삶이라고 할 수 있는가?
이 질문은 최악을 상상하라는 뜻이 아니라
현실을 보게 해주는 '알람'과 같은 질문입니다.

*더 깊은 질문이 가능하다면
이대로의 삶을 넘었을 때의
삶에 대해 적어보세요.

드라마는 항상 '갈등'이 존재합니다.
갈등을 넘어 주인공의 원함을 이루기 위해 자신만의 방법으로
싸워가는 과정을 관객들은 지켜보고 이겼을 때 환호를 보냅니다.
우리의 인생이 어떤 대안, 재미, 창의적인 방법으로 과정을 만들어 가면 좋을까요?

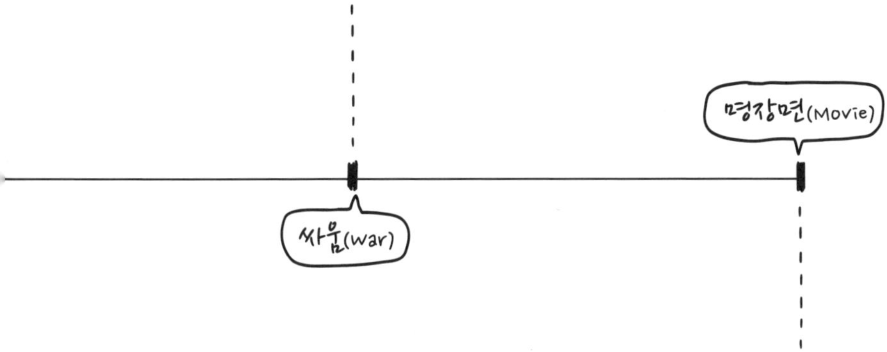

원하는 대로 산다면, 어떤 명대사가 나올까요?
"생각대로 해봐, 별거 없어."
"잘했어 너 정말 멋져"
듣고 싶은 말을 적으면 나의 원함을 이룰 수 있도록 돕습니다.
당신의 명대사를 꺼내보세요.

1%

의 브랜딩

브랜딩은 나의 이야기를 확정 짓는 것이다.

지음

BEST OF ME

달빛북스

285)

사(말하기) 4.콘텐츠 큐레이터(읽기)

⑤ 좋잘못해 (p.292)

잘하는 것

못하는 것

좋아하는 것

해야 하는 것

)

나의 문제

프로젝트

⑦ 커뮤니티 브랜딩 (p.329, 340)

구성원의 꿈은 무엇인가

모두가 1%가 되기 위해 함께할 수 있는 것은 무엇인가

커뮤니티만의 축하 문화는 무엇인가

1천만 원 1억 원

좋잘못해	문프놀글	커뮤니티

의 1% 브랜딩 노트

① 3R (p.238)

나를 위한 리추얼(RI:tual)

모임을 통한 리뷰(RE:view)

인생 다시 쓰기 리라이팅(RE:writing)

② 북클럽 (p.253)

모임의 목적

필독서

활용 도구

③ 메신저 (p.265)

나의 브랜드 메시지는?

SNS(온라인), 오프라인에서 어떤 방식으로 전하고 싶은가?

④ 직업의 선순환 구조 (p.

1. 작가(쓰기) 2. 상담가(듣기) 3. 강

⑥ 문프놀글 (p.31

2만 원 80만 원

3R	북클럽	메신저	직업의 선

원트 리스트 WANT LIST

"당신은 어떤 삶을 원하나요?"

해야 할 일(To do list)이 아닌
원하는 삶(Want list)을 작성해 보세요.
원트 리스트는 자신의 1%를 꺼내고 삶에서 펼치기 위한
구체적인 액션 리스트입니다.

- ☐ ......
- ☐ ......
- ☐ ......
- ☐ ......
- ☐ ......
- ☐ ......
- ☐ ......

원트카드 W 키워드

자유 사랑 정체성 용기 조화로움 유연함
자발성 기쁨 포용 통찰력 축복 신뢰

자기 사랑을 시작한 사람이 세상으로 발걸음을 옮길 때,
그 걸음의 보폭과 길은 반드시 돈이라는 숫자로 증명된다.

오래도록 남겨질 이야기로 살면서

우리의 이야기가 유산으로 남겨지길 기도합니다.